D1720750

Das Abstandsgebot in Richtlinie 2012/18/EU („Seveso-III-Richtlinie")
und seine Auswirkungen auf die Erteilung von Baugenehmigungen

ERLANGER SCHRIFTEN ZUM ÖFFENTLICHEN RECHT

Herausgegeben von Andreas Funke, Max-Emanuel Geis,
Heinrich de Wall, Markus Krajewski , Jan-Reinard Sieckmann
und Bernhard W. Wegener

Band 7

Michaela Tauschek

Das Abstandsgebot in Richtlinie 2012/18/EU („Seveso-III-Richtlinie") und seine Auswirkungen auf die Erteilung von Baugenehmigungen

Deutsche Behörden zwischen Baurecht, Umweltrecht und Europarecht

PL ACADEMIC RESEARCH

Bibliografische Information der Deutschen Nationalbibliothek
Die Deutsche Nationalbibliothek verzeichnet diese Publikation
in der Deutschen Nationalbibliografie; detaillierte bibliografische
Daten sind im Internet über http://dnb.d-nb.de abrufbar.

Zugl.: Erlangen-Nürnberg, Univ., Diss., 2016

Umschlagabbildung:
Historisches Siegel der Universität Erlangen-Nürnberg.

Gedruckt auf alterungsbeständigem,
säurefreiem Papier.

D 29 (n2)
ISSN 2192-8460
ISBN 978-3-631-67512-0 (Print)
E-ISBN 978-3-653-06846-7 (E-Book)
DOI 10.3726/978-3-653-06846-7

© Peter Lang GmbH
Internationaler Verlag der Wissenschaften
Frankfurt am Main 2016
Alle Rechte vorbehalten.
PL Academic Research ist ein Imprint der Peter Lang GmbH.

Peter Lang – Frankfurt am Main · Bern · Bruxelles · New York ·
Oxford · Warszawa · Wien

Diese Publikation wurde begutachtet.

www.peterlang.com

Vorwort

Die Arbeit hat im Wintersemester 2015/2016 dem Fachbereich Rechtswissenschaft der Rechts- und Wirtschaftswissenschaftlichen Fakultät der Friedrich-Alexander-Universität Erlangen-Nürnberg als Dissertation vorgelegen. Rechtsprechung und Literatur sind bis einschließlich September 2015 berücksichtigt.

Mein herzlicher Dank gilt meinem Doktorvater, Herrn Prof. Dr. Andreas Funke. Er hat den Entstehungsprozess dieser Arbeit stets motivierend begleitet und unterstützt.

Herrn Prof. Dr. Bernhard Wegener danke ich für die zügige Erstellung des Zweitgutachtens.

Für die ehrenvolle Aufnahme in die Erlanger Schriften zum Öffentlichen Recht möchte ich mich bei allen Herausgebern der Schriftenreihe bedanken.

Ich möchte diese Arbeit meinen Eltern Peter und Inge Tauschek widmen. Mit ihrem unerschütterlichen Glauben an mich, mit grenzenloser Unterstützung und Fürsorge haben sie zum Gelingen dieser Arbeit einen wesentlichen Beitrag geleistet.

Ich danke auch ganz besonders meinem künftigen Ehemann Stefan Mühlmann, der mir seit vielen Jahren in jeder Lebenslage stets zur Seite steht.

Nürnberg, im Februar 2016   Michaela Tauschek

Inhaltsverzeichnis

XIII

Abkürzungsverzeichnis

Die in der Ausarbeitung verwendeten Abkürzungen richten sich grundsätzlich nach *Kirchner, Abkürzungsverzeichnis der Rechtssprache* in der 7. Auflage. Lediglich hiervon abweichende oder ergänzend verwendete Abkürzungen sind im folgenden Abkürzungsverzeichnis aufgeführt.

ABlEU	Amtsblatt der Europäischen Union
AEUV	Vertrag über die Arbeitsweise der Europäischen Union (ABlEU Nr. C 326 vom 26.10.2012, S. 1–199)
Anm. d. Verf.	Anmerkung der Verfasserin
BauGB	Baugesetzbuch
BauNVO	Baunutzungsverordnung
BayBO	Bayerische Bauordnung
Beschl. v.	Beschluss vom
BImSchG	Bundes-Immissionsschutzgesetz
BImSchG [E]	Referentenentwurf der Bundesregierung: „Entwurf eines Gesetzes zur Umsetzung der Richtlinie zur Beherrschung von Gefahren schwerer Unfälle mit gefährlichen Stoffen, zur Änderung und anschließenden Aufhebung der Richtlinie 96/82/EG des Rates" vom Mai 2015
BR-Ds.	Bundesrats-Drucksache
BT-Ds.	Bundestags-Drucksache
EG/EGV	Vertrag zur Gründung der Europäischen Gemeinschaft
EuGH	Gerichtshof der Europäischen Union
EUV	Vertrag über die Europäische Union (ABlEU Nr. C 326 vom 26.10.2012, S. 1–199)
EWGV	Vertrag zur Gründung der Europäischen Wirtschaftsgemeinschaft
gem.	gemäß
Herv. d. Verf.	Hervorhebung durch die Verfasserin
Herv. i. Orig.	Hervorhebung im Original
HBO	Hessische Bauordnung
HS	Halbsatz
i. Orig.	im Original
ROG	Raumordnungsgesetz
Seveso-I-Richtlinie	Richtlinie 82/501/EWG

Seveso-II-Richtlinie	Richtlinie 96/82/EG in der Fassung der Richtlinie 2003/105/EG
Seveso-III-Richtlinie	Richtlinie 2012/18/EU
Urt. v.	Urteil vom
vs.	versus
VwGO	Verwaltungsgerichtsordnung

Zitationsregeln

Bei der Zitation wurden folgende Regeln angewendet:

1. Hervorhebungen

Hervorhebungen aus dem Original (Fettdruck/Kursivschrift et cetera) wurden in den wörtlichen Zitaten in folgender Arbeit grundsätzlich weggelassen, sofern dies Verständlichkeit und Aussagekraft der zitierten Stelle nicht beeinträchtigte. Gleichwohl vorgenommene aus dem Original stammende Hervorhebungen wurden jeweils durch den Zusatz [Herv. i. Orig.] kenntlich gemacht. Hervorhebungen durch die Verfasserin wurden durch den Zusatz [Herv. d. Verf.] gekennzeichnet.

2. Zitate

Wörtliche Zitate wurden in der vorliegenden Arbeit von der Verfasserin stets in Kursiv-Schrift unter Verwendung von Anführungs- und Schlusszeichen eingefügt.

Auslassungen wurden jeweils mit dem Zusatz (...) gekennzeichnet.

Grammatikalische Abweichungen vom Original (insbesondere bei der Wiedergabe von Gesetzeszitaten) wurden jeweils mit dem Zusatz [i. Orig.: ...] gekennzeichnet.

Anmerkungen der Verfasserin in Zitaten wurden durch den Zusatz [Anm. d. Verf.: -Text-] gekennzeichnet; bei bloßen grammatikalischen Ergänzungen des Originals: [-Text-].

3. Besonderheiten

Zeit- und autorenbedingte ortographische Besonderheiten wurden bei Zitaten und Literaturangaben unter Verwendung des Zusatzes [sic!] übernommen.

4. Literaturnachweise in Literaturverzeichnis und Fußnoten

Im Literaturverzeichnis der vorliegenden Arbeit wird die verwendete Literatur mit Vollbeleg genannt. In den Fußnoten finden sich aus diesem Grund lediglich die entsprechenden Kurzbelege der verwendeten und im Literaturverzeichnis aufgeführten Literatur.

5. Der in der (älteren) Literatur zum Europarecht früher übliche Begriff des „Gemeinschaftsrechts" wird in der vorliegenden Bearbeitung (z. B. bei der indirekten Wiedergabe von Fremdmeinungen) stillschweigend durch den seit dem Lissabon-Vertrag aktuellen Begriff des „Unionsrechts" ersetzt, sofern es sich dabei um bloße „terminologische Aktualisierungen" handelt. In wörtlichen Zitaten sowie in Literaturangaben wird von derartigen Veränderungen freilich abgesehen.

6. Ebenso wird in der vorliegenden Bearbeitung die einschlägige zu Art. 12 der Richtlinie 96/82/EG (z. T. auch in der Fassung der Richtlinie 2003/105/EG) veröffentlichte Literatur und Rechtsprechung grundsätzlich stillschweigend (!) auf die Nachfolgeregelung des Art. 13 der Richtlinie 2012/18/EU angewandt. Grund und Rechtfertigung hierfür ist die im Wesentlichen bestehende Inhaltsgleichheit der beiden Richtlinienbestimmungen in den einschlägigen Bereichen. In wörtlichen Zitaten wird von derartigem Vorgehen freilich abgesehen. Wo im Übrigen ausnahmsweise eine stillschweigende Übertragung nicht statthaft erscheint oder zu Unklarheiten führt und daher Differenzierungen/Klarstellungen notwendig und/oder geboten sind, wird im Text und/oder in den Fußnoten explizit darauf hingewiesen.

A) Die „Seveso-Richtlinien" – Hintergründe und das Anliegen dieser Arbeit

I. Entwicklung der „Seveso-Richtlinien"

Der Gebrauch gefährlicher Stoffe und mit ihm die Zahl an Industrieunfällen nahm im Zuge der Industrialisierung nach dem 2. Weltkrieg immer mehr zu: Über 100 Unfälle mit toxischen Stoffen mussten in den ersten vier Jahrzehnten nach dem Krieg verzeichnet werden, 360 Tote waren in diesem Zusammenhang zu beklagen, von den Umweltschäden ganz abgesehen.[1] Auch in den 1970er Jahren kam es zu diversen Groß-Unfällen: In Flixborough/Großbritannien traten an einem arbeitsfreien Samstag im Jahr 1974 aus einem Kunststoffwerk 50.000 t Cyclohexan aus; es bildete sich eine 400.000 m³ große Gaswolke, die sich an einem Reaktor in der Betriebsanlage entzündete – bei dem zehn Tage andauernden Brand wurden 100 Häuser zerstört, umfangreiche Evakuierungsmaßnahmen waren nötig, 28 Menschen starben, 89 Menschen wurden verletzt und es entstanden Sachschäden in Höhe von etwa 70 Millionen US-Dollar.[2] Das Seveso-Unglück von 1976 „verdankt" seinen Namen der italienischen Gemeinde Seveso, die im Ausbreitungsbereich einer Giftgaswolke lag, die aufgrund chemischer Reaktionen aus einer Fabrikanlage, in der Pestizide und Herbizide hergestellt wurden, austrat; auch hier musste das Gebiet umfangreich evakuiert werden, große Gebietsteile mussten jahrelang gesperrt bleiben, 30 Menschen wurden verletzt, 2000 Menschen mussten aufgrund von Dioxinvergiftung behandelt werden, die Höhe der Sachschäden ist unbekannt.[3] Letztgenannte Unfälle verstärkten die Forderungen nach einem rechtlichen Regelwerk mit dem Ziel der Verhütung von Industrieunfällen.[4] Zum Schutz der Bevölkerung vor Unglücksfällen in entsprechenden Betrieben erließ die EWG schließlich am 24.06.1982 die Richtlinie des Rates vom 24. Juni 1982 über die Gefahren schwerer Unfälle bei bestimmten

---

1 *Wettig/Porter*, in: *Kirchsteiger*, Risk Assessment, S. 27 (27); ebenso *Bernhard*, Die Implementierung des EG-Rechts in Österreich, S. 3.

2 Hergangsbeschreibung und Zahlen (Flixborough) nach *Bernhard*, Die Implementierung des EG-Rechts in Österreich, S. 3.

3 Hergangsbeschreibung und Zahlen (Seveso) nach *Bernhard*, Die Implementierung des EG-Rechts in Österreich, S. 3 f.

4 *Bernhard*, Die Implementierung des EG-Rechts in Österreich, S. 3; zu den aus den einzelnen vorangegangenen Unfällen gezogenen „Lektionen" siehe *Rushton,* in: *Kirchsteiger*, Risk Assessment, S. 71 (71).

Industrietätigkeiten (82/501/EWG[5], bekannt als „Seveso-I-Richtlinie"[6]). Grund und Ziel der ersten Seveso-Richtlinie war der Schutz von Mensch und Umwelt vor industriellen Gefahren.[7] Dieser Zielsetzung entsprechend war Art. 1 Abs. 1 der Seveso-I-Richtlinie formuliert: *„Diese Richtlinie betrifft die Verhütung schwerer Unfälle, die durch bestimmte Industrietätigkeiten verursacht werden könnten, sowie die Begrenzung der Unfallfolgen für Mensch und Umwelt; sie bezweckt insbesondere die Angleichung der diesbezüglichen Bestimmungen der Mitgliedstaaten."* Dass diese Unfallverhütung noch nicht allzu weit gediehen war, zeigt die Tatsache, dass in den Jahren nach dem Inkrafttreten der Seveso-I-Richtlinie viele weitere Industrieunfälle innerhalb ihres Geltungsbereichs verzeichnet wurden. *„Eine der größten Katastrophen in der Geschichte der industriellen Chemie"*[8] geschah am 03.12.1984 in Bhopal/Indien: Dort explodierte ein Tank im Werk der Union Carbide Corporation, einem der größten Chemiekonzerne der Welt, und setzte eine aus circa 40 Tonnen Methylisocyanat[9] bestehende Giftgaswolke in die Atmosphäre frei; diese trieb dicht über dem Boden auf ein Wohngebiet zu. Die Folge waren zwischen 2000 und 10000 Tote und mehrere Hunderttausend Verletzte.[10] Beinahe zur Vernichtung des Fischbestandes bis zur Rheinmündung führte ein Unfall am 01.11.1986 im Chemiewerk der Sandoz AG bei Basel: Über Löschabwässer gerieten circa 400 Liter des Pflanzenschutzmittels Atrazin und circa 30 Tonnen quecksilberhaltige Fungizide in den Oberrhein.[11] Die durch die bisherigen schweren Unfälle erkennbar gewordenen Risiken – insbesondere diejenigen aus der Nähe von dicht besiedelten Gebieten zu den gefährlichen Industrieanlagen – denen man mittels des Maßnahmenkatalogs der Richtlinie 82/501/

---

5 Richtlinie des Rates vom 24. Juni 1982 über die Gefahren schwerer Unfälle bei bestimmten Industrietätigkeiten (82/501/EWG), ABlEU Nr. L 230 vom 05.08.1982, S. 1–18.

6 Als *„Post-Seveso-Richtlinie"* wird die Richtlinie bezeichnet bei *Jans/von der Heide*, Europäisches Umweltrecht, S. 390.

7 Siehe hierzu explizit Richtlinie des Rates vom 24. Juni 1982 über die Gefahren schwerer Unfälle bei bestimmten Industrietätigkeiten (82/501/EWG), ABlEU Nr. L 230 vom 05.08.1982, S. 1 (1); ähnlich, aber (nur) auf die Folgen möglicher schwerer Unfälle abstellend *Jans/von der Heide*, Europäisches Umweltrecht, S. 390.

8 *Bernhard*, Die Implementierung des EG-Rechts in Österreich, S. 4.

9 Leichtflüchtige Flüssigkeit, die bereits in geringen Konzentrationen Haut- und Schleimhautverätzungen, Augenschäden und Lungenödeme bewirkt.

10 Hergangsbeschreibung und Zahlen (Bhopal) nach *Bernhard*, Die Implementierung des EG-Rechts in Österreich, S. 4.

11 Hergangsbeschreibung und Zahlen (Basel) nach *Bernhard*, Die Implementierung des EG-Rechts in Österreich, S. 4.

EWG augenscheinlich noch nicht Herr geworden war, ließen Rufe nach einer Überarbeitung und Ausweitung der Seveso-I-Richtlinie laut werden.[12] So bezogen sich zwei Änderungen der Seveso-I-Richtlinie insbesondere auf die Ausdehnung des inhaltlichen Anwendungsbereichs der Richtlinie (in der Sache primär auf die „gefährlichen Stoffe")[13] und wurden als weitere Änderung mit Richtlinie 91/692/EWG[14] die Berichtserfordernisse der Seveso-I-Richtlinie geändert.[15] Schließlich wurde am 09.12.1996 die Richtlinie 96/82/EG des Rates vom 9. Dezember 1996 zur Beherrschung der Gefahren bei schweren Unfällen mit gefährlichen Stoffen[16] als Ursprungsfassung der „Seveso-II-Richtlinie" erlassen. Sie trat entsprechend ihres Art. 25 am 03.02.1997 in Kraft. Ihr Art. 24 bestimmte für den Erlass der „erforderlichen Rechts- und Verwaltungsvorschriften" einen Zeitraum von „24 Monate [-n] nach ihrem Inkrafttreten", also bis zum 03.02.1999.[17] Die Seveso-I-Richtlinie wurde in der Folge entsprechend Art. 23 der Richtlinie 96/82/EG zum 03.02.1999 aufgehoben (und damit außer Kraft gesetzt[18]). Bereits

---

12 Vgl. *Wettig/Porter*, in: *Kirchsteiger*, Risk Assessment, S. 27 (28 f.).

13 Richtlinie des Rates vom 19. März 1987 zur Änderung der Richtlinie 82/501/EWG über die Gefahren schwerer Unfälle bei bestimmten Industrietätigkeiten (87/216/EWG), ABlEG Nr. L 85 vom 28.03.1987, S. 36–39; Richtlinie des Rates vom 24. November 1988 zur Änderung der Richtlinie 82/501/EWG über die Gefahren schwerer Unfälle bei bestimmten Industrietätigkeiten (88/610/EWG), ABlEG Nr. L 336 vom 07.12.1988, S. 14–18.

14 Richtlinie des Rates vom 23. Dezember 1991 zur Vereinheitlichung und zweckmäßigen Gestaltung der Berichte über die Durchführung bestimmter Umweltschutzrichtlinien (91/692/EWG), ABlEG Nr. L 377 vom 31.12.1991, S. 48–54.

15 So *Bernhard*, Die Implementierung des EG-Rechts in Österreich, S. 4.

16 Richtlinie 96/82/EG des Rates vom 9. Dezember 1996 zur Beherrschung der Gefahren bei schweren Unfällen mit gefährlichen Stoffen, ABlEG Nr. L 10 vom 14.01.1997, S. 13–33.

17 Erwähnenswert ist, dass im April 1999 noch kein einziger Mitgliedstaat der Kommission Umsetzungsmaßnahmen für die (bis 03.02.1999 umzusetzende) Seveso-II-Richtlinie mitgeteilt hatte, siehe Bericht über die Anwendung der Richtlinie 82/501/ EG des Rates vom 24.Juni 1982 über die Gefahren schwerer Unfälle bei bestimmten Industrietätigkeiten in den Mitgliedstaaten für den Zeitraum 1994 bis 1996 (1999/C 291/01), ABlEG Nr. C 291 vom 12.10.1999, S. 1 (6); Ende des Jahres 2001 war daher unter anderem auch gegen Deutschland ein Vertragsverletzungsverfahren wegen unvollständiger Information über die jeweils ergriffenen Umsetzungsmaßnahmen anhängig; siehe Bericht über die Anwendung der Richtlinie 82/501/EG des Rates vom 24.Juni 1982 über die Gefahren schwerer Unfälle bei bestimmten Industrietätigkeiten in den Mitgliedstaaten für den Zeitraum 1997–1999 (2002/C 28/01), ABlEG Nr. C 28 vom 31.01.2002, S. 1 (5).

18 *Bernhard*, Die Implementierung des EG-Rechts in Österreich, S. 3.

dieses Vorgehen – eigens eine neue Richtlinie zu erlassen, statt die bis dato existente Seveso-I-Richtlinie erneut abzuändern – spricht deutlich dafür, dass mit der Richtlinie 96/82/EG „weit reichende und konzeptionelle Neuerungen eingeführt"[19] werden sollten. Die Richtlinie 96/82/EG in ihrer Ursprungsfassung war eine Richtlinie der EG „zur Beherrschung der Gefahren bei schweren Unfällen mit gefährlichen Stoffen" (so im Wortlaut der Richtlinienbezeichnung). Es ging auch in ihr – wie schon in ihrer Vorläuferrichtlinie – um eine doppelte Zielsetzung, und zwar sowohl um die Prävention schwerer Betriebsunfälle mit gefährlichen Stoffen als auch um eine Begrenzung etwaiger Unfallfolgen (Art. 1 der Richtlinie). Ähnlich wie bereits in der Begründung zur Seveso-I-Richtlinie angedeutet[20] stellte der zweite Erwägungsgrund der Richtlinie 96/82/EG fest, dass im Vordergrund der gemeinschaftlichen Umweltpolitik die Ergreifung präventiver Maßnahmen, um der Ziele Umwelt- und Gesundheitsschutz Willen, stehe.[21] Neben eher reaktiven Überlegungen zu besserer Handhabung von Risiken und ihrer Realisierung (Unfälle)[22] sah man daher vor allem auch in Fragen von Anwendungsbereich und Informationsfluss[23] und im Hinblick auf „Kumulationseffekte" durch mehrere Einzelanlagen[24] Verbesserungspotential im präventiven Bereich. Man hatte zudem durch die Auswertung geschehener Unglücke erkannt, dass der „'Faktor Mensch'"[25] eine weitreichende Unglücksursache darstellte, welcher die – mehr auf technische Maßnahmen ausgerichtete – Richtlinie 82/501/EWG nicht ausreichend Rechnung

---

19 *Bernhard*, Die Implementierung des EG-Rechts in Österreich, S. 5.
20 Vgl. Richtlinie des Rates vom 24. Juni 1982 über die Gefahren schwerer Unfälle bei bestimmten Industrietätigkeiten (82/501/EWG), ABlEU Nr. L 230 vom 05.08.1982, S. 1 (1).
21 Richtlinie 96/82/EG des Rates vom 9. Dezember 1996 zur Beherrschung der Gefahren bei schweren Unfällen mit gefährlichen Stoffen, ABlEG Nr. L 10 vom 14.01.1997, S. 13 (13, Rn. 2).
22 Vgl. Richtlinie 96/82/EG des Rates vom 9. Dezember 1996 zur Beherrschung der Gefahren bei schweren Unfällen mit gefährlichen Stoffen, ABlEG Nr. L 10 vom 14.01.1997, S. 13 (14, Rn. 15).
23 Richtlinie 96/82/EG des Rates vom 9. Dezember 1996 zur Beherrschung der Gefahren bei schweren Unfällen mit gefährlichen Stoffen, ABlEG Nr. L 10 vom 14.01.1997, S. 13 (13 f., Rn. 3, 6, 19).
24 Vgl. Richtlinie 96/82/EG des Rates vom 9. Dezember 1996 zur Beherrschung der Gefahren bei schweren Unfällen mit gefährlichen Stoffen, ABlEG Nr. L 10 vom 14.01.1997, S. 13 (14, Rn. 11); siehe hierzu *Grüner*, Planerischer Störfallschutz, S. 18.
25 *Grüner*, Planerischer Störfallschutz, S. 18.

trug, was nun geändert werden sollte.[26] Ganz konkret im Sinne vorbeugender Maßnahme zu verstehen ist das mit der Richtlinie 96/82/EG erstmals inkorporierte Gebot der Wahrung angemessener Abstände zwischen Industriebetrieb und schutzbedürftiger Nutzung. Insbesondere nach dem Unglück von Bhopal war die Relevanz von räumlichen Abständen zwischen schutzbedürftiger Wohnbebauung und gefährlichen Betrieben zum Schutz der Bevölkerung immer mehr ins Bewusstsein gerückt.[27] Vor dem Hintergrund dieses sowie eines ähnlich gelagerten Unglücks in Mexico City stand schließlich die der Entschließung des Rates vom 16.10.1989 immanente Aufforderung an die Kommission, die Richtlinie 82/501/EWG um *„Bestimmungen über die Überwachung der Flächennutzungsplanung im Fall der Genehmigung neuer Anlagen und des Entstehens von Ansiedlungen in der Nähe bestehender Anlagen"* zu erweitern.[28] Statt für eine Überarbeitung der Richtlinie 82/501/EWG entschied man sich gleich für eine Neuregelung durch Richtlinie 96/82/EG. In deren Grund 22 stellte der Rat explizit fest, dass zum Schutz bestimmter Gebietstypen vor den durch schwere Unfälle hervorgerufenen Gefahren *„die Mitgliedstaaten in ihren Politiken hinsichtlich der Zuweisung oder Nutzung von Flächen und/oder anderen einschlägigen Politiken berücksichtigen* [Anm. d. Verf.: *müssen*], *daß langfristig zwischen diesen Gebieten und gefährlichen Industrieansiedlungen ein angemessener Abstand gewahrt bleiben muss (…)"*.[29] Insbesondere vor dem Hintergrund der Tatsache, dass industrielle Unfälle auch Folgen jenseits der mitgliedstaatlichen Grenzen haben können, wird die Richtlinie 82/501/EWG vom Rat in der Begründung zur Richtlinie 96/82/EG nur als *„erster* [i. Orig.: -n] *Harmonisierungsschritt"* auf dem Weg zu einem einheitlich hohen Schutzniveau in der gesamten Gemeinschaft gesehen.[30] Die Richtlinie 96/82/EG in

---

26 Vgl. Richtlinie 96/82/EG des Rates vom 9. Dezember 1996 zur Beherrschung der Gefahren bei schweren Unfällen mit gefährlichen Stoffen, ABlEG Nr. L 10 vom 14.01.1997, S. 13 (14, Rn. 15); vgl. auch *Liu*, Europäisierung des deutschen Umweltrechts, S. 143 f.; sehr ausführlich zu den einzelnen Tatbeständen der Richtlinie 96/82/EG: *Bernhard*, Die Implementierung des EG-Rechts in Österreich, S. 14 ff.

27 *Mitschang*, UPR 2011, 281 (281).

28 Richtlinie 96/82/EG des Rates vom 9. Dezember 1996 zur Beherrschung der Gefahren bei schweren Unfällen mit gefährlichen Stoffen, ABlEG Nr. L 10 vom 14.01.1997, S. 13 (13, Rn. 4).

29 Richtlinie 96/82/EG des Rates vom 9. Dezember 1996 zur Beherrschung der Gefahren bei schweren Unfällen mit gefährlichen Stoffen, ABlEG Nr. L 10 vom 14.01.1997, S. 13 (14, Rn. 22).

30 Richtlinie 96/82/EG des Rates vom 9. Dezember 1996 zur Beherrschung der Gefahren bei schweren Unfällen mit gefährlichen Stoffen, ABlEG Nr. L 10 vom 14.01.1997, S. 13 (13, Rn. 8 f.).

ihrer Ursprungsfassung – insbesondere deren Art. 12 – diente zudem der Umsetzung der sich aus dem Übereinkommen über die grenzüberschreitenden Auswirkungen von Industrieunfällen vom 17. März 1992[31] ergebenden Vorgaben.[32] Die Europäische Union (damals noch Gemeinschaft) hat dieser Konvention – deren Art. 7 die später auch in Art. 12 der Seveso-II-Richtlinie zum Ausdruck kommende Zielsetzung bereits erkennen lässt[33] – am 23.03.1998 zugestimmt.[34]

Zwischenzeitlich explodierte am 13.05.2000 in der Stadt Enschede (Holland) die Feuerwerkskörperfabrik Fireworks S. E., die bis dahin – obwohl sie eine Betriebserlaubnis für 159 Tonnen Feuerwerkskörper besaß – nicht in den Anwendungsbereich der Seveso-II-Richtlinie gefallen war.[35] 21 Todesfälle waren zu verzeichnen, beinahe 1000 Menschen wurden verletzt[36] und mehr als 40 Hektar des Stadtgebiets wurden verwüstet.[37] Am 21.09.2001 kam es in Toulouse (Frankreich) zu einer Explosion in dem Düngemittelherstellungsbetrieb AZF – circa 30 Menschen starben, Tausende wurden verletzt, die Sachschäden erreichten Millionenhöhe.[38] Nicht zuletzt angesichts dieser aktuellen Industrieunfälle sah man auf europäischer Ebene erneut Bedarf an einer Überarbeitung der

---

31 Amtliche deutsche Übersetzung: Gesetz zu dem Übereinkommen vom 17. März 1992 über die grenzüberschreitenden Auswirkungen von Industrieunfällen vom 16.07.1998, BGBl. II, S. 1527–1559.

32 *Bernhard*, Die Implementierung des EG-Rechts in Österreich, S. 32.

33 *Grüner*, Planerischer Störfallschutz, S. 46.

34 Beschluss des Rates vom 23. März 1998 über den Abschluss des Übereinkommens über die grenzüberschreitenden Auswirkungen von Industrieunfällen (98/685/EG), ABlEG Nr. L 326 vom 03.12.1998, S. 1–4.

35 Ausführlich zum Unglück von Enschede und seinen Auswirkungen auf die Änderung der Seveso-II-Richtlinie: *Bernhard*, Die Implementierung des EG-Rechts in Österreich, S. 6 f. Ebenfalls bis zur Änderung von 2003 nicht in den Anwendungsbereich der Seveso-II-Richtlinie waren zwei schwere Bergwerksunglücke in Spanien (1998) und Rumänien (2000) gefallen – ausführlich zu diesen und den auf sie zurückzuführenden Änderungen durch die Richtlinie 2003/105/EG: *Bernhard*, Die Implementierung des EG-Rechts in Österreich, S. 6.

36 Zahlen (Enschede) nach *Bernhard*, Die Implementierung des EG-Rechts in Österreich, S. 6.

37 Zahl (Enschede) nach *N.N.*, Enschede. Über Enschede. Geschichte, http://www.stadtenschede.de/uber-enschede/geschichte/.

38 Zahlen (Toulouse) nach *Dissy*, AZF, l'enquête secrète. Le Mystère de la Trace Noire ou comment AZF a explosé (résumé); zum Unglück von Toulouse und seinen Auswirkungen auf die Änderung der Seveso-II-Richtliniie auch *Bernhard*, Die Implementierung des EG-Rechts in Österreich, S. 7.

Seveso-Richtlinien.[39] Die Richtlinie 2003/105/EG vom 16.12.2003[40] trat – nach einigen Uneinigkeiten auf Unionsebene während ihres Entstehungsprozesses[41] – gemäß ihres Art. 3 am Tag ihrer Veröffentlichung im Amtsblatt der Europäischen Union, mithin am 31.12.2003, in Kraft. Sie löste die Richtlinie 96/82/EG nicht ab, sondern änderte diese. Als „Seveso-II-Richtlinie" wird in der Regel die Richtlinie 96/82/EG in der Fassung der Richtlinie 2003/105/EG bezeichnet.[42] Gemäß Art. 2 der Richtlinie 2003/105/EG mussten die Mitgliedstaaten die Neuerungen bis zum 01.07.2005 umgesetzt haben. Die Richtlinie 2003/105/EG hatte – stark von den aktuellen Industrieunfällen geprägt – nach eigener Aussage insbesondere eine Erweiterung des Anwendungsbereichs der Richtlinie 96/82/EG im Blick; betroffen waren vor allem Korrekturen der Liste mit Stoffen und deren Mengenschwellen.[43] Deutlich wird die Zielsetzung auch in den an Art. 12

---

39 Zu den konkreten Zusammenhängen zwischen genannten Unfällen und der Richtlinienänderung aus dem Jahr 2003: *Bernhard*, Die Implementierung des EG-Rechts in Österreich, S.6 f. Die Änderungen der Seveso-II-Richtlinie durch die im Jahr 2008 erlassene Verordnung (EG) Nr. 1137/2008 des europäischen Parlaments und des Rates vom 22. Oktober 2008 zur Anpassung einiger Rechtsakte, für die das Verfahren des Artikels 251 des Vertrags gilt, an den Beschluss 1999/468/EG des Rates in Bezug auf das Regelungsverfahren mit Kontrolle, ABlEU Nr. L 311 vom 21.11.2008, S. 1– 54 beziehen sich nicht speziell auf Art. 12 der Seveso-II-Richtlinie, das heißt mithin auch nicht auf das darin verankerte Abstandsgebot. Den dort vorgenommenen Änderungen soll daher hier keine weitere Beachtung geschenkt werden.

40 Richtlinie 2003/105/EG des europäischen Parlaments und des Rates vom 16. Dezember 2003 zur Änderung der Richtlinie 96/82/EG des Rates zur Beherrschung der Gefahren bei schweren Unfällen mit gefährlichen Stoffen, ABlEU Nr. L 345 vom 31.12.2003, S. 97–105.

41 Siehe zur Entstehungsgeschichte der Richtlinie 2003/105/EG ausführlich *Bernhard*, Die Implementierung des EG-Rechts in Österreich, S. 5 f., insbesondere auch S. 5 f. Fn. 14–17.

42 So beispielsweise *Kukk*, ZfBR 2012, 219 (219); *Schmitt/Kreutz*, NVwZ 2012, 483 (483, Fn. 1); *Uechtritz*, BauR 2012, 1039 (1039); im folgenden Text „Seveso-II-Richtlinie". Wenn im Folgenden also von der „Seveso-II-Richtlinie" oder der „Richtlinie 96/82/EG" gesprochen wird, meint die Verfasserin damit – sofern nicht explizit anders gekennzeichnet – stets die durch die Richtlinie 2003/105/EG geänderte Version der Richtlinie 96/82/EG.

43 Richtlinie 2003/105/EG des europäischen Parlaments und des Rates vom 16. Dezember 2003 zur Änderung der Richtlinie 96/82/EG des Rates zur Beherrschung der Gefahren bei schweren Unfällen mit gefährlichen Stoffen, ABlEU Nr. L 345 vom 31.12.2003, S. 97 (97, Rn. 2, 5, 6 und 8); ausführlich zu Hintergründen sowie Inhalten der Richtlinie 2003/105/EG: *Liu*, Europäisierung des deutschen Umweltrechts, S. 145 f.

der Richtlinie vorgenommenen Änderungen: Wohingegen die Richtlinie 96/82/ EG noch lediglich von *„Wohngebieten, öffentlich genutzten Gebieten und unter dem Gesichtspunkt des Naturschutzes besonders wertvollen bzw. besonders empfindlichen Gebieten"* sprach (vgl. dort Art. 12 Abs. 1 UAbs. 2), bezog die Richtlinie 2003/105/EG in den Anwendungsbereich des Abstandsgebots auch einzelne öffentlich genutzte Gebäude sowie wichtige Verkehrswege (letztere nur *„so weit wie möglich"*) mit ein (vgl. zur entsprechenden Änderung des Art. 12 Abs. 1 UAbs. 2 der Richtlinie 96/82/EG den Art. 1 Nr. 7 der Richtlinie 2003/105/EG).

Die gemeinhin als „Seveso-III-Richtlinie" bezeichnete Richtlinie 2012/18/EU des europäischen Parlaments und des Rates vom 4. Juli 2012 zur Beherrschung der Gefahren schwerer Unfälle mit gefährlichen Stoffen, zur Änderung und anschließenden Aufhebung der Richtlinie 96/82/EG des Rates[44] zählt – gleichsam als Beleg für die anhaltende Relevanz der Thematik – erneut zahlreiche Beispiele für schwere Industrieunfälle auf. Neben den bereits bisher Genannten stand die Explosion im Tanklager Buncefield bei Hemel Hempstead nördlich von London im Dezember 2005 im Visier.[45] Am 24.07.2012 wurde die Richtlinie 2012/18/EU im Amtsblatt der EU veröffentlicht. Sie ersetzt die Seveso-II-Richtlinie. Richtlinie 96/82/EG in der durch Richtlinie 2003/105/EG geänderten Fassung wurde gemäß Art. 32 Abs. 1 der Richtlinie 2012/18/EU mit Wirkung vom 01.06.2015 aufgehoben. Richtlinie 2012/18/EU ist gemäß ihres Art. 33 bereits am 13.08.2012 in Kraft getreten. Die Frist der Mitgliedstaaten zur Umsetzung der Richtlinienvorgaben in nationales Recht lief am 31.05.2015 aus, vgl. Art. 31 Abs. 1 UAbs. 1 S. 1 der Richtlinie 2012/18/EU. Sinn und Ziele[46] auch der neusten Richtlinie sind *„die Verhütung schwerer Unfälle mit gefährlichen Stoffen und (…) die Begrenzung der Unfallfolgen für die menschliche Gesundheit und die Umwelt (…), um (…) in der ganzen Union ein hohes Schutzniveau zu gewährleisten."* (so in Auszügen Art. 1 der Richtlinie). Hintergrund für die neue Richtlinie war zum einen das Bestreben der Europäischen Union, das bereits bestehende hohe Niveau eines Schutzes von

---

44 Richtlinie 2012/18/EU des europäischen Parlaments und des Rates vom 4. Juli 2012 zur Beherrschung der Gefahren schwerer Unfälle mit gefährlichen Stoffen, zur Änderung und anschließenden Aufhebung der Richtlinie 96/82/EG des Rates, ABlEU Nr. L 197 vom 24.07.2012, S. 1–37.

45 Richtlinie 2012/18/EU des europäischen Parlaments und des Rates vom 4. Juli 2012 zur Beherrschung der Gefahren schwerer Unfälle mit gefährlichen Stoffen, zur Änderung und anschließenden Aufhebung der Richtlinie 96/82/EG des Rates, ABlEU Nr. L 197 vom 24.07.2012, S. 1 (1, Rn. 2).

46 Wenn auch – anders als noch in Art. 1 der Vorgängerrichtlinie 96/82/EG (auch noch in der Fassung der Richtlinie 2003/105/EG – nicht mehr explizit als Zweck bezeichnet.

Mensch und Umwelt vor Industrieunfällen zumindest zu erhalten beziehungsweise noch zu verbessern.[47] Wurde dieses Schutzniveau mit der Richtlinie 96/82/EG zwar bereits angehoben, da mit ihrer Hilfe Wahrscheinlichkeit und Folgen von Industrieunfällen reduziert werden konnten, war erschreckende Bilanz einer Überprüfung der Richtlinie 96/82/EG aber, dass die Häufigkeit schwerer Unfälle konstant blieb.[48] Insbesondere mit Fokus auf die Verhinderung schwerer Unfälle schien es der EU daher *„angebracht, die Richtlinie 96/82/EG zu ersetzen, um sicherzustellen, dass das bestehende Schutzniveau erhalten bleibt und weiter verbessert wird (...)".*[49] Ein anderer zentraler Grund für den Änderungsbedarf ist eher formal-technischer Natur: Die im Anhang I der Richtlinie 96/82/EG befindliche Auflistung gefährlicher Stoffe musste angepasst werden an ein mit der Verordnung (EG) Nr. 1272/2008[50] einhergehendes geändertes Klassifizierungssystem.[51]

II. Struktur und Inhalt der Richtlinien – von Seveso I bis III

Anders als die nachfolgenden Richtlinien verfolgte die Seveso-I-Richtlinie noch einen *„anlagenbezogenen Regelungsansatz"*[52] in dem Sinne, dass – so ist es Art. 1 Abs. 2 a) i. V. m. Anhang I beziehungsweise II der Richtlinie zu entnehmen – nicht

---

47 Vgl. hierzu Richtlinie 2012/18/EU des europäischen Parlaments und des Rates vom 4. Juli 2012 zur Beherrschung der Gefahren schwerer Unfälle mit gefährlichen Stoffen, zur Änderung und anschließenden Aufhebung der Richtlinie 96/82/EG des Rates, ABlEU Nr. L 197 vom 24.07.2012, S. 1 (1, Rn. 2).

48 Richtlinie 2012/18/EU des europäischen Parlaments und des Rates vom 4. Juli 2012 zur Beherrschung der Gefahren schwerer Unfälle mit gefährlichen Stoffen, zur Änderung und anschließenden Aufhebung der Richtlinie 96/82/EG des Rates, ABlEU Nr. L 197 vom 24.07.2012, S. 1 (1, Rn. 3).

49 Richtlinie 2012/18/EU des europäischen Parlaments und des Rates vom 4. Juli 2012 zur Beherrschung der Gefahren schwerer Unfälle mit gefährlichen Stoffen, zur Änderung und anschließenden Aufhebung der Richtlinie 96/82/EG des Rates, ABlEU Nr. L 197 vom 24.07.2012, S. 1 (1, Rn. 3 f.).

50 Verordnung (EG) Nr. 1272/2008 des Europäischen Parlaments und des Rates vom 16. Dezember 2008 über die Einstufung, Kennzeichnung und Verpackung von Stoffen und Gemischen, zur Änderung und Aufhebung der Richtlinien 67/548/EWG und 1999/45/EG und zur Änderung der Verordnung (EG) Nr. 1907/2006, ABlEU Nr. L 353 vom 31.12.2008, S. 1–1355.

51 Vgl. hierzu die näheren Erläuterungen in Richtlinie 2012/18/EU des europäischen Parlaments und des Rates vom 4. Juli 2012 zur Beherrschung der Gefahren schwerer Unfälle mit gefährlichen Stoffen, zur Änderung und anschließenden Aufhebung der Richtlinie 96/82/EG des Rates, ABlEU Nr. L 197 vom 24.07.2012, S. 1 (2, Rn. 9, 11).

52 *Liu*, Europäisierung des deutschen Umweltrechts, S. 143.

auf einen ganzen Betrieb sondern nur auf die einzelne Anlage abgestellt wurde. Der Anwendungsbereich der Seveso-I-Richtlinie zielte vorwiegend auf Mitteilungs- (z. B. Art. 5, Art. 10 Abs. 1 b, Art. 11 Abs. 2 und 3), Unterrichtungs- (z. B. Art. 6, 8 Abs. 1, 10 Abs. 1 a, Art. 11 Abs. 1) und Nachweispflichten (z. B. Art. 4) der Betreiber von Industrietätigkeiten. Im Schwerpunkt zeichnete sich in Richtlinie 82/501/EWG damit noch eine Konzentration auf die Gefahrabwehr durch Betreiberpflichten (vor allem sicherheitstechnische Vorkehrungen) und unterstützende Informationspflichten ab.[53]

Inhaltlich baute die Seveso-II-Richtlinie – also die durch die Richtlinie 2003/105/EG geänderte Richtlinie 96/82/EG – freilich auf ihrer Vorgänger-Richtlinie 82/501/EWG auf. Mitunter als *„fundamentaler Systemwechsel"*[54] im Vergleich zur Richtlinie 82/501/EWG wird es aber gesehen, dass in Richtlinie 96/82/EG nicht mehr nur auf die einzelne Anlage, sondern auf den *„Betrieb"* im Ganzen (siehe Art. 3 Nr. 1 der Richtlinie 96/82/EG) abgestellt wurde, dessen Bestandteil im Sinne einer „technischen Einheit" die einzelne Anlage nur ist (Art. 3 Nr. 2 der Richtlinie 96/82/EG). Jedoch war der – im Vergleich zur Richtlinie 82/501/EWG erweiterte[55] (Betrieb statt Anlage[56]) – Anwendungsbereich der Richtlinie erst eröffnet, wenn in diesen Betrieben bestimmte Mengen/Schwellenwerte bestimmter im Anhang I der Richtlinie genannter gefährlicher Stoffe (siehe zum Begriff Art. 3 Nr. 4 der Richtlinie 96/82/EG) erreicht oder überschritten waren, vgl. Art. 2 Abs. 1 UAbs. 1 der Seveso-II-Richtlinie. Diese Mengenschwellen wurden zum Ausgleich für den erweiterten Anwendungsbereich gegenüber der Richtlinie 82/501/EWG weit heraufgesetzt.[57] Im Anwendungsbereich der Seveso-II-Richtlinie kann grob untergliedert werden: Erstens – präventiv wirkende Anforderungen in Bezug auf die jeweiligen Störfallbetriebe[58], namentlich allgemeine (Art. 5) sowie besondere (Art. 6 ff.) Betreiberpflichten. Erhalten blieb

---

53 Ähnlich z.B. *Louis/Wolf*, NUR 2007, 1 (1).

54 *Liu*, Europäisierung des deutschen Umweltrechts, S. 143.

55 Feststellend *Liu*, Europäisierung des deutschen Umweltrechts, S. 143; ebenso *Grüner*, Planerischer Störfallschutz, S. 19.

56 Klarstellend insoweit deutlich *Uth*, Störfall-Verordnung, S. 35; *Liu*, Europäisierung des deutschen Umweltrechts, S. 143.

57 Bestätigend *Liu*, Europäisierung des deutschen Umweltrechts, S. 143.

58 Dem Begriff „Störfallbetrieb" kommt bei der Bearbeitung kein über die Einordnung eines Betriebs als „Betrieb" im Sinne der Seveso-Richtlinien hinausgehender Aussagegehalt zu. Der Begriff des „Störfalls" entstammt der nationalen Terminologie; die Seveso-Richtlinien sprechen insoweit vom „schweren Unfall" – zwischen den Begriffen „Störfall" und „schwerer Unfall" wird hier inhaltlich nicht weitergehend differenziert. Siehe hierzu Seite 100 ff.

insbesondere die „*grundlegende*"[59] Pflicht der Betreiber, schwere Unfälle zu verhüten und deren Folgen zu begrenzen (vormals Art. 3 der Richtlinie 82/501/ EGW, dann Art. 5 der Richtlinie 96/82/EG). Weitergehend sollte aber ein „*System [i. Orig.: -s] zum Sicherheitsmanagement*"[60] errichtet werden. Art. 9 verlangte daher unter der Überschrift „*Sicherheitsbericht*" dazu von unter die Richtlinie fallenden Betreibern die Erstellung eines Sicherheitsberichts, in dem unter anderem dargelegt werden muss, dass ein Unfallverhütungskonzept (im Sinne des Art. 7) umgesetzt wurde und zu seiner Anwendung ein Sicherheitsmanagement gemäß Anhang III der Richtlinie vorhanden ist, siehe Art. 9 Abs. 1 a) der Seveso-II-Richtlinie. Zweitens – Vorgaben bezüglich *der „Überwachung der Ansiedlung"* (Art. 12), insbesondere der Abstandswahrung zwischen diesen Betrieben auf der einen und schutzbedürftigen Nutzungen auf der anderen Seite (Art. 12 Abs. 1 UAbs. 2).[61]

Die Strukturierung der neuesten – die bisherige Seveso-II-Richtlinie nicht nur abändernden (insoweit siehe nur Art. 30 der Seveso-III-Richtlinie), sondern komplett ersetzenden (vgl. nur Art. 31–33 der Seveso-III-Richtlinie) – Seveso-III-Richtlinie ähnelt ihrer Vorgängerin: Nach den einleitenden Vorschriften zu Gegenstand, Anwendungsbereich und Begrifflichkeiten (Art. 1 ff. der Seveso-III-Richtlinie) folgen in den Art. 5 ff. wie schon bisher hauptsächlich Betreiberpflichten. Den Art. 12 der Seveso-II-Richtlinie zur „*Überwachung der Ansiedlung*" ersetzt der neue, gleichnamige Art. 13 der Seveso-III-Richtlinie. Dies bestätigt die Entsprechungstabelle in Anhang VII zur Seveso-III-Richtlinie, auf welche in Art. 32 Abs. 2 der Seveso-III-Richtlinie auch eigens verwiesen wird. Art. 13 folgen im Wesentlichen Vorschriften zum Thema „Information" (Art. 14–23 der Seveso-III-Richtlinie). Diverse Neuerungen sowie die „üblichen" Regelungen zu Umsetzungsfrist, Aufhebung von Vorgänger-Richtlinien, Inkrafttreten und Adressatenkreis finden sich schließlich in den Art. 24 ff. der Seveso-III-Richtlinie.

Insgesamt bleibt trotz der Novellierung zwar Vieles weitgehend gleich, zum Beispiel stellt Art. 2 der Seveso-III-Richtlinie – in der Sache, wenn auch nicht im genauen Wortlaut, entsprechend der Vorgängerrichtlinie – klar, dass die Richtlinie (nur) „*für Betriebe im Sinne von Artikel 3 Nummer 1*" gilt, also für Betriebe,

---

59 *Grüner*, Planerischer Störfallschutz, S. 19.
60 Grüner, Planerischer Störfallschutz, S. 19.
61 Eine vergleichbare Zweiteilung der Regelungen der Seveso-II-Richtlinie nehmen auch *Schröer/Kümmel*, NZBau 2011, 742 (742) vor. Tatsächlich finden sich in Art. 13 ff. der Seveso-II-Richtlinie außerdem noch zahlreiche Vorschriften zu den Themen Information und Unterrichtung und vor allem in Art. 11 und 18 Vorgaben für eine behördliche Überwachung; diese spielen vorliegend jedoch keine tragende Rolle.

in denen gefährliche Stoffe im Sinne des Anhangs I Teil 1 oder 2 (vgl. hierzu auch Art. 3 Nr. 10 der Seveso-III-Richtlinie) vorhanden sind (vgl. zu Letzterem Art. 3 Nr. 12 der Seveso-III-Richtlinie). Einige inhaltliche Neuerungen fallen jedoch ins Auge, so insbesondere die Regelungen zur Öffentlichkeitsbeteiligung in Art. 15 der Seveso-III-Richtlinie[62] sowie die in Art. 24 der Seveso-III-Richtlinie vorgesehenen „*Leitlinien*", welche die Kommission zum Sicherheitsabstand ausarbeiten kann[63].

III. Ziel und Vorgehensweise der Untersuchung

Doch auch mit der neusten der Seveso-Richtlinien hat sich die Thematik keinesfalls erledigt: Zum einen geschahen und geschehen „richtlinienrelevante" Industrieunglücke in der Vergangenheit wie auch heute vielerorts. Zum anderen existierten bereits vor einigen Jahren allein in der Bundesrepublik Deutschland – freilich in unterschiedlicher Konzentrationsdichte – schon circa 8000 Anlagen, die der Seveso-Richtlinie unterfielen.[64] Die noch weitaus größere Masse an störanfälligen Nutzungen in der jeweiligen Nachbarschaft dieser Betriebe sei hier hervorgehoben. Das lässt einen Rückschluss darauf zu, welches Gefahrpotential für die Zukunft der Thematik innewohnt. Die zahlreichen Unglücksfälle im Zusammenhang mit Industrieanlagen haben auf Unionsebene dazu geführt, dass immer neue und immer weitergehende Überlegungen angestellt wurden, wie man solche Katastrophen künftig verhindern könnte.[65] Doch jenseits aller Regelungen auf Unionsebene muss man sehen, dass sowohl die in Rede stehenden Industrieanlagen, als auch die durch diese womöglich „bedrohten" schutzbedürftigen Nutzungen sich doch stets auf dem Territorium der einzelnen (Mitglieds-) Staaten befinden. Dies birgt zum einen Herausforderungen bei der Ausweisung von Flächen zu unterschiedlichen Nutzungen und hat mithin auf nationaler Ebene einen deutlichen planungsrechtlichen Bezug. Ziel der

---

62 Gemäß Art. 15 Abs. 1 müssen die Mitgliedsstaaten künftig in bestimmten Fällen – nämlich bei Planungen sowohl neuer Störfallbetriebe als auch neuer schutzwürdiger Nutzungen im Sinne des neuen Art. 13 sowie im Fall von wesentlichen Änderungen von Betrieben gemäß des neuen Art. 11 – für eine frühzeitige Öffentlichkeitsbeteiligung sorgen.

63 Mit diesem Einschub in die Richtlinienvorgaben besteht erstmals die Option, Anhaltspunkte zur Ermittlung – zumindest einer Methodik – der „Angemessenheit" von Sicherheitsabständen auf unionsrechtlicher Ebene den Mitgliedstaaten an die Hand zu geben.

64 *Louis/Wolf*, NUR 2007, 1 (1).

65 Im Einzelnen vergleiche soeben zur Entwicklung der Seveso-Richtlinien.

vorliegenden Arbeit ist es jedoch, sich insbesondere mit den – sich aus dem europarechtlichen Abstandsgebot (Art. 13 Abs. 2 der Seveso-III-Richtlinie) ergebenden – Auswirkungen der unionsrechtlichen Vorgaben auf die Zulassung von Einzelvorhaben nach nationalem Recht detailliert zu befassen. Dabei steht im Fokus die aktuelle Rechtsprechung des EuGH und des BVerwG im Verfahren „Mücksch"[66] – und mithin die Frage nach den unionsrechtlichen Auswirkungen auf nationale Baugenehmigungsverfahren und -entscheidungen. Die rechtlichen *„Schwierigkeiten"*[67] hierbei, welche vorliegend die tragende Rolle spielen, ergeben sich aus der Nähe eines Vorhabens (ein öffentlich genutztes Gebäude als von der Seveso-Richtlinie erfasstes Schutzobjekt) zu einem der Richtlinie unterfallenden Industriebetrieb. Zusammenhänge zwischen den nationalen Regelungen des Bau- und Umweltrechts in Deutschland und den Seveso-Richtlinien auf Unionsebene müssen daher untersucht werden. Dass diese Konstellation eine Vielzahl rechtlicher – und freilich auch tatsächlicher – Probleme birgt, ist keine wirklich neue Erkenntnis. Bereits 2001 war in einer Kommentierung zur 12. BImSchV zu lesen: *„Insbesondere die Umsetzung des Art. 12* [Anm. d. Verf.: der Seveso-II-Richtlinie] *erfordert in Deutschland die Kooperation verschiedener Rechtsbereiche, wie Immissionsschutzrecht, Wasserrecht, Baurecht etc. Hinzu kommen die auf die verschiedenen Ebenen der Verwaltung verlagerten Entscheidungsbefugnisse in Sachen Raumplanung/Flächennutzung. Neben bundesrechtlichen Vorschriften gelten eine Fülle landes- und kommunalrechtlicher Bestimmungen."*[68] Die letztlich hinter der gesamten Untersuchung stehende zentrale Frage ist die, ob und wenn ja wie – zumindest im Zusammenspiel der unionsrechtlichen und nationalen Normen – den sich durch Betriebe im Sinne der Richtlinie ergebenden Gefahrpotentialen ohne weiteren gesetzgeberischen Handlungsbedarf auf der Grundlage des bestehenden Rechts

---

66 Auf den Vorlagebeschluss des BVerwG – BVerwG, Beschl. v. 03.12.2009 – 4 C 5/09, BauR 2010, 726 ff. – hin entschied in der Sache „Mücksch" der EuGH mit Urteil vom 15.09.2011, siehe EuGH, Urt. v. 15.09.2011, Rs. C-53/10 – Land Hessen ./. Franz Mücksch OHG, UPR 2011, 443 ff. Auf nationaler Ebene folgten hierauf insbesondere am 20.12.2012 die Urteile BVerwG, Urt. v. 20.12.2012 – 4 C 12/11 (Juris) und BVerwGE 145, 290 ff.

67 *Uechtritz*, BauR 2012, 1039 (1039). *Meßerschmidt* behandelt in seinem umfassenden Werk *„Europäisches Umweltrecht"* (2011) die Thematik der Seveso-Richtlinien dagegen leider nur sehr knapp, ohne auf die Genehmigungs-Ebene im entsprechenden Kapitel eigens einzugehen, vgl. *Meßerschmidt*, Europäisches Umweltrecht, § 19 Rn. 257 ff. Letzteres mag daran liegen, dass er den damaligen Art. 12 der Seveso-II-Richtlinie *„rechtssystematisch zum Raum- und Bauplanungsrecht"* zuordnet, siehe ebenda Rn. 269.

68 *Uth*, Störfall-Verordnung, S. 154.

in nationalen Baugenehmigungsverfahren beziehungsweise bei den jeweiligen Genehmigungsentscheidungen ausreichend Rechnung getragen werden kann. Die sich hinter dieser knappen Zielformulierung im Detail auffächernden Untersuchungsgegenstände sind zahlreich: Nach einem kurzen Blick auf die Genese des unionsrechtlichen Abstandsgebots soll zunächst ein Überblick über mögliche „Konstellationen eines Nebeneinanders", welche im Kontext von nach nationalem Recht zu erteilenden Genehmigungen relevant werden können, verschafft werden (hierzu unter B). Ein Blick auf die Bedeutung des unionsrechtlichen Abstandsgebots für die nationale (Raum-)Planung und die planerische Bewältigung der unionsrechtlichen Einflüsse (Teil C) bildet sodann in der Darstellung den Gegenpol zum Bereich der Vorhabenzulassung im Einzelfall. Schwerpunkt der Bearbeitung ist demgegenüber die Klärung der Bedeutung des unionsrechtlichen Abstandsgebots für die Einzelvorhaben-Zulassung schutzbedürftiger Nutzungen im Baugenehmigungsverfahren (Teil D). Im Detail soll hierbei zunächst auf die Rechtsprechung im Fall „Mücksch" (unter I.) sowie auf die Ausgangssituation im Rahmen baurechtlicher Genehmigungsentscheidungen nach nationalem Recht (unter II.) eingegangen werden. Zentral klärungsbedürftig ist sodann – losgelöst vom konkreten Fall „Mücksch" – die Frage nach der Relevanz des unionsrechtlichen Abstandsgebots nach Art. 13 Abs. 2 der Seveso-III-Richtlinie bei behördlichen Zulassungsentscheidungen über schutzbedürftige Nutzungen (unter III.). Schließlich wird – sofern eine Relevanz unter III. nachgewiesen werden konnte – noch zu klären sein, wie beziehungsweise an welcher Stelle die unionsrechtlichen Vorgaben im nationalen Recht bei der Genehmigung schutzbedürftiger Nutzungen Eingang finden können und müssen (unter IV.).

Für die vorliegende Arbeit sind wie schon gesagt insbesondere die Entscheidungen im Fall „Mücksch" des BVerwG vom 20.12.2012 in der Revisionsinstanz sowie das – auf entsprechenden Vorlagebeschluss des BVerwG im Revisionsverfahren hin ergangene – Urteil des EuGH vom 15.09.2011 relevant. Ohne näher hierauf einzugehen, legen die genannten Entscheidungen als maßgebliche rechtliche Grundlage *„Art. 12 Abs. 1 der Richtlinie 96/82/EG des Rates vom 9.12.1996 zur Beherrschung der Gefahren bei schweren Unfällen mit gefährlichen Stoffen (Abl. 1997, L 10, S. 13) in der durch die Richtlinie 2003/105/EG des Europäischen Parlaments und des Rates vom 16.12.2003 (ABl. L 345; S. 97) geänderten Fassung"*[69]

---

69 So wörtlich die Formulierung des EuGH in EuGH, Urt. v. 15.09.2011, Rs. C-53/10 – Land Hessen ./. Franz Mücksch OHG, UPR 2011, 443 (443, Rn. 1).

zugrunde.[70] Die gesamte dem Fall Mücksch zugrunde gelegte – durch Richtlinie 2003/105/EG geänderte – Richtlinie 96/82/EG wurde ihrerseits durch die bereits am 13.08.2012 in Kraft getretene Richtlinie 2012/18/EU abgelöst, deren Umsetzungsfrist am 31.05.2015 ablief. Die Seveso-II-Richtlinie (Richtlinie 96/82/EG in ihrer durch die Richtlinie 2003/105/EG geänderten Form) wurde nämlich gemäß Art. 32 Abs. 1 der Richtlinie 2012/18/EU „mit Wirkung vom 01. Juni 2015 aufgehoben." Insbesondere die Jahre 2013 bis 2015 bilden daher eine Zeitspanne, in der sich Seveso-II-Richtlinie und Seveso-III-Richtlinie „zeitlich kreuzten"[71]. Die Richtlinienvorgaben zum unionsrechtlichen Abstandsgebot sind nun in Art. 13 Abs. 2 der Richtlinie 2012/18/EU normiert, ohne dass sich im vorliegend einschlägigen Bereich des Art. 13 Abs. 2 lit. a) der Seveso-III-Richtlinie gegenüber der Regelung in Art. 12 Abs. 1 UAbs. 2 der Seveso-II-Richtlinie relevante Änderungen ergeben hätten.[72] Die Überlegungen zu vorliegender Arbeit legen zugrunde, dass die Umsetzungsfrist für eine in Geltung befindliche Richtlinie abgelaufen ist und nehmen – insbesondere mit Blick auf die Umsetzung durch die Mitgliedstaaten – die dann aktuelle nationale Rechtslage in den Blick. Die Arbeit konzentriert sich auf die Rechts- und Gesetzeslage zum Zeitpunkt ihrer Fertigstellung (September 2015). Eine Berücksichtigung von Rechtsprechung und Literatur konnte bis zu diesem Datum erfolgen.

---

70 Auch der VGH Kassel, an welchen nach der Entscheidung des BVerwG vom 20.12.2012 zurückverwiesen wurde, legt diese Richtlinie (96/82/EG in der Fassung der Richtlinie 2003/105/EG) zugrunde; siehe hierzu VGH Kassel, Urteil vom 11.03.2015; 4 A 654/13; juris, insbesondere Rn. 24 ff. Aus den Ausführungen des VGH in Rn. 20 kann diese Vorgehensweise noch nicht unbedingt erschlossen werden, da im dort als – für unter anderem die Rechtslage – maßgeblich bezeichneten „Zeitpunkt der Erteilung der (...) bauaufsichtlichen Zulassungsentscheidung [Anm. d. Verf.: Bauvorbescheid vom 27.04.2005]" die Umsetzungsfrist für die Richtlinie 2003/105/EG (welche öffentlich genutzte Gebäude erst in Art. 12 Abs. 1 UAbs. 2 der Richtlinie 96/82/EG einfügte) noch gar nicht abgelaufen war. Dies war erst zum 01.07.2005 der Fall.

71 Die Seveso-II-Richtlinie wurde erst mit Wirkung vom 01.06.2015 aufgehoben. Die Seveso-III-Richtlinie ist aber bereits am 13.08.2012 in Kraft getreten; ihre Umsetzungsfrist lief am 31.05.2015 aus.

72 Siehe hierzu Seite 18 ff.

B) Genese des unionsrechtlichen Abstandsgebots und mögliche Konstellationen

I. Von Art. 12 Abs. 1 UAbs. 2 der Richtlinie 96/82/EG zu Art. 13 Abs. 2 der Richtlinie 2012/18/EU

1. Genese der Vorschrift über mehrere Richtlinien hinweg

a) Entwicklung

Eine Vorgängernorm zu Art. 12 der Seveso-II-Richtlinie sucht man in der Vorgängerrichtlinie 82/501/EWG noch vergeblich. Art. 12 der Seveso-II-Richtlinie trug in der deutschen Fassung die Überschrift „*Überwachung der Ansiedlung*".[73] In der englischen Version war er mit dem Begriff „*Land-Use Planning*" überschrieben.[74] Über das in Art. 12 Abs. 1 UAbs. 2 der Seveso-II-Richtlinie enthaltene Abstandsgebot waren der Norm zudem ein Berücksichtigungsgebot in Art. 12 Abs. 1 UAbs. 1 S. 1 sowie ein Überwachungsgebot in Art. 12 Abs. 1 UAbs. 1 S. 2 immanent.[75] Das Abstandsgebot des Art. 12 der Seveso-II-Richtlinie war inhaltlich auf eine räumliche Trennung zwischen Industriebetrieb und schutzbedürftigen Nutzungen ausgelegt. Die Auswirkungen eines sogenannten „*Dennoch-Störfalles*"[76] – das heißt eines Störfalles, der sich trotz aller betriebsbezogenen Sicherheitsmaßnahmen zutragen kann[77] – sollten durch die Einhaltung von angemessenen Abständen so gering wie möglich gehalten werden.[78] Die ursprüngliche Fassung dieses Abstandsgebots fand sich bereits in Art. 12 Abs. 1 UAbs. 2 der Richtlinie 96/82/EG in deren Ausgangsfassung von 1996, der seither die EU-Mitgliedstaaten dazu anhielt, langfristig für angemessene Abstände zwischen Betrieben (die mit besonders gefährlichen Stoffen im Sinne

---

73 Richtlinie 96/82/EG des Rates vom 9. Dezember 1996 zur Beherrschung der Gefahren bei schweren Unfällen mit gefährlichen Stoffen, ABlEG Nr. L 10 vom 14.01.1997, S. 13 (18).

74 *König/Darimont*, UPR 2012, 286 (286).

75 Ausführlich zu Berücksichtigungs- und Überwachungsgebot *Grüner*, Planerischer Störfallschutz, S. 67 ff. m. w. N.

76 Begriff z.B. bei *Berkemann*, ZfBR 2010, 18 (33); siehe auch *Uechtritz*, BauR 2012, 1039 (1041).

77 Zum Begriffsverständnis siehe *Uechtritz*, BauR 2012, 1039 (1041, Fn. 12) m.w.N.

78 So z.B. *Berkemann*, ZfBR 2010, 18 (18, 21 f. m.w.N. in Fn. 29).

der Richtlinie agieren) einerseits und andererseits benachbarten Wohngebieten, öffentlich genutzten Gebieten und unter dem Gesichtspunkt des Naturschutzes besonders wertvollen beziehungsweise besonders empfindlichen Gebieten zu sorgen.[79] 2003 wurde Art. 12 Abs. 1 UAbs. 2 durch Art. 1 Nr. 7 a) der Richtlinie 2003/105/EG abgeändert und erfasste seither auch öffentlich genutzte Gebäude, Freizeitgebiete und – so weit wie möglich – wichtige Verkehrswege auf der Seite schutzbedürftiger Nutzungen.[80] Die mit Richtlinie 2003/105/EG verbundenen Änderungen in Art. 12 sollten – betrachtet man beispielsweise den 14. Richtlinienerwägungsgrund[81] – offenbar nicht eine Erweiterung darstellen, sondern vielmehr wohl präzisierend wirken.[82]

Art. 12 der Richtlinie 96/82/EG in der Fassung der Richtlinie 2003/105/EG lautete:

„Artikel 12

Überwachung der Ansiedlung

(1) Die Mitgliedstaaten sorgen dafür, daß in ihren Politiken der Flächenausweisung oder Flächennutzung und/oder anderen einschlägigen Politiken das Ziel, schwere Unfälle zu verhüten und ihre Folgen zu begrenzen, Berücksichtigung findet.

Dazu überwachen sie

a) die Ansiedlung neuer Betriebe,

b) Änderungen bestehender Betriebe im Sinne des Artikels 10,

c) neue Entwicklungen in der Nachbarschaft bestehender Betriebe wie beispielsweise Verkehrswege, Örtlichkeiten mit Publikumsverkehr, Wohngebiete, wenn diese Ansiedlungen oder Maßnahmen das Risiko eines schweren Unfalls vergrößern oder die Folgen eines solchen Unfalls verschlimmern können.

---

79 Wortlaut der Norm siehe Richtlinie 96/82/EG des Rates vom 9. Dezember 1996 zur Beherrschung der Gefahren bei schweren Unfällen mit gefährlichen Stoffen, ABlEG Nr. L 10 vom 14.01.1997, S. 13 (19).

80 Richtlinie 2003/105/EG des europäischen Parlaments und des Rates vom 16. Dezember 2003 zur Änderung der Richtlinie 96/82/EG des Rates zur Beherrschung der Gefahren bei schweren Unfällen mit gefährlichen Stoffen, ABlEU Nr. L 345 vom 31.12.2003, S. 97 (99).

81 Richtlinie 2003/105/EG des europäischen Parlaments und des Rates vom 16. Dezember 2003 zur Änderung der Richtlinie 96/82/EG des Rates zur Beherrschung der Gefahren bei schweren Unfällen mit gefährlichen Stoffen, ABlEU Nr. L 345 vom 31.12.2003, S. 97 (98, Rn. 14).

82 So auch *Berkemann*, ZfBR 2010, 18 (18).

Die Mitgliedstaaten sorgen dafür, dass in ihrer Politik der Flächenausweisung oder Flächennutzung und/oder anderen einschlägigen Politiken sowie den Verfahren für die Durchführung dieser Politiken langfristig dem Erfordernis Rechnung getragen wird, dass zwischen den unter diese Richtlinie fallenden Betrieben einerseits und Wohngebieten, öffentlich genutzten Gebäuden und Gebieten, wichtigen Verkehrswegen (so weit wie möglich), Freizeitgebieten und unter dem Gesichtspunkt des Naturschutzes besonders wertvollen bzw. besonders empfindlichen Gebieten andererseits ein angemessener Abstand gewahrt bleibt und dass bei bestehenden Betrieben zusätzliche technische Maßnahmen nach Artikel 5 ergriffen werden, damit es zu keiner Zunahme der Gefährdung der Bevölkerung kommt.

(1a) (...)

(2) (...)"[83]

In der Seveso-III-Richtlinie vom 04.07.2012 finden sich Berücksichtigungs- und Überwachungsgebot nun in Art. 13 Abs. 1 S. 1 und 2, das Abstandsgebot in Art. 13 Abs. 2 der Seveso-III-Richtlinie; Art. 13 firmiert weiterhin unter dem Titel *„Überwachung der Ansiedlung"*.[84]

Die Vorschrift lautet heute:

„Artikel 13

Überwachung der Ansiedlung

(1) Die Mitgliedstaaten sorgen dafür, dass in ihren Politiken der Flächenausweisung oder Flächennutzung oder anderen einschlägigen Politiken das Ziel, schwere Unfälle zu verhüten und ihre Folgen für die menschliche Gesundheit und die Umwelt zu begrenzen, Berücksichtigung findet.

Dazu überwachen sie

a) die Ansiedlung neuer Betriebe;

b) Änderungen von Betrieben im Sinne des Artikels 11;

c) neue Entwicklungen in der Nachbarschaft von Betrieben, einschließlich Verkehrswegen, öffentlich genutzten Örtlichkeiten und Wohngebieten, wenn diese Ansiedlungen oder Entwicklungen Ursache von schweren Unfällen sein oder das Risiko eines schweren Unfalls vergrößern oder die Folgen eines solchen Unfalls verschlimmern können.

---

83   Zusammensetzung bestehend aus der ursprünglichen Fassung des Art. 12 der Seveso-II-Richtlinie unter Berücksichtigung seiner Änderung.

84   Richtlinie 2012/18/EU des europäischen Parlaments und des Rates vom 4. Juli 2012 zur Beherrschung der Gefahren schwerer Unfälle mit gefährlichen Stoffen, zur Änderung und anschließenden Aufhebung der Richtlinie 96/82/EG des Rates, ABlEU Nr. L 197 vom 24.07.2012, S. 1 (11); siehe zudem die Entsprechungstabelle in Anhang VII der Richtlinie 2012/18/EU mit dem einschlägigen Abschnitt a.a.O. S. 34.

(2) Die Mitgliedstaaten sorgen dafür, dass in ihrer Politik der Flächenausweisung oder Flächennutzung oder anderen einschlägigen Politiken sowie den Verfahren für die Durchführung dieser Politiken langfristig dem Erfordernis Rechnung getragen wird,

a) dass zwischen den unter diese Richtlinie fallenden Betrieben einerseits und Wohngebieten, öffentlich genutzten Gebäuden und Gebieten, Erholungsgebieten und – soweit möglich – Hauptverkehrswegen andererseits ein angemessener Sicherheitsabstand gewahrt bleibt;

b) dass unter dem Gesichtspunkt des Naturschutzes besonders wertvolle bzw. besonders empfindliche Gebiete in der Nachbarschaft von Betrieben erforderlichenfalls durch angemessene Sicherheitsabstände oder durch andere relevante Maßnahmen geschützt werden;

c) dass bei bestehenden Betrieben zusätzliche technische Maßnahmen nach Artikel 5 ergriffen werden, damit es zu keiner Zunahme der Gefährdung der menschlichen Gesundheit und der Umwelt kommt.

(3) (...)

(4) (...)[85]

b) Vergleich von Art. 12 Abs. 1 UAbs. 2 der Seveso-II-Richtlinie mit Art. 13 Abs. 2 der Seveso-III-Richtlinie

Art. 12 Abs. 1 UAbs. 2 der Seveso-II-Richtlinie und Art. 13 Abs. 2 der Seveso-III-Richtlinie stehen sich in ihrer jeweiligen Formulierung sehr nahe. Gleichwohl hat der Richtliniengeber bei Abfassung der Seveso-III-Richtlinie einige Veränderungen im Wortlaut vorgenommen, womit sich freilich fragen lässt, ob diese Veränderungen eher „kosmetischer Natur" waren oder ob sich hierdurch Änderungen „in der Sache" ergeben. Keine inhaltliche Neuerung sondern lediglich den Verzicht auf ein grammatikalisch überflüssiges „und" stellt die Neuformulierung am Anfang des Art. 13 Abs. 2 der Seveso-III-Richtlinie, „ *(...) Flächennutzung* **oder** [Herv. d. Verf.] *anderen einschlägigen Politiken*", dar. Evident ist die neu geschaffene inzidente Untergliederung des Abstandsgebots selbst, welche eine Trennung der bisher eher lose aneinandergereihten schutzbedürftigen Nutzungen[86] zum Gegenstand hat. Das Erfordernis der Wahrung angemessener Abstände in Art. 12 Abs. 1 UAbs. 2 der Seveso-II-Richtlinie unterschied nur zwischen „*unter diese Richtlinie fallenden Betrieben*" einerseits und andererseits

---

85 Richtlinie 2012/18/EU des europäischen Parlaments und des Rates vom 4. Juli 2012 zur Beherrschung der Gefahren schwerer Unfälle mit gefährlichen Stoffen, zur Änderung und anschließenden Aufhebung der Richtlinie 96/82/EG des Rates, ABlEU Nr. L 197 vom 24.07.2012, S. 1 (11).

86 Begriff der schutzbedürftigen Nutzung einerseits und Betrieb im Sinne der Richtlinie andererseits – siehe hierzu Seite 21 ff.

„*Wohngebieten, öffentlich genutzten Gebäuden und Gebieten, wichtigen Verkehrswegen (soweit wie möglich), Freizeitgebieten und unter dem Gesichtspunkt des Naturschutzes besonders wertvollen bzw. besonders empfindlichen Gebieten*". Art. 13 Abs. 2 der Seveso-III-Richtlinie spaltet das Abstandsgebot nun aber zusätzlich nach dessen Schutzrichtungen auf:

Art. 13 Abs. 2 lit. a) der Seveso-III-Richtlinie fasst hierbei alle schutzbedürftigen Nutzungen zusammen, bei denen das Schutzobjekt der Mensch ist. Bis auf drei kleinere Veränderungen bleibt der Wortlaut insoweit identisch mit dem des Art. 12 Abs. 1 UAbs. 2 der Seveso-II-Richtlinie: Statt von „*Freizeitgebieten*" (Art. 12 Abs. 1 UAbs. 2 der Seveso-II-Richtlinie) spricht Art. 13 Abs. 2 a) der Seveso-III-Richtlinie nun von „*Erholungsgebieten*".[87] Statt von „*wichtigen Verkehrswegen (so weit wie möglich)*" (Art. 12 Abs. 1 UAbs. 2 der Seveso-II-Richtlinie) spricht Art. 13 Abs. 2 a) der Seveso-III-Richtlinie nun von „ *– soweit möglich – Hauptverkehrswegen*", und macht damit in seiner Formulierung um Einiges deutlicher als die Vorgängerrichtlinie, dass maßgeblich für das Unterfallen eines Verkehrsweges unter das Abstandsgebot der Seveso-Richtlinien das Kriterium von dessen Frequentierung sein muss.[88] Neu in Art. 13 Abs. 2 a) der Seveso-III-Richtlinie ist auch, dass der bisherige „*Abstand*" (so noch Art. 12 Abs. 1 UAbs. 2 der Seveso-II-Richtlinie) nun „*Sicherheitsabstand*" heißt. Auch diese Änderung ist mehr dem Bereich verdeutlichender Klarstellungen zuzuordnen, als dass ihr eine Änderungsbestrebung in der Sache zugrunde läge. Denn bereits bisher war klar, dass die Abstände, von denen in den Seveso-Richtlinien die Rede ist, schwerpunktmäßig letztlich dem Sicherheitsaspekt – vgl. abermals bereits die Zielsetzung der gesamten Seveso-Richtlinien in deren jeweiligen Artikeln 1 – dienen; jetzt ist dies auch schriftlich fixiert.

Art. 13 Abs. 2 lit. b) hingegen betrifft die zu schützende Umwelt: Für „*unter dem Gesichtspunkt des Naturschutzes besonders wertvolle bzw. besonders empfindliche Gebiete*" (so – wie bisher in Art. 12 Abs. 1 UAbs. 2 der Seveso-II-Richtlinie – nunmehr Art. 13 Abs. 2 der Seveso-III-Richtlinie) existiert zwar immer noch ein grundsätzliches Abstandsgebot zu Betrieben im Sinne der Richtlinie, sofern diese „*in der Nachbarschaft*" zu genannten Gebieten stehen, allerdings gelten diese

---

87 Ob und welche inhaltlichen Änderungen hiermit verbunden sind, soll für die vorliegende (sich auf öffentlich genutzte Gebäude konzentrierende) Bearbeitung außer Betracht bleiben.

88 Siehe hierzu Seite 23, Fn. 98. Es ist im Übrigen nicht davon auszugehen, dass der Richtliniengeber mit der hier vorgenommenen Neuformulierung eine inhaltliche Veränderung herbeiführen wollte.

„Sicherheitsabstände" nur „erforderlichenfalls" und sind durch „andere relevante Maßnahmen" ersetzbar (so legt es die Formulierung „oder" nahe). Gleichbleibend mit dem bisherigen Art. 12 Abs. 1 UAbs. 2 der Seveso-II-Richtlinie – wenngleich dies in Art. 13 Abs. 2 c) der Seveso-III-Richtlinie als eigener Unterpunkt ausgewiesen wird – ist schließlich das Erfordernis der Ergreifung zusätzlicher technischer Maßnahmen bei bestehenden Betrieben. Neu ist hier die eine Referenzobjektserweiterung von der „Bevölkerung" (Art. 12 Abs. 1 UAbs. 2 der Seveso-II-Richtlinie) auf die „menschliche [i. Orig.: -n] Gesundheit und (...) Umwelt" (Art. 13 Abs. 2 der Seveso-III-Richtlinie).

c) Bedeutung der Änderungen

Was unter Richtlinie 96/82/EG in Art. 12 Abs. 1 UAbs. 2 für alle diejenigen schutzwürdigen Nutzungen, deren Schutzziel der Mensch war, geregelt war, findet sich bis auf kleinere formulierungstechnische Änderungen inhaltlich „eins zu eins" in Art. 13 Abs. 2 lit. a) und c) der Richtlinie 2012/18/EU wieder. Wirklich neu ist nur die „Herausnahme" der aus Umwelt-/ Naturschutzgesichtspunkten schützenswerten Gebiete aus der bisherigen Ausgestaltung des Abstandsgebots und deren eigene – abweichend (zu der früher mit in Art. 12 Abs. 1 UAbs. 2 der Richtlinie 96/82/EG behinhalteten) formulierte – Regelung in Art. 13 Abs. 2 lit. b) der Richtlinie 2012/18/EU.[89] Was den materiellen Gehalt des Abstandsgebots angeht, ergeben sich durch den Wechsel zu Richtlinie 2012/18/EU daher – jedenfalls für die in der vorliegenden Bearbeitung primär relevanten „(bau-) genehmigungsrechtlichen" Fragestellungen – insoweit keine Änderungen: Denn sowohl nach Seveso-II- als auch Seveso-III-Richtlinie sorgen die Mitgliedstaaten dafür, dass in ihrer Politik der Flächenausweisung oder Flächennutzung oder anderen einschlägigen Politiken sowie den Verfahren für die Durchführung dieser Politiken langfristig dem Erfordernis Rechnung getragen wird, dass zwischen den unter die Richtlinie fallenden Betrieben einerseits und öffentlich genutzten Gebäuden andererseits ein angemessener (Sicherheits-)Abstand gewahrt bleibt. Das ergab sich schon bisher aus Art. 12 Abs. 1 UAbs. 2 der Richtlinie 96/82/EG

---

89 Diese Neuerung des Art. 13 Abs. 2 lit. b) der Richtlinie 2012/18/EU bleibt als Sonderregelung für schutzbedürftige Nutzungen mit der Schutzrichtung „Umwelt" bei der Bearbeitung allerdings außer Betracht: In Bezug auf die vorliegend im Fokus stehenden Baugenehmigungserteilungen ist die Neuformulierung des Abstandsgebots für „unter dem Gesichtspunkt des Naturschutzes besonders wertvolle bzw. besonders empfindliche Gebiete in der Nachbarschaft von Betrieben" in Art. 13 Abs. 2 lit. b) irrelevant, denn die Ausweisung derartiger Gebiete steht nicht im direkten Zusammenhang mit der Erteilung von Baugenehmigungen.

und ergibt sich jetzt inhaltsgleich aus Art. 13 Abs. 2 lit. a) der Richtlinie 2012/18/ EU. Mit seiner Formulierung eng verbunden ist freilich die Frage nach dem persönlichen und sachlichen Anwendungsbereich des unionsrechtlichen Abstandsgebots. Dieser Frage soll im Fortgang der Arbeit noch ausreichend Beachtung geschenkt werden.

2. Betrieb vs. schutzbedürftige Nutzungen

a) Betrieb und Anlage im Sinne der Seveso-Richtlinien

Legaldefiniert in Art. 3 Nr. 1 der Seveso-III-Richtlinie wird lediglich der „'Betrieb'", und zwar mit der identischen Formulierung wie bereits in Art. 3 Nr. 1 der Seveso-II-Richtlinie. Wann es sich um einen „unter diese Richtlinie fallenden" (Art. 13 Abs. 2 lit. a) der Seveso-III-Richtlinie) Betrieb handelt, stellt die Seveso-III-Richtlinie – in der Sache, wenn auch nicht im genauen Wortlaut dem Art. 12 der Seveso-II-Richtlinie folgend – fest: Die Seveso-III-Richtlinie gilt „für Betriebe im Sinne von Artikel 3 Nummer 1" (so ihr Art. 2 Abs. 1). Unter einem in den Anwendungsbereich der Seveso-Richtlinien fallenden „Betrieb" ist nach Art. 3 Nr. 1 der Seveso-III-Richtlinie der „gesamte [i. Orig.: -n] unter der Aufsicht eines Betreibers stehende [i. Orig.: -n] Bereich, in dem gefährliche Stoffe in einer oder in mehreren Anlagen, einschließlich gemeinsamer oder verbundener Infrastrukturen oder Tätigkeiten vorhanden sind" zu verstehen.[90] Die „Anlage", welche in Art. 3 Nr. 8 der Seveso-III-Richtlinie ebenfalls definiert wird, und zwar als „technische Einheit innerhalb eines Betriebs, unabhängig davon, ob ober- oder unterirdisch, in der gefährliche Stoffe hergestellt, verwendet, gehandhabt oder gelagert werden (…)", ist also nur Bestandteil des o. g. Betriebs.

Der „Betriebs"-Begriff der Seveso-Richtlinien wurde bereits unter Geltung der Richtlinie 96/82/EG als „flächenbezogen"[91] verstanden. Schon unter Geltung der Seveso-II-Richtlinie sollte so begrifflich zum Ausdruck gebracht werden, dass ein „Betrieb" im Sinne der Richtlinie üblicherweise eine Mehrzahl national genehmigungsbedürftiger sowie/oder nicht genehmigungsbedürftiger Anlagen erfasst, welche durch ihre organisatorische Zusammenfassung und die Menge der insgesamt vorhandenen gefährlichen Stoffe die Eröffnung des

---

90 Voraussetzung für die Anwendbarkeit der Richtlinie ist zudem, dass in Betrieben bestimmte Mengen/Schwellenwerte der im Anhang I der Richtlinie genannten gefährlichen Stoffe erreicht oder überschritten sind, vgl. Art. 3 Nr. 1 a. E. i.V.m. Nr. 2 und 3 der Seveso-III-Richtlinie. Anderenfalls fehlt es wiederum an „unter diese Richtlinie fallenden Betrieben" (so die Formulierung in Art. 13 Abs. 2 lit. a) der Seveso-III-Richtlinie).

91 BR-Ds. 502/98 vom 29.05.1998, S. 10.

Anwendungsbereichs der Richtlinie überhaupt erst auslöst.[92] Ein „Betrieb" im Sinne der Richtlinie umfasst daher sowohl nach nationalem Recht genehmigungsbedürftige wie auch nicht genehmigungsbedürftige Anlagen als auch eine Zusammenfassung beider Anlagearten.[93]

b) Öffentlich genutztes Gebäude als schutzbedürftige Nutzung mit „Genehmigungsrelevanz"

Der als Pendant zum „Betrieb" im Sinne von Art. 13 zu verstehende Begriff der „schutzbedürftigen Nutzung" – wie er häufig in Rechtsprechung und Literatur, nicht aber in den Richtlinien selbst, verwendet wird – kann als zusammenfassende Bezeichnung für die in Art. 13 Abs. 2 der Seveso-III-Richtlinie aufgezählten Nutzungen (im Sinne bestimmter Gebäude, Gebiete und Verkehrswege) verstanden werden. Durch die Bezeichnung der aufgezählten Nutzungen als „schutzbedürftig"[94] – mancher spricht beispielsweise auch von „sensible[-n] (...) Objekte[-n]"[95] – wird versucht, zum Ausdruck zu bringen, dass von ihnen selbst gerade keine Gefahr für den sich in ihrer Umgebung befindlichen Industriebetrieb ausgeht sondern im Gegenteil diese Nutzungen ihrerseits gerade eines Schutzes bedürfen. Sie alle sind „Schutzobjekte des Abstandsgebots"[96]. Gemeinsam ist den Genannten, dass es sich um ihrerseits keine Gefahr für einen Industriebetrieb bergende Örtlichkeiten handelt, an denen sich aber entweder typischerweise eine Vielzahl von Menschen befindet (und die deshalb zu schützen sind) oder um Orte, die aus Umweltschutzgründen besonders schutzwürdig sind.[97] Die Nähe dieser Nutzungen zu einem Betrieb im Sinne der Seveso-Richtlinie kann – der Art der (ihrerseits nicht unfallverursachenden) Nutzung

---

92 BR-Ds. 502/98 vom 29.05.1998, S. 10.
93 *Kutscheidt*, in: *Landmann/Rohmer*, Umweltrecht 2013, § 3 BImSchG Rn. 28 f, 28 j; vgl. auch: BR-Ds. 502/98 vom 29.05.1998, S. 10.
94 Z.B. *Berkemann*, ZfBR 2010, 18 (24).
95 Z.B. *Grüner*, Planerischer Störfallschutz, S. 74. Die Terminologie ist in der Literatur uneinheitlich.
96 Zunächst – im Hinblick auf die nie abgeänderte oder aufgehobene Zielsetzung im 22. Erwägungsgrund der ursprünglichen Richtlinie 96/82/EG, welche die durch Richtlinie 2003/105/EG hinzugekommenen schutzbedürftigen Nutzungen daher nicht erfasst – kritisch, aber letztlich doch – u.a. wegen des Zwecks der Richtlinie 2003/105/EG einer *„Anpassung und Präzisierung der ursprünglichen Richtlinie 96/82/EG an neue Erkenntnisse"* von einer „erweitert" zu interpretierenden Zielsetzung des 22. Grundes ausgehend – bejahend: *Grüner*, Planerischer Störfallschutz, S. 74.
97 *Grüner*, Planerischer Störfallschutz, S. 73.

geschuldet – die Wahrscheinlichkeit eines schweren Unfalls nicht erhöhen.[98] Jedoch ist – zumindest bei allen in Art. 13 Abs. 2 lit. a) der Seveso-III-Richtlinie genannten Nutzungen – vor allem die Vielzahl der betroffenen Menschen der Grund für die Verschlimmerung der Folgen eines etwaigen Unfalls; gerade hierin ist dann die besondere Schutzbedürftig- und -würdigkeit dieser Nutzungen begründet.[99]

Uechtritz stellt bei der Definition des Begriffs „öffentlich genutztes Gebäude" im Ergebnis überzeugend auf den *„Publikumsverkehr"*, mithin die Nutzung beziehungsweise das Aufsuchen des Gebäudes durch einen nicht begrenzten, wechselnden Personenkreis, ab.[100] Dass *Uechtritz* sich hierbei auf die sprachliche Wendung *„Örtlichkeit mit Publikumsverkehr"* stützt,[101] musste sich (bislang) deshalb als zumindest fragwürdig beurteilen lassen, weil diese Formulierung zwar in Art. 12 Abs. 1 UAbs. 1 S. 2 lit. c) der ursprünglichen Richtlinie 96/82/EG (unverändert durch Richtlinie 2003/105/EG), nicht aber im Abs. 1 UAbs. 2 (Abstandsgebot) vorkam; wo aber durch Richtlinie 2003/105/EG gerade die – abweichende – Formulierung von *„öffentlich genutzten Gebäuden"* neu eingefügt wurde. Gleichwohl dürfte die sprachliche Ausgestaltung der Richtlinien

---

98   *Grüner*, Planerischer Störfallschutz, S. 74 (zu Art. 12 der Seveso-II-Richtlinie). Nicht ohne Weiteres mag *Grüner* dergestalt die in Art. 12 Abs. 1 UAbs. 2 der Seveso-II-Richtlinie aufgeführten *„wichtigen Verkehrswege (so weit wie möglich)"* als (nur) schutzbedürftig einordnen, da ihnen grundsätzlich das Risiko der Verursachung schwerer Industrieunfälle durchaus inne wohne und nennt hier zutreffend das Beispiel vom entgleisenden Zug, der einen Gastank zum Bersten bringen könne, siehe *Grüner*, Planerischer Störfallschutz, S. 73. *Grüner* spricht – allerdings im Kontext von Art. 12 Abs. 1 UAbs. 1 der Seveso-II-Richtlinie – daher sogar von einer *„Doppelfunktion"* der Verkehrswege, siehe *Grüner*, Planerischer Störfallschutz, S. 70. Maßgeblich für die Beurteilung eines Verkehrsweges als „wichtig" im Sinne des Abstandsgebots – und nur wichtige Verkehrswege fallen unter dieses! – könne letztlich aber nur dessen *„Frequentierung"* (im Sinne einer *„Verkehrsdichte"*) sein, so *Grüner*, Planerischer Störfallschutz, S. 73. Entscheidend für die Zuordnung zu den schutzbedürftigen Nutzungen im Sinne des Abstandsgebots sei dann letztlich auch im Fall der „wichtigen Verkehrswege" die Präsenz einer großen Zahl von Menschen in der Nähe eines Betriebs im Sinne der Richtlinie, so *Grüner*, Planerischer Störfallschutz, S. 73. Eine vergleichbare Betrachtung lässt sich für die Formulierung als *„Hauptverkehrswege"* unter Geltung von Art. 13 Abs. 2 der Seveso-III-Richtlinie heranziehen.

99   Vgl. auch *Grüner*, Planerischer Störfallschutz, S. 74, jedoch noch zu Art. 12 Abs. 1 UAbs. 2 der Seveso-II-Richtlinie, dass heißt ohne Bezugnahme auf eine Aufspaltung des Abstandsgebots in lit a) und b).

100   *Uechtritz*, BauR 2012, 1039 (1045).

101   *Uechtritz*, BauR 2012, 1039 (1045).

zumindest unter Geltung der Richtlinie 2012/18/EU nun deutlich werden lassen, dass für die „öffentliche Nutzung" der Publikumsverkehr maßgeblich ist: Wo bisher in Art. 12 Abs. 1 UAbs. 1 S. 2 lit. c) der Seveso-II-Richtlinie noch von „*Örtlichkeiten mit Publikumsverkehr*" die Rede war, spricht der diesen ersetzende (vgl. die Entsprechungstabelle in Anhang VII der Richtlinie 2012/18/ EU) Art. 13 Abs. 1 lit. c) der Seveso-III-Richtlinie nun von „*öffentlich genutzten Örtlichkeiten*", was gleichzeitig darauf schließen lässt, dass auch im Kontext des Abstandsgebots bei „*öffentlich genutzten Gebäuden*" auf den Publikumsverkehr abzustellen ist. Ein „*weites Verständnis des Begriffs ‚öffentlich genutztes Gebäude'*"[102] anzunehmen, macht zugleich vor dem Hintergrund Sinn, dass eine Reduzierung des Begriffs auf Gebäude mit öffentlichem Zweck[103] den Anwendungsbereich der Richtlinie – von deren Zielsetzung des Störfallschutzes her betrachtet – zu stark einschränken würde.[104]

Zu weit ginge es aber, den Begriff des öffentlich genutzten Gebäudes auf einzelne Wohngebäude auszudehnen.[105] Obgleich gerade in mehrstöckigen Gebäuden durchaus eine größere Zahl von Menschen wohnen kann, sind Wohngebäude gerade für die private Nutzung bestimmt.[106] Offensichtlich gegen eine Inbezugnahme spricht insbesondere, dass einzelne Wohngebäude in der Vorschrift gerade nicht ausdrücklich genannt werden. Dies, obwohl der Richtliniengeber durchaus Gebäude in die Richtlinienvorschrirft aufgenommen hat, aber eben nur öffentlich genutzte – und mithin quasi gerade das Gegenteil von (gerade nicht öffentlich, sondern in der Regel privat genutzten) Wohngebäuden. Dann eben einfach den Begriff „*Wohngebiete* [i. Orig.: -n] " in Art. 13 Abs. 2 lit. a) der

---

102 *Uechtritz*, BauR 2012, 1039 (1045); ein ähnliches Verständnis teilt wohl auch *Bernhard*, Die Implementierung des EG-Rechts in Österreich, S. 151; auch *Grüner*, Planerischer Störfallschutz, S. 75 stellt auf das Kriterium der Frequentierung durch eine Vielzahl von Menschen ab.

103 Ablehnend *Uechtritz*, BauR 2012, 1039 (1045).

104 So wohl auch BVerwG, Beschl. v. 03.12.2009 – 4 C 5/09, BauR 2010, 726 (729) noch zur Seveso-II-Richtlinie. Die Aussage, das Vorabentscheidungsersuchen des BVerwG enthalte „*zur Auslegung dieses Begriffs keine weiteren Ausführungen*", so *Uechtritz*, BauR 2012, 1039 (1045), ist – das sei nur am Rande bemerkt – daher falsch.

105 Möglicherweise angedeutet in OVG NRW, Urt. v. 15.12.2011 – 2 A 2645/08, DVBl. 2012, 634 (637 ff.); vgl. hierzu auch die Anmerkung von *Uechtritz*, BauR 2012, 1039 (1045, Fn. 38). Gegen eine Einordnung von Splittersiedlungen und einzelnen, nicht öffentlich zugänglichen Gebäuden unter den Begriff des öffentlich genutzten Gebäudes (in Bezug auf § 50 BImSchG) auch VGH München, Beschl. v. 05.03.2001 – 8 ZB 00.3490, NVwZ-RR 2001, 579 (581).

106 *Uechtritz*, BauR 2012, 1039 (1045).

Richtlinie 2012/18/EU auf einzelne Wohngebäude auszuweiten, liefe dieser Systematik der Vorschrift zuwider.[107]

„Öffentlich genutzte Gebäude" sind nach dem so zugrundegelegten Verständnis neben dem vielzitierten Gartencenter im Fall „Mücksch" beispielsweise auch Verwaltungen, Geschäfts- oder Bürogebäude mit allgemeinem Publikumsverkehr.[108] Eine Zuordnung z. B. von Schulen, Pflege- oder Altenheimen oder auch Kindergärten kann dagegen problematisch sein, sofern die Gebäude gerade nicht einem allgemeinen Publikumsverkehr offenstehen,[109] sondern – wie viele derartiger Einrichtungen – trotz Publikumsverkehrs (Beispiel: Krankenbesuch) allenfalls eine *„eingeschränkte Öffentlichkeit"* zulassen (Beispiel: Betriebskindergarten).[110] *Für* ihre Einordnung als öffentlich genutzte Gebäude spricht bei diesen letztgenannten Nutzungen dennoch das besondere Maß der Nutzer an Schutzbedürftigkeit; verwiesen wird zum Beispiel auf die Hilflosigkeit von immobilen Kranken im Falle eines eingetretenen Störfalls beziehungsweise generell auf das Außerstandesein, schützende Verhaltensregeln effektiv umzusetzen.[111] *Uechtritz* spricht sich daher dafür aus, jede auch *„begrenzte Öffentlichkeit"* und eventuell sogar *„jeglichen Publikumsverkehr"* für eine Zuordnung eines Gebäudes als öffentlich genutztes Gebäude im Sinne der Seveso-Richtlinie

---

107 Für ein Unterfallen von Wohngebäuden unter den Anwendungsbereich des Abstandsgebots dennoch offenbar die Bund/Länder Arbeitsgemeinschaft für Immissionsschutz, siehe Fachkommission Städtebau der Bauministerkonferenz, Arbeitshilfe, S. 4 Fn. 8; *König*, ZfBR 2014, 336 (339) spricht sich klar für eine Anwendbarkeit des Abstandsgebots bei der Genehmigung einzelner Wohngebäude aus, unter anderem da es sich hierbei um *„die wohl schutzbedürftigste Nutzung überhaupt"* handele; *Uechtritz*, BauR 2014, 1098 ff. gibt das Stimmungsbild zur Frage nach der Reichweite des unionsrechtlichen Abstandsgebots im Hinblick auf dessen „baugenehmigungsrelevante" Schutzobjekte wider; die Rechtsprechung des EuGH und der nationalen Judikatur seien insoweit allerdings *„unergiebig"* beziehungsweise *„wenig ergiebig"* (ebenda S. 1101 f.). Bea. aus der neueren Rechtsprechung hierzu aber beispielsweise BVerwG, Beschl. v. 28.03.2013 – 4 B 15/12, BauR 2013, 1248 (1248), Rn. 5: *„Wohnbauvorhaben"* (In der Sache ging es um die Umnutzung einer ehemaligen landwirtschaftlichen „Katstelle" in eine Wohnnutzung).
108 *Hendler*, DVBl 2012, 532 (535; mit Blick auf § 50 BImSchG).
109 *Hendler*, DVBl 2012, 532 (535; mit Blick auf § 50 BImSchG). Für ein Unterfallen von Amtsgebäuden, Schulen und Einkaufszentren unter den Begriff des öffentlich genutzten Gebäudes jedenfalls *Bernhard*, Die Implementierung des EG-Rechts in Österreich, S. 151.
110 *Uechtritz*, BauR 2012, 1039 (1045).
111 *Hendler*, DVBl 2012, 532 (535; mit Blick auf § 50 BImSchG); *Uechtritz*, BauR 2012, 1039 (1045).

ausreichen zu lassen.[112] Unklarheiten in *diesem* Sinne auszulegen, kann vor dem Hintergrund des Schutzzwecks der Seveso-Richtlinien einzig überzeugen; gerade in dem sensiblen Bereich, wo es um den Schutz von Mensch und Umwelt geht, dürfen Zweifel in der Auslegung nicht zu deren Lasten gehen.

Bei den in Art. 13 Abs. 2 lit. a) der Seveso-III-Richtlinie genannten, jedoch nicht definierten *„öffentlich genutzten Gebäuden"* handelt es sich – anders als bei den übrigen dort genannten schutzbedürftigen Nutzungen, namentlich Gebieten und (Haupt-) Verkehrswegen – um Vorhaben, deren Einzelfall-Zulassungen nach nationalem Recht durch baurechtliche Genehmigungsentscheidung zu beurteilen sein kann.[113] Bereits an dieser Stelle ist damit Eines festzuhalten: Da öffentlich genutzte Gebäude in den Anwendungsbereich der Richtlinie 2012/18/EU fallen und – der vorgenommenen Definition zufolge – es sich hierbei um Vorhaben handeln kann, welche nach nationalem deutschem Recht einer Baugenehmigung bedürfen, ist es nicht von vornherein ausgeschlossen, dass bei der Erteilung von Baugenehmigungen durch eine nationale Behörde das unionsrechtliche Abstandserfordernis eine Rolle spielen könnte.

II. Mögliche „Konstellationen eines Nebeneinanders" mit Blick auf national erforderliche Genehmigungen

Unterstellt man, dass Art. 13 Abs. 2 der Seveso-III-Richtlinie auf den Bereich von Genehmigungen überhaupt Anwendung findet, so käme dort wohl auch seine primäre Forderung zum Tragen: Zwischen Betrieben im Sinne der Richtlinie und schutzbedürftigen Nutzungen wäre dem Erfordernis der Wahrung angemessener Abstände langfristig Rechnung zu tragen. Dabei die Pflicht zur Wahrung angemessener Abstände zwischen Betrieb und schutzbedürftiger Nutzung sowohl auf die Neuansiedlung von Betrieben im Sinne der Richtlinie als auch auf die Neuansiedlung schutzbedürftiger Nutzungen in der Nachbarschaft solcher Betriebe zu erstrecken, scheint – rein vom Richtlinienwortlaut her betrachtet – weder nach alter noch nach neuer Richtlinienvorgabe unzulässig zu sein. Auch

---

112 *Uechtritz*, BauR 2012, 1039 (1045). Die Arbeitshilfe der Bauministerkonferenz definiert öffentlich genutzte Gebäude als solche die *„dem nicht nur vorübergehenden Aufenthalt eines wechselnden Benutzerkreises"* dienen, siehe Fachkommission Städtebau der Bauministerkonferenz, Arbeitshilfe, S. 4.

113 Auf eine detaillierte Befassung mit den übrigen vom unionsrechtlichen Abstandsgebot erfassten schutzbedürftigen Nutzungen wird daher im Folgenden – der Schwerpunktsetzung vorliegender Ausarbeitung auf den Bereich baurechtlicher Genehmigungen geschuldet – verzichtet.

gibt es weitergehende Ideen:[114] Diejenige zum Beispiel, in die Betrachtung des jetzigen Art. 13 das dort ebenfalls verkörperte Überwachungsgebot mit einzubeziehen, und dann auch die Änderung eines bestehenden Industriebetriebs[115] und die Neuansiedlung gefährlicher Nutzungen durch die das Risiko des Eintritts eines schweren Unfalls erhöht wird in der Nachbarschaft bestehender Betriebe[116] als abstandsrelevante Konstellationen zu sehen. Ein „Nebeneinander" eines öffentlich genutzten Gebäudes als schutzbedürftiger Nutzung im Sinne des Art. 13 Abs. 2 der Richtlinie 2012/18/EU und eines unter diese Richtlinie fallenden Betriebs kann zu verschiedenen Konstellationen im Hinblick auf – nach nationalem Recht erforderliche – Genehmigungen führen. In jeder einzelnen dieser Konstellationen stellt sich zum einen die Frage danach, ob das unionsrechtliche Abstandsgebot aus Art. 13 Abs. 2 der Richtlinie 2012/18/EU zum Tragen kommen kann oder muss sowie – falls ja – zum anderen danach, wie dann den unionsrechtlich gestellten Anforderungen auf nationaler Ebene Rechnung getragen werden könnte. Nachstehend ein Überblick:

1. Schutzbedürftige Nutzung (Vorhaben) – Betrieb im Sinne der Richtlinie

Art. 13 Abs. 2 a) der Seveso-III-Richtlinie spricht ganz klar von dem Erfordernis der Wahrung eines angemessenen Abstandes zwischen *„unter diese Richtlinie fallenden Betrieben einerseits und (...) öffentlich genutzten Gebäuden* [Anm. d. Verf.: sowie weiteren aufgezählten Nutzungen] *(...) andererseits".* Geht es um die Neuerrichtung eines in diesem Sinne „öffentlich genutzten Gebäudes" und das damit verbundene Genehmigungsverfahren, so drängt sich die Frage auf, ob und falls ja auf welche Weise die Vorgaben der Seveso-Richtlinie zum Abstandsgebot in dieses nationale Genehmigungsverfahren einfließen müssen und können. „Öffentlich genutzte Gebäude" im Sinne der Richtlinie[117] sind als bauliche Anlagen zu verstehen, die zu ihrer Errichtung einer Baugenehmigung nach den jeweiligen landesrechtlichen Vorschriften bedürfen. In Bayern verbürgt Art. 68 BayBO den Anspruch auf die Erteilung einer solchen Baugenehmigung. Unterschiede ergeben sich, je nachdem ob das Vorhaben auf dem Gebiet eines Bebauungsplans oder im unbeplanten Gebiet errichtet werden soll. Die letztgenannte

---

114 Die im Folgenden genannten Ideen von *Grüner*, Planerischer Störfallschutz, S. 87, 89 ff., 91, 93 ff. beziehen sich allesamt noch allein auf die Seveso-II-Richtlinie.
115 *Grüner*, Planerischer Störfallschutz, S. 87, 89 ff.
116 *Grüner*, Planerischer Störfallschutz, S. 91, 93 ff.
117 Siehe hierzu Seite 22 ff.

Konstellation – vor allem mit Blick auf eine Vorhabenzulassung im unbeplanten Innenbereich nach § 34 BauGB – soll in der vorliegenden Arbeit einer ausführlichen Betrachtung zugeführt werden (Teil D).[118] Sie ist es auch, die im Fall „Mücksch" – auf welchen noch vertieft eingegangen wird – zum Tragen kommt. Weitere denkbare Konstellationen (Nummern 2 bis 7) werden an dieser Stelle nur kurz aufgezeigt, jedoch im Fortgang der Arbeit – um deren Rahmen nicht zu sprengen – nicht behandelt.

2. Schutzbedürftige Nutzung – schutzbedürftige Nutzung

Wo sich lediglich Nutzungen zueinander in räumlicher Nähe befinden, die gemessen an den Seveso-Richtlinien als ihrerseits schutzbedürftig gelten – denen also jeweils keinerlei Gefahrpotential innewohnt – und wo sich kein Betrieb im Sinne des Art. 3 Nr. 1 der Richtlinie 2012/18/EU in der Nähe befindet, ist das Störfallschutz-Konzept der Seveso-Richtlinien nicht einschlägig.

3. Genehmigungsbedürftige Anlage im Sinne der §§ 4 ff. BImSchG/ Betrieb im Sinne der Richtlinie (Vorhaben) – schutzbedürftige Nutzung

Das Erfordernis einer Abstandswahrung zwischen „unter diese Richtlinie fallenden Betrieben einerseits und (…) öffentlich genutzten Gebäuden [Anm. d. Verf.: sowie weiteren aufgezählten Nutzungen] (…) andererseits" differenziert nicht auf den ersten Blick erkennbar zwischen der bereits genannten Konstellation der Neuerrichtung eines öffentlich genutzten Gebäudes auf der einen oder aber der Neuerrichtung eines Betriebs im Sinne der Richtlinie auf der anderen Seite. Auch dieser Variante des Aufeinandertreffens von schutzbedürftiger Nutzung und Betrieb im Sinne der Richtlinie ist daher grundsätzlich Beachtung zu schenken.[119] Vorliegend soll lediglich auf zwei zentrale Aspekte hingewiesen werden: Zum einen darauf, dass das nationale Recht den Begriff des „Betriebs", so wie er in der Richtlinie 2012/18/EU verstanden wird, nicht kennt. Stattdessen werden (immissionsschutzrechtiche) Genehmigungserfordernisse an das Vorliegen einer genehmigungsbedürftigen Anlage im Sinne der §§ 4 ff. BImSchG i.V.m. der 4. BImSchV geknüpft. Ein unter die Richtlinie 2012/18/EU fallender Betrieb wird in aller Regel jedoch – auch – immissionsschutzrechtlich genehmigungsbedürftige Anlagen enthalten. Darauf aufbauend ist zum anderen darauf zu achten,

---

118 Siehe hierzu Seite 56 ff.
119 Siehe hierzu beispielsweise: *Reidt*, UPR 2011, 448 (448); *König/Darimont*, UPR 2012, 286 (288 f.) m.w.N.

dass die Errichtung (von genehmigungsbedürftigen Anlagen als Teilen) eines Betriebs im Sinne der Richtlinie eine immissionsschutzrechtliche Genehmigung gemäß § 4 BImSchG i. V. m. 4. BImSchV voraussetzt.

4. Genehmigungsbedürftige Anlage im Sinne der §§ 4 ff. BImSchG/ Betrieb im Sinne der Richtlinie (Vorhaben) – Betrieb im Sinne der Richtlinie

Bei wortlautgetreuer Betrachtung des Art. 13 Abs. 2 der Seveso-III-Richtlinie scheint eine Berücksichtigung des unionsrechtlichen Abstandsgebots dann nicht geboten, wenn es um die Neuansiedlung gefährlicher Nutzungen, durch die das Risiko des Eintritts eines schweren Unfalls erhöht wird, in der Nachbarschaft bestehender Betriebe im Sinne der Richtlinie geht.[120] Allerdings existiert auch in der hier genannten Fallvariante zumindest bereits ein „bestehender Betrieb" im Sinne der Richtlinie (vgl. hierzu auch Art. 13 Abs. 2 lit. c) der Seveso-III-Richtlinie). Die „Ansiedlung neuer Betriebe" wird in Art. 13 Abs. 1 lit. a) der Seveso-III-Richtlinie ins Spiel gebracht.[121] Was zu fehlen scheint, ist eine schutzbedürftige Nutzung. Damit scheint auch der Schutzzweck des Abstandsgebots mit Blick auf eine – dann scheinbar gerade nicht in Gefahr schwebende – Vielzahl von Menschenleben nicht zu greifen.[122] *Grüner* macht jedoch zu Recht darauf aufmerksam, dass in dieser Konstellation eben nicht nur zwei Industriebetriebe nebeneinander entstehen. Stets „in mehr oder minder großer Entfernung" befände sich wohl eine schutzbedürftige Nutzung im Sinne des Art. 13 der Richtlinie in räumlicher Nähe zu bereits existentem und hinzukommendem Betrieb, die dann ihrerseits die Schutzwirkung des Art. 13 der Richtlinie überhaupt erst auslöse.[123] Aus der Perspektive der schutzbedürftigen Nutzung mache es vor dem Hintergrund der Erhöhung des Gefahrpotentials durch das *Hinzukommen* einer

---

120 So aber die Idee bei *Grüner*, Planerischer Störfallschutz, S. 91, 93 ff.

121 Aus systematischer Erwägung spricht nichts dagegen, Überwachungs- und Abstandsgebot miteinander in Verbindung zu bringen; die Art. 13 immanente Untergliederung in Berücksichtigungs-, Überwachungs- und Abstandsgebot kann nicht dahingehend verstanden werden, dass diese drei Bereiche strikt voneinander zu trennen sind. Hiergegen sprechen schon das einen Zusammenhang bereits zwischen Berücksichtigungs- und Überwachungsgebot herstellende Wort „Dazu" (Art. 13 Abs. 1 S. 2 lit. a) der Seveso-III-Richtlinie) sowie die Tatsache, dass alle drei „Gebote" unter der einheitlichen Überschrift „Überwachung der Ansiedlung" zusammengefasst sind.

122 Schutzzweck des Abstandsgebots – siehe hierzu Seite 98 ff.

123 *Grüner*, Planerischer Störfallschutz, S. 93 f (zur Seveso-II-Richtlinie).

gefährlichen Nutzung durchaus Sinn, das von Art. 13 vorgegebene Instrumentarium der Einhaltung angemessener Abstände sowie der Ergreifung zusätzlicher technischer Maßnahmen auch auf die Neuansiedlung gefährlicher Nutzungen neben Betrieben im Sinne der Richtlinie anwenden zu wollen.[124]

5. „Gefährliche Entwicklung in der Nachbarschaft eines Betriebs" (Vorhaben) – Betrieb im Sinne der Richtlinie

Die soeben behandelte Konstellation des „Betriebs neben dem Betrieb, in der Nähe einer schutzbedürftigen Nutzung" ist letztlich nur ein – wenn auch wohl der wichtigste – Fall derjenigen Variante, die jede Neuansiedlung gefährlicher Nutzungen im Sinne des Überwachungsgebots (Art. 13 Abs. 1 S. 2 lit. c) der Seveso-III-Richtlinie) in der Nachbarschaft eines bestehenden Betriebs in den Anwendungsbereich des Art. 13 Abs. 2 mit einbeziehen will.[125] Die dort genannten Erwägungen gelten daher auch hier.

6. Änderung bestehenden Betriebs im Sinne der Richtlinie (Vorhaben) – schutzbedürftige Nutzung

Die wortlautgetreue Lesart des Art. 13 Abs. 2 der Seveso-III-Richtlinie allein gebote es weiterhin nicht, auch die Änderung eines bestehenden Industriebetriebs[126] als Anwendungsfall dieser Bestimmungen zu sehen. Es muss aber hier berücksichtigt werden, dass Überwachungs- und Abstandsgebot nicht zwingend voneinander getrennt betrachtet werden müssen.[127] Vielmehr ist das übergreifende Richtlinienziel des Störfallschutzes im Blick zu behalten und insbesondere das dem Art. 13 der Richtlinie immanente Ziel der Unfallfolgenverringerung: Die Änderung eines bestehenden Betriebs kann diesen wesentlich gefährlicher machen als er es bisher war und für eine in der Umgebung befindliche schutzbedürftige Nutzung bisher ungeahnte Gefahrpotentiale entfalten.[128] Warum das für ein solches Aufeinandertreffen konfligierender Nutzungen gerade geschaffene Mittel der Abstandswahrung genau *dann* nicht greifen sollte,

---

124 *Grüner*, Planerischer Störfallschutz, S. 93 (zur Seveso-II-Richtlinie).

125 In diesem Sinne auch *Grüner*, Planerischer Störfallschutz, S. 93 (zur Seveso-II-Richtlinie).

126 So aber die Idee bei *Grüner*, Planerischer Störfallschutz, S. 87, 89 ff.; siehe bereits oben.

127 Siehe hierzu Seite 98 ff.

128 Ähnliche Bedenken trägt für diese Konstellation *Grüner*, Planerischer Störfallschutz, S. 90 vor.

ist nicht ohne Weiteres erklärbar. Ob ein den neuen Umständen wirklich angemessener Abstand – gerade im Fall einer bloßen *Änderung* eines existierenden
Betriebs – dann tatsächlich überhaupt auch eingehalten werden *könnte* – der
Betrieb steht ja in der Regel bereits an einem fixen Ort – ist eine hiervon zu unterscheidende Frage,[129] die ihrerseits einer Lösung bedarf und im Zweifel wohl
einen Ausgleich über den Weg technischer Mittel zu suchen haben wird,[130] was
Art. 13 Abs. 2 lit. c) der Seveso-III-Richtlinie selbst ja bereits nahelegt, indem
dort – wenngleich nur andeutungsweise und auch systematisch nicht ganz ge-
glückt – auf die Vorgehensweise bei *„bestehenden Betrieben"* hingewiesen wird.

7. Spezialfälle: Bauliche Anlage, die eine nicht genehmigungsbedürftige Anlage im Sinne der §§ 22 ff. BImSchG ist (Vorhaben) – Betrieb oder schutzbedürftige Nutzung im Sinne der Richtlinie

Hauptunterschied zu den bereits bisher dargestellten Konstellationen, in denen
ein „Betrieb im Sinne der Richtlinie" entweder einem anderen Betrieb oder einer schutzbedürftigen Nutzung gegenübergestellt wurde, ist hier derjenige, dass
es sich um ein gerade nicht immissionsschutzrechtlich genehmigungspflichtiges
Vorhaben handelt. Vielmehr kann für eine bauliche Anlage, die eine nicht genehmigungsbedürftige Anlage im Sinne der §§ 22 ff. BImSchG ist, ein Baugenehmigungserfordernis bestehen.[131] Auch hier deuten sich diffizile Fragestellungen an,
die bereits bei der Zuordnung einzelner Vorhaben beginnen können: So stellt
sich beispielsweise die Frage, ob es sich bei einer baulichen Anlage, die „öffentlich genutztes Gebäude" im Sinne der Richtlinie (und eine damit schutzwürdige Nutzung) ist, *gleichzeitig* um eine bauliche Anlage handeln kann, die eine
(genehmigungsbedürftige/nicht genehmigungsbedürftige) Anlage im Sinne des
BImSchG ist. Dies dürfte wohl aus zwei Gründen abzulehnen sein: Zum einen
erfasst der Schutzzweck des Abstandsgebots solche – ihrerseits ja dann Gefährdungspotential innehabenden – Vorhaben nicht, so dass schon von daher eine
eindeutige Zuordnung erforderlich ist. Anders ausgedrückt: Zumindest ein unter
die Richtlinie 2012/18/EU fallender Betrieb kann nicht gleichzeitig als (schüt-
zenswertes) öffentlich genutztes Gebäude betrachtet werden. Zum anderen wird
es bei Anlagen im Sinne des BImSchG in aller Regel am – für öffentlich genutzte

129   Vgl. auch *Grüner*, Planerischer Störfallschutz, S. 90.
130   Vgl. Ansätze bei *Grüner*, Planerischer Störfallschutz, S. 90.
131   BVerwGE 74, 315 (322); hierzu auch *Grüner*, Planerischer Störfallschutz, S. 34 f.
      m.w.N.

Gebäude maßgeblichen – Publikumsverkehr fehlen. Vielmehr kommt es bei Anlagen im Sinne des § 3 Abs. 5 BImSchG auf deren „Betreiben" an.[132] Klärungsbedürftig ist auch, ob eine nach dem BImSchG nicht genehmigungsbedürftige Anlage (im Sinne der §§ 22 ff. BImSchG) überhaupt – zumindest Teil eines – unter die Richtlinie 2012/18/EU fallenden Betriebs im Sinne des unionsrechtlichen Abstandsgebots nach deren Art. 13 sein kann; dies wird wohl zu bejahen sein.[133]

---

132 Siehe hierzu *Jarass*, BImSchG, § 3 Rn. 66 m.w.N.
133 Siehe z.B. BT-Ds. 13/11118 vom 22.06.1998, S. 7.

C) Das unionsrechtliche Abstandsgebot nach Art. 13 Abs. 2 der Seveso-III-Richtlinie in seiner Bedeutung für die nationale (Raum-) Planung

Zwischen dem Bereich der Planung (des Raums) einerseits sowie der Genehmigung (von Einzelvorhaben) andererseits muss differenziert werden. Gerade im Zusammenhang mit dieser Differenzierung steht auch die besondere Bedeutung der Rechtsprechung im Fall „Mücksch". Während im Bereich der Bauleitplanung die dogmatisch saubere Umsetzung der Richtlinienvorschriften zum Abstandsgebot scheinbar gelungen zu sein scheint (hierzu sogleich), bestanden – und bestehen immer noch – bei der Genehmigung von Einzelvorhaben zahlreiche rechtliche Unklarheiten, von der Frage ob das unionsrechtliche Abstandsgebot bei – insbesondere baurechtlichen – Genehmigungsentscheidungen überhaupt Eingang finden muss bis hin zu der Problematik, wie dies – mangels expliziter Umsetzungsvorschrift – gegebenenfalls zu geschehen hat (hierzu in Teil D).

I. „Planerischer Störfallschutz"[134] auf Unionsebene

1. Auslegungserfordernis (auch) im Unionsrecht

Auch unter Geltung des neuen Art. 13 Abs. 2 der Seveso-III-Richtlinie, der wie auch schon sein Vorläufer von den Mitgliedstaaten fordert, *„in ihrer Politik der Flächenausweisung oder Flächennutzung oder anderen einschlägigen Politiken sowie den Verfahren für die Durchführung dieser Politiken"* dem Erfordernis der Abstandswahrung Rechnung zu tragen, bleibt die Formulierung dieses Erfordernisses *„mitunter recht vage"*[135.] Das ist kein Einzelfall – bisweilen wird in der Literatur sogar von einem *„Hang zu Formelkompromissen"*[136] bei der Abfassung des Wortlauts unionsrechtlicher Bestimmungen gesprochen, was zu oft unklaren und damit selbst interpretationsbedürftigen Formulierungen führen würde und auf die schwierigen Entscheidungsprozesse in der Union zurückzuführen

---

134 So auch der Titel der umfangreichen Untersuchung zum Thema von *Grüner: Grüner*, Planerischer Störfallschutz.
135 *Grüner*, Planerischer Störfallschutz, S. 43.
136 *Borchardt*, in: *Schulze* u. a., Europarecht, § 15 Rn. 38.

sei.[137] Es geht daher zumindest im konkreten Fall kein Weg daran vorbei, die entsprechenden Formulierungen des Unionsrechts umfassend auszulegen. Denn ganz entscheidender Aspekt bei der Richtlinienumsetzung ist doch zunächst ein Wissen um die Reichweite der Umsetzungsverpflichtung; anders formuliert muss zunächst geklärt werden, was – und in welchem Umfang es – die Richtlinie überhaupt vom Mitgliedstaat „verlangt". Der Begriff der „Auslegung" ist ambivalent: Ganz grundsätzlich ist die Auslegung des Unionsrechts von der Auslegung nationalen Rechts zu unterscheiden; allein in den Kontext Letztgenannter fallen die Begrifflichkeiten „unionsrechtskonforme Auslegung" sowie „richtlinienkonforme Auslegung".[138] Geht es nun um die Auslegung des Unionsrechts selbst, so ist zunächst zu fragen, was der Begriff der „Auslegung" in diesem Zusammenhang überhaupt genau meint und wie weit er gefasst werden kann, sowie darum, welche Kriterien bei einer solchen Auslegung anzuwenden sind.

Die hier dargestellten Grundzüge zur Auslegung von Unionsrecht[139] sollen eine tragfähige Basis bei im Folgenden auftretenden unionsrechtlichen Auslegungsfragen bilden: Als solche *„Auslegung"* versteht beispielsweise *Borchardt „die Beseitigung von Unklarheiten und von Widersprüchen in einer unionsrechtlichen Regelung"*[140] und sieht dabei aber im Unionsrecht die Abgrenzung zur sogenannten *„Rechtsfortbildung"* als aufgelöst an, *„da hier die Rechtsfortbildung im Wege der systematisch-teleologischen Auslegung"* erfolge.[141] Aus den dem Unionsrecht zugrundeliegenden Verträgen geht eine Definition des Auslegungsbegriffs nicht hervor.[142] Wohingegen der EuGH 1962 noch bloß feststellte, der Begriff der Auslegung sei selbst auslegungsbedürftig,[143] ging er etwa zwei Jahrzehnte später davon aus, die Auslegung des Gemeinschaftsrechts orientiere sich grundsätzlich an *„allgemein anerkannten Auslegungsgrundsätze[-n], (...) ausgehend vom gewöhnlichen Sinn der Begriffe in ihrem Kontext und im Lichte der Ziele des Vertrages".*[144] An die Auslegung des Unionsrechts dürfte demnach mit derselben

---

137 So *Borchardt*, in: *Schulze* u.a., Europarecht, § 15 Rn. 38.

138 In diesem Sinne auch *Borchardt*, in: *Schulze* u.a., Europarecht, § 15 Rn. 2.

139 Ähnlich vgl. auch – allerdings noch deutlich knapper – bei *Grüner*, Planerischer Störfallschutz, S. 43.

140 *Borchardt*, in: *Schulze* u.a., Europarecht, § 15 Rn. 2.

141 *Borchardt*, in: *Schulze* u.a., Europarecht, § 15 Rn. 3.

142 *Anweiler*, Die Auslegungsmethoden des Gerichtshofs der Europäischen Gemeinschaften, S. 23.

143 EuGH, Urt. v. 06.04.1962, Rs. 13/61 – Kledingverkoopbedrijf de Geus en Uitdenbogerd, Slg. 1961, 97 (110).

144 EuGH, Urt. v. 23.03.1982, Rs. 53/81 – D.M. Levin, Slg. 1982, 1035 (1048), Rn. 9.

Auslegungsmethodik[145] heranzugehen sein, wie dies im nationalen Recht der Fall ist.[146] Schwierig in Einklang zu bringen scheint dies jedoch zunächst mit der nur eingeschränkten Vergleichbarkeit von einerseits deutschem Recht und andererseits dem Unionsrecht zu sein. Diese wiederum fußt unter anderem auf der Tatsache, dass das Unionsrecht maßgeblich durch ungeschriebenes Recht mit geprägt ist, was so im deutschen Recht nicht vorkommt.[147] Der Begriff der „Auslegung" erfasse, so *Anweiler*, in der Rechtsprechung des EuGH diesem Umstand folgend nicht nur geschriebenes sondern auch ungeschriebenes Unionsrecht.[148] Ziel der so verstandenen Auslegung sei es nicht nur, den exakten Bedeutungsgehalt von Geschriebenem zu eruieren, sondern auch eventuell bestehende Regelungslücken zu schließen.[149] Letztendlich liegt dem Unionsrecht ein weiterer Auslegungsbegriff als der nationale zugrunde und ist dort Rechtsfortbildung als Teil der Auslegung anerkannt beziehungsweise ist sie das Ergebnis dieser Auslegungsmethode.[150] Kritisch sieht *Anweiler* es in diesem Kontext daher, die Auslegung von Unionsrecht – im Sinne einer Auslegung geschriebenen (Unions-)Rechts – in der Sache mit der Gesetzesauslegung in der Methodenlehre der

---

145 Die (herrschende) Methodenlehre deutscher Rechtswissenschaft geht zurück auf Friedrich Karl von Savigny; siehe hierzu *Savigny*, Juristische Methodenlehre (Hrsg. Wesenberg 1951), S. 11 ff. Zu den typischen Auslegungskriterien – Wortsinn, Systematik, Historie und Teleologie – sowie ihrem Verhältnis zueinander siehe ausführlich: *Larenz*, Methodenlehre, S. 320 ff.

146 Für ein zumindest „*ergänzend [-es]*" Heranziehen juristischer Methodenlehren der Mitgliedstaaten: *Anweiler*, Die Auslegungsmethoden des Gerichtshofs der Europäischen Gemeinschaften, S. 24; unter Berufung auf die Rechtsprechung des EuGH grundsätzlich auch: *Grüner*, Planerischer Störfallschutz, S. 43.

147 *Anweiler*, Die Auslegungsmethoden des Gerichtshofs der Europäischen Gemeinschaften, S. 35 geht hinsichtlich des ungeschriebenen Unionsrechts (wenngleich auch noch unter dem Terminus „ungeschriebenes Gemeinschaftsrecht") sogar vom „*Normalfall*" aus.

148 *Anweiler*, Die Auslegungsmethoden des Gerichtshofs der Europäischen Gemeinschaften, S.40; zum genauen Gegenstand der Auslegungstätigkeit des Gerichtshofs (geschriebenes und ungeschriebenes Recht) ausführlich *Anweiler*, Die Auslegungsmethoden des Gerichtshofs der Europäischen Gemeinschaften, S.41 ff.

149 *Anweiler*, Die Auslegungsmethoden des Gerichtshofs der Europäischen Gemeinschaften, S. 40 m.w.N. Anweiler unterscheidet demzufolge eine „*Auslegung im engen Sinn*" (die weitgehend ihre Entsprechung in der Methodenlehre deutscher Rechtswissenschaft finde) von einer „*Auslegung im weiten Sinn*" (die typisch unionsrechtlich sei), vgl. *Anweiler*, Die Auslegungsmethoden des Gerichtshofs der Europäischen Gemeinschaften, S. 25 ff. beziehungsweise 40 ff.

150 *Borchardt*, in: *Schulze* u.a., Europarecht, § 15 Rn. 3.

deutschen Rechtswissenschaft gleichzusetzen,[151] wo ganz überwiegend zwischen Auslegung und Rechtsfortbildung unterschieden wird[152] und bei der Auslegung eine *„Grenze (…) des möglichen Wortsinns"* [153] existiere. Im Unionsrecht sei Rechtsfortbildung gerade nicht Ausnahme, sondern *„ 'Normalfall'"*[154]. Obgleich *Anweiler* daher eine Unterscheidung zwischen Auslegung und Rechtsfortbildung im Unionsrecht – also insoweit eine dogmatische Anlehnung an die deutsche juristische Methodenlehre – für *„unangemessen"* und *„in der Praxis* [Anm. d. Verf.: wegen der Schwierigkeit des Findens der Grenze des möglichen Wortlauts bei so vielen Vertrags- und Amtssprachen] *kaum durchführbar"* hält,[155] gibt er doch zu bedenken, dass *„die rechtstheoretischen Aussagen der deutschen Methodenlehre zur Auslegung ,im allgemeinen' (…) durchaus Parallelen zum geschriebenen europäischen Gemeinschaftsrecht"* aufweisen würden.[156] Dem ist zuzustimmen: Allein der Umstand, dass im Unionsrecht der Begriff der Auslegung weiter zu fassen sein mag als dass sich der Auslegungsbegriff der deutschen juristischen Methodenlehre hierfür anböte (sprich dass auch ungeschriebenes Unionsrecht einer Auslegung zugänglich sein könnte und dass auch Rechtsfortbildung noch Auslegung – der Wortlaut mithin nicht absolute Grenze – sein könnte), bedeutet nicht, dass für den Bereich des geschriebenen Unionsrechts eine von den „mitgliedstaatlichen Auslegungslehren" abweichende Herangehensweise bei der Auslegung von Texten zwingend geboten wäre. Hierbei geht es nämlich einzig um das Ziel, aus einem Text dessen konkreten Bedeutungsgehalt herauszufiltern.[157] Hierbei die durch die herrschende deutsche Auslegungsdogmatik vorgegebenen Strukturen anzuwenden, dem steht von vornherein nichts entgegen. So auch *Anweiler: „Die Vorgehensweise des Auslegenden ist im Gemeinschaftsrecht ebenfalls*

---

151 *Anweiler,* Die Auslegungsmethoden des Gerichtshofs der Europäischen Gemeinschaften, S. 34 ff.

152 Z.B. *Larenz,* Methodenlehre, S. 366.

153 *Larenz,* Methodenlehre, S. 366.

154 *Anweiler,* Die Auslegungsmethoden des Gerichtshofs der Europäischen Gemeinschaften, S. 35.

155 *Anweiler,* Die Auslegungsmethoden des Gerichtshofs der Europäischen Gemeinschaften, S.38 f.

156 *Anweiler,* Die Auslegungsmethoden des Gerichtshofs der Europäischen Gemeinschaften, S. 34.

157 So auch EuGH, Urt. v. 27.03.1980, Rs. 61/79 – Amministratione delle Finanze dello Stato, Slg. 1980, 1205 (1223), Rn. 16, der von der Suche nach dem *„Sinn und (…) Tragweite"* im Text einer Vorschrift des Unionsrechts spricht; deutlich auch noch einmal *Anweiler,* Die Auslegungsmethoden des Gerichtshofs der Europäischen Gemeinschaften, S.73.

nicht anders als im deutschen Recht; bei der Suche nach der ‚richtigen' Auslegung muß der EuGH wissenschaftlich-objektive und nachvollziehbare Maßstäbe anlegen, um so das Gemeinschaftsrecht für die rechtsuchenden natürlichen oder juristischen Personen, Gemeinschaftsorgane oder Mitgliedstaaten berechenbar zu machen.“[158] Es muss daher von der grundsätzlichen Notwendigkeit und Verfügbarkeit solcher Maßstäbe auch für die Auslegung von Unionsrecht ausgegangen werden. Welche „Mittel, mit denen das Ziel der Auslegung erreicht werden soll“[159] es letztlich genau sein sollen, mit denen der Sinn einer geschriebenen Norm des Unionsrechts eruiert wird, ist eine andere Frage. Ein Rückgriff jedenfalls auf die – aus der deutschen rechtswissenschaftlichen Methodenlehre bekannten – Auslegungskriterien von Wortlaut, Systematik, Historie und Teleologie erscheint – nicht zuletzt vor dem Hintergrund einer entsprechenden Vorgehensweise in der Rechtsprechung des EuGH[160] – angebracht.

Geht es mithin darum „die Prinzipien der Verfassungsauslegung“ der Mitgliedstaaten anzuwenden, so sieht es *Bernhardt* in Anbetracht der Vielzahl einzelner Staatsverfassungen mit ihren jeweiligen Akteuren als „nicht eben einfach“ an, „einheitliche Regeln aufzuzeigen“.[161] Dem hält *Kutscher* entgegen, es existiere ein „gemeinsamer Bestand kaum bestrittener Vorstellungen von den Methoden der Auslegung geschriebenen Rechts“ in den Mitgliedstaaten der Europäischen Union,

---

158 *Anweiler*, Die Auslegungsmethoden des Gerichtshofs der Europäischen Gemeinschaften, S. 34.

159 *Anweiler*, Die Auslegungsmethoden des Gerichtshofs der Europäischen Gemeinschaften, S. 74.

160 Ausführlich zur Anwendung der einzelnen Kriterien in der Rechtsprechungspraxis des EuGH: *Anweiler*, Die Auslegungsmethoden des Gerichtshofs der Europäischen Gemeinschaften, S. 141 ff. unter Auswertung einschlägiger Rechtsprechung; Anweiler meint über die genannten vier Kriterien hinaus in der Rechtsprechung des EuGH noch sechs weitere Methoden zur Auslegung geschriebenen Unionsrechts wiederzufinden, siehe *Anweiler*, Die Auslegungsmethoden des Gerichtshofs der Europäischen Gemeinschaften, S. 143 ff. Zu einem Anknüpfen des EuGH „im Wesentlichen an die aus dem innerstaatlichen Bereich bekannten Regeln (...) [Anm. d. Verf.: allerdings] entsprechend den Besonderheiten der Rechtsordnung der EU gewichtet und zu unionsspezifischen Auslegungsmethoden ausgebildet“, siehe *Borchardt*, in: *Schulze* u.a., Europarecht, § 15 Rn. 31 ff. Aus der Tatsache, dass der EuGH in seiner neueren Rechtsprechung die historische Auslegung nicht (mehr) als eigenständige Methode erwähnt, wird teilweise der Schluss gezogen, dass die Entstehungsgeschichte von sekundärrechtlichen Normen in der Rechtsprechung nicht mehr als eigenständige Begründung sondern mehr als „Hilfsbegründung des teleologisch gefundenen Ergebnisses“ fungiere, so *Lutter*, JZ 1992, 593 (599).

161 *Bernhardt*, in: FS Kutscher, S. 17 (18).

zu welchem grammatische, historische, systematische, teleologische und auch rechtsvergleichende Auslegung gehören würden.[162]

Festzuhalten ist damit insoweit, dass nach vorstehenden Überlegungen hinsichtlich der Auslegungsmethodik bei der Auslegung von Unionsrecht denselben Prinzipien wie den mitgliedstaatlich üblichen erfolgen sollte; maßgebliche Auslegungskriterien sind hierbei die Orientierung an Wortlaut, Systematik, Historie und Teleologie.

Allerdings gilt es, bei der Auslegung von Unionsrecht einige – noch nicht genannte – Besonderheiten zu berücksichtigen:[163] Zu beachten ist zum einen, dass – so die Rechtsprechung des EuGH – sekundäres Unionsrecht stets in Übereinstimmung mit dem Primärrecht auszulegen ist,[164] darüber hinausgehend besteht zwischen diesen beiden Typen des Unionsrechts kein wirklicher Unterschied in Fragen der Auslegung.[165] Die Rechtsprechung des EuGH lässt zum anderen erkennen, dass nach ihr – sofern eine unionsrechtliche Vorschrift verschiedene Auslegungen zulässt – derjenigen der Vorzug gegeben werden soll, welche die Wirksamkeit der betreffenden Unionsrechtsbestimmung am Effektivsten zur Geltung bringt.[166] Ebenso müsse stets diejenige Auslegung gewählt werden, welche die Gültigkeit der unionsrechtlichen Bestimmung nicht in Frage stelle.[167] Eine feste „Rangfolge der Interpretationsmethoden"[168] ist zwar abzulehnen, jedoch müssen die unionsrechtlichen Spezifika beachtet werden: Der mit der Auslegung einer unionsrechtlichen Bestimmung nach deren Wortlaut zu erzielende Gewinn ist oft eher gering, was nicht zuletzt der Mehrzahl verbindlicher Sprachfassungen (vgl. hierzu Art. 55 EUV sowie Art. 342 AEUV) geschuldet ist.[169] Auch

---

162 *Kutscher*, Thesen zu den Methoden der Auslegung des Gemeinschaftsrechts aus der Sicht eines Richters, in: *Gerichtshof der Europäischen Gemeinschaften*, Begegnung von Justiz und Hochschule, S. I- 5 f.

163 In diesem Sinne auch *Grüner*, Planerischer Störfallschutz, S. 43 m.w.N.

164 Ausführlich zur primärrechtskonformen Auslegung sekundären Unionsrechts in der Rechtsprechung des EuGH: *Anweiler*, Die Auslegungsmethoden des Gerichtshofs der Europäischen Gemeinschaften, S. 185 ff.

165 *Grüner*, Planerischer Störfallschutz, S. 43 f.

166 EuGH, Urt. v. 24.02.2000, Rs. C-434/97 – Kommission, Slg. 2000, I-1141 (1151), Rn. 21 m.w.N.

167 EuGH, Urt. v. 04.10.2001, Rs. C-404/99 – Italienische Republik, Slg. 2001, 6897 (6910), Rn. 37.

168 *Anweiler*, Die Auslegungsmethoden des Gerichtshofs der Europäischen Gemeinschaften, S. 384.

169 Vgl. *Anweiler*, Die Auslegungsmethoden des Gerichtshofs der Europäischen Gemeinschaften, S. 39; als „*besondere Schwierigkeit*" sieht dies *Borchardt*, in: *Schulze* u.a.,

eine historische Auslegung hat – allein schon wegen der im Unionsrecht oft nur schwer zu ermittelnden gesetzgeberischen Intention – nur untergeordnete Bedeutung.[170] Im Vordergrund stehen bei der Auslegung von Unionsrecht deshalb systematische und teleologische Auslegung, zwischen welchen teilweise „fließende Übergänge"[171] erkannt werden können. Unionsrechtliche Besonderheit ist schließlich die Möglichkeit einer rechtsvergleichenden Betrachtung der jeweiligen Situation in den Mitgliedstaaten.[172] Richtlinien bilden bezüglich ihrer Auslegungsbedürftigkeit gegenüber dem sonstigen Unionsrecht grundsätzlich keine Ausnahme.[173] Ein Spezifikum unionsrechtlicher Richtlinien stellen allerdings die deren eigentlichen Inhalten vorangestellten Erwägungsgründe dar: Wenngleich in ihnen häufig zwar weniger die Gründe für den Erlass des Rechtsakts sondern mehr dessen Ziele und einige Hintergründe des Zustandekommens verankert sind, so stellen sie dennoch eine zusätzliche Hilfe bei der Auslegung der Richtlinienbestimmungen dar.[174] Etwas allgemeiner wird in der Literatur von *Remien* darauf hingewiesen, dass speziell bei Rechtsangleichungsakten (zu welchen er auch die Richtlinien zählt) deren Probleme und Regelungen häufig nicht originär aus dem Unionsrecht herrühren, das heißt „*vielfach keine genuin unionsrechtlichen Schöpfungen sind*", sondern ihr Fundament häufig in mitgliedstaatlichen Erfahrungen haben, was bei ihrer Auslegung wiederum zu beachten sei – sowohl müssten als Besonderheit insbesondere die Mehrsprachigkeit im Recht wie auch das Erfordernis von Rechtsvergleichung Eingang finden.[175]

Europarecht, § 15 Rn. 35, der in Rn. 35 ff. auch noch auf weitergehende Probleme im Kontext einer wortlautorientierten Auslegung hinweist.

170 Vgl. im Ergebnis z.B. auch *Lutter*, JZ 1992, 593 (599); vgl. auch *Anweiler*, Die Auslegungsmethoden des Gerichtshofs der Europäischen Gemeinschaften, S. 384 ff. mit anders begründenden aber im Ergebnis entsprechenden Belegen aus der Rechtsprechung des EuGH; *Borchardt*, in: Schulze u.a., Europarecht, § 15 Rn. 40 ff. empfindet als hilfreich bei der Auslegung zwar wohl die „*Kenntnis dessen, was die Normgeber bei der Abfassung der Regelung tatsächlich wollten*", sieht ein Abstellen auf beziehungsweise Einschränkungen des Wortlauts durch die subjektiven Vorstellungen des Normgebers mangels einer strikten Bindung hieran (so versteht er auch die Rechtsprechung des EuGH) aber als wenig zielführend an.

171 *Grüner*, Planerischer Störfallschutz, S. 45.

172 Ausführlich zur rechtsvergleichenden Auslegung in der Rechtsprechung des EuGH: *Anweiler*, Die Auslegungsmethoden des Gerichtshofs der Europäischen Gemeinschaften, S. 277 ff.

173 *Remien*, in: *Schulze* u.a., Europarecht, § 14 Rn. 28.

174 *Bleckmann*, RIW 1987, 929 (931).

175 *Remien*, in: *Schulze* u.a., Europarecht, § 14 Rn. 29.

2. Bauleitplanung als „Politik" im Sinne der Richtlinie(n)?

Dem hier schwerpunktmäßig zum Thema gemachten Bereich der Einzelvorhabens-Genehmigungen steht die Planung gegenüber. Letztere wird als in verschiedenen Erscheinungsformen auftretende Form staatlichen Handelns gesehen, deren konkrete Definition jedoch angesichts diverser Phänotypen tatsächlich eher *„vage und abstrakt"* bleiben müsse.[176] Planung zeichne sich jedoch – so wird zutreffend erkannt – durch die Methodik der Abwägung aus, mithilfe derer sie Interessenausgleiche zu schaffen und Maßnahmen zu koordinieren versuche, um auf diesem Wege – unter Berücksichtigung der gegenwärtigen rechtlichen und tatsächlichen Situation sowie Entwicklungsprognosen – eine Art *„Vorentwurf einer normativen Ordnung zur Erreichung eines gegebenen Ziels"* zu schaffen.[177] Klassisches Beispiel für den Bereich „Planung" im deutschen Recht ist die kommunale Bauleitplanung, welche ihre Rechtsgrundlage in den §§ 1 ff. BauGB findet. Unter sogenannten „Bauleitplänen" versteht das Baugesetzbuch dabei sowohl den Flächennutzungsplan als „vorbereitenden" als auch den Bebauungsplan als „verbindlichen" Bauleitplan, § 1 Abs. 2 BauGB. Die soeben vorgenommene Konturierung des Planungsbegriffs findet sich in den für die Bauleitplanung einschlägigen Vorschriften sehr konkret wieder: § 1 Abs. 1 BauGB beschreibt die Aufgabe der Bauleitplanung dahingehend, die bauliche und sonstige Nutzung von Grundstücken in der Gemeinde nach Maßgabe des Baugesetzbuchs vorzubereiten und zu leiten. Dies trägt den Gedanken von Planung und Ordnung deutlich Rechnung. Hintergrund und klar herausgestelltes Ziel kommunaler Bauleitplanung sind dabei vor allem die Gewährleistung städtebaulicher Entwicklung und Ordnung ebenso wie eine dem Wohl der Allgemeinheit dienende sozialgerechte Bodennutzung, siehe § 1 Abs. 3 und 5 S. 1 BauGB. Insbesondere die bereits beschriebene „planungsimmanente" Methode der Abwägung greift § 1 Abs. 7 BauGB auf, indem er festlegt, dass bei der Bauleitplanaufstellung die öffentlichen und privaten Belange gegen- und untereinander gerecht abzuwägen sind.

Sowohl Planung als auch Vorhabenzulassung im Einzelfall können als Bestandteile einer *„Instrumentenvariabilität* [Anm. d. Verf.: des gesamten Umwelt- beziehungsweise Störfallrechts]*"*[178] eingeordnet werden, die letztlich der Realisierung eines zugrundeliegenden Störfallschutz-Gedankens dient.[179] Der teilweise als

---

176 *Grüner*, Planerischer Störfallschutz, S. 35 f. m.w.N.
177 *Grüner*, Planerischer Störfallschutz, S. 36 m.w.N.
178 *Grüner*, Planerischer Störfallschutz, S. 29.
179 So *Grüner*, Planerischer Störfallschutz, S. 29 ff.

„direkte [i.Orig.:-n] *Verhaltenssteuerung"*[180] bezeichnete Bereich, welcher letztlich „*Ge- und Verbote, die dem jeweiligen Adressaten ein bestimmtes Verhalten zwingend vorgeben"*[181] meint – und unter den damit die verschiedenen Formen von Einzelvorhabens-Genehmigungsvorbehalten zu fassen sind[182] – kann für sich allein dem Gedanken eines umfassenden Störfallschutzes nämlich nicht gerecht werden: „*Strukturell bedingte Schwächen"*[183] bei diesem Ansatz werden unter anderem in seiner eher reaktiven Natur gesehen, die dem Vorsorgegedanken des Umweltrechts nicht ausreichend gerecht werde.[184] Darüberhinaus werden integrative Aspekte vermisst, mithin die fehlende Berücksichtigung von Wechselwirkungen unterschiedlicher Einwirkungen auf die Umwelt insgesamt.[185] Eine Kompensation dieser Schwächen schaffe das Instrument der Planung.[186]

Jedenfalls[187] dieser Bereich der „Planung" gehört zur den „Politiken", die den sachlichen Anwendungsbereich des unionsrechtlichen Abstandsgebots gem. Art.13 Abs. 2 der Seveso-III-Richtlinie konturieren:[188] Der Umstand, dass es sich bei der „Politik" im Sinne des Art. 13 Abs. 2 der Richtlinie 2012/18/EU – ebenso wie in deren Vorgänger-Richtlinien – um einen Begriff aus dem Unionsrecht handelt, dessen Entsprechung im nationalen Recht man vergeblich suchen wird, muss dabei gesehen werden. Ein geradezu „*typischer des Gemeinschaftsrechts"*[189] ist der Begriff der „Politiken" – wie er auch schon in der Richtlinie 96/82/EG vorkam – auch für *Berkemann*, der in der deutschen Sprache kein wirklich

---

180 *Grüner*, Planerischer Störfallschutz, S. 30.
181 *Grüner*, Planerischer Störfallschutz, S. 30.
182 *Grüner*, Planerischer Störfallschutz, S. 30 m.w.N.
183 *Grüner*, Planerischer Störfallschutz, S. 35.
184 *Grüner*, Planerischer Störfallschutz, S. 35.
185 *Grüner*, Planerischer Störfallschutz, S. 35.
186 Vgl. auch *Grüner*, Planerischer Störfallschutz, S. 35; zur Planung sowie speziell § 50 S. 1 BImSchG als Vorsorge-Instrument siehe ausführlich: *ders.*, Planerischer Störfallschutz, S. 39 ff.
187 Ob und inwieweit zu den „Politiken" oder den „Verfahren für die Durchführung dieser Politiken" im Sinne des 13 Abs. 2 der Richtlinie 2012/18/EU auch Genehmigungen für Einzelvorhaben zählen, ist eine kontrovers diskutierte Fragestellung, die nachstehend noch gesondert und ausführlich behandelt werden soll; siehe hierzu Seite 80 ff.
188 Hierzu ausführlich *Grüner*, Planerischer Störfallschutz, S. 58 ff. (noch zur Seveso-II-Richtlinie); statt vieler anderer z.B. aus der Literatur auch *Schmitt/Kreutz*, NVwZ 2012, 483 (483), ebenfalls noch zur Seveso-II-Richtlinie.
189 *Berkemann*, ZfBR 2010, 18 (25).

treffendes Synonym für den Ausdruck finden will.[190] Man verstehe darunter „*im allgemeinen ein Bündel von Handlungsmaßnahmen oder auch Handlungsfeldern*", wobei eine „*genaue Zuordnung zur Administration, in welcher Ebene auch immer, oder zu legislativen Funktionen*" gerade zu vermeiden sei; der Ausdruck wolle vielmehr ein „*Gesamtkonzept von Tätigkeiten*" umschreiben, was die Formulierung im Plural verdeutlichen solle.[191] Als „*Gestaltungsaufgaben, welche die Union bzw. die Mitgliedstaaten zu erfüllen haben und in diesem Zusammenhang speziell Planungen und Gestaltungen*"[192] fasst *Grüner* den Begriff der „Politiken" im Kontext der Seveso-Richtlinien auf. Zwar gliedert Art. 13 Abs. 2 der Richtlinie 2012/18/EU den Begriff der „Politiken" noch weiter auf in eine „Politik der Flächenausweisung oder Flächennutzung" sowie schließlich alle „anderen einschlägigen Politiken" und bezieht auch noch die „Verfahren für die Durchführung dieser Politiken" mit ein. Die Einbettung des deutschen Rechtsinstrumentariums in Begrifflichkeiten, die so im deutschen Recht schlicht nicht vorkommen, ist schwer. Besonders deutlich wird dies mit Blick auf die Versuche in der rechtswissenschaftlichen Literatur, den im unionsrechtlichen Abstandsgebot auftauchenden Begriff „Verfahren für die Durchführung" zu demjenigen der „Politiken" ins Verhältnis zu setzen: Wohingegen beispielsweise nach *Berkemann* „*die Durchführung selbst Teil der ‚Politiken' ist*"[193], fasst beispielsweise *Grüner* unter den Verfahren-Begriff sämtliche „*Handlungsweisen (…) die auf solchen Politiken aufbauen und bei denen der handelnden Stelle selbst kein Entscheidungsspielraum bei der Frage der Flächeninanspruchnahme zukommt*"[194]. Jedenfalls unter den Begriff der „Politik" fällt – nur so viel soll an dieser Stelle festgehalten werden – der Bereich der Planung in jenem Sinne, welcher oben bereits beschrieben wurde: Die „Politiken der Flächenausweisung und –nutzung" selbst definiert insoweit beispielsweise *Grüner* – sich hierbei an *Sellner/Scheidmann*[195] anschließend – als das „*raumbezogene Planungsrecht der Mitgliedstaaten im weitesten Sinne*"[196]. Unerheblich sei dabei die Rechtsnatur der jeweiligen Planung.[197] Die „anderen einschlägigen Politiken" bildeten hiernach nur noch einen „*generalklauselartigen*

---

190   *Berkemann*, ZfBR 2010, 18 (25).
191   *Berkemann*, ZfBR 2010, 18 (25).
192   *Grüner*, Planerischer Störfallschutz, S. 58 m.w.N.
193   *Berkemann*, ZfBR 2010, 18 (25).
194   *Grüner*, Planerischer Störfallschutz, S. 62.
195   *Sellner/Scheidmann*, NVwZ 2004, 267 (269).
196   *Grüner*, Planerischer Störfallschutz, S. 58 f.
197   *Grüner*, Planerischer Störfallschutz, S. 59.

Auffangtatbestand"[198]. Dieser werde einzig beschränkt durch die erforderliche Einschlägigkeit, welche einen „*Raum- bzw. Flächenbezug*" der betreffenden Politik erfordlich mache.[199] Geradezu paradetypisches Beispiel für eine solche Planung mit verbindlichen flächenbezogenen Aussagen ist die Bauleitplanung in Gestalt des Bebauungsplans als verbindlichem Bauleitplan im Sinne des § 1 Abs. 2 BauGB. Den Kern jener Diskussionen um den genauen Definitionsbereich der unionsrechtlichen Begrifflichkeiten von der „Politik" bis hin zum „Verfahren" für ihre „Durchführung" bildete aber auch schon bisher die Frage, ob auch die Genehmigung einzelner Vorhaben in Raum und Fläche – also jener Bereich, der gerade *nicht* „Planung" nach dem oben beschriebenen Verständnis ist – unter die unionsrechtlichen Begriffe und damit in den sachlichen Anwendungsbereich des unionsrechtlichen Abstandsgebots fällt.[200]

II. Nationale Regelung eines „planerischen Störfallschutzes" in § 50 S. 1 BImSchG

Da das Abstandsgebot auf Unionsebene insbesondere den Bereich der „Planung" als „Politik" erfasst, in welcher also (langfristig) dem Abstandserfordernis Rechnung getragen werden muss, war eine entsprechende Umsetzung in nationales Recht erforderlich. Die maßgebende Vorschrift zur Umsetzung der Richtlinienvorgaben ist im deutschen Recht § 50 S. 1 BImSchG.[201]

1. Entwicklung

Die heutige Fassung von § 50 S. 1 BImSchG basiert originär auf dem früheren § 42 des entsprechenden Regierungsentwurfs,[202] wobei damals freilich die durch Richtlinienvorgaben der Europäischen Union veranlasste Erweiterung um Störfallgesichtspunkte noch nicht beinhaltet war. Erkannt hatte man aber schon damals, dass die wesentliche Weichenstellung zur Lage konfligierender Nutzungen bereits auf Planungsebene stattfinden habe, da planerische

---

198 *Grüner*, Planerischer Störfallschutz, S. 60.
199 *Grüner*, Planerischer Störfallschutz, S. 61.
200 Siehe zu dieser Diskussion beispielsweise die Ausführungen von *Grüner*, Planerischer Störfallschutz, S. 59 ff. m.w.N. zu den verschiedenen Ansichten in Fn. 68.
201 Thematischer Gegenstand der vorliegenden Untersuchung ist nur der Schutz vor schweren Unfällen/Störfallschutz. Immissionsschutzrechtliche Aspekte bleiben daher – sofern nicht für den Schutz vor schweren Unfällen/ Störfallschutz relevant – außen vor.
202 BT-Ds. 7/179 vom 14.02.1973, S. 13.

Defizite später nicht oder nur schwer wieder ausgeglichen werden könnten.[203] Mit der Übernahme von § 42 S. 1 des Regierungsentwurfs als § 50 in das am 01.04.1974 in Kraft getretene Bundes-Immissionsschutzgesetz[204] war die hier näher zu untersuchende Vorschrift zumindest in ihrer Ursprungsfassung von Beginn an im Bundes-Immissionsschutzgesetz normiert. Die Erweiterung der Vorschrift um störfallschutzrelevante Inhalte erfolgte jedoch erst später im Zuge der nationalen Umsetzungsbestrebungen zu – unter anderem Art. 12 – der Seveso-II-Richtlinie:[205] Durch das Fünfte Gesetz zur Änderung des Bundes-Immissionsschutzgesetzes vom 19.10.1998[206] wurde der Wortlaut des § 50 BImSchG um die Formulierung *„und von schweren Unfällen im Sinne des Artikels 3 Nr. 5 der Richtlinie 96/82/EG in Betriebsbereichen hervorgerufene Auswirkungen"* erweitert. Im Zuge der Umsetzungsgesetzgebung zu Richtlinie 2003/105/EG[207] (welche ihrerseits mit Art. 1 Nr. 7 a der Richtlinie 2003/105/EG den Art. 12 der Richtlinie 96/82/EG änderte) wurde § 50 S. 1 BImSchG erneut geändert, indem der Begriff *„sonstige schutzbedürftige Gebiete"* mit Beispielen unterlegt wurde; eingefügt wurden auch *„öffentlich genutzte Gebäude"*.

---

203 BT-Ds. 7/179 vom 14.02.1973, S. 46.

204 Gesetz zum Schutz vor schädlichen Umwelteinwirkungen durch Luftverunreinigungen, Geräusche, Erschütterungen und ähnliche Vorgänge (Bundes-Immissionsschutzgesetz – BImSchG) vom 15.03.1974, BGBl. I S. 721 (733). Satz 2 des Regierungsentwurfs wurde nach einiger Diskussion (vgl. hierzu BT-Ds. 7/179 vom 14.02.1973, S. 58, 62) letztlich durch den Bundestag im Rahmen der Beratungen gestrichen.

205 Dass die Änderung von § 50 BImSchG der Umsetzung von Art. 12 der Richtlinie dienen sollte, ergibt sich bereits aus der Begründung des Regierungsentwurfs: BT-Ds. 13/11118 vom 22.06.1998, S. 9. Deutlich auch z.B. *Schmitt/Kreutz*, NVwZ 2012, 483 (483); *Jarass*, BImSchG, § 50 Rn. 3.

206 Fünftes Gesetz zur Änderung des Bundes-Immissionsschutzgesetzes vom 19. Oktober 1998, BGBl. I S. 3178 (3179).

207 Gesetz zur Umsetzung der Richtlinie 2003/105/EG des Europäischen Parlaments und des Rates vom 16. Dezember 2003 zur Änderung der Richtlinie 96/82/EG des Rates zur Beherrschung der Gefahren bei schweren Unfällen mit gefährlichen Stoffen vom 25. Juni 2005, BGBl. I S. 1865 (1865).

2. Inhalt der Vorschrift – insbesondere: Anwendung von § 50 S. 1 BImSchG auf „Planungen"

a) „Raumbedeutsame Planungen und Maßnahmen"

§ 50 S. 1 BImSchG erstreckt sich nach seinem Wortlaut auf alle *„raumbedeutsamen Planungen und Maßnahmen"*. Eine Anwendbarkeit des § 50 S. 1 BImSchG im Bereich der „Planung"[208] abzulehnen, stünde dem ausdrücklichen Wortlaut der Norm entgegen. Auch die Erwägungen des Gesetzgebers sprechen sich deutlich dafür aus, dass über § 50 S. 1 BImSchG gerade *„planerische Elemente"* des unionsrechtlichen Abstandsgebots ins nationale Recht Eingang finden.[209] Dem Sinn der Regelung liefe es ebenfalls völlig zuwider, gerade den Bereich der flächenzuweisenden/-nutzenden Raum-Planung, welche doch die weitreichendste, ergiebigste und sinnvollste Möglichkeit birgt, das Abstandsgebot anzuwenden, aus der Vorschrift auszuklammern. Einschränkendes Merkmal in § 50 S. 1 BImSchG ist einzig das Erfordernis der „Raumbedeutsamkeit" dieser Planungen.[210] Dieses an § 3 Abs. 1 Nr. 6 ROG orientierte[211] Kriterium verlangt von der Planung entweder Raumbeanspruchung oder aber -beeinflussung.[212] In der Literatur werden unter solche „raumbedeutsamen Planungen" durchaus sämtliche räumliche Gesamtplanungen von Raumordnungsplan bis Bebauungsplan subsumiert.[213] Durch sie würden die zukünftigen strukturellen Gesamtverhältnisse des Raumes im jeweiligen Plan- oder Programmgebiet dahingehend bestimmt, dass bestimmte Flächen für bestimmte Nutzungen vorgesehen würden.[214] Teilweise wird für Planungen auf kommunaler Ebene darauf hingewiesen, dass mitunter die Inanspruchnahme von Raum allein – des geringen Umfangs wegen – eine Raumbedeutsamkeit noch nicht auslösen könne, aber in solchen Fällen jene über die große raumbeeinflussende Wirkungen solcher kommunalen Planungen ausgelöst werden könne.[215]

---

208 Begriff der „Planung" – siehe hierzu Seite 38 ff.
209 Vgl. BT-Ds. 13/11118 vom 22.06.1998, S. 9.
210 Ausführlich hierzu z.B. *Grüner*, Planerischer Störfallschutz, S. 105 ff.
211 Vgl. hierzu bereits BT-Ds. 7/179 vom 14.02.1973, S. 46; bestätigend z.B. *Jarass*, BImSchG, § 50 Rn. 5.
212 Siehe hierzu auch BVerwG, Beschl. v. 03.12.2009 – 4 C 5/09, BauR 2010, 726 (729), Rn. 21.
213 So z.B. *Grüner*, Planerischer Störfallschutz, S. 108 m.w.N.
214 *Grüner*, Planerischer Störfallschutz, S. 108.
215 So z. B. *Grüner*, Planerischer Störfallschutz, S. 108 f.

Auch in seiner störfallschutzspezifischen Ausprägung gilt § 50 S. 1 BImSchG jedenfalls im nationalen Planungsrecht,[216] also bei planerischen Entscheidungen, wie sie z. B. – auf der vorliegend im Fokus stehenden kommunalen Ebene – in der Bauleitplanung erforderlich sind.

b) „Betriebsbereich" im Sinne des § 50 S. 1 BImSchG

Bei raumbedeutsamen Planungen und Maßnahmen sind – so verlangt es § 50 S. 1 BImSchG – die für eine bestimmte Nutzung vorgesehenen Flächen einander so zuzuordnen, dass von schweren Unfällen im Sinne der Seveso-Richtlinie in Betriebsbereichen hervorgerufene Auswirkungen auf die in der Vorschrift genannten schutzbedürftigen Nutzungen so weit wie möglich vermieden werden.

Eine Definition des Wortes „Betriebsbereich" findet sich in § 3 Abs. 5 a BImSchG. Dass dieser „Betriebsbereich" im Sinne vom § 3 Abs. 5 a BImSchG inhaltlich dem „Betrieb" im Sinne der Richtlinie 96/82/EG – beziehungsweise mittlerweile der Richtlinie 2012/18/EU – entsprechen soll,[217] zeigt sich bereits anhand des Vergleichs der Formulierung des Art. 3 Nr. 1 der Richtlinie 96/82/EG mit § 3 Abs. 5 a BImSchG: § 3 Abs. 5 a BImSchG gibt im Prinzip den Richtlinienwortlaut wieder. Das ist nicht weiter verwunderlich, denn die Regelung des § 3 Abs. 5 a BImSchG wurde 1998 in das Bundes-Immissionsschutzgesetz eingefügt,[218] um – im Zusammenspiel mit weiteren Regelungen – die Richtlinie 96/82/EG (zunächst in ihrer Ursprungsfassung aus dem Jahr 1996) umzusetzen.[219] Eine Änderung des § 3 Abs. 5 a im Jahr 2005[220] beruht auf der Änderung der Richtlinie 96/82/EG durch die Richtlinie 2003/105/EG im Jahr 2003. Der von der Richtlinie – damals wie auch jetzt wieder in der Richtlinie 2012/18/EU – als Anknüpfungspunkt gewählte Begriff des „Betriebs" konnte dabei so im nationalen Recht nicht einfach übernommen werden, da er bereits „besetzt"

---

216 So z.B. auch *Grüner*, Planerischer Störfallschutz, S.100. In § 50 BImSchG war schon vor Umsetzung der Seveso-II-Richtlinie in nationales Recht das immissionsschutzrechtliche Abstandsgebot geregelt. Auf dieses soll hier aber nicht weiter eingegangen werden.

217 So auch *Grüner*, Planerischer Störfallschutz, S. 26.

218 Art. 1 Nr. 1 des Fünften Gesetzes zur Änderung des Bundes-Immissionsschutzgesetzes vom 19. Oktober 1998, BGBl. I S. 3178 (3179).

219 *Kutscheidt*, in: *Landmann/Rohmer*, Umweltrecht 2013, § 3 BImSchG Rn. 28 e.

220 Art. 1 Nr. 2 des Gesetzes zur Umsetzung der Richtlinie 2003/105/EG des Europäischen Parlaments und des Rates vom 16. Dezember 2003 zur Änderung der Richtlinie 96/82/EG des Rates zur Beherrschung der Gefahren bei schweren Unfällen mit gefährlichen Stoffen vom 25.6.2005, BGBl. I S. 1865 (1865).

war. In der deutschen Sprache hat der Begriff „Betrieb" verschiedene Bedeutungen; speziell das BImSchG meint mit einem „Betrieb" lediglich „das Betreiben einer Anlage oder einer Mehrheit von Anlagen"[221] als solches, das heißt „die Betriebsweise"[222]. Zur Umsetzung des Betriebs-Begriffs im Sinne der Seveso-II-Richtlinie behalf man sich daher mit dem Begriff des „Betriebsbereichs",[223] welcher „das flächenbezogene Element des Begriffs ,Betrieb' der Seveso-II-Richtlinie" begrifflich aufgreifen sollte.[224]

Als Umsetzungsvorschrift definiert der „Betriebsbereich" seinen Anwendungsbereich im Lichte der Richtlinie:[225] Es geht daher kein Weg daran vorbei, sowohl nach nationalem Recht genehmigungsbedürftige wie auch nicht genehmigungsbedürftige Anlagen als vom „Betriebsbereich" erfasst zu sehen.[226]

3. Bedeutung der Regelung des § 50 S. 1 BImSchG für den planerischen Störfallschutz

Die herrschende Meinung in der rechtswissenschaftlichen Literatur sieht § 50 S. 1 BImSchG einheitlich sowohl für den Bereich des Immissionsschutzes wie auch des Störfallschutzes als „Optimierungsgebot":

Nach *Schmitt/Kreutz* beispielsweise enthalte § 50 BImSchG keine zwingende Vorgabe für den Plangeber, einen angemessenen Sicherheitsabstand zwischen Störfallbetrieb und schutzwürdiger Nutzung einzuhalten. Vielmehr handle es sich um ein Optimierungsgebot, das im Rahmen planerischer Abwägung zu berücksichtigen sei, jedoch zugunsten anderer gewichtiger Belange im Einzelfall auch zurückgestellt werden könne.[227] So sehen dies auch *Moench* und *Hennig*, welche die immissionsschutzrechtliche Komponente des § 50 S. 1 BImSchG – durch die Gesetzesänderung 1998 im Zuge der Umsetzung der Seveso-II-Richtlinie – um

---

221 *Kutscheidt*, in: *Landmann/Rohmer*, Umweltrecht 2013, § 3 BImSchG Rn. 28 j.
222 *Kutscheidt*, in: *Landmann/Rohmer*, Umweltrecht 2013, § 3 BImSchG Rn. 28 j.
223 Siehe auch BR-Ds. 502/98 vom 29.05.1998, S. 8 f. Dass der Begriff der „Anlage" als Umsetzungs-Formulierung für den Richtlinien-Begriffs „Betrieb" nicht taugen konnte, ist offensichtlich – allem voran steht hier das Argument im Vordergrund, dass die Seveso-II-Richtlinie selbst die „Anlage" in Art. 3 Nr. 2 selbst definierte und zwar als „*technische Einheit innerhalb eines Betriebs*"; in diesem Sinne auch *Kutscheidt*, in: *Landmann/Rohmer*, Umweltrecht 2013, § 3 BImSchG Rn. 28 j mit weiteren Begründungsansätzen.
224 BR-Ds. 502/98 vom 29.05.1998, S. 10.
225 So auch *Kutscheidt*, in: *Landmann/Rohmer*, Umweltrecht 2013, § 3 BImSchG Rn. 28 g.
226 BR-Ds. 502/98 vom 29.05.1998, S. 10.
227 *Schmitt/Kreutz*, NVwZ 2012, 483 (483).

eine störfallschutzrechtliche Komponente ergänzt ansehen, ohne dass damit eine Änderung von „*Regelungskontext oder Systematik der Norm*" einhergegangen sei, was die Gesetzesbegründung in BT-Ds. 13/11118, S. 9 bestätige. Auch vor dem weiteren Hintergrund, dass die Formulierung „soweit wie möglich" nach wie vor in § 50 S. 1 BImSchG stehe und sich nun auf beide Komponenten erstrecke, ergebe eine Auslegung letztlich, dass die einschlägige Rechtsprechung zum Immissionsschutzrecht auf die störfallrechtliche Konstellation übertragbar sei: § 50 S. 1 BImSchG enthalte damit ein durch planerische Abwägung überwindbares Optimierungsgebot.[228]

Die „einschlägige Rechtsprechung", auf welche hier abgestellt wird, ist originär diejenige des BVerwG aus dem Jahre 1985, in welcher das Gericht – freilich noch ohne Bezug zu den Seveso-Richtlinien – die Auffassung vertrat, § 50 BImSchG enthalte ein – im Wege planerischer Abwägung überwindbares – „*Optimierungsgebot*", was hauptsächlich mit der Formulierung in § 50 BImSchG „so weit wie möglich" begründet wurde.[229] Zwischenzeitlich hat die Rechtsprechung des BVerwG mehrfach von § 50 BImSchG als „*bloße Abwägungsdirektive*"[230] gesprochen, was in obergerichtlicher Rechtsprechung sowie in der Literatur offenbar „*kein besonders breites Echo*" gefunden hat,[231] jedoch durchaus vor die kritische Frage gestellt werden kann, ob neben einer bloßen terminologischen Änderung hiermit auch Änderungen in der Wirkung des – in § 50 S. 1 BImSchG

---

228 *Moench/Hennig*, DVBl. 2009, 807 (809). Von einer grundsätzlichen Überwindbbarkeit einer räumlichen Trennung im Sinne eines angemessenen Sicherheitsabstandes zwischen Störfallbetrieb und schutzwürdigen Nutzungen gehen auch aus: *Hellriegel/ Schmitt*, NuR 2010, 98 (100). Ausführlich zu Optimierungsgeboten und Abwägungsdirektiven im Übrigen: *Grüner*, Planerischer Störfallschutz, S. 167 ff. und 177 ff.

229 BVerwGE 71, 163 (164 f.). Sehr restriktive Ansätze, welche eine besondere Gewichtung des in § 50 S. 1 BImSchG normierten Trennungsgrundsatzes generell ablehnen, sind – so zu Recht *Grüner* – letztlich nicht überzeugend, da der Gesetzgeber mit der Normierung des Trennungsgedankens wohl kaum hinter einem Stand zurückbleiben habe wollen, der schon vor dieser Normierung höchstrichterlich anerkannt war – bereits vor der Normierung in § 50 BImSchG sei dem Trennungsgedanken nämlich besonderes Gewicht in der Rechtsprechung zuerkannt worden, siehe mit entsprechenden Nachweisen zu entsprechenden Ansätzen sowie zur einschlägigen Rechtsprechung: *Grüner*, Planerischer Störfallschutz, S. 166 f.

230 Grundlegend z.B. BVerwGE 108, 248 (256); vgl. auch BVerwGE 125, 116 (172).

231 Zu dieser Auswertung gelangt *Grüner*, Planerischer Störfallschutz, S. 178 f. mit entsprechenden Nachweisen aus Rechtsprechung und Literatur.

normierten – Trennungsgrundsatzes in der planerischen Abwägung angedeutet sein könnten.[232]

Was den – hier interessierenden – Störfallschutz anbelangt, so kann die bisher vorgestellte Qualifizierung des Trennungsgrundsatzes in § 50 S. 1 BImSchG – sei es nun im Sinne einer Abwägungsdirektive oder eines Optimierungsgebots – nur dann als gelungene Umsetzung des Abstandsgebotes aus Art. 12 der Seveso-II-Richtlinie (jetzt Art. 13 der Seveso-III-Richtlinie) für den planerischen Bereich überzeugen, wenn man die hinter dieser Umsetzungsvorschrift stehende Richtlinienvorgabe nicht als absolute, starre und zwingend einzuhaltende Verpflichtung sieht, sondern allenfalls als zwar zwingend zu berücksichtigenden Aspekt, der aber gegebenenfalls anderen Belangen weichen können muss.

Bisweilen wird gerade *das* jedoch anders – also im Sinne einer absoluten Verbindlichkeit des unionsrechtlichen Abstandsgebots selbst – gesehen und daher angenommen, dass mit § 50 S. 1 BImSchG als Umsetzungsvorschrift für das Abstandsgebot der Seveso-II-Richtlinie ein Umsetzungsdefizit schon auf planungsrechtlicher Ebene anzunehmen sei: Die Einordnung des § 50 S. 1 BImSchG nur als Abwägungsbelang – wenngleich auch als besonders gewichtiger – sei keine ausreichende Umsetzung der unionsrechtlichen Vorgaben zum Abstandsgebot; es bestehe insoweit eine „*Diskrepanz*"[233].[234]

---

232 Hierzu ausführlich und kritisch *Grüner*, Planerischer Störfallschutz, S. 179 ff. unter Auswertung einschlägiger Rechtsprechung, insbesondere auch von BVerwGE 125, 116 (172). Weitere Nachweise aus der Literatur zum Streitstand bei *Grüner*, Planerischer Störfallschutz, S. 182, Fn. 140.

233 *Grüner*, Planerischer Störfallschutz, S. 184, 197.

234 Deutlich *Grüner*, Planerischer Störfallschutz, S. 185 f. (zur Seveso-II-Richtlinie), der hierzu ausführt, Art. 12 der Seveso-II-Richtlinie sei eine zwingende Vorgabe, die inhaltlich auf ein bestimmtes Ergebnis ziele; § 50 S. 1 BImSchG verpflichte zwar den Planungsträger, aber eben nur auf die Vornahme einer Abwägung mit anderen Belangen und nicht auf die Erzielung eines bestimmten Ergebnisses. Die „*normative Steuerungswirkung*" des § 50 S. 1 sei daher nicht so stark, wie dies zur Erreichung des Ziels von Art. 12 der Richtlinie erforderlich wäre. Ähnlich: *Berkemann*, ZfBR 2010, 18 (28 f.), der im Ergebnis die Frage, ob Art. 12 Abs. 1 UAbs. 2 der Richtlinie 96/82/EG hinsichtlich der kommunalen Bauleitplanung innerstaatlich ausreichend umgesetzt wurde, verneint: Da § 50 S. 1 BImSchG ein „*Abwägungsmodell*" enthalte, sei „*das Ziel des Art. 12 Abs. 1 UAbs. 2 RL 96/82/EG, der einen Abwägungsvorbehalt konzeptionell nicht enthält, bereits strukturell nicht sichergestellt*", was zu einer Inkompatibilität der beiden Vorschriften führe und einer vollständigen Umsetzung durch § 50 S. 1 BImSchG entgegenstehe. *Berkemann* sieht nur „*sehr eingeschränkt*" die Möglichkeit einer richtlinienkonformen Auslegung des § 50 BImSchG, die letztlich ohnehin zu einer „*räumlichen Trennung von gefährlichen Anlagen und geschützten Gebieten*" und

§ 50 S. 1 BImSchG sei deswegen „*gespalten*" auszulegen, nämlich richtlinienkonform insoweit und dahingehend, dass er, was den Teilbereich des Störfallschutzes anbelangt, mehr als ein bloßer Abwägungsbelang sei, mithin also – dem Unionsrecht konform – ebenfalls eine starre, verbindliche, zwingende Regelung.[235]

Schwer tut sich diese Sichtweise mit der Formulierung „*so weit wie möglich*" am Ende von § 50 S. 1 BImSchG, welche nach herrschender Meinung[236] die in § 50 S. 1 BImSchG enthaltenen Belange dem Abwägungsregime unterwirft. Die Überlegung, dies müsse nicht zwingend so, sondern könne auch anders – z.b. nur im Sinne nur einer Hervorhebung (statt zugleich einer Relativierung) – verstanden

---

damit in der Sache zu einem „*Abwägungverbot*" führe, was letztlich einer unmittelbaren Anwendbarkeit der Richtlinienvorgabe gleichkomme. Die Frage nach der unmittelbaren Anwendbarkeit des damaligen Art. 12 Abs. 1 UAbs. 2 der Richtlinie 96/82/EG scheint *Berkemann* – siehe *Berkemann*, ZfBR 2010, 18 (29 ff.) – zumindest teilweise zu bejahen, wobei er hierbei – vor allem mit Blick auf die hierfür erforderliche Unbedingtheit und hinreichende Bestimmtheit – durchaus kritisch ist und das Abstandsgebot „zumindest teilweise – eher (...) [Anm. d. Verf.: als] ‚verdichteten‘ *Programmsatz*" einordnet. Weitere Nachweise sowohl für eine Auslegung des § 50 S. 1 BImSchG als zwingende gesetzliche Regelung (soweit die Norm auf Europarecht basiert) als auch dagegen, sowie zu einer wohl eher vermittelnden Ansicht, die aber dennoch an der grundsätzlichen Einstufung des § 50 S. 1 BImSchG als Abwägungsbelang festhält, siehe *Grüner*, Planerischer Störfallschutz, S. 202, Fn. 220; vermittelnd wohl eher auch *Wahlhäuser*, in: *Bönker/Bischopink*, BauNVO, S. 675.

235 *Grüner*, Planerischer Störfallschutz, S. 193 ff.
     Grüner nimmt dabei hinsichtlich § 50 S. 1 BImSchG eine der „*überschießenden Umsetzung*" – in deren Kontext das Problem der „*gespaltenen Auslegung*" behandelt werde – vergleichbare Rechtslage an, da der Gesetzgeber in die bestehende Vorschrift die Aspekte des Störfallschutzes mitaufgenommen und beides verflochten habe, statt eine neue eigene Norm zu erlassen. Eine Pflicht zu einer einheitlichen Auslegung einer Norm kann er aber weder dem Europa- noch dem deutschen Recht entnehmen und schlussfolgert daher, dass auch eine richtlinienkonforme Auslegung von § 50 S. 1 BImSchG nur so weit erfolgen müsse, wie die Norm europarechtlich fundiert sei. Im Übrigen (Immissionsschutz) könne es bei der bisherigen Auslegung des § 50 S. 1 als Abwägungsdirektive bleiben. Die von *Grüner* vorgeschlagene Auslegung des § 50 S. 1 BImSchG sieht er selbst aber nicht als endgültige Lösung an, da sie letztlich keine vollständige Umsetzung der unionsrechtlichen Vorgabe sei; hierzu bedürfe es einer gesetzlichen Neuregelung, die für den Bereich des Störfallschutzes eine „*zwingende gesetzliche Vorgabe*" normiere; zu allem *Grüner*, Planerischer Störfallschutz, S. 193 ff. sowie zur Neuregelung ausführlich *Grüner*, Planerischer Störfallschutz, S. 200 ff.

236 Siehe hierzu Seite 46 f.

werden,[237] scheint *Grüner* selbst als Vertreter letzteren Gedankens nicht überzeugend, da erkannt wird, dass § 50 bereits ursprünglich vom Gesetzgeber als
abwägungssteuernde Vorschrift angelegt war.[238] Verabschieden will *Grüner* sich
von der Idee der „europarechtskonformen Auslegung der Vorschrift" dennoch
nicht: Er will § 50 S.1 BImSchG so verstanden wissen, dass sich die Passage *„so
weit wie möglich"* nur auf *„wichtige Verkehrswege"* beziehe,[239] die Auswirkungen
schwerer Unfälle auf alle übrigen in § 50 genannten schutzbedürftigen Nutzungen
„im Umkehrschluss schlicht zu vermeiden" wären.[240] Eine solche *„Rechtsfortbildung
im Rahmen der richtlinienkonformen Auslegung"* hält er für *„grundsätzlich zulässig"*, das Bestehen einer planwidrigen Regelungslücke (Lücke sei die angebliche
Diskrepanz ziwschen § 50 S. 1 BImSchG und Art. 12 der Seveso-II-Richtlinie,
deren Planwidrigkeit daraus resultiere, dass der Gesetzgeber eine europarechts-
konforme Ausgestaltung der Norm angestrebt, nicht aber die angeblich einzig
hierbei mögliche – *Grüners* – Auslegung zu deren Erreichen herangezogen hatte)
unterstellt.[241] Der Wortlaut lasse sich im Fall des § 50 S. 1 BImSchG zurecht legen,
und auch eine Kollision mit dem klar erkennbaren Willen des Gesetzgebers sieht
Grüner nicht, da insbesondere dessen Vorstellung von § 50 S.1 BImSchG als Ab-
wägungsnorm auch so verstanden werden könne, dass der Abwägungsvorgang
größtenteils (mit Ausnahme der wichtigen Verkehrswege) quasi auf die Richtlini-
enebene „vorverlagert" worden sei, um deren konsequente Umsetzung es sodann
auf Gesetzesebene nur noch gehe.[242]

Diese Argumentation muss sich allerdings Bedenken ausgesetzt sehen: Zum
einen fehlt es bereits an den von *Grüner* bejahten Voraussetzungen für eine derartige „Rechtsfortbildung im Rahmen der richtlinienkonformen Auslegung":
Eine „Diskrepanz" zwischen Unionsrecht (das heißt unionsrechtlichem Abstandsgebot, von *Grüner* als zwingene Vorgabe, die inhaltlich auf ein bestimmtes Ergebnis ziele, verstanden) und nationalem Recht (§ 50 S. 1 BImSchG, der

---

237 *Grüner*, Planerischer Störfallschutz, S. 195.
238 *Grüner*, Planerischer Störfallschutz, S. 196 unter Verweis auf BT-Ds. 7/179 vom
14.02.1973, S. 46.
239 Ebenso wie die Seveso-Richtlinie im damaligen Art. 12 Abs. 1 UAbs. 2 der Seveso-
II-Richtlinie nur bei *„wichtigen Verkehrswegen"* die Einschränkung *„(so weit wie
möglich)"* hinterher schob und mittlerweile im neuen Art. 13 Abs. 2 der Seveso-
III-Richtlinie nur bei *„Hauptverkehrswegen"* die Einschränkung *„-soweit möglich-"*
voranstellt.
240 *Grüner,* Planerischer Störfallschutz, S. 196.
241 *Grüner*, Planerischer Störfallschutz, S. 196 f. m.w.N.
242 *Grüner*, Planerischer Störfallschutz, S. 197 ff.

zwar den Planungsträger verpflichte, aber eben nur auf die Vornahme einer Abwägung) existiert entgegen *Grüners* Anschauung nicht, da es sich bei dem aus Art. 12 der Seveso-II-Richtlinie beziehungsweise Art. 13 der Seveso-III-Richtlinie ergebenden Abstandsgebot gerade *nicht* um eine zwingende Vorgabe nach *Grüners* Verständnis handelt.

Das wird sehr deutlich in der Entscheidung des EuGH im Verfahren Mücksch aus dem Jahr 2011, zwar noch ergangen mit Blick auf Art. 12 der Seveso-II-Richtlinie, jedoch uneingeschränkt gültig auch für Art. 13 der Seveso-III-Richtlinie. Speziell zwei Gründe sprächen – wenngleich dort im Kontext von Einzelvorhabenzulassungen – gegen ein *„absolut*[-es]*"* Verständnis der Verpflichtung zur Wahrung angemessener Abstände: Erstens lege bereits der Wortlaut des Abstandsgebots einen Wertungsspielraum nahe: die Mitgliedstaaten „sorgen dafür", dass „dem Erfordernis Rechnung getragen wird". Zweitens bestehe im Kontext von Abstandsgebot und Zielsetzung der Richtlinie ein höchst einzelfallspezifisches „Erfordernis der Bewertung von Faktoren".[243]

Eine Regelungslücke wäre überdies nicht planwidrig: *Grüner* versucht in seiner Argumentation über die Intention des nationalen Gesetzgebers hinwegzukommen, welcher aber, erstens, bereits ursprünglich § 50 S. 1 BImSchG als abwägungssteuernde Vorschrift sah[244] und dennoch, zweitens, in Kenntnis seiner Umsetzungsverpflichtung die Vorschrift bisher so beibehalten, jedoch um den Störfallaspekt ergänzt hat. Unabhängig von etwaigen Diskrepanzen zwischen Europarecht und nationalem Recht dieses Vorgehen des Gesetzgebers als planwidrig zu bezeichnen, entbehrt tragfähiger Begründung.

Fehlt es somit an einer planwidrigen Regelungslücke, ist auch nach eigener Aussage *Grüners*[245] Rechtsfortbildung bei der Auslegung von nationalem Recht jedenfalls nicht mehr zulässig, die Grenzen einer Auslegung im engen Sinne würden durch seine Vorgehensweise jedoch gesprengt: Denn auch die richtlinienkonforme Auslegung ist eine Auslegung nationalen Rechts und hat daher die Grenzen der nationalen Auslegungsregeln zu wahren.[246]

---

243 EuGH, Urt. v. 15.09.2011, Rs. C-53/10 – Land Hessen ./. Franz Mücksch OHG, UPR 2011, 443 (447), Rn. 42 ff. Zur Frage eines „Verschlechterungsverbotes" – siehe hierzu Seite 189 ff.

244 Das erkennt *Grüner* sogar ausdrücklich an: *Grüner*, Planerischer Störfallschutz, S. 196 unter Verweis auf BT-Ds. 7/179 vom 14.02.1973, S. 46.

245 *Grüner*, Planerischer Störfallschutz, S. 196 m.w.N.

246 Vgl. hierzu *Jarass*, EuR 1991, 211 (217) m.w.N. aus der Rechtsprechung des EuGH vor allem in Fn. 33.

Der Wortlaut von § 50 S. 1 BImSchG steht der von *Grüner* dargelegten „Auslegung" entgegen. Zwar spricht er in seinem Fazit nur noch davon, „*§ 50 S. 1 BImSchG (…) als zwingende gesetzliche Regelung auszulegen, die einer planerischen Abwägung nicht zugänglich ist*"[247] – was insoweit, würde man, wie *Grüner* anfangs ins Spiel brachte, die Formulierung „*so weit wie möglich*" nur als Hervorhebung, nicht aber als Relativierung sehen, vielleicht noch vertretbar schiene. *Grüner* unterschlägt dabei aber, dass er einige Seiten vorher den zwingenden Charakter des § 50 S. 1 BImSchG sich gerade nicht in dieser Absolutheit zu vertreten im Stande sah, da die Erwägungen des historischen Gesetzgebers, welche die Vorschrift nun einmal als Abwägungsvorschrift ausweisen, ihn hieran hinderten.[248] Seinen eigentlichen „Kunstgriff" sah *Grüner* an dieser Stelle darin, „*so weit wie möglich*" nur auf „*wichtige Verkehrswege*" bezogen wissen zu wollen, nur im Übrigen verlange § 50 S. 1 BImSchG eine schlichte Vermeidung von Auswirkungen.[249] *Diese Lesart der Vorschrift sprengt* – die Grundregeln deutscher Grammatik zugrunde gelegt – jede Wortlautgrenze: Denn in § 50 S. 1 BImSchG sind „*wichtige Verkehrswege*" nur als Unterfall der „*sonstigen schutzbedürftigen Gebiete*" zwischen anderen Beispielen für diese mit aufgeführt. Eine Zuordnung von „*so weit wie möglich*" – was am Ende von S. 1, nach Aufzählung aller Gebiete/Gebäude steht – nur zu dieser einen Nutzung ist grammatikalisch in keinster Weise möglich und daher eine solche Lesart abzulehnen. Ganz abgesehen davon stand die Passage „*soweit wie möglich*" schon in der Fassung des § 50 S. 1 BImSchG von 1974,[250] wo – freilich mangels Störfall-Inbezugnahme der Vorschrift – von „wichtigen Verkehrswegen" noch gar nicht die Rede war.

Grüner stellt ganz richtig fest, dass selbst eine fortbildende „Auslegung" nicht mit dem klar erkennbaren Willen des Gesetzgebers kollidieren darf.[251] Dass ursprünglich die Norm vom Gesetzgeber als eine die Abwägung steuernde angelegt war,[252] akzeptiert auch *Grüner*.[253] Zwar ist es richtig, dass der Gesetzgeber im Zuge der Umsetzung der Richtlinie 96/82/EG den Wunsch hatte, mit der Änderung 1998 eine richtlinienkonforme Ausgestaltung des Bundes-Immissionsschutzgesetzes zu

---

247 *Grüner*, Planerischer Störfallschutz, S. 202.
248 *Grüner*, Planerischer Störfallschutz, S. 196.
249 *Grüner*, Planerischer Störfallschutz, S. 196.
250 Siehe Gesetz zum Schutz vor schädlichen Umwelteinwirkungen durch Luftverunreinigungen, Geräusche, Erschütterungen und ähnliche Vorgänge (Bundes-Immissionsschutzgesetz – BImSchG) vom 15.03.1974, BGBl. I S. 721 (733).
251 *Grüner*, Planerischer Störfallschutz, S. 197 m.w.N. aus Rechtsprechung und Literatur.
252 Deutlich insoweit BT-Ds. 7/179 vom 14.02.1973, S. 46.
253 Z.B. *Grüner*, Planerischer Störfallschutz, S. 196.

erreichen.[254] Um Letzteres zu erreichen, muss und darf auch nicht der ursprüngliche Wille des Gesetzgebers – den Trennungsgrundsatz in § 50 S. 1 BImSchG als Abwägungsentscheidung zu fassen – in dessen Gegenteil verkehrt werden.[255] Dass die Norm an sich eine Einschränkung der Planungshoheit darstellt, ist hinzunehmen. Dass diese Einschränkung bisweilen auch stärker sein wird, ist ebenfalls nicht ausgeschlossen. Die „Heraufstufung" und damit Übertragung der Abwägungsentscheidung auf den Richtliniengeber, wie sie *Grüner* scheinbar versteht,[256] führt de facto aber zu einer Verkehrung der als Abwägungsvorschrift gedachten Norm des § 50 S. 1 BImSchG in ihr Gegenteil – nämlich zu einem zwingenden Gebot für den nationalen Gesetzgeber und eben gerade keiner Abwägungsentscheidung mehr. Die „wichtigen Verkehrswege" an dieser Stelle herauszunehmen, wie es *Grüner* tut[257] – womöglich gerade um den „Verkehrungs-Effekt" vermeiden zu können – kann aber nicht tragen, da diesen im Vergleich zu den übrigen schutzbeüdürftigen Nutzungen auf nationaler Ebene eben gerade kein Sonderstatus zukommt, sondern sie wie alle übrigen schutzbedürftigen Nutzungen sich einer Abwägung stellen müssen. *Grüner* selbst stellt fest, dass eine Verkehrung einer Vorschrift in ihr Gegenteil die Voraussetzung für die Annahme einer Rechtsfortbildung contra legem sei;[258] diesen Vorwurf muss er sich nun selbst gefallen lassen.

Die Entscheidung gegen die – hier anhand *Grüner* dargestellte – Gegenansicht ist zugleich diejenige für die herrschende Meinung in Literatur und Rechtsprechung: Im Planungsrecht findet das unionsrechtliche Abstandsgebot durch die Vorschrift des § 50 S. 1 BImSchG Eingang; § 50 S. 1 BImSchG behinhaltet jedoch gerade keine zwingende Vorgabe, einen „angemessenen Abstand" einzuhalten, für den jeweiligen Planungsträger; stattdessen ist die Vorschrift als in die – der Planungsentscheidung immanente – Abwägung einzustellender, besonders gewichtiger Belang zu verstehen, der aber seinerseits auch überwunden werden kann. Verlangt man für den planerischen Bereich nun eine derartig „schwergewichtige" Berücksichtigung des unionsrechtlichen Abstandsgebots, wird bei Inbetrachtkommen mehrerer Störfallschutzmaßnahmen wohl in der Regel die

---

254 Siehe hierzu *Grüner,* Planerischer Störfallschutz, S. 198, Fn. 207 mit Verweis auf entsprechende BT-Ds.

255 Abgesehen davon braucht (!) man das hier ohnehin nicht, da die von *Grüner* befürchtete „Diskrepanz" ja gar nicht existiert: Weder Art. 12 beziehungsweise 13 der Richtlinie noch § 50 S. 1 BImSchG sind eine „starre zwingende Vorgabe".

256 *Grüner,* Planerischer Störfallschutz, S. 198 f.

257 Siehe hierzu Seite 49.

258 *Grüner,* Planerischer Störfallschutz, S. 199.

Entscheidung zugunsten der Einhaltung eines Sicherheitsabstandes auszufallen haben, sofern diese nach den örtlichen Gegebenheiten möglich ist; nur ausnahmsweise werden kompensatorische Festsetzungen anderer Maßnahmen zur Risikoprävention genügen.[259]

III. Erfordernis der Umsetzung der Abwägungsdirektive des § 50 S. 1 BImSchG auf den Ebenen der Raumplanung

Die soeben dargestellten sich für die Planungsebene aus § 50 S. 1 BImSchG ergebenden Verpflichtungen beanspruchen in sämtlichen Bereichen der Raumplanung – also sowohl in Fachplanung als auch raumbezogener Gesamtplanung – grundsätzlich eine gewisse Relevanz; sie haben aber auf den einzelnen Planungsebenen unterschiedliche Bedeutung und werden vor allem mit unterschiedlichen jeweils zur Verfügung stehenden Mitteln erfüllt.[260] Die vorliegende Arbeit befasst sich im Schwerpunkt mit baurechtlichen Genehmigungen, bewegt sich also auf „kommunal geprägtem Terrain". Die örtliche Ebene der Raumplanung kann dem sinnbildlich gegenübergestellt werden. Gemeint ist hier die kommunale Bauleitplanung[261] welche als „*Gesamtplanung auf Gemeindeebene*"[262] inhaltlich die Vorbereitung und Leitung der baulichen und sonstigen Nutzung der Grundstücke im Gemeindegebiet betrifft, vgl. § 1 Abs. 1 BauGB. Als Bauleitpläne bezeichnet das Baugesetzbuch gemäß § 1 Abs. 2

---

259 So auch *Schmitt/Kreutz*, NVwZ 2012, 483 (484).
260 *Grüner*, Planerischer Störfallschutz, S. 234, 294, 308.
     Die im Unionsrecht von Art. 12 Abs. 1 UAbs. 2 der Richtlinie 96/82/EG beziehungsweise Art. 13 Abs. 2 der Richtlinie 2012/18/EU klar zur Verfügung gestellten „Mittel" der Einhaltung angemessener Abstände zwischen den Nutzungstypen einerseits und „zusätzlichen technischen Maßnahmen" im Fall von „bestehenden Betrieben" andererseits finden sich in der deutschen Umsetzungsnorm § 50 S. 1 BImSchG nicht wieder; dort ist lediglich von einer Flächenzuordnung in der Weise, dass Auswirkungen schwerer Unfälle so weit wie möglich vermieden werden, die Rede. Um den unionsrechtlichen Vorgaben gerecht zu werden, stehen im Bereich des Störfallschutzes als Möglichkeiten dieser Zuordnung (nur) einerseits die Einhaltung angemessener Abstände und andererseits (für den in der Praxis nicht seltenen Fall, dass angemessene Abstände aus Platzmangel nicht eingehalten werden können) die zusätzlichen (technischen) Maßnahmen „planungsstufen-übergreifend" zur Verfügung (in diesem Sinne zu Vorstehendem auch: *Grüner*, Planerischer Störfallschutz, S. 205 ff.).
261 *Mitschang*, UPR 2011, 281 (284).
262 *Grüner*, Planerischer Störfallschutz, S. 234.

BauGB sowohl den Flächennutzungsplan im Sinne eines vorbereitenden, als auch den Bebauungsplan im Sinne eines verbindlichen Bauleitplans.

Sind nun bei der Standortwahl für Störfallbetrieb oder auch schutzbedürftige Nutzung im Wege der Planung „angemessene Abstände" einzuhalten, bietet insbesondere das nationale Bauplanungsrecht für deren Festsetzung diverse Möglichkeiten zur Verwirklichung.[263] So ist zum Beispiel die Ausweisung getrennter Baugebiete nach den §§ 2 ff. BauNVO (i.V.m. § 9 Abs. 1 Nr. 1 BauGB) in entsprechendem Abstand voneinander möglich;[264] innerhalb desselben Baugebiets können über § 1 Abs. 4 Nr. 2 BauNVO störfallrelevante Anlagen in einem bestimmten Teilbereich zusammengefasst werden.[265]

Zu einer Beurteilung, *welche* Abstände zwischen schutzbedürftiger und gefährlicher Nutzung aus Gründen des Störfallschutzes einzuhalten sind – also in den Worten der Richtlinie 2012/18/EU (und zuvor 96/82/EG) „angemessen" – sind, hat die Kommission für Anlagensicherheit (KAS) beim Bundesministerium für Umwelt, Naturschutz und Reaktorsicherheit einen Leitfaden *mit „Empfehlungen für Abstände zwischen Betriebsbereichen nach der Störfall-Verordnung und schutzbedürftigen Gebieten im Rahmen der Bauleitplanung – Umsetzung § 50 BImSchG"* entworfen,[266] der auch schon bisher jedenfalls für den Bereich der Bauleitplanung galt, inhaltlich aber nicht zwingend ist, sondern nur Empfehlungen enthält. Da weder die Seveso-Richtlinien selbst noch das nationale Recht konkrete Sicherheitsabstände oder auch nur Vorgaben zu deren planerischer Bestimmung enthalten, greift die Praxis mit Billigung durch nationale Gerichte auf diese Abstandsempfehlungen zurück.[267]

---

263 Zu den im Bereich der Bauleitplanung zur Verfügung stehenden Zuordnungsmöglichkeiten zur Erfüllung der Vorgaben des § 50 S. 1 BImSchG sehr ausführlich: *Grüner*, Planerischer Störfallschutz, S. 235–291; siehe auch *Schmitt/Kreutz*, NVwZ 2012, 483 (484) mit verschiedenen Beispielen. Zur Problematik städtebaulicher Gemengelagen (in welchen die Einhaltung angemessener Abstände aufgrund tatsächlicher Gegebenheiten oft überhaupt nicht mehr möglich sein wird) und deren Überplanung: *Grüner*, Planerischer Störfallschutz, S. 281 ff.; angerissen auch bei *Schmitt/ Kreutz*, NVwZ 2012, 483 (484).

264 Vgl. *Grüner*, Planerischer Störfallschutz, S. 252 ff.

265 Vgl. *Grüner*, Planerischer Störfallschutz, S. 255 ff.

266 Kommission für Anlagensicherheit, Leitfaden – sogenannter KAS-18; dessen Vorläufer war der sogenannte SFK/TAA-GS-1 (2005).

267 Siehe hierzu z. B. *Uechtritz*, BauR 2012, 1039 (1046).

IV. Fazit für den planerischen Bereich unter besonderer Berücksichtigung neuerer Entwicklungen

1. Umsetzung in der Planung

Zusammenfassend kann nochmals festgehalten werden, dass für den Bereich der Planung von einer ausreichenden Umsetzung der Vorgaben des unionsrechtlichen Abstandsgebots ausgegangen werden darf; maßgebende Vorschrift im nationalen Recht ist dabei § 50 S. 1 BImSchG.

2. Bedeutung der Mücksch-Rechtsprechung

Die neuere Rechtsprechung im Verfahren Mücksch – insbesondere die Entscheidungen des EuGH vom 15.09.2011[268] und des BVerwG vom 20.12.2012[269] – hat für die deutsche Gesetzgebung, Gerichts- und Behördenpraxis für den Bereich planerischer Bewältigung von Störfallschutzproblematiken keine direkte Bedeutung:[270] Die Bedeutung des unionsrechtlichen Abstandsgebots in der Planung wird durch die Urteile von EuGH und BVerwG nicht infrage gestellt und war auch gar nicht deren zentrales Thema.[271] Insbesondere wird vom EuGH in dessen Urteil auch nicht ein zwingendes Erfordernis starrer Abstandsfestlegung für planerische Abwägungen angenommen.[272] Auch die Regelungsmöglichkeiten des nationalen Rechts, die jedenfalls für den planerischen Bereich geltenden Vorgaben des § 50 S. 1 BImSchG umzusetzen (wie z.B. § 1 Abs. 4 BauNVO oder die

---

268 EuGH, Urt. v. 15.09.2011, Rs. C-53/10 – Land Hessen ./. Franz Mücksch OHG, UPR 2011, 443–448.

269 BVerwG, Urt. v. 20.12.2012 – 4 C 12/11, Juris und BVerwG, Urt. v. 20.12.2012 – 4 C 11/11, ZfBR 2013, 266–271. Auf die Rechtsprechung im Verfahren Mücksch wird sogleich im Kontext der Einzelvorhaben-Zulassung noch detailliert eingegangen werden.

270 Für eine eher geringe Bedeutung – zumindest hinsichtlich Gerichts- und Behördenpraxis: *Schmitt/Kreutz*, NVwZ 2012, 483 (484). Allerdings existieren „indirekte" Auswirkungen auf den planerischen Bereich – siehe hierzu Seite 82 ff.

271 Vgl. auch *Schmitt/Kreutz*, NVwZ 2012, 483 (484), noch zur Seveso-II-Richtlinie.

272 Vgl. den Blick auf die Bauleitplanung auch bei *Reidt*, UPR 2011, 448 (449). *Schmitt/Kreutz*, NVwZ 2012, 483 (484) wollen aus der Entscheidung des EuGH vom 15.09.2011 sogar herauslesen, dass jener davon ausgehe, „*dass an sich gebotene Sicherheitsabstände durch technische oder sonstige Schutzvorkehrungen kompensiert werden können*".

§§ 2 ff. BauNVO i.V.m. § 9 Abs. 1 Nr. 1 BauGB) werden von der Rechtsprechung im Fall Mücksch nicht angezweifelt.[273]

3. Änderungen durch die Richtlinien-Neufassung

Mit Blick auf das Planungsrecht dürften sich auch durch die Neufassung des Abstandsgebots in Art. 13 Abs. 2 lit a) der Seveso-III-Richtlinie (2012/18/EU) keine relevanten inhaltlichen Änderungen ergeben haben.[274]

---

273 So auch *Schmitt/Kreutz*, NVwZ 2012, 483 (484).

274 Vgl. auch *Schmitt/Kreutz*, NVwZ 2012, 483 (486), allerdings noch zum Richtlinienvorschlag der Kommission. Hingewiesen sei der Vollständigkeit halber nochmals auf den vorliegend nicht weiter behandelten Art. 13 Abs. 2 lit. b) der Richtlinie 2012/18/EU, für den diese Aussage womöglich nur eingeschränkt gilt. Sofern sich aber durch seine Neuformulierung überhaupt relevante Änderungen ergeben haben, dürften diese allerdings nur zu einer Lockerung der unionsrechtlichen Anforderungen geführt haben (Stichwort: *„erforderlichenfalls"*), nicht hingegen zu strengeren unionsrechtlichen Anforderungen vor allem an eventuell einzuhaltende Abstände und damit auch nicht zu etwaigen nationalen Umsetzungsdefiziten im planerischen Bereich.

D) Die Bedeutung des unionsrechtlichen Abstandsgebots aus Art. 13 Abs. 2 der Richtlinie 2012/18/EU für die Zulassung von Einzelvorhaben (schutzbedürftige Nutzungen) im Baugenehmigungsverfahren

I. Der Fall „Mücksch"

1. Ausgangsverfahren und Berufungsinstanz

a) Ausgangssachverhalt der Parallelverfahren

Die S. Vermögensverwaltungs GmbH & Co. KG erwarb im Innenbereich von Darmstadt ein insgesamt circa drei Hektar großes Baugrundstück mit dem Ziel, dort ein Gartencenter mit Freiverkaufsflächen (Verkaufsfläche 9368 qm, hiervon ca. 1340 qm Freifläche) zu errichten. Der zugrundeliegende Grundstückskaufvertrag vom 24.06.2004 wurde unter der aufschiebenden Bedingung eines bestandskräftigen Bauvorbescheids für das geplante Gartencenter geschlossen. Zusätzlich wurde mit Änderungskaufvertrag vom 14.12.2005 vereinbart, dass die Wirksamkeit des Kaufvertrags unter anderem davon abhängen solle, dass der Nachweis des Vorliegens der Bestandskraft des Vorbescheids oder einer bestandskräftigen Baugenehmigung vorhanden ist. Aktuell wurde das Grundstück primär von der Verkäuferin, der Franz Mücksch OHG, für den Betrieb einer immissionsschutzrechtlich genehmigten Schrott- und Metallrecycling-Anlage genutzt. Die örtlichen Gegebenheiten stellten sich folgendermaßen dar: Das etwa 200 (Nord-Süd-Richtung) mal 130 (Ost-West-Richtung) Meter große Baugrundstück lag – beziehungsweise liegt – im sogenannten „Gewerbegebiet Nordwest" der Stadt Darmstadt in einem Gebiet, für welches kein wirksamer Bebauungsplan bestand. Alle übrigen Grundstücke in westlicher, südlicher und östlicher naher Umgebung dieses Baugrundstücks waren bebaut und wurden ganz unterschiedlich genutzt. Insbesondere zu nennen sind dabei die drei großflächigen Einzelhandelsbetriebe, namentlich drei Baumärkte, welche sich östlich (1) und südlich (2) in der Nähe des Baugrundstücks befanden und jeweils auch über dem Verkauf dienende Außengelände (sogenannte Garten- und Baustoffcenter) verfügten. Im Norden grenzte das Baugrundstück an mehrere Bahntrassen an. Wiederum an diese Trassen angrenzend schloss sich das eigentliche Betriebsgelände der Firma

Merck KGaA[275] an. Zwischen der zweiten und der dritten Bahntrasse befand sich zudem die Zentralkläranlage der Firma Merck KGaA sowie ein Sonderabfall-zwischenlager. Der minimale Abstand des in südlicher Richtung äußersten Betriebsgebäudes auf letztgenannter „bahntrassen-umrandeter Insel" zur äußersten Außengrenze des Mücksch-Grundstücks betrug etwa 70 Meter. Der Abstand zwischen dem Beginn des eigentlichen Betriebsgeländes der Firma Merck KGaA und dem Mücksch-Grundstück betrug mindestens 250 Meter.[276] Im Verlauf der Geschehnisse erteilte die Stadt Darmstadt der Verkäuferin Franz Mücksch OHG (auf deren Antrag vom 29.06.2004 hin) mit Datum vom 27.04.2005 zunächst einen Bauvorbescheid für die planungsrechtliche Zulässigkeit der Errichtung eines großflächigen Gartencenters mit Freiverkaufsflächen. Diesen Bauvorbescheid griff die Firma Merck KGaA mit Drittwiderspruch vom 11.05.2005 an, über welchen die Widerspruchsbehörde jedoch letztlich[277] nicht entschied. Daraufhin erhob die Franz Mücksch OHG im Verfahren 9 E 2454/05 am 23.12.2005 Untätigkeitsklage mit dem Ziel der Zurückweisung des Drittwiderspruchs der Firma Merck KGaA. Die Erwerberin S. Vermögensverwaltungs GmbH & Co. KG beantragte am 15.03.2006 selbst die Erteilung einer Baugenehmigung für ein solches Gartencenter mit Freiverkaufsflächen auf dem Baugrundstück. Da die Stadt Darmstadt letztlich auch hierüber nicht entschied, klagte die Erwerberin auf Erteilung dieser Baugenehmigung im Verfahren 9 E 735/07. Ausgangspunkt für das Verhalten der Stadt Darmstadt war es, dass sie am 25.08.2006 vom Regierungspräsidium Darm-stadt zur Ablehnung des Bauantrags der Erwerberin und zur Rücknahme des erteilten Bauvorbescheids an die Franz Mücksch OHG angewiesen wurde, selbst aber der – gegenteiligen – Rechtsauffassung war, das Vorhaben sei planungsrechtlich zulässig, was sie am 18.12.2006 auch in einer

---

275 Bei der Firma Merck KGaA handelte es sich um ein großes chemisch-pharmazeutisches Unternehmen, dessen Produktionsstätten unter anderem wegen des Einsatzes von Chlor in den Anwendungsbereich der Seveso-II-Richtlinie fielen, so *König/Darimont*, UPR 2012, 286 (287).

276 *König/Darimont* weisen in *König/Darimont*, UPR 2012, 286 (287) darauf hin, dass die Produktionsstätten der Firma Merck KGaA nur 40 Meter und nicht wie *„in den bislang vorliegenden Gerichtsentscheidungen irrtümlich mit 250 Metern angegeben"*, von dem geplanten Gartencenter entfernt liegen würden. Woher die Autoren dieses vermeintliche Wissen nehmen, geben sie dabei nicht an.

277 Zwar war der Bauvorbescheid von der Widerspruchsbehörde mit Widerspruchsbescheid vom 16.05.2007 zunächst zurückgenommen worden, der Widerspruchsbescheid wurde jedoch im Termin zur mündlichen Verhandlung wieder aufgehoben; so VG Darmstadt, Urt. v. 27.11.2007 – 9 E 2454/05, Juris, Rn. 24 (nicht abgedruckt in BauR 2008, 1421 ff.).

(letztlich erfolglosen) Remonstration gegen die erteilte Weisung zum Ausdruck zu bringen versuchte. Die genannte Weisung fußte ihrerseits auf einer Vereinbarung der Stadt Darmstadt, der Firma Merck KGaA und des Regierungspräsidiums Darmstadt vom 14.07.2006, nach welcher Aussagen und Wertungen eines Gutachtens des TÜV Nord (vorgelegt im Juni 2006) als technische Grundlagen der gemeinsamen Abstandsfindung anerkannt wurden. Die entwickelten „Abstandsgrenzen" sollten fortan unter anderem bei Genehmigungen berücksichtigt werden. Dieses Gutachten des TÜV Nord war von der Stadt Darmstadt in Auftrag gegeben worden und behandelte die Verträglichkeit des Betriebs der Firma Merck KGaA mit den Planungen in dessen Umfeld unter dem Aspekt des § 50 BImSchG beziehungsweise des Art. 12 der Seveso-II-Richtlinie. Das Gutachten legte sowohl einzelne „Achtungsgrenzen" für bestimmte Stoffe fest sowie eine sogenannte „geglättete Umhüllende" um den Betriebsbereich der Firma Merck KGaA. Das für das Gartencenter vorgesehene Grundstück lag dabei vollständig innerhalb beider Grenzen und wurde daher vom Gutachten wegen der im Freien liegenden Verkaufs- und Ausstellungsflächen nicht befürwortet.[278] Die vom TÜV-Gutachten festgelegten „'Achtungsgrenzen'" waren auf Basis des Leitfadens des Technischen Ausschusses für Anlagensicherheit und der Störfallkommission beim Bundesministerium vom 18.10.2005[279] ermittelt worden.[280] Die Klage der Grundstückserwerberin auf Erteilung der Baugenehmigung (Az.: 9 E 735/07) und die Klage der Franz Mücksch OHG betreffend den Bauvorbescheid (Az.: 9 E 2454/05) wurden gemeinsam verhandelt.[281]

b) Klage auf Erteilung einer Baugenehmigung

Die Grundstückserwerberin erhob am 27.04.2007 Klage zum VG Darmstadt. Es handelte sich hierbei um eine Untätigkeitsklage nach § 75 VwGO als Unterfall der Verpflichtungsklage nach § 42 Abs. 1 Alt. 2 VwGO. Klägerin in diesem Verfahren war die Grundstückserwerberin als Bauantragstellerin im Sinne des § 60 HBO. Im Sinne des § 78 Abs. 1 Nr. 1 Alt. 3 VwGO richtige Beklagte war die Stadt Darmstadt, welche als kreisfreie Stadt die Rolle der unteren Bauaufsichtsbehörde

---

278 Sachverhalts-Darstellung nach VG Darmstadt, Urt. v. 27.11.2007 – 9 E 735/07, Juris, Rn. 1 ff.; ergänzend BVerwG, Urt. v. 20.12.2012 – 4 C 12/11, Juris, Rn. 1ff; VG Darmstadt, Urt. v. 27.11.2007 – 9 E 2454/05, Juris, Rn. 1 ff. (in BauR 2008, 1421 ff. nur verkürzter Abdruck des Sachverhalts); VGH Kassel, Urt. v. 04.12.2008 – 4 A 882/08, Juris, Rn. 1 ff. (in UPR 2009, 115 ff. kein Abdruck des Sachverhalts).

279 SFK/TAA-GS-1; mittlerweile KAS-18 (Kommission für Anlagensicherheit, Leitfaden).

280 *Uechtritz*, BauR 2012, 1039 (1040).

281 VG Darmstadt, Urt. v. 27.11.2007 – 9 E 735/07, Juris, Rn. 20.

gem. § 52 Abs. 1 S. 1 Nr. 1 a HBO inne hatte. Die Firma Merck KGaA war in dem Verfahren Beigeladene im Sinne des § 65 VwGO. Die Klägerin beantragte erstinstanzlich, *„die Beklagte zu verurteilen, den Bauantrag der Klägerin vom 15.03.2006 zu genehmigen, hilfsweise, die Beklagte zu verurteilen über den Bauantrag der Klägerin vom 15.03.2005 unter Berücksichtigung der Rechtsauffassung des Gerichts zu entscheiden."*[282] Die Beklagte und die Beigeladene beantragten jeweils Klageabweisung.[283] Das VG Darmstadt entschied mit Urteil vom 27.11.2007 erstinstanzlich zugunsten der Klägerin; es sah die Klage als begründet an, da ein Anspruch der Klägerin auf Erteilung der beantragten Baugenehmigung nach § 64 Abs. 1 HBO gegeben sei und verpflichtete somit die Beklagte, der Klägerin die beantragte Baugenehmigung zu erteilen.[284] In der Berufungsinstanz wies der VGH Kassel mit Urteil vom 04.12.2008 die Berufung der Beigeladenen zurück.[285]

c) Klage der durch den Vorbescheid Begünstigten auf Zurückweisung des Drittwiderspruchs der Beigeladenen

Klägerin war in diesem Verfahren die durch den Vorbescheid begünstigte Baugrundstücksverkäuferin Franz Mücksch OHG. Beklagter war das Land Hessen. Das Regierungspräsidium Darmstadt ist eine Behörde auf der Ebene des Regierungsbezirks Darmstadt. Nach dem hessischen Bauordnungsrecht hat das Regierungspräsidium die Stellung der oberen Bauaufsichtsbehörde gem. § 52 Abs. 1 S. 1 Nr. 2 HBO inne. Diese – im Verhältnis zur unteren Bauaufsichtsbehörde – „nächsthöhere" Behörde ist damit zugleich Widerspruchsbehörde im Sinne des Verwaltungsverfahrens, vgl. § 73 Abs. 1 S. 1 Nr. 1 VwGO. Eine Klage richtet sich gem. § 78 Abs. 1 Nr. 1 VwGO gleichwohl gegen das Land Hessen als Träger der Behörde. Eine landesgesetzliche Regelung im Sinne des § 78 Abs. 1 Nr. 2 VwGO sieht das hessische Landesrecht nicht vor. Beigeladene im Sinne des § 65 VwGO war auch in diesem Verfahren die Firma Merck KGaA, um deren Widerspruch gegen den Bauvorbescheid es ja gerade ging. Die Klägerin beantragte erstinstanzlich vor dem VG Darmstadt, *„die Beklagte zu verurteilen, den Widerspruch (…) gegen den Bauvorbescheid (…) zurückzuweisen, hilfsweise die Beklagte zu verurteilen, über den Widerspruch (…) erneut zu entscheiden."*[286]

---

282 VG Darmstadt, Urt. v. 27.11.2007 – 9 E 735/07, Juris, Rn. 11 f.
283 VG Darmstadt, Urt. v. 27.11.2007 – 9 E 735/07, Juris, Rn. 13 f., 16 f.
284 VG Darmstadt, Urt. v. 27.11.2007 – 9 E 735/07, Juris, Tenor, Rn. 22 f.
285 VGH Kassel, Urt. v. 04.12.2008 – 4 A 884/08 (nicht verfügbar).
286 VG Darmstadt, Urt. v. 27.11.2007 – 9 E 2454/05, Juris, Rn. 11 f. (nicht abgedruckt in BauR 2008, 1421 ff.).

Beklagte und Beigeladene beantragten Klageabweisung.[287] Das VG Darmstadt entschied, dass die Klage nicht nur zulässig sondern auch begründet sei, da die Klägerin als Begünstigte des Ausgangsbescheides einen Anspruch auf Zurückweisung des Drittwiderspruchs der Beigeladenen gegen den erteilten – objektiv rechtmäßigen – Bauvorbescheid habe.[288] Beklagte sowie Beigeladene haben gegen das erstinstanzliche Urteil am 08. beziehungsweise 09. April 2008 Berufung eingelegt und jeweils Klageabweisung unter Aufhebung des angefochtenen Urteils beantragt,[289] wohingegen die Klägerin Zurückweisung der Berufungen beantragte.[290] Der VGH Kassel gab der Klägerin Recht und stellte fest, dass die zwar statthaften und auch sonst zulässigen Berufungen nicht begründet wären; das Verwaltungsgericht habe der ursprünglichen Klage zu Recht stattgegeben, da insbesondere die zulässige Ausgangsklage auch begründet sei, weil der der Klägerin erteilte Bauvorbescheid rechtmäßig sei und die Beigeladene nicht in ihren Rechten verletze, so dass wiederum die Unterlassung des den Nachbarwiderspruch der Beigeladenen zurückweisenden Widerspruchsbescheids ihrerseits die Klägerin in ihren Rechten verletze.[291]

d) Weitere Verfahrensfragen; Zwischenstand

Als „Zwischenstand" vor der Revisionsinstanz kann also festgehalten werden, dass sich die Vorinstanzen im Ergebnis alle einig waren:[292] Eine Baugenehmigung zugunsten der bauantragstellenden Grundstückserwerberin für das geplante Gartencenter würde nach Auffassung der Gerichte nicht gegen zu prüfende öffentlich-rechtliche Vorschriften verstoßen und wäre daher zu erteilen

---

287 VG Darmstadt, Urt. v. 27.11.2007 – 9 E 2454/05, Juris, Rn. 13 f., 17 (nicht abgedruckt in BauR 2008, 1421 ff.).

288 VG Darmstadt, Urt. v. 27.11.2007 – 9 E 2454/05, BauR 2008, 1421 (1421 f.).

289 VGH Kassel, Urt. v. 04.12.2008 – 4 A 882/08, Juris, Rn. 33, 36 ff. (nicht abgedruckt in UPR 2009, 115 ff.).

290 VGH Kassel, Urt. v. 04.12.2008 – 4 A 882/08, Juris, Rn. 42 f. (nicht abgedruckt in UPR 2009, 115 ff.).

291 VGH Kassel, Urt. v. 04.12.2008 – 4 A 882/08, Juris, Rn. 47 ff. (nicht abgedruckt in UPR 2009, 115 ff.).

292 Eine Auseinandersetzung mit den von den Vorinstanzen (VG und VGH) im Einzelnen vorgetragenen rechtlichen Erwägungen (Ausführungen zu § 50 BImSchG sowie zur Seveso-II-Richtlinie finden sich jeweils bereits in den erstinstanzlichen Entscheidungen ebenso wie in der Berufungsinstanz!) erfolgt in dieser Bearbeitung nicht gesondert. Es wird auf die jeweiligen Entscheidungsgründe der einschlägigen – hier zitierten – Urteile verwiesen.

gewesen. Der Widerspruch der Firma Merck gegen den der Grundstücksverkäuferin Mücksch erteilten Bauvorbescheid wurde als unbegründet (die Klage der Firma Mücksch daher als begründet) eingestuft, da der erteilte Bauvorbescheid als rechtmäßig beurteilt wurde. Sowohl VG als auch VGH hatten damit das Land Hessen verurteilt, den Widerspruch des chemisch-pharmazeutischen Unternehmens zurückzuweisen und dadurch – in der Sache – letztlich den Bau des Gartencenters zu ermöglichen.

2. Revisionsinstanz

a) Vorlagebeschluss an den EuGH

Im Rahmen des Verfahrens um die Klage der durch den Vorbescheid Begünstigten (Mücksch) auf Zurückweisung des Drittwiderspruchs der Beigeladenen[293] legten der Beklagte sowie die Beigeladene nach erfolgloser Berufung Revision ein. Der 4. Senat des BVerwG nahm diese Revisionen zum Anlass, das Verfahren vor dem BVerwG auszusetzen und rief im Wege des Vorabentscheidungsverfahrens nach Art. 267 AEU den EuGH mit der Bitte um Klärung mehrerer Fragen an.[294] Diese Fragen lauteten:

„1. Ist Art. 12 Abs. 1 der Richtlinie 96/82/EG des Rates vom 9. Dezember 1996 zur Beherrschung der Gefahren bei schweren Unfällen mit gefährlichen Stoffen (Abl. L 10 vom 14.1.1997, S. 13), zuletzt geändert durch Verordnung (EG) Nr. 1137/2008 des Europäischen Parlaments und des Rates vom 22.10.2008 (Abl. L 311 vom 21.11.2008, S. 1) – Seveso-II-RL – dahin auszulegen, dass die darin enthaltenen Pflichten der Mitgliedstaaten, insbesondere die Pflicht, in ihrer Politik der Flächennutzung und den Verfahren für die Durchführung dieser Politik langfristig dem Erfordernis Rechnung zu tragen, dass zwischen den unter die Richtlinie fallenden Betrieben einerseits und öffentlich genutzten Gebäuden andererseits ein angemessener Abstand gewahrt bleibt, an Planungsträger gerichtet sind, die über die Nutzung von Flächen auf der Grundlage einer Abwägung der berührten öffentlichen und privaten Belange zu entscheiden haben, oder richten sie sich auch an Baugenehmigungsbehörden, die eine gebundene Entscheidung über die Zulassung eines Vorhabens in einem bereits im Zusammenhang bebauten Ortsteil zu treffen haben?

2. Wenn Art. 12 Abs. 1 Seveso-II-RL sich auch an Baugenehmigungsbehörden, die eine gebundene Entscheidung über die Zulassung eines Vorhabens in einem bereits im Zusammenhang bebauten Ortsteil zu treffen haben, richten sollte:

---

293 VG Darmstadt, Urt. v. 27.11.2007 – 9 E 2454/05, BauR 2008, 1421–1427; VGH Kassel, Urt. v. 04.12.2008 – 4 A 882/08, UPR 2009, 115–120.
294 BVerwG, Beschl. v. 03.12.2009 – 4 C 5/09, BauR 2010, 726–731.

Umfassen die genannten Pflichten das Verbot, die Ansiedlung eines öffentlich genutzten Gebäudes, das einen – ausgehend von den für Überplanungen geltenden Grundsätzen – angemessenen Abstand zu einem bestehenden Betrieb nicht wahrt, zu genehmigen, wenn nicht oder nur unwesentlich weiter von dem Betrieb entfernt bereits mehrere vergleichbare öffentlich genutzte Gebäude vorhanden sind, der Betreiber infolge des neuen Vorhabens nicht mit zusätzlichen Anforderungen zur Begrenzung der Unfallfolgen rechnen muss und die Anforderungen an gesunde Wohn- und Arbeitsverhältnisse gewahrt sind?

3. Wenn diese Frage zu verneinen sein sollte:

Trägt eine gesetzliche Regelung, nach der unter den in der vorherigen Frage genannten Voraussetzungen die Ansiedlung eines öffentlich genutzten Gebäudes zwingend zu genehmigen ist, dem Erfordernis der Abstandswahrung hinreichend Rechnung?"[295]

Dieses Vorabentscheidungs-Ersuchen des BVerwG betrifft die Auslegung des Art. 12 Abs. 1 der Richtlinie 96/82/EG des Rates vom 9. Dezember 1996 zur Beherrschung der Gefahren bei schweren Unfällen mit gefährlichen Stoffen in der durch die Richtlinie 2003/105/EG des Europäischen Parlaments und des Rates vom 16. Dezember 2003 geänderten Fassung;[296] es bezieht sich also auf die in dieser Arbeit als „Seveso-II-Richtlinie" bezeichnete Richtlinie. Ohne Weiteres kann die Fragestellung aber auf die Seveso-III-Richtlinie – namentlich das dort in Art. 13 Abs. 2 der Richtlinie 2012/18/EU sehr ähnlich zur Vorgängerregelung erneut aufgenommene Abstandsgebot – übertragen werden.

Ausgangspunkt für die Aussetzung der Verfahren und die Vorlage beim EuGH war wie bereits erwähnt das Ausgangsverfahren 9 E 2454/05, also das Verfahren, in welchem es um die Behandlung des von der Beigeladenen erhobenen Widerspruchs gegen den für das Gartencenter-Vorhaben erteilten Bauvorbescheid ging. Dies wird bereits in den Ausführungen des BVerwG zu den Gründen des Vorlagebeschlusses deutlich, wo es knapp die zugrundeliegende Sachverhalts-Konstellation widerzugeben versucht und hierbei einzig auf die Erteilung des Bauvorbescheids an die Grundstückseigentümerin Franz Mücksch OHG abstellt, mit keinem Wort dagegen die von der Grundstückserwerberin eigens beantragte Baugenehmigung erwähnt.[297] Gleichwohl werden die Antworten, welche der EuGH auf die ihm gestellten Fragen gibt, ebenso für das Parallel-Ausgangs-Verfahren 9 E 735/07 vom BVerwG als Maßstab in dessen anschließendem Revisionsurteil herangezogen. So stellt das BVerwG in seinem – auf

---

295 BVerwG, Beschl. v. 03.12.2009 – 4 C 5/09, BauR 2010, 726 (726).
296 EuGH, Urt. v. 15.09.2011, Rs. C-53/10 – Land Hessen ./. Franz Mücksch OHG, UPR 2011, 443 (443).
297 BVerwG, Beschl. v. 03.12.2009 – 4 C 5/09, BauR 2010, 726 (726).

9 E 735/07 fußenden – Revisionsurteil, so viel sei diesem vorweggenommen, fest: „*Der Senat hat die Revisionen der Beklagten und der Beigeladenen im parallel anhängigen Klageverfahren (jetzt: BVerwG 4 C 11.11) zum Anlass genommen, die Verfahren vor dem Bundesverwaltungsgericht auszusetzen und den Gerichtshof der Europäischen Union (EuGH) in Luxemburg im Wege der Vorabentscheidung (Art. 267 AEUV) um Klärung mehrerer Fragen zu bitten (Beschluss vom 3. Dezember 2009 – BVerwG 4 C 5.09 – juris).*"[298] Auch wenn es also bei der Vorlage des BVerwG an den EuGH in der Sache eigentlich (nur) um einen Bauvorbescheid geht (für diesen wurde von den Vorinstanzen die bauplanungsrechtliche Zulässigkeit des Vorhabens nach § 34 BauGB bejaht), stellen sich identische Fragen auch im Baugenehmigungsverfahren – denn auch dort ist (für den unbeplanten Innenbereich) wiederum § 34 BauGB zu prüfen. Die zuständigen Behörden sind in beiden Fällen dieselben: Die untere Bauaufsichtsbehörde ist Baugenehmigungsbehörde und erlässt gleichermaßen den Bauvorbescheid.

Inhaltlich unterteilt sich der Beschluss des BVerwG in seinen Gründen – die Ausführungen zu den tatsächlichen zugrundeliegenden Verhältnissen sowie zu den einschlägigen nationalen Normen einmal bei Seite gelassen – in zwei maßgebliche Unterpunkte: Zum einen bejaht der 4. Senats des BVerwG im Vorlagebeschluss bauplanungsrechtliche Zulässigkeit der Errichtung des Gartencenters nach § 34 Abs. 1 BauGB, so dass die Revisionen des Beklagten und der Beigeladenen gegen das Berufungsurteil eigentlich zurückzuweisen gewesen wären. Zum anderen jedoch hat der Senat Zweifel, ob unter den gegebenen beziehungsweise unterstellten Umständen die Zulassung des Vorhabens mit Art. 12 Abs. 1 Seveso-II-Richtlinie vereinbar gewesen wäre.[299] Beides wird im Vorlagebeschluss näher ausgeführt.

Zunächst stellt das BVerwG heraus, warum es das geplante Gartencenter- Vorhaben für bauplanungsrechtlich zulässig hält: Unstreitig sei zwischen den Beteiligten, dass sich das Gartencenter hinsichtlich der Kriterien des § 34 Abs. 1 S. 1 BauGB in die Eigenart der näheren Umgebung einfüge. Das Vorhaben verstoße auch nicht gegen das – im Begriff des „Sich-Einfügens" enthaltene[300] – Rücksichtnahme-Gebot. Dieses erfordere eine Beurteilung anhand des Kriteriums der „Zumutbarkeit" nach der jeweiligen Einzelfallsituation der benachbarten Grundstücke unter Einbeziehung etwaig vorhandener Vorbelastungen in der Umgebung.[301] Das BVerwG nimmt – indem es feststellt, dass sich

---

298 BVerwG, Urt. v. 20.12.2012 – 4 C 12/11, Juris, Rn. 4.
299 BVerwG, Beschl. v. 03.12.2009 – 4 C 5/09, BauR 2010, 726 (727, 729).
300 BVerwG, Beschl. v. 03.12.2009 – 4 C 5/09, BauR 2010, 726 (727).
301 BVerwG, Beschl. v. 03.12.2009 – 4 C 5/09, BauR 2010, 726 (727).

die Anforderungen des Rücksichtnahme-Gebots vermindern, wenn der Standort bereits durch Belästigungen in einer bestimmten Weise vorgeprägt ist – Bezug auf vorangegangene Rechtsprechung.[302] Dieses Prinzip wendet es insbesondere an, indem es die zu Wohnbauvorhaben ergangene Rechtsprechung anwendet, um die Parallelwertung für geplante Vorhaben im bereits bebauten Einwirkungsbereich eines Störfallbetriebs zu ziehen[303] und feststellt, dass ein Vorhaben sich in die Eigenart der vorbelasteten Umgebung einfüge, wenn es nicht stärkeren Belastungen ausgesetzt werde als die bereits vorhandene gleichgeartete Bebauung und folglich die emittierende Nutzung dem hinzukommenden Vorhaben gegenüber nicht mehr Rücksicht zu nehmen brauche als gegenüber der bereits vorhandenen Nutzung.[304] So habe bereits der VGH festgestellt, dass im Hinblick auf die innerhalb der „Achtungsgrenzen" bereits vorhandenen gewerblichen Nutzungen, insbesondere für den vorliegenden Fall relevant die Baumärkte, nicht erkennbar gewesen sei, dass es durch die Errichtung des Gartencenters zu einer Verschärfung von immissionsschutzrechtlichen Anforderungen für den Betreiber des Störfallbetriebs kommen würde.[305] Wörtlich setzt das BVerwG dem hinzu: „Führt das Vorhaben nicht zu einer bodenrechtlich relevanten Verschlechterung der Rechtsposition des Betriebsinhabers, ist es ihm gegenüber selbst dann nicht rücksichtslos, wenn sich der Status quo im Hinblick auf die Auswirkungen eines Störfalls objektiv verschlechtert, weil in einem Störfall eine größere Zahl von Menschen betroffen wäre."[306]

Kurz konstatiert wird vom BVerwG auch die Wahrung gesunder Wohn- und Arbeitsverhältnisse, § 34 Abs. 1 S. 2 BauGB, durch das geplante Gartencenter. Dieses Kriterium, dessen Anwendungsbereich sich „auf die Abwehr städtebaulicher Missstände im Sinne des städtebaulichen Sanierungsrechts" beschränke,[307] sei im vorliegenden Fall nicht verletzt, da eine „Gemengelage" zwischen immissionsschutzrechtlich genehmigtem Störfallbetrieb und schutzbedürftiger Nutzung zumindest dann, wenn sich kein Anlass biete, auf der Grundlage des Immissionsschutzrechts gegen den Betreiber vorzugehen, auch in städtebaulicher Hinsicht

---

302 BVerwG, Beschl. v. 03.12.2009 – 4 C 5/09, BauR 2010, 726 (727) m.w.N. aus dieser früheren Rechtsprechung.
303 BVerwG, Beschl. v. 03.12.2009 – 4 C 5/09, BauR 2010, 726 (727).
304 BVerwG, Beschl. v. 03.12.2009 – 4 C 5/09, BauR 2010, 726 (727) m.w.N. aus früherer Rechtsprechung.
305 BVerwG, Beschl. v. 03.12.2009 – 4 C 5/09, BauR 2010, 726 (727 f.).
306 BVerwG, Beschl. v. 03.12.2009 – 4 C 5/09, BauR 2010, 726 (727).
307 BVerwG, Beschl. v. 03.12.2009 – 4 C 5/09, BauR 2010, 726 (728) m.w.N.

keinen sanierungsbedürftigen Missstand darstelle; dies auch dann nicht, wenn empfohlene Abstände nicht eingehalten werden.[308]

Die Zulässigkeit des Vorhabens scheitert nach Auffassung des BVerwG auch nicht an einem etwaigen Verstoß gegen § 50 BImSchG. Dies ergebe sich bereits daraus, dass § 50 BImSchG – mangels verbindlicher „*Raumnutzungsentscheidung*"[309] – auf gebundene Entscheidungen über die bodenrechtliche Zulässigkeit von Vorhaben nach § 34 BauGB weder direkt noch analog anwendbar und überdies das infrage stehende Gartencenter auch nicht raumbedeutsam im Sinne der § 50 BImSchG, § 3 Abs. 1 Nr. 6 ROG sei.[310]

Die – im Vorlagebeschluss sodann angesprochene – Problematik der Vereinbarkeit des geplanten öffentlich genutzten Gebäudes mit den Vorgaben von Art. 12 der Seveso-II-Richtlinie rührt daher, dass es sich bei dem bereits vorhandenen, nördlich zum geplanten Vorhaben liegenden Gebäude beziehungsweise Gelände um einen Betriebsbereich handelt, der in den Anwendungsbereich der Seveso-II-Richtlinie fiel, dort Art. 2 Abs. 1 i. V. m. Anhang I. Für den Fall, dass die Zulassung des Gartencenters nicht mit den Vorgaben aus Art. 12 der Seveso-II-Richtlinie vereinbar wäre, sähe sich das BVerwG in der Pflicht, das nationale Recht richtlinienkonform auszulegen; dementsprechend spinnt das BVerwG den Gedanken weiter: „*Hätte das Gartencenter nach nationalem Recht in richtlinienkonformer Auslegung einen – ausgehend von den für die Bauleitplanung geltenden Grundsätzen – angemessenen Abstand zu wahren oder wäre das Abstandserfordernis jedenfalls weitergehend als nach bisheriger Rechtslage zu berücksichtigen, würden diese Anforderungen bereits nach nationalem Recht nicht nur dem Schutz der das Gartencenter besuchenden Öffentlichkeit, sondern auch dem Recht der Beigeladenen auf Erhaltung ihres Betriebs und ihrem Interesse auf betriebliche Entwicklung dienen. Die Sache wäre daher an den Verwaltungsgerichtshof zur Klärung der Frage zurückzuverweisen, ob das Vorhaben einen angemessenen Abstand zu dem Betriebsbereich der Beigeladenen wahrt.*"[311]

Die seitenlangen Ausführungen des BVerwG[312] zu den Hintergründen der gestellten Vorlagefragen (welche sich allesamt auf Art. 12 der Seveso-II-Richtlinie beziehen) sowie die Anbringung von diversen Argumenten für eine oder gegen

---

308 BVerwG, Beschl. v. 03.12.2009 – 4 C 5/09, BauR 2010, 726 (728).

309 BVerwG, Beschl. v. 03.12.2009 – 4 C 5/09, BauR 2010, 726 (728). m.w.N. zu den Anforderungen , die hieran zu stellen wären.

310 BVerwG, Beschl. v. 03.12.2009 – 4 C 5/09, BauR 2010, 726 (728 f.).

311 BVerwG, Beschl. v. 03.12.2009 – 4 C 5/09, BauR 2010, 726 (729).

312 BVerwG, Beschl. v. 03.12.2009 – 4 C 5/09, BauR 2010, 726 (729 ff.); entsprechende Hinweise auf diese Ausführungen erfolgen an geeigneter Stelle.

eine andere Sichtweise – vor allem zu den Themen „Adressat des Art. 12 Abs. 1 Seveso-II-Richtlinie" und „Verschlechterungsverbot" – können nicht über eine gewisse Ratlosigkeit des Gerichts, was die Beantwortung der Fragen angeht, hinwegtäuschen.

b) EuGH, Urteil vom 15.09.2011

Das Urteil des EuGH vom 15.09.2011 betrifft das vorangegangene Vorabentscheidungsersuchen und bezieht sich somit ebenfalls auf die Richtlinie 96/82/EG des Rates vom 9. Dezember 1996 zur Beherrschung der Gefahren bei schweren Unfällen mit gefährlichen Stoffen in der durch die Richtlinie 2003/105/EG des Europäischen Parlaments und des Rates vom 16. Dezember 2003 geänderten Fassung;[313] es bezieht sich also auf die hier als „Seveso-II-Richtlinie" bezeichnete Richtlinie. Auch insoweit muss zwar – um Unklarheiten auszuschließen – bei der Darstellung des Urteilsinhalts zunächst noch auf Art. 12 der Richtlinie 96/82/EG abgestellt werden; die vom EuGH getroffenen inhaltlichen Aussagen lassen sich aber, soweit es hier von Belang ist, ohne Weiteres auf die Richtlinie 2012/18/EU sinngemäß übertragen. Im Tenor beantwortet das Urteil des EuGH die vom BVerwG in dessen Vorlagebeschluss gestellten Fragen:

> „1. Art. 12 Abs. 1 der Richtlinie 96/82/EG des Rates vom 9. Dezember 1996 zur Beherrschung der Gefahren bei schweren Unfällen mit gefährlichen Stoffen in der durch die Richtlinie 2003/105/EG des Europäischen Parlaments und des Rates vom 16. Dezember 2003 geänderten Fassung ist dahin auszulegen, dass die Pflicht der Mitgliedstaaten, dafür zu sorgen, dass langfristig dem Erfordernis Rechnung getragen wird, dass zwischen den unter diese Richtlinie fallenden Betrieben einerseits und öffentlich genutzten Gebäuden andererseits ein angemessener Abstand gewahrt bleibt, auch von einer Behörde wie der für die Erteilung von Baugenehmigungen zuständigen Stadt Darmstadt (Deutschland) zu beachten ist, und zwar auch dann, wenn sie in Ausübung dieser Zuständigkeit eine gebundene Entscheidung zu erlassen hat.
>
> 2. Die in Art. 12 Abs. 1 der Richtlinie 96/82 in der durch die Richtlinie 2003/105 geänderten Fassung vorgesehene Verpflichtung, langfristig dem Erfordernis Rechnung zu tragen, dass zwischen den unter diese Richtlinie fallenden Betrieben einerseits und öffentlich genutzten Gebäuden andererseits ein angemessener Abstand gewahrt bleibt, schreibt den zuständigen nationalen Behörden nicht vor, unter Umständen wie denen des Ausgangsverfahrens die Ansiedlung eines öffentlich genutzten Gebäudes zu verbieten. Dagegen steht diese Verpflichtung nationalen Rechtsvorschriften entgegen, nach denen eine Genehmigung für die Ansiedlung eines solchen Gebäudes zwingend zu erteilen ist, ohne dass die Risiken

---

313 EuGH, Urt. v. 15.09.2011, Rs. C-53/10 – Land Hessen ./. Franz Mücksch OHG, UPR 2011, 443 (443).

der Ansiedlung innerhalb der genannten Abstandsgrenzen im Stadium der Planung oder der individuellen Entscheidung gebührend gewürdigt worden wären.[314]

Die Sachverhalts-Ausführungen des EuGH zum nationalen Ausgangsrechtsstreit sind teilweise ungenau, was jedoch letztlich den rechtlichen Ausführungen keinen Abbruch tut: So wird aber beispielsweise unterstellt, die Franz Mücksch OHG selbst beabsichtige, auf ihrem Baugrundstück ein Gartencenter zu errichten,[315] was nicht zutrifft (vielmehr geht es um die „sichere Gewährleistung" einer gewünschten Bebaubarkeit des Grundstücks im Zuge eines Grundstücksverkaufs[316]). Die Franz Mücksch OHG erhob – entgegen den so lautenden Erläuterungen des EuGH[317] – auch nicht Klage gegen den Widerspruchsbescheid, sondern (Untätigkeits-)Klage auf Zurückweisung des Widerspruchs der Merck KGaA.[318] Die sich an die tatsächlichen Ausführungen anschließenden rechtlichen Erörterungen des EuGH unterteilen sich in zwei Abschnitte, von denen der erste zur ersten Vorlagefrage des BVerwG, der zweite zur zweiten und dritten Vorlagefrage Stellung bezieht.

Zu der (ersten) Vorlagefrage, die wissen möchte, ob Art. 12 Abs. 1 der Seveso-II-Richtlinie dahingehend auszulegen ist, dass die Pflicht der Mitgliedstaaten, dafür Sorge zu tragen, dass dem Erfordernis der Wahrung angemessener Abstände langfristig Rechnung getragen wird, auch von einer Behörde (namentlich einer Baugenehmigungsbehörde) – und vor allem auch im Zuge gebundener Entscheidungen – zu beachten ist,[319] äußert sich der EuGH sinngemäß mit einem klaren „Ja". Er gibt damit all denjenigen Recht, die bereits bisher eine auf das Planungsrecht beschränkte Reichweite des Art. 12 der Seveso-II-Richtlinie für unzureichend gehalten hatten.[320] Differenziert führt der EuGH in seinem Urteil zunächst

---

314 EuGH, Urt. v. 15.09.2011, Rs. C-53/10 – Land Hessen ./. Franz Mücksch OHG, UPR 2011, 443 (448).

315 EuGH, Urt. v. 15.09.2011, Rs. C-53/10 – Land Hessen ./. Franz Mücksch OHG, UPR 2011, 443 (445), Rn. 12.

316 Vgl. abermals Sachverhalts-Darstellung nach VG Darmstadt, Urt. v. 27.11.2007 – 9 E 735/07, Juris, Rn. 1 ff.; ergänzend BVerwG, Urt. v. 20.12.2012 – 4 C 12/11, Juris, Rn. 1ff; VG Darmstadt, Urt. v. 27.11.2007 – 9 E 2454/05, Juris, Rn. 1 ff. (in BauR 2008, 1421 ff. nur verkürzter Abdruck des Sachverhalts); VGH Kassel, Urt. v. 04.12.2008 – 4 A 882/08, Juris, Rn. 1 ff. (in UPR 2009, 115 ff. kein Abdruck des Sachverhalts).

317 EuGH, Urt. v. 15.09.2011, Rs. C-53/10 – Land Hessen ./. Franz Mücksch OHG, UPR 2011, 443 (445), Rn. 15.

318 VG Darmstadt, Urt. v. 27.11.2007 – 9 E 2454/05, Juris, Rn. 11 f. (nicht abgedruckt in BauR 2008, 1421 ff.).

319 Vgl. BVerwG, Beschl. v. 03.12.2009 – 4 C 5/09, BauR 2010, 726 (726).

320 *König/Darimont*, UPR 2012, 286 (287).

aus, dass – dem Wortlaut des Art. 12 Abs. 1 UAbs. 2 der Seveso-II-Richtlinie ge-
treu – die Verpflichtung, dem Erfordernis der Wahrung angemessener Abstände
Rechnung zu tragen, die Mitgliedstaaten auch im Rahmen der „*Verfahren für
die Durchführung dieser Politiken*" (gemeint sind die Politik der Flächenausweisung oder Flächennutzung und/oder andere einschlägige Politiken) treffe. Der
EuGH folgert hieraus sodann, dass die Verpflichtung auch für Behörden gelte,
die an der Durchführung derjenigen Pläne und Politiken mitwirken, die im Kontext der von der Richtlinie verfolgten Ziele stehen. Da sie „*an der unmittelbaren
Abwicklung der Verfahren zur Erteilung von Baugenehmigungen beteiligt*" seien
und somit „*zur Durchführung der in Art. 12 Abs. 1 angesprochenen Politiken der
Flächenausweisung oder Flächennutzung*" beitrügen, zählt der EuGH auch diejenigen deutschen Behörden, welche mit der Erteilung von Baugenehmigungen
beziehungsweise Bauvorbescheiden befasst sind, zu den Behörden, welche – un-
geachtet des Fehlens eines Bebauungsplans – die Pflicht hätten, „*bei der Prüfung
von Anträgen auf Baugenehmigung das Erfordernis der Wahrung angemessener
Abstände zwischen den unter die Richtlinie 96/82 fallenden Betrieben einerseits
und den angrenzenden Gebieten andererseits zu berücksichtigen*".[321] Entscheidend
ist hierbei das Kriterium des Fehlens eines Bebauungsplans und die der Baugenehmigungsbehörde trotzdem vom EuGH „zugesprochene" Verpflichtung zur
Berücksichtigung des Erfordernisses der Wahrung angemessener Abstände gemäß Art. 12 der Richtlinie bei der Prüfung von Baugenehmigungsanträgen. Der
EuGH sieht die Begründung für diese Sichtweise insbesondere unter dem Stichwort „*praktische Wirksamkeit der Richtlinie*": Die Berufung der Behörde auf das
Fehlen eines Bauleitplans mit dem Ziel, so der Verpflichtung zur Berücksichtigung des Abstandsgebots entgehen zu können, lasse eine leichte Umgehung und
eine Missachtung der praktischen Wirksamkeit der Richtlinie zu, was letztlich zu
einer Beeinträchtigung vor allem des Richtlinienziels der Begrenzung der Folgen
schwerer Unfälle sowie die in Art. 174 Abs. 1 EGV (gemeint ist wohl der jetzige
Art. 191 Abs. 1 AEUV) genannten Ziele und Grundsätze der Umweltpolitik (insbesondere Gesundheitsschutz und Verbesserung der Umweltqualität) führe.[322]
Vorwegnehmend widerlegt der EuGH auch den gegen seine genannte Auslegung
möglichen Einwand, die Seveso-II-Richtlinie sehe in Art. 12 Abs. 1 UAbs. 2 nur
die Verpflichtung vor, „*langfristig*" dem Erfordernis der Wahrung angemessener Abstände Rechnung zu tragen und stelle die Bestimmung dieser Abstände

---

321   EuGH, Urt. v. 15.09.2011, Rs. C-53/10 – Land Hessen ./. Franz Mücksch OHG, UPR
        2011, 443 (445), Rn. 19 ff.
322   EuGH, Urt. v. 15.09.2011, Rs. C-53/10 – Land Hessen ./. Franz Mücksch OHG, UPR
        2011, 443 (445 f.), Rn. 22.

den Mitgliedstaaten anheim: Der den Mitgliedstaaten bei der Festlegung der Abstände gewährte „*Wertungsspielraum*" werde (lediglich aber immerhin) begrenzt durch die bestehende Verpflichtung, im Rahmen der genannten Politiken sowie bei deren Durchführung das Erfordernis der Wahrung angemessener Abstände nach Art. 12 der Richtlinie zu berücksichtigen. Einfach ausgedrückt lässt sich die Sichtweise des EuGH dahingehend formulieren, dass es prinzipiell gleichgültig ist, ob dieser Verpflichtung im Rahmen des nationalen (örtlichen Raum-)planungs- oder aber des Genehmigungsrechts nachgekommen wird; es muss lediglich gewährleistet sein, dass Art. 12 der Seveso-II-Richtlinie überhaupt an irgendeiner Stelle geprüft wird. Zudem würde von der Richtlinie nur die „*Berücksichtigung*", jedoch „*weder die Methode zur Festlegung der angemessenen Abstände noch die Art und Weise ihrer Anwendung*" vorgegeben.[323] Noch weitergehend stellt der EuGH in seinem Urteil zum Verfahren Mücksch fest, dass – sofern das Erfordernis der Wahrung angemessener Abstände nicht bereits von der Planungsbehörde berücksichtigt wurde – diese Verpflichtung unweigerlich der Baugenehmigungsbehörde zufiele, um die praktische Wirksamkeit des Art. 12 Abs. 1 der Seveso-II-Richtlinie aufrechtzuerhalten. Dies gelte auch dann, wenn nach nationalem Recht die Genehmigung (hier: Bauvorbescheid) als gebundene Entscheidung erteilt werden musste. Die Behörde habe letztlich die erforderlichen Maßnahmen zu treffen, um der aus der Richtlinie resultierenden Verpflichtung, das Erfordernis der Wahrung angemessener Abstände zu beurteilen, nachzukommen: Dies läge erstens an der grundsätzlichen Verpflichtung der Träger öffentlicher Gewalt in den Mitgliedstaaten, das sich aus der Richtlinie ergebende Ziel zu erreichen sowie an deren Pflicht, alle zur Erfüllung dieser Verpflichtung geeigneten Maßnahmen zu treffen. Zweitens sei es ständige Rechtsprechung, dass Mitgliedstaaten sich nicht auf Umstände ihrer nationalen Rechtsordnung berufen könnten, um die Nichtbeachtung von Richtlinienvorgaben zu rechtfertigen.[324] Das nach deutschem Recht – auch im konkreten Fall Mücksch – bestehende Problem, das sich auftut, wenn eine Genehmigungsentscheidung eine nach nationalem Recht gebundene Entscheidung ist, so dass eigentlich dem aus Art. 12 der Seveso-II-Richtlinie sich ergebenden Erfordernis der Wahrung angemessener Abstände nicht Rechnung getragen werden könnte, will der EuGH in seinem Urteil zum Verfahren Mücksch über „*den Grundsatz der unionsrechtskonformen Auslegung des nationalen Rechts, der dem System des*

---

323   EuGH, Urt. v. 15.09.2011, Rs. C-53/10 – Land Hessen ./. Franz Mücksch OHG, UPR 2011, 443 (446), Rn. 23 ff.

324   EuGH, Urt. v. 15.09.2011, Rs. C-53/10 – Land Hessen ./. Franz Mücksch OHG, UPR 2011, 443 (446), Rn. 28 ff., jeweils m.w.N. aus seiner früheren Rechtsprechung.

EG-Vertrags immanent ist" gelöst wissen.[325] Dieser könne auch einem Einzelnen entgegengehalten werden, verschaffe dem vorlegenden Gericht bei der Entscheidung über den Rechtsstreit die Möglichkeit, im Rahmen seiner Zuständigkeit die Wirksamkeit des Unionsrechts zu gewährleisten und verlange vom nationalen Gericht die Berücksichtigung des gesamten nationalen Rechts zur Klärung der Frage, inwieweit dieses so angewendet werden könne, dass es nicht zu einem dem Richtlinienziel konträren Ergebnis führe.[326]

Die zweite und dritte Vorlagefrage, welche das BVerwG dem EuGH gestellt hat,[327] lassen sich sinngemäß prinzipiell auf eine Frage herunter brechen: Wie weit geht die Verpflichtung nach Art. 12 Abs. 1 der Seveso-II-Richtlinie, angemessenen Abständen Rechnung zu tragen?[328] Wenn – was mit der ersten Vorlagefrage geklärt werden sollte und vom EuGH auch beantwortet wurde – Art.12 Abs. 1 der Seveso-II-Richtlinie sich auch an Baugenehmigungsbehörden, welche eine gebundene Entscheidung über die Zulassung eines Vorhabens im Innenbereich nach § 34 BauGB zu treffen haben, richtet, so tritt diese nächste Frage auf und kann freilich – wie es das BVerwG ja auch getan hat – weiter aufgefächert werden: Statuiert Art. 12 Abs. 1 der Seveso-II-Richtlinie ein *„Verschlechterungsverbot"*[329] – ist die darin verankerte Verpflichtung also so auszulegen, dass die Nichteinhaltung des „angemessenen Abstandes" im Sinne von Art. 12 Abs. 1 zwingend ein „Genehmigungsverbot" bezüglich des öffentlich genutzten Gebäudes durch die Behörde zur Folge hat (wenn kaum weiter entfernt vom Störfallbetrieb bereits vergleichbare schutzwürdige Nutzungen vorhanden sind, die Anforderungen an gesunde Wohn- und Arbeitsverhältnisse gewahrt sind und der Störfallbetrieb keine erhöhten Anforderungen zur Unfallfolgenbegrenzung zu erwarten hat), oder ist ein solches schutzwürdiges Vorhaben ohne Verstoß gegen Art. 12 der Richtlinie unter den genannten Voraussetzungen sogar vielmehr zwingend und ohne Risikoabwägung zu erlauben, weil es nationale Vorschriften so gebieten?[330] Der EuGH grenzt die „Reichweite" der Verpflichtung nach Art. 12

---

325 EuGH, Urt. v. 15.09.2011, Rs. C-53/10 – Land Hessen ./. Franz Mücksch OHG, UPR 2011, 443 (446), Rn. 32.

326 EuGH, Urt. v. 15.09.2011, Rs. C-53/10 – Land Hessen ./. Franz Mücksch OHG, UPR 2011, 443 (446), Rn. 32 ff. jeweils m.w.N. aus seiner früheren Rechtsprechung.

327 Vgl. hierzu BVerwG, Beschl. v. 03.12.2009 – 4 C 5/09, BauR 2010, 726 (726).

328 EuGH, Urt. v. 15.09.2011, Rs. C-53/10 – Land Hessen ./. Franz Mücksch OHG, UPR 2011, 443 (447), Rn. 40.

329 BVerwG, Beschl. v. 03.12.2009 – 4 C 5/09, BauR 2010, 726 (730), Rn. 27.

330 Vgl. BVerwG, Beschl. v. 03.12.2009 – 4 C 5/09, BauR 2010, 726 (726) und dies aufgreifend EuGH, Urt. v. 15.09.2011, Rs. C-53/10 – Land Hessen ./. Franz Mücksch OHG, UPR 2011, 443 (447), Rn. 36.

Abs. 1 UAbs. 2 der Seveso-II-Richtlinie folgendermaßen ein: Die Mitgliedstaaten hätten bei der Anwendung des Erfordernisses, der Wahrung angemessener Abstände Rechnung zu tragen, einen gewissen „*Wertungsspielraum*", der eine Auslegung des Art. 12 Abs. 1 UAbs. 2 dahingehend, dass nach ihm jedes Vorhaben (im konkreten Fall ein öffentlich genutztes Gebäude in einem im Zusammenhang bebauten Gebiet, in welchem sich Störfallbetriebe befinden) abgelehnt werden müsste, welches die angemessenen Abstände unterschreite, verbiete. Andererseits dürfe jedoch dieser Wertungsspielraum – den der EuGH übrigens vor allem aus dem Wortlaut des Art. 12 Abs. 1, insbesondere aus der Formulierung „*Rechnung getragen*" herausliest – jedoch nicht so weit ausgelegt werden, dass er es den Mitgliedstaaten gestatten würde, von der Berücksichtigung angemessener Abstände komplett abzusehen.[331] Im Ergebnis verlange eine „Berücksichtigung" angemessener Abstände eben auch deren tatsächliche Berücksichtigung bei der Bewertung der Risiken (einer Ansiedlung innerhalb der angemessenen Abstandsgrenzen) neben anderen Faktoren, wobei dies entweder im Rahmen einer Planung oder mangels Planung beim Erlass von Entscheidungen über Baugenehmigungen erfolgen könne. Da eine nationale Vorschrift, die eine solche Berücksichtigung in Form einer Risikoabwägung/-würdigung gerade nicht zulasse, weil eine Genehmigung zwingend zu erteilen ist, die Verpflichtung nach Art. 12 geradezu „*aushöhlen und damit ihrer praktischen Wirksamkeit berauben*" würde, obliege es dem vorlegenden Gericht, das nationale Recht so weit als möglich richtlinienkonform auszulegen.[332]

---

331 EuGH, Urt. v. 15.09.2011, Rs. C-53/10 – Land Hessen ./. Franz Mücksch OHG, UPR 2011, 443 (447 f.), Rn. 40 ff.

332 EuGH, Urt. v. 15.09.2011, Rs. C-53/10 – Land Hessen ./. Franz Mücksch OHG, UPR 2011, 443 (448), Rn. 50 ff. Im Kontext der letztendlich getroffenen Entscheidung des EuGH stehen natürlich auch die Schlussanträge der Generalanwältin Sharpston vom 14.04.2011, auf welche an dieser Stelle lediglich hingewiesen werden soll. Auch die Generalanwältin kommt jedoch insbesondere zu dem Ergebnis, dass dem Abstandserfordernis nicht nur auf Planungsebene, sondern auch auf der Ebene einzelner Genehmigungsentscheidungen Rechnung zu tragen ist, siehe hierzu die Schlussanträge der Generalanwältin Sharpston vom 14.04.2011 in der Rechtssache C-53/10, Rn. 53.

c) Entscheidungen des BVerwG vom 20.12.2012

aa) Klage auf Zurückweisung des Drittwiderspruchs der Beigeladenen (Revisionsinstanz)

Der zuständige 4. Senat entschied im Rahmen des Verfahrens um die Zurückweisung des Drittwiderspruchs der Beigeladenen gegen den der Grundstückseigentümerin erteilten Vorbescheid, dass die zulässigen Revisionen begründet seien;[333] insoweit ging das Urteil des EuGH vom 15.09.2011[334] voraus und insoweit sah sich das BVerwG außerstande, in der Sache selbst zu entscheiden, da hierfür die erforderlichen Tatsachenfeststellungen fehlen würden, so dass die Sache zur anderweitigen Verhandlung und Entscheidung an die Vorinstanz zurückzuverweisen sei.[335] Im dem der Entscheidung 4 C 11/11 vorausgegangenen Verfahrensverlauf war es um die – letztlich bejahte – Rechtmäßigkeit des der Klägerin erteilten Bauvorbescheids und damit in der Sache um die an § 34 Abs. 1 BauGB zu beurteilende bauplanungsrechtliche Zulässigkeit des streitgegenständlichen Gartencenters gegangen. Ein Schwerpunkt im Rahmen dieser Prüfung war die im Zuge des § 34 Abs. 1 BauGB zu prüfende Beachtung des Rücksichtnahmegebots gewesen.[336] In der Ablehnung einer Verletzung des Gebots der Rücksichtnahme unter Heranziehung des Kriteriums vorhandener „Vorbelastungen" ohne Anpassung der deutschen Dogmatik an den durch die Seveso-Richtlinie geprägten störfallspezifischen Kontext sah das BVerwG jetzt allerdings einen Verstoß gegen Bundesrecht:[337]

Das BVerwG stellt in seiner Entscheidung zunächst fest, dass Art. 12 Abs. 1 der Richtlinie 96/82/EG[338] eine gebührende Würdigung der Risiken der Zulassung von öffentlich genutzten Gebäuden in Nachbarschaft zu Störfallbetrieben

333 BVerwGE 145, 290 (292).

334 EuGH, Urt. v. 15.09.2011, Rs. C-53/10 – Land Hessen ./. Franz Mücksch OHG, UPR 2011, 443 ff.

335 BVerwGE 145, 290 (304) beziehungsweise ergänzend BVerwG, Urt. v. 20.12.2012 – 4 C 11/11, Juris, Rn. 40.

336 Siehe hierzu bereits erstinstanzlich VG Darmstadt, Urt. v. 27.11.2007 – 9 E 2454/05, BauR 2008, 1421 (1424 ff.); siehe ebenso die Berufungsinstanz VGH Kassel, Urt. v. 04.12.2008 – 4 A 882/08, UPR 2009, 115 (116 f.)

337 BVerwGE 145, 290 (292, 302).

338 Auch die Entscheidungen des BVerwG vom 20.12.2012 beziehen sich noch auf die Richtlinie 96/82/EG. Wie bereits bei den vorangegangenen Entscheidungen im Fall „Mücksch" gilt aber auch hier, dass die vom Gericht getroffenen Aussagen unter Geltung der die Richtlinie 96/82/EG ablösenden Richtlinie 2012/18/EU dennoch ihre Relevanz behalten und bei der Bearbeitung berücksichtigt werden müssen.

verlange, und zwar ohne Berücksichtigung etwaiger Vorbelastungen: Das BVerwG orientiert sich in seiner Entscheidung an den vorangegangen Ausführungen des EuGH in dessen Urteil vom 15.09.2011, wenn es die aus Art. 12 Abs. 1 der Seveso-II-Richtlinie zu entnehmende Verpflichtung der Mitgliedstaaten, langfristig dem Erfordernis der Wahrung angemessener Abstände zwischen Störfallbetrieb und öffentlich genutztem Gebäude Rechnung zu tragen, auch der Baugenehmigungsbehörde bei gebundenen Entscheidungen über eine Vorhaben-Zulassung – namentlich bei der Entscheidung über den streitgegenständlichen Bauvorbescheid – auferlegt. Auch inhaltlich interpretiert das BVerwG die aus Art. 12 der Richtlinie entnommene Verpflichtung vergleichbar dem EuGH beziehungsweise macht sich dessen Interpretation zu eigen: Eine zwingende Untersagung von Vorhaben-Neuansiedlungen innerhalb des angemessenen Abstands sei zu verneinen; eine Zulassung setze aber eine Würdigung entsprechender Ansiedlungs-Risiken voraus. Das BVerwG untergliedert eine entsprechende Vorgehensweise in die Notwendigkeit der Ermittlung des „angemessenen" Abstandes einerseits und – im Falle des Unterschreitens dieses festgestellten Abstandes durch das Vorhaben – die Frage nach der Zulässigkeit einer Abstandsunterschreitung andererseits.[339] Als auf die Festlegung des angemessenen Abstandes einflussnehmende Faktoren erkennt das BVerwG dem EuGH folgend lediglich die „störfallspezifischen", nicht dagegen „'sozioökonomische'" oder „sonstige" Belange an.[340] Eine wichtige Aussage trifft das Gericht in Randnummer 20 seines Urteils, wo es konstatiert: „Der Begriff des ‚angemessenen' Abstands ist ein zwar unbestimmter, aber technisch-fachlich bestimmbarer Rechtsbegriff."[341] Unter abermaligem Verweis auf den EuGH betont das BVerwG zwar einerseits die Einzelfallabhängigkeit einer derartigen „Angemessenheits"-Beurteilung, jedoch andererseits (unter Rückgriff auf diverse Literaturmeinungen) auch die volle gerichtliche Überprüfbarkeit der behördlichen Abstandsfestlegung und mithin das Fehlen von etwaigen Beurteilungs- oder Ermessensspielräumen der Verwaltung.[342] Bei der Genehmigung von Vorhaben *innerhalb* der auf diese Weise eruierten Abstandsgrenzen stellt sich – wie bereits angedeutet – nach an der Rechtsprechung des EuGH angelehnter Erörterung des BVerwG die Frage nach der Zulässigkeit einer derartigen Unterschreitung, was unter dem Stichwort „Berücksichtigungspflicht"[343] der Genehmigungsbehörde vom BVerwG

---

339 BVerwGE 145, 290 (293).
340 BVerwGE 145, 290 (294 f.).
341 BVerwGE 145, 290 (295 f.)
342 BVerwGE 145, 290 (295 f.) m.w.N.
343 BVerwGE 145, 290 (296).

dargelegt wird: Dem EuGH folgend spricht das BVerwG hier von einem echten „*Wertungsspielraum*"[344] bei der – stets *tatsächlich* vorzunehmenden – Berücksichtigung der angemessenen Abstände, infolge dessen es durchaus sein könne, dass ein öffentlich genutztes Gebäude im Einzelfall innerhalb des angemessenen Abstandes zuzulassen sei; waagschalenartig träten den störfallspezifischen Belangen bei der Abstandsermittlung nun (die vom EuGH als „*sozioökonomisch*"[345] betitelten) Faktoren vor allem sozialer, wirtschaftlicher und ökologischer Natur gegenüber.[346] Das BVerwG weist darauf hin, der EuGH habe die Richtlinie so interpretiert, dass die Mitgliedstaaten weitgehend frei seien, „*das Abstandserfordernis in bestehende nationalrechtliche Systementscheidungen einzupassen*", eine Berücksichtigung damit sowohl auf planerischer Ebene, als auch beim Erlass von Einzelentscheidungen möglich sei.[347] Das Gericht erachtet es als daher als durchaus gangbaren Weg, dem Abstandserfordernis erst auf der Ebene der Gehnehmigungsbehörden Rechnung zu tragen.[348] Inhaltlich nennt es hierzu die „*'nachvollziehende' Abwägung*"[349], welche als „*sachgeleitete Wertung*" voller gerichtlicher Kontrolle unterläge.[350] Das BVerwG geht davon aus, dass eben diese Würdigung (Abstandsermittlung und im Anschluss die Frage nach der Vertretbarkeit einer Abstandsunterschreitung im Wege einer „nachvollziehenden Abwägung") bei der Prüfung des in § 34 Abs. 1 BauGB enthaltenen Rücksichtnahmegebots zu verorten wäre, wobei hinsichtlich Letzteren eine „*richtlinienkonforme Handhabung*" erforderlich sei.[351] Das Gebot der gegenseitigen Rücksichtnahme sei nämlich ein „*wertungsoffenes Korrektiv (…), das auch für störfallrechtlich vorgegebene Wertungen offensteht*".[352] Über dieses Korrektiv könne die von Art. 12 der Seveso-II-Richtlinie verlangte „*abwägende Gegenüberstellung von störfallspezifischen und nicht störfallspezifischen, insbesondere 'sozioökonomischen' Faktoren*" ins nationale Rechtssystem implementiert werden, mit dem Ziel, die Frage nach einer im Einzelfall zulässigen Abstandsunterschreitung

---

344 BVerwGE 145, 290 (296).
345 EuGH, Urt. v. 15.09.2011, Rs. C-53/10 – Land Hessen ./. Franz Mücksch OHG, UPR 2011, 443 (447), Rn. 44: „*sozioökonomischer Faktoren*".
346 BVerwGE 145, 290 (296 f.).
347 BVerwGE 145, 290 (298 f.)
348 BVerwGE 145, 290 (298 f.).
349 BVerwGE 145, 290 (299).
350 BVerwGE 145, 290 (299) m.w.N. zu Begriff und Bedeutung.
351 BVerwGE 145, 290 (300).
352 BVerwGE 145, 290 (301).

klären zu können.[353] Die auf diesem Wege getroffene Entscheidung sei – dem Verständnis von der „nachvollziehenden Abwägung" gerecht werdend – „sachgeleitete Wertung, die ebenfalls der vollen gerichtlichen Kontrolle unterliegt".[354] Die Existenz einer gewissen „Vorbelastung" der zu beurteilenden Umgebung könne allerdings speziell im Störfallrecht nicht dazu führen, dass ein angemessener Abstand nicht mehr berücksichtigt werden müsste. Geradezu konträr müsse man davon ausgehen, dass eine gewisse Vorbelastung überhaupt erst den Wertungsspielraum der Behörde eröffne, da die erstmalige Abstandsunterschreitung schon mit dem Erfordernis der Langfristigkeit in Art. 12 Abs. 1 der Seveso-II-Richtlinie nicht kompatibel wäre. Zudem stehe die Schutzrichtung der Seveso-II-Richtlinie einem Verständnis entgegen, nach welchem Vorbelastungen die Berücksichtigungsnotwendigkeit von Abständen marginalisieren würden, obgleich quantitativ durch Zulassung eines weiteren Vorhabens die Zahl von im Falle eines Störfalls betroffenen Menschen ja gerade steigt.[355]

bb) Klage auf Erteilung einer Baugenehmigung (Revisionsinstanz)

Der zuständige 4. Senat des BVerwG entschied in der Revisionsinstanz im Verfahren 4 C 12/11 erst am 20.12.2012,[356] nachdem mit dem Urteil des EuGH vom 15.09.2011 die Antworten auf die im Wege der Vorabentscheidung nach Art. 267 AEUV gestellten Fragen des BVerwG gegeben worden waren. In der Sache entschied das BVerwG letzten Endes, dass die zulässige Revision begründet sei, da das Berufungsurteil Bundesrecht verletze (§ 137 Abs.1 Nr. 1 VwGO).[357] In der Sache selbst eine Entscheidung zu treffen, sah sich das BVerwG jedoch – mangels abschließender tatrichterlicher Feststellungen zu den maßgeblichen Faktoren zur Abstandsbestimmung sowie zur Lage des umstrittenen Gartencenters innerhalb dieses Abstands – gleichwohl außerstande, so dass es die Sache zur anderweitigen Verhandlung und Entscheidung an den VGH zurückverwies.[358] Im dem der Entscheidung 4 C 12/11 vorausgegangenen Verfahren war es um den – letztlich bejahten – Anspruch der Klägerin auf Erteilung einer Baugenehmigung und damit in der Sache insbesondere um die an § 34 Abs. 1 BauGB zu beurteilende bauplanungsrechtliche Zulässigkeit des streitgegenständlichen Gartencenters gegangen. Das BVerwG monierte hierbei aber auch in 4 C 12/11,

---

353   BVerwGE 145, 290 (301 f.).
354   BVerwGE 145, 290 (302).
355   BVerwGE 145, 290 (302 f.)
356   BVerwG, Urt. v. 20.12.2012 – 4 C 12/11, Juris.
357   BVerwG, Urt. v. 20.12.2012 – 4 C 12/11, Juris, Rn. 10.
358   BVerwG, Urt. v. 20.12.2012 – 4 C 12/11, Juris, Rn. 39.

der VGH habe den „*Einfluss des Unionsrechts auf die Handhabung des Rücksicht-nahmegebots (...) verkannt*"[359]. Die rechtlichen Ausführungen des BVerwG in den Entscheidungsgründen im Verfahren 4 C 12/11 entsprechen weitestgehend wortlautidentisch denen im Verfahren 4 C 11/11, weswegen auf diese verwiesen werden kann.

3. Entscheidungen des VGH nach der Zurückverweisung

Die Entscheidungen des VGH in der Sache „Mücksch" nach der Zurückverweisung müssen nach den bisherigen Ausführungen daher zum einen die Festlegung enthalten, welche Abstände im konkreten Fall angemessen sind sowie definieren, ob das beantragte Gartencenter innerhalb der so festgelegten Abstandsgrenzen liegt. Zum anderen ist im Rahmen des Rücksichtnahmegebots eine Entscheidung darüber zu treffen, ob Umstände vorliegen, die es rechtfertigen können, das Vorhaben innerhalb der definierten Abstandsgrenzen zuzulassen.[360]

II. Ausgangssituation bei baurechtlichen Genehmigungsentscheidungen nach (nur) nationalem Recht

1. Baugenehmigung

Zunächst gilt es sich bewusst zu machen, dass die Vorschriften, welche die Baugenehmigungserteilung im nationalen Recht regeln, teilweise dem Landesrecht zugehören. In Bayern sind insoweit die Art. 55 ff. BayBO einschlägig; maßgeblich für die Genehmigungserteilung ist dort insbesondere Art. 68 Abs. 1 S. 1 BayBO: „*Die Baugenehmigung ist zu erteilen, wenn dem Bauvorhaben keine öffentlich-rechtlichen Vorschriften entgegenstehen, die im bauaufsichtlichen Genehmigungsverfahren zu prüfen sind; die Bauaufsichtsbehörde darf den Bauantrag auch ablehnen, wenn das Bauvorhaben gegen sonstige öffentlich-rechtliche Vorschriften verstößt.*"[361] Es handelt sich bei der nach Art. 68 Abs. 1 S. 1 BayBO zu

---

359 BVerwG, Urt. v. 20.12.2012 – 4 C 12/11, Juris, Rn. 36.
360 Tatsächlicher Verfahrensausgang – siehe hierzu Seite 211 f. (Schlussbemerkung).
361 Die hessische Parallelvorschrift hierzu ist beispielsweise der sehr ähnliche § 64 HBO (HBO in der Fassung vom 15.01.2011): „*(1) Die Baugenehmigung ist zu erteilen, wenn dem Vorhaben keine öffentlich-rechtlichen Vorschriften entgegenstehen, die im Bau-genehmigungsverfahren zu prüfen sind; die Bauaufsichtsbehörde darf den Bauantrag auch ablehnen, wenn das Bauvorhaben gegen sonstige öffentlich-rechtliche Vorschriften verstößt.*"

erteilenden Baugenehmigung grundsätzlich um eine gebundene Entscheidung der Behörde:[362] Art. 68 Abs. 1 S. 1 HS. 1 BayBO gibt dem Bauantragsteller einen öffentlich-rechtlichen Rechtsanspruch auf Erteilung einer Baugenehmigung, sofern das Vorhaben denjenigen öffentlich-rechtlichen Vorschriften entspricht, die im Baugenehmigungsverfahren zu prüfen sind.[363] Welche „öffentlich-rechtlichen Vorschriften" in diesem Sinne zum Prüfungsumfang gehören, regeln in Bayern Art. 59 beziehungsweise 60 BayBO. Insbesondere zur Prüfung gehören damit in beiden Varianten die Vorschriften über die Zulässigkeit der baulichen Anlagen nach den §§ 29 bis 38 BauGB, siehe Art. 59 S. 1 Nr. 1 BayBO beziehungsweise Art. 60 S. 1 Nr. 1 BayBO. Eine Baugenehmigung für ein Vorhaben ist – vorbehaltlich der Ausnahmen nach Art. 56 ff. und 72 f. BayBO – sowohl dann erforderlich, wenn das konkrete Vorhaben auf beplantem ebenso wie wenn es auf unbeplantem Gemeindegebiet errichtet werden soll; unterschiedlich sind lediglich die Anforderungen, die sich hierbei an die Genehmigungsfähigkeit des Vorhabens stellen.

Für Vorhaben im unbeplanten Innenbereich ist § 34 BauGB einschlägig, der seinerseits wiederum gebunden formuliert ist, siehe in Abs. 1: *„Innerhalb der im Zusammenhang bebauten Ortsteile* **ist** *ein Vorhaben* **zulässig** [Herv. d. Verf.], *wenn es sich nach Art und Maß der baulichen Nutzung, der Bauweise und der Grundstücksfläche, die überbaut werden soll, in die Eigenart der näheren Umgebung einfügt und die Erschließung gesichert ist. Die Anforderungen an gesunde Wohn- und Arbeitsverhältnisse müssen gewahrt bleiben; das Ortsbild darf nicht beeinträchtigt werden."*

Allerdings hat der Landes-Gesetzgeber mit Art. 68 Abs. 1 S. 1 HS. 2 BayBO einen Halbsatz in die Vorschrift des Art. 68 BayBO eingefügt, der wohl jener Situation Rechnung tragen soll, in welcher die Baugenehmigung für den Antragsteller bereits deshalb nutzlos wäre, da aufgrund von Rechtsverstößen – die wenn auch auf der Ebene, doch außerhalb der im öffentlich-rechtlichen Genehmigungsverfahren zu prüfenden Vorschriften liegen (für Bayern vgl. zum Prüfprogramm: Art. 59 beziehungsweise 60 BayBO) – mit ihr sogleich eine entsprechende Beseitigungsanordnung oder Baueinstellungsverfügung einher gehen müssten.[364] In einem solchen Fall „*darf*" die Bauaufsichtsbehörde den Bauantrag ablehnen.

---

362 *Lechner*, in: *Simon/Busse*, BayBO, Art. 68 Rn. 22; *Manssen*, in: *Becker/Heckmann/ Kempen/Manssen*, Öffentliches Recht in Bayern, Teil 4 Rn. 463.

363 So – letztlich nur die Gesetzeslage wiedergebend – *Lechner*, in: *Simon/Busse*, BayBO, Art. 68 Rn. 22, 24.

364 *Lechner*, in: *Simon/Busse*, BayBO, Art. 68 Rn. 29, 155 ff. m.w.N. sowie zur Gesetzesbegründung.

Was das genau bedeutet, ist umstritten. Während die einen hierin gerade keine Einräumung eines Ermessensspielraums für die Behörde sehen, sondern die Neuregelung lediglich dahingehend verstehen, dass der Bauaufsichtsbehörde nur eine bloße Befugnis – und gerade keine Pflicht – zur Ablehnung des Bauantrags eingeräumt sei,[365] spricht sich die Gegenansicht konträr hierzu aus: Ein Anspruch auf die Baugenehmigung bestehe gem. Art. 59/ 60, Art. 68 Abs. 1 S.1 2. HS. BayBO nur noch, wenn alle öffentlich-rechtlichen Vorschriften eingehalten sind. Beim Verstoß gegen eine Norm, welche nicht vom Prüfungsumfang des Art. 59/60 BayBO umfasst ist, bestehe ein Anspruch auf Genehmigungserteilung nur, falls das Ermessen der Behörde gem. Art. 68 Abs. 1S. 1 2. HS BayBO auf 0 reduziert ist (was wegen 20 Abs. 3 GG aber wohl selten der Fall sei). Die Erteilung von Baugenehmigungen, welche gegen Normen verstoßen würden, die nicht von Prüfungsumfang des Art. 59/60 BayBO erfasst sind, stehe somit im Ermessen der Behörde.[366] Die verschiedenen Versuche zur dogmatischen Bewältigung der Neuerung können nicht darüber hinwegtäuschen, dass es sich letztlich um eine *„rechtspolitisch verfehlte und im Hinblick auf die Gesamtkonzeption des Genehmigungsverfahrens systemwidrige Vorschrift"*[367] handelt. Es ist nicht davon auszugehen, dass durch die Einfügung von Halbsatz 2 in Art. 68 Abs. 1 S. 1 BayBO an der Grundkonzeption einer gebundenen Verwaltungsentscheidung – also am Rechtsanspruch auf Genehmigungserteilung bei Einhaltung aller zu prüfenden Vorschriften – gerüttelt werden sollte. Der Anwendungsbereich des Halbsatzes 2 ist vielmehr erst „eröffnet", wenn Verstöße gegen *„'eigentlich' oder nicht in dem Verfahren"*[368] zu prüfende öffentlich-rechtliche Vorschriften gegeben sind.

Die einzig in Betracht kommenden „sonstigen öffentlich-rechtichen Vorschriften" im Sinne des Art. 68 Abs. 1 S. 1 HS. 2 BayBO (für den Vorbescheid i.V.m. Art. 71 S. 4 BayBO), gegen die mit einer eventuellen Nichteinhaltung störfallschutzspezifischer Abstände verstoßen werden könnte, sind jene, die das unionsrechtliche Abstandsgebot – zumindest bei richtlinienkonformer Auslegung – denn überhaupt „beinhalten". Das sind zum einen freilich die

---

365 In diesem Sinne z.B. *Lechner*, in: *Simon/Busse*, BayBO, Art. 68 Rn. 174 mit Hinweis auf auf Nr. 10 der Volllzugshinweise vom 24.07.2009; *Manssen*, in: *Becker/Heckmann/ Kempen/Manssen*, Öffentliches Recht in Bayern, Teil 4 Rn. 469; a.A. aber *Decker*, in: *Simon/Busse*, Art. 71 Rn. 62.

366 Z.B. *Decker*, in: *Simon/Busse*, Art. 71 Rn. 62.

367 *Manssen*, in: *Becker/Heckmann/Kempen/Manssen*, Öffentliches Recht in Bayern, Teil 4 Rn. 468.

368 *Manssen*, in: *Becker/Heckmann/Kempen/Manssen*, Öffentliches Recht in Bayern, Teil 4 Rn. 467.

Richtlinienvorschriften selbst, also konkret Art. 13 Abs. 2 der Seveso-III-Richtlinie. Zum anderen käme ein Verstoß gegen § 50 S. 1 BayBO in Betracht, was allerdings voraussetzen würde, dass dieser im Genehmigungsverfahren überhaupt anwendbar wäre. Ob also überhaupt ein Verstoß gegen „sonstige öffentlich-rechtliche Vorschriften" vorliegen könnte, der das Tor zu einer eventuellen Ermessensentscheidung im Sinne des Art. 68 Abs. 1 S. 1 HS. 2 BayBO öffnen würde, ist über die Beantwortung der Frage zu klären, ob die genannten Vorschriften (Art. 13 der Richtlinie 2012/18/EU und § 50 S. 1 BImSchG) überhaupt „sonstige öffentlich-rechtliche Vorschriften" im Sinne des Art. 68 Abs. 1 S. 1 HS. 2 BayBO sein können.

2. Vorbescheid

Auch das baurechtliche Instrument des Bauvorbescheids ist landesgesetzlicher Regelung unterworfen. In Bayern maßgebliche Norm ist Art. 71 BayBO, der auszugsweise lautet: „*(S. 1) Vor Einreichung des Bauantrags ist auf Antrag des Bauherrn zu einzelnen Fragen des Bauvorhabens ein Vorbescheid zu erteilen. (...) (S. 4) Art. 64 bis 67, Art. 68 Abs. 1 bis 4 und Art. 69 Abs. 2 Satz 2 gelten entsprechend; (...)*"[369] Die *gleichen* Fragen hinsichtlich des sogenannten „Sachbescheidungsinteresses" wie im Baugenehmigungsverfahren stellen sich daher für den Bauvorbescheid: Es könnte fehlen, wenn außerhalb der durch die einzelnen Fragen eröffneten Prüfungskompetenz der Bauaufsichtsbehörde andere Vorschriften dem geplanten Vorhaben entgegenstehen (die aber nicht abgefragt werden).[370] Grund für diese Überlegung ist die Verweisung in Art. 71 S. 4 auf Art. 68 Abs. 1 BayBO, hier insbesondere Art. 68 Abs. 1 S. 1 HS. 2 BayBO: So ist auch im Kontext des Vorbescheids nicht eindeutig, ob Art. 68 Abs. 1 S. 1 HS. 2 BayBO – hier i.V.m. Art. 71 S. 4 BayBO – als Befugnis der Bauaufsichtsbehörde einzuordnen ist, mittels derer via *Ermessen*sentscheidung die Erteilung eines Vorbescheids abgelehnt werden kann, wenn das Vorhaben, um welches es im

---

369 Auszug aus Art. 71 Bayerische Bauordnung in der Fassung der Bekanntmachung vom 14. August 2007. Die hessische Parallelvorschrift hierzu ist beispielsweise der ähnliche § 66 HBO (HBO in der Fassung vom 15.01.2011): „*(1) 1 Vor Einreichen des Bauantrages kann auf Antrag (Bauvoranfrage) zu einzelnen Fragen des Bauvorhabens, die im Baugenehmigungsverfahren zu prüfen sind, ein schriftlicher Bescheid (Bauvorbescheid) erteilt werden. 2 Der Bauvorbescheid gilt drei Jahre. 3 Die Frist kann auf Antrag um jeweils bis zu einem Jahr verlängert werden. 4 Soweit der Bauvorbescheid nicht zurückgenommen oder widerrufen wird, ist er für das Baugenehmigungsverfahren bindend. (2) Die §§ 49, 57 und 59 bis 64 gelten entsprechend.*"

370 Diese Sichtweise eher ablehnend: *Decker*, in: *Simon/Busse*, Art. 71 Rn. 62.

Vorbescheidsverfahren geht, gegen außerhalb der Prüfungskompetenz der Bauaufsichtsbehörde liegende Vorschriften verstößt.[371]

III. Relevanz des unionsrechtlichen Abstandsgebots aus Art. 13 Abs. 2 der Seveso-III-Richtlinie bei behördlichen Zulassungsentscheidungen über schutzbedürftige Nutzungen

1. Die Sichtweise der jüngsten Rechtsprechung im Verfahren „Mücksch"

Ob das unionsrechtliche Abstandsgebot im Kontext baurechtlicher Genehmigungsentscheidungen auf unbeplantem Gebiet von der Genehmigungsbehörde zu berücksichten ist, war dem BVerwG im Fall „Mücksch" zunächst nicht abschließend klar. Zum Ausdruck kommt dies in der ersten Frage seines entsprechenden Vorlagebeschlusses an den EuGH: „*1. Ist Art. 12 Abs. 1 der Richtlinie 96/82/EG des Rates vom 9. Dezember 1996 zur Beherrschung der Gefahren bei schweren Unfällen mit gefährlichen Stoffen (Abl. L 10 vom 14.1.1997, S. 13), zuletzt geändert durch Verordnung (EG) Nr. 1137/2008 des Europäischen Parlaments und des Rates vom 22.10.2008 (Abl. L 311 vom 21.11.2008, S. 1) – Seveso-II-RL – dahin auszulegen, dass die darin enthaltenen Pflichten der Mitgliedstaaten, insbesondere die Pflicht, in ihrer Politik der Flächennutzung und den Verfahren für die Durchführung dieser Politik langfristig dem Erfordernis Rechnung zu tragen, dass zwischen den unter die Richtlinie fallenden Betrieben einerseits und öffentlich genutzten Gebäuden andererseits ein angemessener Abstand gewahrt bleibt, an Planungsträger gerichtet sind, die über die Nutzung von Flächen auf der Grundlage einer Abwägung der berührten öffentlichen und privaten Belange zu entscheiden haben, oder richten sie sich auch an Baugenehmigungsbehörden, die eine gebundene Entscheidung über die Zulassung eines Vorhabens in einem bereits im Zusammenhang bebauten Ortsteil zu treffen haben?*"[372]

Die Antwort des Gerichtshofs war eindeutig: „*1. Art. 12 Abs. 1 der Richtlinie 96/82/EG des Rates vom 9. Dezember 1996 zur Beherrschung der Gefahren bei schweren Unfällen mit gefährlichen Stoffen in der durch die Richtlinie 2003/105/ EG des Europäischen Parlaments und des Rates vom 16. Dezember 2003 geänderten Fassung ist dahin auszulegen, dass die Pflicht der Mitgliedstaaten, dafür*

---

371 Hierzu *Decker*, in: *Simon/Busse*, Art. 71 Rn. 62, 70 a, der einen Ermessensspielraum der Behörde offenbar als eröffnet sieht.

372 BVerwG, Beschluss vom 03.12.2009 – Az.: 4 C 5/09, BauR 2010, 726 (726).

zu sorgen, dass langfristig dem Erfordernis Rechnung getragen wird, dass zwischen den unter diese Richtlinie fallenden Betrieben einerseits und öffentlich genutzten Gebäuden andererseits ein angemessener Abstand gewahrt bleibt, auch von einer Behörde wie der für die Erteilung von Baugenehmigungen zuständigen Stadt Darmstadt (Deutschland) zu beachten ist, und zwar auch dann, wenn sie in Ausübung dieser Zuständigkeit eine gebundene Entscheidung zu erlassen hat."[373]
Das BVerwG hat das „Ja" des EuGH in seinem Folgeurteil 4 C 11.11 in Rn. 14 nur nochmals kurz aufgegriffen und diesen Umstand zur Basis aller weiteren Ausführungen gemacht.[374] Im Folgenden ist daher die zentrale Frage der weiteren Untersuchung, ob der EuGH überhaupt *zu Recht* davon ausgeht, dass die Vorgaben des Art. 12 – beziehungsweise jetzt Art. 13 – (sofern nicht ohnehin schon vorher auf Planungsebene geschehen) auf Genehmigungsebene von der befassten Behörde in irgendeiner Form angewendet werden müssen. Es geht also darum, herauszufinden, ob die erste Frage des Vorlagebeschlusses des BVerwG vom EuGH richtig beantwortet wurde.

2. Differenzierungskriterium: Gebietstypen der §§ 30 ff. BauGB

Im Zuge der baurechtlichen Genehmigung von Einzelvorhaben sind zur Beurteilung der baurechtlichen Genehmigungsfähigkeit eines Vorhabens die bauplanungsrechtlichen Vorschriften der §§ 29 ff. BauGB stets – also sowohl im vereinfachten wie auch im „normalen" Genehmigungsverfahren – Teil der Prüfung, vgl. für Bayern die Art. 59 S. 1 Nr. 1 sowie Art. 60 S. 1 Nr. 1 BayBO, jeweils im Wortlaut: „*(…) prüft die Bauaufsichtsbehörde 1. die Übereinstimmung mit den Vorschriften über die Zulässigkeit der baulichen Anlagen nach den §§ 29 bis 38 BauGB (…)*". Differenziert wird in den §§ 29 ff. BauGB klassicherweise zwischen drei Gebietstypen, innerhalb derer eine Vorhabenzulassung stattfinden kann: dem beplanten Bereich (§ 30 BauGB), dem unbeplanten Innen- (§ 34 BauGB) sowie dem unbeplanten Außenbereich (§ 35 BauGB). Im Hinblick auf die Frage nach der Relevanz – im Sinne einer Pflicht zur Berücksichtigung – des unionsrechtlichen Abstandsgebots im Rahmen eines baurechtlichen Genehmigungsverfahrens ist der Differenzierung zwischen den Gebietstypen weiterhin Folge zu leisten. Grund hierfür ist das Zugrundeliegen von städtebaulicher Planung, namentlich eines Bebauungsplans, einenfalls (im Fall des § 30 BauGB) – wobei

---

373 EuGH, Urt. v. 15.09.2011, Rs. C-53/10 – Land Hessen ./. Franz Mücksch OHG, UPR 2011, 443 (448).
374 BVerwGE 145, 290 (293).

auch hier Sonderkonstellationen auftreten können – beziehungsweise deren/dessen Nichtvorliegen anderenfalls (im Falle der §§ 34 f. BauGB).

a) Relevanz des unionsrechtlichen Abstandsgebots für die Zulassung von Einzelvorhaben (schutzbedürftigen Nutzungen) im Geltungsbereich eines Bebauungsplans

Für den Bereich der Bebauungsplanung hat mit der Neuformulierung der Vorschrift des § 50 S. 1 BImSchG eine Umsetzung der unionsrechtlichen Vorgaben zum Abstandsgebot stattgefunden.[375] Fraglich ist nun, welche Auswirkungen dies auf die Genehmigungsfähigkeit „öffentlich genutzter Gebäude" im Sinne der Seveso-III-Richtlinie hat, die in der Nähe eines Störfallbetriebs – auf Plangebiet – errichtet werden sollen.

aa) Rechtsprechung

Im Urteil des EuGH vom 15.09.2011 geht es nicht um die Situation, dass ein Einzelvorhaben im Geltungsbereich eines Bebauungsplans zugelassen werden soll; Dreh- und Angelpunkt der Entscheidung ist vielmehr gerade, dass es *keinen* zugrundeliegenden Bebauungsplan im konkreten Fall gab. Nichts desto trotz wird an mehreren Stellen des Urteils deutlich, wie der EuGH zu der Frage steht, ob das unionsrechtliche Abstandsgebot von der Baugenehmigungsbehörde bei der Zulassung von schutzbedürftigen Nutzungen im Sinne der Richtlinie im Geltungsbereich eines Bebauungsplans ebenfalls berücksichtigt werden müsste. Zunächst einmal stellt der EuGH in seiner Entscheidung nämlich fest, dass „*das genannte Erfordernis* [Anm. d. Verf.: der Wahrung angemessener Abstände] *meist von den Planungsbehörden umgesetzt wird*", jedoch von diesen durchaus auf Genehmigungsbehörden übertragen werden dürfe, sofern dadurch gewährleistet sei, dass das Erfordernis zumindest „*zu irgendeinem Zeitpunkt des Verfahrens*" beachtet wird. Er ergänzt jedoch, „*dass es, wenn diesem Erfordernis seitens der Planungsbehörden nicht Rechnung getragen wurde, zur Gewährleistung der praktischen Wirksamkeit von Art. 12 Abs. 1 der Richtlinie 96/82 umso bedeutsamer wird, dass die Baugenehmigungsbehörde selbst dieser Verpflichtung nachkommt.*"[376] Eine „*'Berücksichtigung' der angemessenen Abstände* [Anm. d. Verf.: verlange], *dass diese (…) auch tatsächlich berücksichtigt werden, sei es in allgemeiner Weise bei der Aufstellung der Flächenausweisungs- oder Flächennutzungspläne oder, mangels einer*

---

375 Siehe hierzu Seite 42 ff.
376 EuGH, Urt. v. 15.09.2011, Rs. C-53/10 – Land Hessen ./. Franz Mücksch OHG, UPR 2011, 443 (446), Rn. 26 ff.

Planung, in spezifischer Weise, insbesondere beim Erlass von Entscheidungen über Baugenehmigungen."[377] Aus alldem ergibt sich im Rückschluss, dass der EuGH davon ausgeht, dass – sofern dem unionsrechtlichen Abstandserfordernis auf Planungsebene bereits Rechnung getragen wurde – eine Berücksichtigung desselben auf Ebene der Genehmigung nicht mehr zusätzlich erforderlich zu sein scheint. Legt man dem nun die Situation zugrunde, dass ein Vorhaben im Geltungsbereich eines wirksamen, formell und materiell einwandfreien Bebauungsplans zugelassen werden soll, so wäre auf der Grundlage der Rechtsprechung des EuGH eine erneute Befassung der Baugenehmigungsbehörde mit dem unionsrechtlichen Abstandsgebot nicht mehr erforderlich, da dies ja bereits auf Planungsebene geschehen ist. Das BVerwG bestätigt und konkretisiert in seinem Urteil vom 20.12.2012 diese Einschätzung: Die Richtlinie lasse *„den Mitgliedstaaten (…) auch in instrumenteller Hinsicht Spielräume, um das Abstandserfordernis in bestehende nationale Systementscheidungen einzupassen"*; das könne – wie der EuGH erkannt habe und als grundsätzlich gleichwertige Wege eingeordnet habe – durch Pläne oder mangels einer Planung auch beim Erlass von Entscheidungen über Baugenehmigungen geschehen.[378] Weiter führt das BVerwG aus, dass jedenfalls, wo sich die Gemeinde für das Instrument der Bauleitplanung entscheide, dem unionsrechtlichen Abstandsgebot *„in planerischer Weise Rechnung zu tragen"* sei: Durch die Richtlinie gewährte Wertungsspielräume ließen sich in das bauleitplanerische Abwägungsgebot des § 1 Abs. 7, § 2 Abs. 3 BauGB integrieren, innerhalb dessen wiederum § 50 BImSchG als Abwägungsdirektive zu beachten sei.[379] (Nur) wo eine Planung fehle, müsse dem Abstandsgebot im Rahmen der Vorhabenzulassung Rechnung getragen werden.[380]

Liegt ein Vorhaben im Geltungsbereich eines Bebauungsplans, der diesen Anforderungen des Abstandsgebotes nach Art. 13 Abs. 2 der Seveso-III-Richtlinie gerecht wird, so wäre demnach laut Rechtsprechung keine erneute Befassung mit dem Abstandsgebot auf Genehmigungsebene mehr erforderlich.

377 EuGH, Urt. v. 15.09.2011, Rs. C-53/10 – Land Hessen ./. Franz Mücksch OHG, UPR 2011, 443 (448), Rn. 50.
378 BVerwGE 145, 290 (298 f.).
379 BVerwGE 145, 290 (299).
380 BVerwGE 145, 290 (299).

bb) Rechtswissenschaftlicher Diskurs

Die Einschätzung der Rechtsprechung findet weitgehend auch in der rechtswissenschaftlichen Literatur den Zuspruch, den sie verdient hat. Zutreffend wird dort darauf hingewiesen, dass eine Würdigung des Abstandsgebots im – einer den Anforderungen des unionsrechtlichen Abstandsgebots gerecht werdenden Planung nachgelagerten – Zulassungsverfahren nicht mehr erforderlich sei, da der Störfallschutz bereits auf Planungsebene hinreichend berücksichtigt worden sei.[381] Teilweise wird eine Integration des unionsrechtlichen Abstandsgebotes in das Prüfprogramm der Bauaufsichtsbehörde auch in den Fällen des § 30 BauGB für erforderlich gehalten, wenn also ein gleichwie gearteter Bebauungsplan vorliege.[382] Letztere Ansicht kann jedoch nicht überzeugen. Wo eine Planung – auf der kommunalen Ebene beispielsweise in Form eines verbindlichen Bebauungsplans – existiert, wurden bei deren beziehungsweise dessen – unterstelltermaßen ordnungsgemäßer – Aufstellung die Richtlinienvorgaben bereits über das Instrument des bauleitplanerischen Abwägungsgebotes nach § 1 Abs. 7, § 2 Abs. 3 BauGB integriert, innerhalb dessen § 50 BImSchG als Abwägungsdirektive zu beachten ist. Eine doppelte Berücksichtigung des unionsrechtlichen Abstandsgebots sowohl auf Planungs- und nachgelagert nochmals auf Genehmigungsebene erscheint unter keinem nennenswerten Gesichtspunkt erforderlich oder sinnvoll.

cc) Unzureichende Berücksichtigung des Abstandsgebots im Bebauungsplan

Eine hiervon zu unterscheidende Situation ist diejenige, dass ein zu genehmigendes Vorhaben zwar im Geltungsbereich eines Bebauungsplans nach § 30 BauGB liegt, der aber den Anforderungen des Abstandsgebotes aus Art. 12 Abs. 1 UAbs. 2 der Seveso-II-Richtlinie/Art. 13 Abs. 2 der Seveso-III-Richtlinie nicht gerecht wird. Die Problematik der Richtlinienkonformität stellt sich auch im Bereich der Bauleitplanung dann, wenn die unionsrechtlich vorgeschriebenen Abstandserfordernisse noch nicht auf der Ebene der Bauleitplanung eingearbeitet wurden,[383] sei es, weil der betreffende Bebauungsplan bereits älter (als die in Rede stehenden Richtlinien selbst) oder gar funktionslos geworden ist oder weil Art. 12 der Seveso-II-Richtlinie/Art. 13 der Seveso-III-Richtlinie bei

---

381 Z. B.: *König/Darimont*, UPR 2012, 286 (288); *Schmitt/Kreutz*, NVwZ 2012, 483 (484 f.).

382 So wohl offenbar *Kukk*, ZfBR 2012, 219 (220).

383 Vgl. *Uechtritz*, BauR 2012, 1039 (1048); vgl. zum Problem mit Lösungsansätzen auch *König/Darimont*, UPR 2012, 286 (288).

dessen Aufstellung schlicht nicht beachtet wurde. Für derartige Fälle, in welchen eine unzureichende Berücksichtigung des Abstandsgebots zu einer Unwirksamkeit des jeweiligen Bebauungsplans führt, wird eine Lösung im Kontext einer Vorhabenzulassung nach §§ 34 oder 35 BauGB zu suchen sein.[384] Im Fall des Fortbestehens eines mit Blick auf den Störfallschutz „defizitären" qualifizierten Bebauungsplans dürfte § 15 BauNVO (Rücksichtnahmegebot) die Möglichkeit bieten, zu prüfen, ob ein Vorhaben – mit Blick auf den Störfallschutz – im Einzelfall unzulässig ist, obwohl es den Festsetzungen des Bebauungsplans nicht widerspricht.[385]

---

384 So beispielsweise *Schmidt/Kreutz*, NVwZ 2012, 483 (485).
Die Ausführungen, welche nachstehend zu Vorhabenzulassungen auf unbeplantem Gebiet erfolgen, wären daher auf eine solche Konstellation eines unwirksamen Bebauungsplans zu übertragen.
Folgeprobleme ergeben sich insbesondere unter dem Stichwort „Überprüfbarkeit": Zur Unwirksamerklärung eines Bebauungsplans wegen Funktionslosigkeit durch ein Gericht, nicht aber die Behörde, siehe *Schröer/Kümmel*, NZBau 2011, 742 (744). Eine Inzidentkontrolle eines Bebauungsplans durch die Verwaltungsgerichte im Rahmen einer Klage bezüglich der Zulassung von Einzelvorhaben ist noch weitgehend unproblematisch. Heftig debattiert wird dagegen eine nachvollziehende, gerichtsähnliche Kontrolle vorgelagerter Planungsentscheidungen durch die Genehmigungsbehörden, also die Frage, ob Genehmigungsbehörden eine Inzidentkontrolle des zugrundeliegenden Bebauungsplans auf eine abwägungsfehlerfreie Behandlung angemessener Sicherheitsabstände hin vornehmen dürfen und ob sie daran anknüpfend sogar eine Verwerfungskompetenz haben könnten. Dafür sind z.B. *Schmitt/Kreutz*, NVwZ 2012, 483 (485) m.w.N. auch zur a. A., im Hinblick auf das Abstandsgebot des § 50 S. 1 BImSchG i.V.m. dem unionsrechtlichen Abstandsgebot. Nur so könne der Forderung des EuGH Geltung verschafft werden, dass auch die nationalen Genehmigungsbehörden bei gebundenen Entscheidungen das Abstandsgebot beachten müssen. Die wohl herrschende Meinung stellt jedoch darauf ab, dass eine Baugenehmigungsbehörde einen Bebauungsplan nur dann als unwirksam behandeln dürfe, wenn die Rechtswidrigkeit offensichtlich sei, das heißt im Regelfall durch ein Gericht festgestellt worden ist; vgl. hierzu *Schröer/Kümmel*, NZBau 2011, 742 (744) m.w.N.

385 Die Problematik erkennt auch *Reidt*, UPR 2011, 448 (449) und versucht über eine richtlinienkonforme Auslegung nationalen Rechts (konkret: § 15 Abs. 1 S. 2 BauNVO) auch im Falle des Fortbestehens eines solch „unionsrechtlich defizitären" Bebauungsplans eine Berücksichtigung des Abstandsgebots auf die Genehmigungsebene zu verlagern. Für die Praxis mittlerweile hierzu: Fachkommission Städtebau der Bauministerkonferenz, Arbeitshilfe, S. 15, wo darauf hingewiesen wird, dass bei vorhabenbezogenen Bebauungsplänen für eine derartige nachträgliche Lösung in der Regel kein Raum sei. Weitere Ausführungen hierzu erfolgen bei der nachstehenden Bearbeitung nicht.

b) Zulassung von Vorhaben im unbeplanten Innenbereich nach § 34 BauGB und Außenbereich nach § 35 BauGB

Bis vor einiger Zeit war aber gerade die Konstellation, in der ein Bebauungsplan *fehlt* – und hieran knüpfend die Frage, ob dann zumindest die mit der Entscheidung über die Genehmigung von (im Innen- oder Außenbereich liegenden) Vorhaben befassten Behörden bei der Prüfung entsprechender Anträge auf Baugenehmigung das unionsrechtlich in Art. 12/13 verankerte Erfordernis der Wahrung angemessener Abstände zwischen den unter die Richtlinien fallenden Betrieben einerseits und dort als geschützt bewerteten Gebäuden andererseits zu berücksichtigen haben – wenig beachtet.[386] Der EuGH hat in seinem Urteil vom 15.09.2011 auf Vorlage durch das BVerwG hin aber ausdrücklich entschieden, dass Art. 12 Abs. 1 UAbs. 2 der Seveso-II-Richtlinie auch bei der – obgleich als gebundene Entscheidung ergehenden – Zulassung von Einzelvorhaben durch die Behörde Geltung beansprucht. Das gelte zumindest dann, wenn und soweit das Abstandsgebot nicht auf der Ebene der Planung angemessen berücksichtigt wurde. Es sei dann Aufgabe der Genehmigungsbehörde, den Schutzzielen der Seveso-II-Richtlinie zur Durchsetzung zu verhelfen und die praktische Wirksamkeit des unionsrechtlichen Abstandsgebots zu gewährleisten.[387]

Diese „Mücksch-Konstellation"[388] – mithin die Fragen nach dem Erfordernis der Berücksichtigung und der konkreten dogmatischen Einbettung des unionsrechtlichen Abstandsgebotes bei der Genehmigung eines Vorhabens im nach § 34 BauGB zu beurteilenden Innenbereich – wird nun insbesondere vor dem Hintergrund der hierzu ergangenen Rechtsprechung nachfolgend näher zu untersuchen sein.

---

386 Sehr deutlich wird diese Differenzierung zwischen den verschiedenen Gebietstypen (beplant/unbeplant) im Urteil des EuGH zur Sache Mücksch, vgl. EuGH, Urt. v. 15.09.2011, Rs. C-53/10 – Land Hessen ./. Franz Mücksch OHG, UPR 2011, 443 (445, Rn. 21).

387 EuGH, Urt. v. 15.09.2011, Rs. C-53/10 – Land Hessen ./. Franz Mücksch OHG, UPR 2011, 443 (445 ff., vor allem 446).

388 Den Begriff „Mücksch-Konstellation" verwenden auch *König/Darimont*, UPR 2012, 286 (288).

3. Reichweite des unionsrechtlichen Abstandsgebots aus Art. 13 der Seveso-III-Richtlinie (sachlicher Anwendungsbereich) unter Rekurs auf die Richtlinienadressierung (persönlicher Anwendungsbereich)

a) Thematische Hinführung

Der Ausgangspunkt für die nachstehenden Überlegungen findet sich im Unionsrecht: Art. 288 Abs. 3 AEUV legt nämlich fest, dass eine unionsrechtliche Richtlinie *„für jeden Mitgliedstaat, an den sie gerichtet wird, hinsichtlich des zu erreichenden Ziels verbindlich"* sei, jedoch *„den innerstaatlichen Stellen die Wahl der Form und der Mittel"* überlasse. Nach Art. 4 Abs. 3 EUV ergreifen *„Die Mitgliedstaaten (…) alle geeigneten Maßnahmen allgemeiner oder besonderer Art zur Erfüllung der Verpflichtungen, die sich aus den Verträgen oder den Handlungen der Organe der Union ergeben."*

Konkrete Anforderungen stellt Art. 13 Abs. 2 lit. a) der Seveso-III-Richtlinie (Richtlinie 2012/18/EU): *„Die Mitgliedstaaten sorgen dafür, dass in ihrer Politik der Flächenausweisung oder Flächennutzung oder anderen einschlägigen Politiken sowie den Verfahren für die Durchführung dieser Politiken langfristig dem Erfordernis Rechnung getragen wird, a) dass zwischen den unter diese Richtlinie fallenden Betrieben einerseits und Wohngebieten, öffentlich genutzten Gebäuden und Gebieten, Erholungsgebieten und – soweit möglich – Hauptverkehrswegen andererseits ein angemessener Sicherheitsabstand gewahrt bleibt; (…)".*

Eine nähere Befassung mit den mitgliedstaatlichen Verpflichtungen – insbesondere mit jener zur Erreichung des Richtlinienziels – wirft vor diesem Hintergrund (abgesehen von der Frage ihrer Herleitung) vor allem zwei Fragen auf: Zum einen ist klärungsbedürftig, welchen Inhalt die Verpflichtung im konkreten Fall – hier des Art. 13 Abs. 2 lit. a) der Richtlinie 2012/18/EU – hat. Zum anderen muss herausgefunden werden, an wen sich die Richtlinie – beziehungsweise die mit ihr einhergehenden Verpflichtungen – genau richtet. Die beiden Fragen lassen sich jedoch nicht völlig voneinander trennen, sondern sind vielmehr gerade in einem Zusammenspiel zu sehen, was am Beispiel der hier behandelten Seveso-III-Richtlinie – namentlich des in Rede stehenden Art. 13 Abs. 2 der Richtlinie 2012/18/EU – begreifbar wird:

Dort kommt es – und das ist auch das Kernproblem im Verfahren um den Fall „Mücksch" – entscheidend darauf an, ob behördliche Genehmigungsentscheidungen als *„Politik"* oder *„Verfahren für die Durchführung dieser Politiken"* im Sinne des Art. 13 Abs. 2 der Richtlinie verstanden werden können und damit in den Anwendungsbereich des Art. 13 Abs. 2 der Richtlinie 2012/18/

EU fallen; ob also – anders ausgedrückt – Art. 13 Abs. 2 der Seveso-III-Richtlinie tatsächlich die Verpflichtung beinhaltet, angemessene Abstände auch im
Rahmen der Einzelzulassung von Vorhaben zu berücksichtigen (so sinngemäß
auch die Fragestellung zu 1. im Vorlagebeschluss des BVerwG). Es geht damit
einerseits um die Klärung der Reichweite der sich aus der Richtlinie ergebenden
mitgliedstaatlichen Verpflichtung im konkreten Fall und damit einhergehend
gleichzeitig andererseits aber auch darum, an wen sich die aus Art. 13 Abs. 2
der Richtlinie resultierende Verpflichtung dabei letztlich genau richtet, ob also
auch eine Behörde selbst im Ergebnis „Adressatin" der (Seveso-)Richtlinie ist
und daher als solche selbst dafür zu sorgen hat, dass bei behördlichen Genehmigungsentscheidungen dem Erfordernis der Wahrung angemessener Abstände
Rechnung getragen wird. Anders ausgedrückt: Wenn eine behördliche Genehmigungsentscheidung schon gar nicht in den Anwendungsbereich des Art. 13
der Richtlinie 2012/18/EU fiele – sei es nun als „Politik" oder als „Verfahren für
die Durchführung" einer solchen – dann bräuchte die Baugenehmigungsbehörde das Abstandsgebot nach Art. 13 jedenfalls von vornherein bei der Genehmigung einschlägiger Vorhaben nicht berücksichtigen.

b) Genehmigungsentscheidungen im Anwendungsbereich des Art. 13 Abs. 2 der Richtlinie 2012/18/EU?

Art. 13 Abs. 2 der Richtlinie 2012/18/EU formuliert: *„Die Mitgliedstaaten sorgen dafür, dass in ihrer Politik der Flächenausweisung oder Flächennutzung oder
anderen einschlägigen Politiken sowie den Verfahren für die Durchführung dieser Politiken langfristig (...)"* Was mit dieser Formulierung im Detail gemeint
ist, ist alles andere als offensichtlich. Richtlinien bilden jedoch hinsichtlich der
Auslegungsbedürftigkeit des Unionsrechts keine Ausnahme.[389] Von daher ist es
nichts per se Ungewöhnliches, dass nicht von vornherein klar ist, ob Genehmigungen –genauer: Genehmigungsentscheidungen, wie eben im Fall Mücksch
diejenige der Baugenehmigungsbehörde bei der Zulassung des Gartencenters –
unter das unionsrechtliche Abstandsgebot der Seveso-Richtlinien, namentlich
unter die dort genannten *„Politiken"* oder *„Verfahren für die Durchführung dieser Politiken"*, fallen.

---

389 *Remien*, in: *Schulze* u.a., § 14 Rn. 28. Auslegung im Unionsrecht – siehe hierzu
     Seite 32 ff.

aa) contra

Es ist nicht von der Hand zu weisen, dass es durchaus Gründe gibt, Genehmigungsentscheidungen im Hinblick auf Einzelvorhaben als nicht vom Anwendungsbereich des Art. 13 Abs. 2 der Richtlinie 2012/18/EU anzusehen.

Von Teilen der einschlägigen Literatur werden beide Alternativen – also die Einordnung von Genehmigungen als „Politik" ebenso wie die als „Verfahren für die Durchführung dieser Politiken" – abgelehnt: Beide Alternativen würden – so wurde es zur insoweit identischen Vorgängernorm des Art. 13 Abs. 2 der Richtlinie 2012/18/EU vorgetragen – *„eine Planung, die in ihrer Grundstruktur mit der Flächenausweisung im Allgemeinen oder der Festsetzung von Gebieten im Sinne von Art. 12 Abs. 1 Unterabsatz 2 der Seveso-II-Richtlinie vergleichbar ist"* verlangen.[390] Hieran fehle es bei der gebundenen Genehmigung von Einzelvorhaben aber gerade,[391] zumindest wenn diese für ein Vorhaben im unbeplanten Innen- oder Außenbereich auf der Grundlage von §§ 34 f. BauGB zu erfolgen hat.

Auch das Erfordernis der „Langfristigkeit" – es war bereits in Art. 12 Abs. 1 UAbs. 2 der Richtlinie 96/82/EG normiert und wurde auch im neuen Art. 13 Abs. 2 der Richtline 2012/18/EU wieder aufgegriffen – spreche gegen eine Einbindung gebundener Genehmigungsentscheidungen und für ein planerisches Element.[392]

Gegen die Annahme, dass auch die Baugenehmigungsbehörde im Rahmen ihrer gebundenen Entscheidung im unbeplanten Bereich die Anforderungen des Art. 13 Abs. 2 der Seveso-III-Richtlinie berücksichtigen muss, sprechen auch einige Erwägungen des BVerwG in dessen Vorlagebeschluss 4 C 5/09 zum Verfahren „Mücksch" (der sich allerdings noch auf Art. 12 Abs. 1 UAbs. 2 der Seveso-II-Richtlinie bezieht): Zunächst stellt dabei das Gericht klar, dass nach deutschem Recht gerade anders als bei der Aufstellung eines Bebauungsplans – wo die öffentlichen und privaten Belange gegeneinander und untereinander gerecht abzuwägen im Sinne des § 1 Abs. 7 BauGB seien, wobei auch § 50 BImSchG zu beachten sei – eine derartige Abwägung berührter Belange im Genehmigungsverfahren für ein nach § 34 BauGB zu beurteilendes Vorhaben nicht stattfinde.[393] § 50 BImSchG sei zur Umsetzung des (damaligen) Art. 12 Abs. 1

---

390 *Hellriegel/Schmitt*, NuR 2010, 98 (102).

391 *Hellriegel/Schmitt*, NuR 2010, 98 (102).

392 *Hellriegel/Schmitt*, NuR 2010, 98 (102). Als „*überraschend*" bezeichnet diese Formulierung *Berkemann*, ZfBR 2010, 18 (25).

393 BVerwG, Beschl. v. 03.12.2009 – 4 C 5/09, BauR 2010, 726 (729), Rn. 24.

der Seveso-II-Richtlinie durch den Bundesgesetzgeber geändert worden.[394] Im Gesetzgebungsverfahren habe die Bundesregierung dargelegt, dass Art. 12 der Seveso-II-Richtlinie planerische Elemente in das europäische Störfallrecht einfüge.[395] Man habe es zur Umsetzung des Art. 12 der Seveso-II-Richtlinie jedoch bewusst unterlassen, auch § 34 BauGB zu ändern oder den Anwendungsbereich des § 50 BImSchG auf gebundene Entscheidungen nach § 34 BauGB zu erstrecken, was nach dem BVerwG darauf schließen lasse, dass man wohl davon ausgegangen sei, die betreffenden Richtlinienerfordernisse seien nur bei Planungsentscheidungen zu berücksichtigen.[396] In Rn. 26 der Begründung seines Vorlagebeschlusses bemerkt das BVerwG, dass für eine Auslegung, dass sich Art. 12 nur an Planungsträger richte, sprechen könnte *„dass Flächennutzungsplanung* [Anm. d. Verf.: gemeint ist – da das BVerwG hier letztlich die Guidelines zitiert, eigentlich „Überwachung der Ansiedlung"] *ein Aspekt der Raumplanung und diese ein Entscheidungsprozess ist, bei dem eine Abwägung sozialer, ökologischer und wirtschaftlicher Belange stattfindet"*[397] und verweist hierbei auf die Leitlinien der EU-Kommission für die Flächennutzungsplanung im Rahmen von Art. 12 der Seveso-II-Richtlinie aus dem Jahr 2006.[398] Eine Auseinandersetzung mit diesem Hinweis erfolgt indes leider nicht. Die „Land Use Planning Guidelines" der Kommission vom September 2006[399] könnten auf S. 8 f. tatsächlich so verstanden werden, Art. 12 der Richtlinie 96/82/EG liege ein rein planerisches Verständnis zugrunde. Sie enthalten jedoch, das muss gesehen werden, keine rechtlich verbindlichen Regelungen, sondern eine *„Zusammenstellung der ‚Best Practice' zur Einhaltung der gemeinschaftsrechtlichen Vorgaben"*.[400]

Auch das BVerwG weist außerdem darauf hin, dass dem Erfordernis, angemessene Abstände zu wahren, nur „langfristig" Rechnung zu tragen sei, und dieser Zeitrahmen dem Umstand geschuldet sei, dass der durch Planung zu

394 BVerwG, Beschl. v. 03.12.2009 – 4 C 5/09, BauR 2010, 726 (730), Rn. 25; vgl. hierzu auch Fünftes Gesetz zur Änderung des Bundes-Immissionsschutzgesetzes vom 19. Oktober 1998, BGBl. I S. 3178 (3179).

395 BVerwG, Beschl. v. 03.12.2009 – 4 C 5/09, BauR 2010, 726 (730); vgl. hierzu BT-Ds. 13/11118 vom 22.06.1998, S. 9.

396 BVerwG, Beschl. v. 03.12.2009 – 4 C 5/09, BauR 2010, 726 (730), Rn. 25.

397 BVerwG, Beschl. v. 03.12.2009 – 4 C 5/09, BauR 2010, 726 (730), Rn. 26.

398 BVerwG, Beschl. v. 03.12.2009 – 4 C 5/09, BauR 2010, 726 (730), Rn. 26, Fn. 18.

399 *Christou/Struckl/Biermann,* Guidelines.

400 *Moench/Hennig,* DVBl. 2009, 807 (809); siehe *Christou/Struckl/Biermann,* Guidelines, introduction.

erzielende Schutz in der Regel nicht unmittelbar oder kurzfristig wirke.[401] Der vom BVerwG angeführte Aspekt, dass *„Flächennutzungsplanung ein Aspekt der Raumplanung und diese ein Entscheidungsprozess (…), bei dem eine Abwägung sozialer, ökologischer und wirtschaftlicher Belange stattfindet"* sei,[402] spricht freilich scheinbar dafür, das unionsrechtliche Abstandsgebot dahingehend zu verstehen, dass es *sich „lediglich an Planungsträger richtet, die über die Nutzung von Flächen auf der Grundlage einer Abwägung der berührten öffentlichen und privaten Belange zu entscheiden haben"*.[403] Das BVerwG unterschlägt mit dieser Argumentation aber insoweit, dass sowohl schon der Wortlaut des Art. 12 Abs. 1 UAbs. 2 der Richtlinie 96/82/EG als auch Art. 13 Abs. 2 der Richtlinie 2012/18/EU gerade nicht nur eine *„Politik der Flächenausweisung oder Flächennutzung"* sondern eben auch alle *„anderen einschlägigen Politiken"* und *„Verfahren für die Durchführung dieser Politiken"* erfassen; das erkennt das Gericht letztlich auch: Die verschiedenen Varianten seien unionsrechtlich letztlich als *„eine Einheit"* zu beurteilen – Die Mitgliedstaaten hätten ihre Verpflichtungen unabhängig von der Organisation ihrer Entscheidungen oder der Einbettung in die nationale Normenhierarchie zu erfüllen.[404] Das BVerwG weist in seinem Beschluss 4 C 5/09 schließlich darauf hin, dass auch die Abstandsempfehlungen der Störfallkommission und des Technischen Ausschusses für Anlagensicherheit sich Geltung nur für die Bauleitplanung, nicht jedoch für die Genehmigung von Einzelvorhaben zumessen würden.[405] Letzteres ist mittlerweile allerdings überholt, da der Leitfaden in seiner aktualisierten Version – unter Berücksichtigung der mittlerweile auf den Vorlagebeschluss des BVerwG hin ergangenen Entscheidung des EuGH – wohl auch im Rahmen von Genehmigungsentscheidungen nach § 34 BauGB Anwendung finden soll;[406] die Beschränkung seiner Anwendbarkeit nur auf die Bauleitplanung kann als Argument daher jedenfalls nicht mehr überzeugen. Das BVerwG selbst konstatiert nach Abwägung der verschiedenen Auslegungsvarianten zum unionsrechtlichen Abstandsgebot letztlich: *„Auch wenn die Behörde an eine auf der Ebene des Gesetzes getroffene Grundentscheidung über*

---

401 BVerwG, Beschl. v. 03.12.2009 – 4 C 5/09, BauR 2010, 726 (730), Rn. 26 m.w.N.

402 BVerwG, Beschl. v. 03.12.2009 – 4 C 5/09, BauR 2010, 726 (730), Rn. 26 m.w.N.

403 So zunächst die Schlussfolgerung von BVerwG, Beschl. v. 03.12.2009 – 4 C 5/09, BauR 2010, 726 (730), Rn. 26.

404 So schließlich BVerwG, Beschl. v. 03.12.2009 – 4 C 5/09, BauR 2010, 726 (730), Rn. 26 m.w.N.

405 BVerwG, Beschl. v. 03.12.2009 – 4 C 5/09, BauR 2010, 726 (730), Rn. 25 unter Verweis auf Nr. 2.3.2 des Leitfadens.

406 Aktualisierung des Leitfadens – siehe hierzu Seite 172 f.

die Flächenzuordnung gebunden ist, muss der Mitgliedstaat nach Auffassung des Senats sicherstellen, dass die behördliche Zulassungsentscheidung im Ergebnis den Anforderungen des Art. 12 Abs. 1 Seveso-II-RL genügt.“[407] Hieraus lässt sich entnehmen, dass das Gericht selbst offenbar – bereits vor der Vorlage an den EUGH – schon zu einer Auslegung des Abstandsgebots neigt, nach welcher dieses auch für gebundene Entscheidungen der Baugenehmigungsbehörde über die Zulassung eines Vorhabens nach § 34 BauGB Vorgaben enthält.

bb) pro

Und das nicht zu Unrecht. Denn den bisher in eine ablehnende Richtung tendierenden Erwägungen sind gewichtige Argumente entgegenzuhalten, die für eine Auslegung des Art. 13 Abs. 2 der Richtlinie 2012/18/EU dahingehend sprechen, dass dieser durchaus Vorgaben für gebundene Entscheidungen der Baugenehmigungsbehörde über die Zulassung von Vorhaben nach § 34 BauGB enthält.

(1) Wortlaut

Zwar bildet auch bei der Auslegung von unionsrechtlichen Vorschriften die wörtliche Auslegung den Ausgangspunkt.[408] Der Wortlaut des Art. 13 Abs. 2 der Richtlinie 2012/18/EU bringt eine Auslegung dennoch nicht entscheidend voran, was zum einen daher rührt, dass die dort verwendeten Begrifflichkeiten so im deutschen Recht nicht in dieser Form vorkommen und man sich daher nicht sogleich etwas darunter vorstellen kann. Zum anderen dürfte man den Bedeutungsgehalt ohnehin nicht allein an der deutschen Sprachfassung messen, da es dem Unionsrecht gerade immanent ist, dass eine Vielzahl verbindlicher Sprachfassungen existiert (vgl. Art. 55 EUV und Art. 342 AEUV), die – wenn überhaupt – in Zusammenschau zu sehen sind.[409] Wenn nun eine Auslegung der Unionsvorschrift durch nationale Rechtsanwendungsorgane erfolgt, was grundsätzlich möglich ist,[410] so kommt erschwerend hinzu, dass diese wohl kaum über ausreichend Möglichkeiten verfügt, einen solchen Textvergleich aus über zwanzig Sprachfassungen vorzunehmen oder auch nur das aus dem Wortlaut einer Sprachfassung gewonnene Auslegungsergebnis anhand einer repräsentativen Anzahl anderer Sprachfassungen zu überprüfen.[411] Darüber

407 BVerwG, Beschl. v. 03.12.2009 – 4 C 5/09, BauR 2010, 726 (730), Rn. 26.
408 *Borchardt*, in: *Schulze* u. a., Europarecht, § 15 Rn. 34.
409 Vgl. *Borchardt*, in: *Schulze* u. a., Europarecht, § 15 Rn. 35.
410 *Borchardt*, in: *Schulze* u. a., Europarecht, § 15 Rn. 37.
411 Vgl. hierzu *Borchardt*, in: *Schulze* u. a., Europarecht, § 15 Rn. 36.

hinaus muss gesehen werden, dass sogar den Unionsorganen selbst der Wortlaut unionsrechtlicher Bestimmungen bei der Eruierung deren genauer Bedeutung häufig aufgrund einer gewissen Floskelhaftigkeit nicht wirklich weiterhilft.[412] Das dürfte auf den Wortlaut des Art. 13 Abs. 2 der Richtlinie 2012/18/EU sowie ihrer Vorgängernorm ziemlich genau zutreffen.

(2) Historie

Die subjektiven Vorstellungen des Richtliniengebers bei Abfassung der Richtlinie können aber ohnehin nur sehr begrenzte Relevanz bei der Auslegung der Bestimmung des Art. 13 Abs. 2 der Richtlinie 2012/18/EU (sowie auch deren Vorgängernorm) entfalten. Das ergibt sich – laut *Borchardt,* der dies wiederum „zwischen den Zeilen" der Rechtsprechung des EuGH liest – schon deshalb, weil allein die Kenntnis dessen, was der Normgeber bei der Abfassung einer Regelung tatsächlich wollte, nicht zwingend im Sinne einer strikten Bindung an die subjektiven Vorstellungen dieses Normgebers verstanden werden müsse.[413] Was speziell das sekundäre Unionsrecht angehe, könnten subjektive Vorstellungen des Normgebers ohnehin nur soweit in eine Auslegung einfließen, als sie in irgendeiner Form in der Vorschrift selbst Niederschlag gefunden und damit rechtliche Relevanz erhalten haben.[414] Die Erwägungsgründe einer Richtlinie, welche in einzelne Randnummern aufgelistet stets am Beginn einer Richtlinie zu finden sind, seien tendenziell nicht als derartige schriftliche Fixierung subjektiver Vorstellungen des Unionsgesetzgebers einzuordnen; diese Begründungserwägungen stellten vielmehr eine Zusammenschau der mit den einzelnen Richtlinienregelungen anvisierten Ziele sowie deren systematischen Zusammenhang dar, so dass sie ihre Bedeutsamkeit daher eher auf systematisch-teleologischer Ebene einer Auslegung entfalten könnten und müssten.[415]

---

412 Vgl. *Borchardt,* in: *Schulze* u.a., Europarecht, § 15 Rn. 38.

413 So wohl z.B. EuGH, Urt. v. 09.08.1994, Rs. C-327/91 Französische Republik, Slg. 1994, I-3666 (3677), Rn. 39; bestätigend *Borchardt,* in: *Schulze* u.a., Europarecht, § 15 Rn. 40 mit Nachweisen aus der Rechtsprechung des EuGH in Fn. 25.

414 So wohl z.B. EuGH, Urt. v. 19.03.1996, Rs. C-25/94 – Kommission, Slg. 1996, I-1497 (1510) Rn. 48 f.; bestätigend *Borchardt,* in: *Schulze* u.a., Europarecht, § 15 Rn. 40 mit entsprechendem Nachweis aus der Rechtsprechung des EuGH in Fn. 26.

415 In diesem Sinne *Borchardt,* in: *Schulze* u.a., Europarecht, § 15 Rn. 44. Zur Möglichkeit, Begründungserwägungen als Bestandteil des Unions-Rechtsaktes grundsätzlich zur Auslegung der Vorschriften des Rechtsaktes heranzuziehen: EuGH, Urt. v. 15.05.1997, Rs. C-355/95P – TWD, Slg. 1997, I-2564 (2574), Rn.21.

(3) systematisch-teleologische Auslegung

Entscheidend gegen ein Verständnis, nach welchem das unionsrechtliche Abstandsgebot keine Vorgaben für gebundene Entscheidungen der Baugenehmigungsbehörde über die Zulassung von Vorhaben nach § 34 BauGB enthielte, spricht eine teleologisch ausgerichtete Betrachtungsweise der Bestimmung des Art. 13 Abs. 2 der Richtlinie 2012/18/EU. Das gesamte Konzept der Seveso-Richtlinien fußt auf dem Gedanken des Schutzes von Mensch und Umwelt vor Industrieunfällen beziehungsweise deren Folgen. Das ergibt sich bereits aus den Begründungserwägungen, die bereits der Richtlinie 96/82/EG und ebenso der Richtlinie 2012/18/EU vorangestellt worden sind.[416] Zumindest auf systematisch-teleologischer Ebene sind die dort festgehaltenen Erwägungen aber durchaus relevant für die Auslegung der Richtlinie als unionsrechtlicher Rechtsakt.[417] Dass Begründungserwägungen als Bestandteil eines unionsrechtlichen Rechtsaktes grundsätzlich zur Auslegung von dessen Vorschriften heranziehbar sind, da *„der verfügende Teil eines Rechtsakts nicht von seiner Begründung getrennt werden kann, so daß er, wenn dies erforderlich ist, unter Berücksichtigung der Gründe auszulegen ist, die zu seinem Erlass geführt haben“*, bestätigte auch der EuGH[418] und es entspricht überdies auch dem gesunden Menschenverstand.

Das Abstandserfordernis aus dem heutigen Art. 13 Abs. 2 der Richtlinie 2012/18/EU ist im Lichte dieses Grundgedankens auszulegen und sein genauer Zweck vor diesem Hintergrund zu bestimmen. Es macht aber allem Anschein nach keinerlei Sinn, das Erfordernis einer Abstandsberücksichtigung lediglich auf Gebietsbereiche zu beschränken, in denen ein Bebauungsplan existiert. Zum einen würde dies dem Schutzzweck von Richtlinie und Abstandsgebot eines effektiven Störfallschutzes geradezu sinnwidrig entgegenstehen. Zum anderen würde ein solches Verständnis einer Umgehung der Richtlinienvorgaben Tür und Tor öffnen: Vorhabenträger könnten systematisch Plangebiete für ihre Vorhaben meiden und sich stattdessen auf unbeplante Gebiete konzentrieren. Diese Grundgedanken gilt es zu belegen und näher auszuführen.

---

416 Vgl. hierzu die Erwägungen in Richtlinie 96/82/EG des Rates vom 9. Dezember 1996 zur Beherrschung der Gefahren bei schweren Unfällen mit gefährlichen Stoffen, ABlEG Nr. L 10 vom 14.01.1997, S. 13 ff. sowie Richtlinie 2012/18/EU des europäischen Parlaments und des Rates vom 4. Juli 2012 zur Beherrschung der Gefahren schwerer Unfälle mit gefährlichen Stoffen, zur Änderung und anschließenden Aufhebung der Richtlinie 96/82/EG des Rates, ABlEU Nr. L 197 vom 24.07.2012, S. 1 ff.

417 Vgl. soeben: *Borchardt*, in: *Schulze* u.a., Europarecht, § 15 Rn. 44.

418 EuGH, Urt. v. 15.05.1997, Rs. C-355/95P – TWD, Slg. 1997, I-2564 (2574), Rn.21.

Die aktuelle nationale Rechtsprechung zum unionsrechtlichen Abstandsgebot orientiert sich maßgeblich an der Entscheidung des EuGH im Verfahren Mücksch. Grundsätzlich können auch in dieser nationalen Rechtsprechung Anhaltspunkte für eine Auslegung des unionsrechtlichen Abstandsgebots gefunden werden. Denn das Unionsrecht kann – angesichts dessen, dass zwischen systematisch-teleologischer Auslegung und Rechtsfortbildung des Unionsrechts ein untrennbarer Zusammenhang besteht – auch von nationalen Rechtsanwendungs- und Rechtsprechungsorganen fortgebildet werden.[419] Jedoch ist hierbei ein gewisses Procedere einzuhalten, das im Fall Mücksch, wo es um das Abstandsgebot ging, aber eben gerade eingehalten wurde: Nationale Gerichte können (beziehungsweise müssen) bei Zweifeln über Inhalt und Grenzen einer konkreten Rechtsfortbildung den EuGH im Wege eines Vorabentscheidungsersuchens gem. Art. 267 AEUV konsultieren und diesen dabei mit der Rechtsfortbildung befassen; das nationale Gericht kann dabei in seinem Vorlagebeschluss die von ihm vertretene Rechtsansicht (also die von ihm befürwortete Rechtsfortbildung) darlegen und den EuGH so letztendlich um deren Bestätigung ersuchen.[420] In diesem Sinne haben die oben ausgeführten Überlegungen des BVerwG zur Auslegung der unionsrechtlichen Vorschrift Eingang zu finden und auch gefunden.

Wie bereits allgemein zur Auslegung des Unionsrechts – und damit auch von sekundärem Unionsrecht wie z. B. Richtlinien – festgestellt, bildet der sogenannte „effet utile" einen tragenden Grundsatz in der Rechtsprechung des EuGH.[421] Und das zu Recht, wenn man bedenkt, dass er anstrebt, unionsrechtlichen Zielen möglichst wirksam zur Erreichung zu verhelfen. In die Richtung einer Auslegung anhand dieses Grundsatzes vom „effet utile" geht auch die aktuelle Entscheidung des EuGH im Verfahren Mücksch zum unionsrechtlichen Abstandsgebot des Art. 13 Abs. 2 der Richtlinie 2012/18/EU beziehungsweise damals noch Art. 12 Abs. 1 UAbs. 2 der Richtlinie 96/82/EG. Der EuGH spricht sich mit seiner Entscheidung vom 15.09.2011[422] deutlich für eine zwingende Berücksichtigung des unionsrechtlichen Abstandserfordernisses (damals noch nach Art. 12 Abs. 1

---

419 Zu dieser Möglichkeit der Rechtsfortbildung des Unionsrechts durch nationale Rechtsanwendungs- und Rechtsprechungsorgane: *Borchardt*, in: *Schulze* u. a., Europarecht, § 15 Rn. 62 ff.

420 Zu diesem Procedere: *Borchardt*, in: *Schulze* u. a., Europarecht, § 15 Rn. 65.

421 Siehe hierzu Seite 37.

422 EuGH, Urt. v. 15.09.2011, Rs. C-53/10 – Land Hessen ./. Franz Mücksch OHG, UPR 2011, 443–448. Hinzuweisen ist an dieser Stelle abermals auf die Schlussanträge der Generalanwältin Sharpston vom 14.04.2011 in der Rechtssache C-53/10, Rn. 30, die sich ebenfalls für eine Berücksichtigung des Abstandsgebots auf Genehmigungsebene

UAbs. 2 der Seveso-II-RL, dem entsprechend heute nach Art. 13 Abs. 2 der Seveso-III-Richtlinie) im einzelnen behördlichen Genehmigungsverfahren aus: Wenn allein das Fehlen eines zugrundeliegenden Bebauungsplans maßgeblich dafür sein könne, dass die sich aus der Richtlinie ergebende Verpflichtung zur Abstandswahrung im Baugenehmigungsverfahren (einer dann über § 34 BauGB zu erteilenden Baugenehmigung) unberücksichtigt bliebe, so würde dies nicht nur Gelegenheit zur Umgehung in der Richtlinie vorgesehener Verpflichtungen schaffen, sondern sogar die *„praktische Wirksamkeit"* der Seveso-Richtlinie missachten; dies führe in der Konsequenz zur Beeinträchtigung der Ziele der Seveso-Richtlinie – namentlich des in Art. 1 der Richtlinie aufgeführten Ziels der Begrenzung der Folgen schwerer Unfälle für Mensch und Umwelt – sowie auch zur Beeinträchtigung der in Art. 174 Abs. 1 EGV (Anm. d. Verf.: jetzt Art 191 Abs. 1 AEUV[423]) genannten Ziele und Grundsätze der Umweltpolitik.[424] Namentlich hierzu gehören – so der EuGH[425] in Übereinstimmung mit Art. 174 Abs. 1 EGV – der Gesundheitsschutz und die Verbesserung der Umweltqualität. Die Argumentation des EuGH im Fall „Mücksch" ist im Ergebnis – wie noch zu zeigen sein wird – in sich schlüssig und damit letztlich überzeugend. Im Folgenden soll im Detail hergeleitet werden, wie man – beziehungsweise der EuGH – zu einer derartigen Sichtweise dogmatisch folgerichtig gelangen kann.

(4) Ziel von Richtlinie und Abstandsgebot

(a) Begriff des „Ziels"

Verbindlichkeit entfaltet die Richtlinie gemäß Art. 288 Abs. 3 AEUV nur hinsichtlich ihres Ziels. Dieser Begriff des „Ziels" – hinsichtlich dessen also eine *„Richtlinie für jeden Mitgliedstaat, an den sie gerichtet wird (…) verbindlich"* ist – wird von Art. 288 Abs. 3 AEUV selbst nicht näher definiert. Einhellig geht man aber heute davon aus, dass er weit zu interpretieren ist.[426] Er sei *„im Sinne des*

---

ausspricht, und zwar ebenfalls vor dem Hintergrund der ansonsten bestehenden *„Gefahr, dass der Richtlinie insoweit die praktische Wirksamkeit genommen wird"*.

423 Im Folgenden wird der Fokus speziell auf die Ziele der Richtlinie 2012/18/EU und des Abstandsgebots gesetzt. Zu den in Art. 191 – 193 AEUV normierten Kompetenzgrundlagen der Union für deren umweltpolitisches Handeln siehe *Wegener*, in: *Wegener*, Europäische Querschnittspolitiken, § 3 Rn. 18 ff.

424 EuGH, Urt. v. 15.09.2011, Rs. C-53/10 – Land Hessen ./. Franz Mücksch OHG, UPR 2011, 443 (445 f.) Rn. 22.

425 EuGH, Urt. v. 15.09.2011, Rs. C-53/10 – Land Hessen ./. Franz Mücksch OHG, UPR 2011, 443 (446), Rn. 22 a. E.

426 So z. B. *Frenz*, Handbuch Europarecht, Band 5, Rn. 907.

von der Richtlinie vorgegebenen Ergebnisses"[427] zu verstehen, umschreibe das, was die Mitgliedstaaten nach dem *„Zuschnitt einer Richtlinie in einer bestimmten Materie (…) zu erreichen haben"*[428]. Das Richtlinien-Ziel meine – nach *„Textvergleichung und Sinndeutung"* – letztlich *„das, was (…) als ,Resultate', ,Ergebnisse' eines Richtlinien-Rechtsaktes zu gelten hat: eben die aus dem Inhalt der Richtlinie sich ergebenden Rechtswirkungen, denen der Mitgliedstaat in den von ihm zu wählenden Formen und mit den Mitteln seiner Wahl innerstaatliche Wirksamkeit zu verschaffen hat."*[429] Dass Richtlinien dabei neben allgemein gehaltenen Zielbestimmungen detaillierte Normierungen enthalten, wird vor allem unter dem Gesichtspunkt der Funktionsfähigkeit hingenommen.[430] Mit der Verbindlichkeit der Richtlinie nur hinsichtlich des Ziels sieht *Ipsen* dies deshalb im Einklang, weil die Richtlinie durch ihren gesamten Inhalt diejenigen Gestaltungs-Ergebnisse bestimmen könne, deren innerstaatliche Wirksamkeit von den Mitgliedstaaten dann bei freier Mittel- und Formenwahl herzustellen sei, sich aber dennoch vor allem von einer in allen Teilen verbindlichen Verordnung durch einen *„andersartigen Pflichtenkreis des Mitgliedstaates"* unterscheide, welcher bei der Verordnung insbesondere auf *„passive (…) Duldung ihrer unmittelbaren innerstaatlichen Geltung gegenüber allen staatlichen Organen und Marktbürgern"* hinauslaufe, wohingegen die Verbindlichkeit der Richtlinie *„immer nur Folgepflichten des Mitgliedstaates und seiner Organe auslösen"* würde.[431] Die in Art. 288 Abs. 3 AEUV für den jeweiligen Mitgliedstaat normierte Verbindlichkeit des Richtlinienziels – die *„Ziel-Verbindlichkeit"*[432] – führt jedenfalls zu (oder,*„besteht"*[433] eventuell sogar in) *„seiner Verpflichtung, die aus ihrem* [Anm. d. Verf.: der Richtlinie] *Inhalt sich ergebenden Rechtswirkungen innerstaatlich herzustellen"*[434]. Bei der Verpflichtung zur Erreichung des Richtlinienziels handelt es sich nach alledem um eine ergebnisorientierte Verpflichtung.[435] Kernelement dieser ist es daher, dass

---

427 *Schroeder*, in: *Streinz*, EUV/AEUV, Art. 288 AEUV Rn.76.

428 *Frenz*, Handbuch Europarecht, Band 5, Rn. 907.

429 *Ipsen*, in: FS Ophüls, S. 67 (74); zur Kritik an einem solchen ergebnisorientiertem Verständnis – vor allem im Hinblick auf die sowohl national als auch auf Unionsebene teilweise bereits „besetzt"-e Terminologie „Ziel": ebenda S. 65 (72 f.) mit weiteren Nachweisen in Fn. 16.

430 *Ipsen*, in: FS Ophüls, S. 67 (71) mit weiteren Nachweisen in Fn. 15

431 *Ipsen*, in: FS Ophüls, S. 67 (74 f.).

432 *Ipsen*, in: FS Ophüls, S. 67 (75).

433 So weit geht *Ipsen*, in: FS Ophüls, S. 67 (75).

434 *Ipsen*, in: FS Ophüls, S. 67 (75).

435 *Funke*, Umsetzungsrecht, S. 126: *„Die Zielverpflichtung ist eine Ergebnisverpflichtung."*

die „Richtlinien-Wirkungen"[436], die „Rechtswirkungen"[437] beziehungsweise der Rechtszustand, die sich aus dem Inhalt der Richtlinie – also aus deren einzelnen Artikeln[438] – ergeben, auch innerstaatlich hergestellt werden müssen.[439] Auf die Erreichung des Richtlinienziels gerichtet – und daher zumindest Bestandteil der Verpflichtung zur Zielerreichung – ist daher jedenfalls die sogenannte „Umsetzungsverpflichtung"[440], welche als Verpflichtung, Richtlinien „planmäßig durch den Erlass von Rechtsakten zu verwirklichen" beschrieben wird.[441]

(b) Ziel der Richtlinie 2012/18/EU sowie des Abstandsgebots in Art. 13 Abs. 2 der Richtlinie 2012/18/EU

(aa) Ziel der Richtlinie

Sinn und konkretes Ziel[442] auch der neusten Seveso-Richtlinie (Richtlinie 2012/18/EU) ist „die Verhütung schwerer Unfälle mit gefährlichen Stoffen und (...) die Begrenzung der Unfallfolgen für die menschliche Gesundheit und die Umwelt (...), um (...) in der ganzen Union ein hohes Schutzniveau zu gewährleisten."[443]

(bb) Zweck und Schutzrichtung des Abstandsgebots

Das Abstandsgebot in Art. 13 Abs. 2 der Richtlinie 2012/18/EU dient der Begrenzung der Folgen schwerer Unfälle:[444]

---

436 *Ipsen*, in: FS Ophüls, S. 67 (75).
437 *Ipsen*, in: FS Ophüls, S. 67 (75).
438 So wohl *Funke*, Umsetzungsrecht, S. 125. Eine Entsprechung zu „den in der Richtlinie enthaltenen Vorgaben" verlangt auch *König*, in: *Schulze u.a.*, Europarecht, § 2 Rn. 48. Siehe auch *Lohse*, Die Verwaltung 46 (2013), 221 (226): „Es ist bei jeder Richtlinie festzustellen, ob die fragliche Bestimmung eine Umsetzungsverpflichtung für die Mitgliedstaaten normiert und welche."
439 *Ipsen*, in: FS Ophüls, S. 67 (75).
440 Z. B. *Funke*, Umsetzungsrecht, S. 126.
441 Vgl. *Schroeder*, in: *Streinz*, EUV/AEUV, Art. 288 AEUV Rn.77 f.
442 Wenn auch – anders als noch in Art. 1 der Vorgängerrichtlinie 96/82/EG (auch noch in der Fassung der Richtlinie 2003/105/EG) – nicht mehr explizit als Zweck bezeichnet.
443 So in Auszügen Art. 1 der Richtlinie 2012/18/EU.
444 Hierfür (Zweck des Abstandsgebots nur Unfallfolgen-Begrenzung) spricht im Übrigen auch die Formulierung des EuGH in dessen Entscheidung vom 15.09.2011, der im Falle einer Nichtberücksichtigung des Abstandsgebots im Genehmigungsverfahren eine Beeinträchtigung – nur – des Richtlinienziels der Unfallfolgen-Begrenzung sieht, siehe EuGH, Urt. v. 15.09.2011, Rs. C-53/10 – Land Hessen ./. Franz Mücksch OHG, UPR 2011, 443 (445), Rn. 22.

(i) Zweck des Abstandsgebots: Begrenzung der Folgen schwerer Unfälle

Dass durch die Neufassung der Seveso-Richtlinie (Richtlinie 2012/18/EU) – namentlich des Abstandsgebots in deren Art. 13 Abs. 2 – Letzterem ein neuer Zweck auferlegt werden sollte, erscheint vor dem Hintergrund eines in weiten Teilen beinahe gleichbleibenden Wortlauts, vergleichbarer systematischer Einbettung der Vorschrift in den Richtlinien-Kontext, vergleichbarer – aus den Erwägungsgründen der Richtlinien 96/82/EG und 2012/18/EU jeweils ersichtlicher – Ziele des Richtliniengebers und mangels Anhaltspunkten für differierende teleologische Erwägungen eher fernliegend. Art. 13 Abs. 2 der neuen Richtlinie soll zudem den früheren Art. 12 Abs. 1 UAbs. 2 der Vorgängerrichtlinie gemäß der Entsprechungstabelle in Anhang VII zu Richtlinie 2012/18/EU gerade *ersetzen*.[445] Der Zweck des Abstandsgebots ist daher für Art. 12 Abs. 1 UAbs. 2 der Seveso-II-Richtlinie sowie Art. 13 Abs. 2 der Seveso-III-Richtlinie identisch zu beurteilen.

Im Berücksichtigungsgebot des Art. 13 Abs. 1 S. 1 der Richtlinie 2012/18/EU werden als von den Mitgliedstaaten zu berücksichtigende Ziele noch sowohl die Verhütung schwerer Unfälle als auch die Begrenzung ihrer Folgen genannt. Dass das Überwachungsgebot des Art. 13 Abs. 1 S. 2 der Richtlinie 2012/18/EU ebenfalls auf diese beiden Ziele ausgerichtet ist, ergibt sich schon aus dessen einleitendem Wortlaut: *„Dazu überwachen sie (…)“*. Dem Abstandsgebot fehlt dagegen eine eigene Zielbestimmung sowie eine explizite Bezugnahme auf vorhergehend genannte Ziele, so dass rein vom Wortlaut her betrachtet das Abstandsgebot entweder nur der Verhinderung schwerer Unfälle oder der Begrenzung ihrer Folgen oder aber auch beiden Zwecken dienen könnte.[446] Gerade für Letzteres sprechen durchaus systematische Auslegungserwägungen.[447] Und dennoch erschöpft sich die Zwecksetzung des Abstandsgebots in der Begrenzung der Folgen schwerer Unfälle, was letztendlich der logische Rückschluss aus den im Abstandsgebot der Richtlinie genannten sich gegenüberliegenden Nutzungen ist: Wenngleich ein Abstand grundsätzlich auch unfallverhindernd sein kann, sind speziell die einzuhaltenden Abstände zwischen einem unter die Richtlinie fallenden Betrieb

---

445 Siehe Richtlinie 2012/18/EU des europäischen Parlaments und des Rates vom 4. Juli 2012 zur Beherrschung der Gefahren schwerer Unfälle mit gefährlichen Stoffen, zur Änderung und anschließenden Aufhebung der Richtlinie 96/82/EG des Rates, ABlEU Nr. L 197 vom 24.07.2012, S. 1 (34; Anhang VII).

446 So auch *Grüner*, Planerischer Störfallschutz, S. 71 f.

447 Ausführlich *Grüner*, Planerischer Störfallschutz, S. 72. Zu – bei der Zweck-Eruierung im Ergebnis wohl auch nicht weiterführenden – historischen Überlegungen siehe *Grüner*, Planerischer Störfallschutz, S. 71 f.

und einer schutzbedürftigen Nutzung im Sinne des Art. 13 Abs. 2 der Richtlinie 2012/18/EU – welche ja ihrerseits selbst nicht gefahrerhöhend ist[448] – nicht geeignet, einen Störfall zu verhindern, sondern lediglich, dessen Auswirkungen möglichst gering zu halten.[449] Treffend formuliert daher *Grüner*: *„Mit dem Abstandsgebot wird also die Einhaltung von auswirkungsbegrenzenden, aber nicht von unfallverhindernden Abständen bezweckt."*[450]

(ii) Der „schwere Unfall" und der „Störfall" – Begrifflichkeiten aus Unions- und nationalem Recht

In den Seveso-Richtlinien selbst wird der Begriff des „Störfalls" nicht verwendet.[451] In Art. 3 Nr. 13 der Seveso-III-Richtlinie findet sich jedoch eine Legaldefinition des Begriffs *„schwerer Unfall"*, bei welchem es sich um *„ein Ereignis – z. B. eine*

---

448 Siehe zur Einordnung von Nutzungen mit eigenem Gefährdungspotential *Grüner*, Planerischer Störfallschutz, S. 73 sowie 69 f.; zu den im Regelungskonzept der schutzbedürftigen Nutzungen vermeintlich nicht ganz stimmigen (Haupt-)Verkehrswegen siehe Seite 23 Fn. 98, die jedoch im Kontext des Abstandsgebots unter dem Blickwinkel ihrer – im Vergleich zu anderen Verkehrswegen – besonders hohen Frequentiertheit durch Menschen und damit einhergehend ihrer erhöhten Schutzbedürftigkeit zu sehen sind.

449 So letztlich auch: *Weidemann*, DVBl. 2006, 1143 (1145); *Grüner*, Planerischer Störfallschutz, S. 73.

450 *Grüner*, Planerischer Störfallschutz, S. 74. Ohne nähere Begründung ebenso *Wettig/Porter*: *„(…)The inclusion of this provision* [Anm. d. Verf.: land-use planning] *can be regarded as a major step forward in the process of major accident mitigation.(…)"*, siehe *Wettig/Porter*, in: *Kirchsteiger*, Risk Assessment, S. 27 (37); a. A.: *Sellner/Scheidmann*, NVwZ 2004, 267 (268): *„Die in Absatz 1 des Art. 12 enthaltenen Gebote – „Berücksichtigungsgebot (Satz 1), Überwachungsgebot (Satz 2) und Abstandsgebot (Satz 3) – sind erkennbar sich ergänzende Bestandteile eines einheitlichen Konzepts. Sie alle dienen dem in Satz 1 definierten Ziel, schwere Unfälle zu verhüten und ihre Folgen zu begrenzen. (…)".*

451 Anders dagegen im nationalen Recht, wo sogar vom eigenen „Störfallrecht" gesprochen wird. So zu Letzterem beispielsweise: *Liu*, Europäisierung des deutschen Umweltrechts, S. 142 sowie *Grüner*, Planerischer Störfallschutz, S. 6. *Meßerschmidt*, Europäisches Umwelrecht, § 19 Rn. 257 ff., trennt zwischen einem *„Störfallrecht"* (ebenda) und einem *„Katastrophenschutzrecht"* (ebenda Rn. 274 ff.) und will jedenfalls Letzteres nicht dem *„Umweltrecht"* zuordnen (ebenda Rn. 274). *Wegener*, in *Wegener*, Europäische Querschnittspolitiken, § 3 Rn. 47 fasst die Thematik *Industrielle Risiken"* mit Blick auf die Seveso-III-Richtlinie unter ein Kapitel *„Besonderes Umweltrecht"*. Die Frage, ob ein „Störfallrecht" als eigenständiges Rechtsgebiet anerkannt werden muss, oder ob es sich nicht vielmehr um einen eher praktischen Themenkomplex handelt, der mit verschiedensten Normen unterschiedlicher

Emission, einen Brand oder eine Explosion größeren Ausmaßes –, das sich aus un-
kontrollierten Vorgängen in einem unter diese Richtlinie fallenden Betrieb ergibt,
das unmittelbar oder später innerhalb oder außerhalb des Betriebs zu einer ernsten
Gefahr für die menschliche Gesundheit oder die Umwelt führt und bei dem ein oder
mehrere gefährliche Stoffe beteiligt sind" handelt. Im deutschen Recht findet sich
in § 2 Nr. 3 der 12. BImSchV eine *„nahezu inhaltsgleiche"*[452] Legaldefinition zu
derjenigen des schweren Unfalls, jedoch unter der Bezeichnung *„Störfall"*: *„(...)*
ein Ereignis, wie z. B. eine Emission, ein Brand oder eine Explosion größeren Aus-
maßes, das sich aus einer Störung des bestimmungsgemäßen Betriebs in einem unter
diese Verordnung fallenden Betriebsbereich oder in einer unter diese Verordnung
fallenden Anlage ergibt, das unmittelbar oder später innerhalb oder außerhalb des
Betriebsbereichs oder der Anlage zu einer ernsten Gefahr oder zu Sachschäden nach
Anhang VI Teil 1 Ziffer I Nr. 4 führt und bei dem ein oder mehrere gefährliche Stoffe
beteiligt sind".

In der Sache muss es in beiden Fällen aus (erstens) unkontrollierten Vorgängen in einem Betrieb(-sbereich) demnach (zweitens) unter Beteiligung eines
oder mehrerer als gefährlich eingestufter Stoffe zu einem Ereignis kommen, welches wiederum (drittens) mindestens zu einer ernsten Gefahr führen muss.[453]
Die „Störung des bestimmungsgemäßen Betriebs" im Sinne der 12. BImSchV ist
dabei wie der „unkontrollierte Vorgang" im Sinne der Seveso-Richtlinien zu verstehen.[454] Ort dieser Störung muss nach § 2 Nr. 3 der 12. BImSchV ein Betriebsbereich oder eine Anlage im Sinne der 12. BImSchV sein. Der Betriebsbereich im
Sinne der 12. BImSchV entspricht dabei dem „Betrieb" im Sinne der Richtlinie.
Die 12. BImSchV regelt die Beurteilung von Stoffen als gefährlich in § 2 Nr. 1
12. BImSchV i. V. m. Anhang I. Inhaltlich bezieht sie sich dabei auf dieselben

---

Rechtsmaterien zu bearbeiten ist, soll an dieser Stelle nur aufgeworfen werden. Ihre
Beantwortung ließe die eigentliche Thematik dieser Arbeit aus den Augen verlieren.

452 *Grüner*, Planerischer Störfallschutz, S. 64. Zutreffend weist *Grüner* auch darauf hin,
dass die bereits ähnlich formulierte ursprüngliche Definition des Störfalls in § 2
Abs. 1 der 12. BImSchV von 1980 in Umsetzung unionsrechtlicher Vorgaben eigens
angepasst wurde, siehe *Grüner*, Planerischer Störfallschutz, S. 64.

453 Ausführlich zur Definition des „schweren Unfalls" im Sinne der Richtlinie: *Grüner*,
Planerischer Störfallschutz, S. 64 ff. der sich dabei an die – für die *„nahezu inhaltsglei-*
che" (*Grüner*, Planerischer Störfallschutz, S. 64) Legaldefinition für einen „Störfall"
in § 2 Nr. 3 StörfallVO ebenso verfahrende – Literatur anlehnt und ausführlich die
Bedeutung der einzelnen Begriffsmerkmale erörtert.
Zum „Störfall" im Sinne der Störfall-Verordnung (12. BImSchV): *Hansmann*, in:
Landmann/Rohmer, Umweltrecht, § 2 12. BImSchV Rn. 14 ff.

454 Vgl. *Jarass*, BImSchG, § 20 Rn. 25.

Stoffe wie die unionsrechtliche Richtlinienvorgabe (Seveso-II-Richtlinie), die sie damit umsetzt.[455] Auch hinsichtlich des erforderlichen Kausalzusammenhangs zwischen Störung und Ereignis ergeben sich keine Unterschiede zum „schweren Unfall" im Sinne der Seveso-Richtlinien, was bereits der Wortlaut des § 2 Nr. 3 der 12. BImSchV deutlich aussagt. Durch den Verweis des „Störfalls" in § 2 Nr. 3 12. BImSchV auf das Erfordernis einer „ernsten Gefahr" ist auch der letzte Vergleichspunkt mit dem „schweren Unfall" der Richtlinie mit positiver Übereinstimmung zu bewerten: Wo Art. 3 Nr. 13 der Richtlinie 2012/18/EU auf den zu befürchtenden Schadenseintritt für die menschliche Gesundheit oder Umwelt abstellen, tun dies im Bereich der 12. BImSchV die Regelungen in § 2 Nr. 4 a) bis c)[456]. Die verbleibenden Unterschiede zwischen einem „Störfall" und einem „schweren Unfall" sind damit wohl nur terminologischer Natur.[457] Zwischen den Begriffen „Störfall" und „schwerer Unfall" wird daher im Fortgang dieser Arbeit inhaltlich nicht weitergehend differenziert.

(iii) Schutzrichtung des Abstandsgebots: Mensch und Umwelt

Bei den Folgen beziehungsweise Auswirkungen schwerer Unfälle, die also mittels des Abstandsgebots begrenzt werden sollen, kann es sich sowohl um diejenigen für Mensch als auch für Umwelt handeln.[458] Der Richtlinientext zum

---

455 *Grüner*, Planerischer Störfallschutz, S. 27.

456 Genauer zu den Schutzobjekten im Rahmen der 12. BImSchV: *Grüner*, Planerischer Störfallschutz, S. 28 f.

457 Für eine Identität der Begriffe „schwerer Unfall" und „Störfall": *Uth*, Störfall-Verordnung, S. 60 (in Bezug noch auf die Störfall-Verordnung 1991); Gleichsetzung der Begriffe ohne nähere Begründung bei: *Krauß*, BImSchG, § 50 Rn. 2; *Hansmann*, in: *Landmann/Rohmer*, Umweltrecht, § 2 12. BImSchV Rn. 14, spricht ebenfalls von einer Entsprechung beider Begriffe, weist jedoch darauf hin, dass die zum Teil unterschiedliche Formulierung dem im deutschen Recht üblichen Sprachgebrauch Rechnung tragen wolle. Zu einer mangelnden *„begrifflichen Einheitlichkeit innerhalb der drei Regelungsebenen des Störfallrechts"* kritisch: *Grüner*, Planerischer Störfallschutz, S. 356 f., ausführlich auch auf S. 130 ff. Von einer Entsprechung der Begriffe des „schweren Unfalls" (Unionsrecht) und des „Störfalls" (deutsches Recht) *„im Wesentlichen"* geht jedoch auch *Grüner* aus, siehe *Grüner*, Planerischer Störfallschutz, S. 16 Fn. 47.

458 So wohl grundsätzlich auch *Grüner*, Planerischer Störfallschutz, S. 75 f., wobei er bezüglich des Schutzes der Umwelt – für die Verfasserin nicht ganz nachvollziehbare – Einschränkungen macht, s. a.a.O. S. 76. Bezüglich des *konkret* geschützten Personenkreises wurde bisher zum Teil vertreten, dass auch die sich im Betrieb im Sinne der Richtlinie befindlichen Personen Schutzobjekt des Abstandsgebots aus

Abstandsgebot selbst stellt diese Verknüpfung nicht explizit her. Die – sowohl bei Richtlinie 2012/18/EU wie auch vorangehend Richtlinie 96/82/EG in Art. 1 normierte – Gesamtzielsetzung der Richtlinien muss daher herangezogen werden: wenngleich das Abstandsgebot auch nur einem der in Art. 1 verankerten Richtlinienziele dienen kann, nämlich dem der Folgenbegrenzung, so kann doch immerhin hinsichtlich der Bezugsobjekte für diese Folgenbegrenzung auf Art. 1 abgestellt werden. Dieser nannte bereits bisher „*Mensch und Umwelt*" (in Richtlinie 96/82/EG) beziehungsweise nun „*die menschliche Gesundheit und die Umwelt*" (in Richtlinie 2012/18/EU) explizit. Die Neufassung der Seveso-Richtlinie beinhaltet zudem auch im Berücksichtigungsgebot des Art. 13 Abs. 1 S. 1 die Ergänzung, dass es gerade um die Begrenzung von Folgen „*für die menschliche Gesundheit und die Umwelt*" geht. Die Maßgeblichkeit der typischen Anwesenheit einer Vielzahl von Menschen für das Erfasstsein – gerade von Wohngebieten, öffentlich genutzten Gebäuden und Gebieten, Hauptverkehrswegen und Erholungsgebieten – vom Abstandsgebot lässt das Schutzziel „Mensch" deutlich wer-

---

Art. 12 der Richtlinie seien, so z. B. *Sellner/Scheidmann*, NVwZ 2004, 267 (268) und auch *Bernhard*, Die Implementierung des EG-Rechts in Österreich, S. 106. Zwar ist es – wie *Sellner/Scheidmann*, NVwZ 2004, 267 (268) noch zur Seveso-II-Richtlinie feststellten – richtig, von einem schweren Unfall im Sinne des Art. 3 Nr. 5 der Seveso-II-Richtlinie (beziehungsweise jetzt Art. 3 Nr. 13 der Seveso-III-Richtlinie) auch Ereignisse erfasst zu sehen, die Auswirkungen innerhalb des Betriebs selbst entfalten. Einig ist man sich scheinbar auch noch dahingehend, bei der Frage nach dem vom Abstandsgebot (noch des Art. 12 Abs. 1 UAbs. 2 der Seveso-II-Richtlinie) geschützten Personenkreis von der Zwecksetzung der Vorschrift ausgehen zu wollen, vgl. einerseits *Sellner/Scheidmann*, NVwZ 2004, 267 (268) und andererseits *Grüner*, Planerischer Störfallschutz, S. 74. Wenn man aber diese als sich (nur) in der Begrenzung von Unfallfolgen durch die Einhaltung von „*auswirkungsbegrenzenden (…) Abständen*" erschöpfend ermittelt – siehe *Grüner*, Planerischer Störfallschutz, S. 71 ff. – so profitieren die sich „im" Störfallbetrieb befindlichen Menschen gerade nicht von den durch die Richtlinie vorgegebenen Abständen, wenn es zu einem Unfall im Betrieb kommt; sie sind daher (in ihrer Funktion als Betreiber beziehungsweise Mitarbeiter oder Besucher) wohl eher nicht mit den zu schützenden „Menschen" gemeint. *Grüner* folgert das (noch zu Art. 12 der Seveso-II-Richtlinie) aus der Gegenüberstellung von gefährlichen Betrieben und sensiblen Nutzungen, die nur den Schluss zulasse, dass es sich bei der zu schützenden „*'Bevölkerung'*" nur um sich in den schutzwürdigen Gebieten aufhaltende Menschen handeln könne, siehe *Grüner*, Planerischer Störfallschutz, S. 78. Die Ausgrenzung von Personen aus dem Schutzbereich des Abstandsgebots bedeutet natürlich nicht deren völlige Schutzlosigkeit; zu anderen Schutzmöglichkeiten siehe z. B. *Grüner*, Planerischer Störfallschutz, S. 78 f. m. w. N.

den, vgl. Art. 13 Abs. 2 lit. a) der Richtlinie 2012/18/EU. Die Aufnahme von unter dem Gesichtspunkt des Naturschutzes besonders wertvollen beziehungsweise besonders empfindlichen Gebieten, die auf der Annahme einer besonderen Schutzwürdigkeit aus Umweltgesichtspunkten fußt, stellt auf das Schutzobjekt „Umwelt" ab, vgl. hierzu Art. 13 Abs. 2 lit. b) der Richtlinie 2012/18/EU. Unklarheiten bezüglich der grammatikalischen Zuordnung des letzten Halbsatzes des bisherigen Art. 12 Abs. 1 UAbs. 2 der Seveso-II-Richtlinie, der *nur* auf die *„Bevölkerung"* abstellte, wurden mit Richtlinie 2012/18/EU nun beseitigt, die durch eine Neuuntergliederung der Vorschrift (jetzt: Art. 13 Abs. 2 lit. c)) und die Erweiterung von *„der menschlichen Gesundheit"* auch auf *„die Umwelt"* ebenfalls für Mensch und Umwelt als Schutzobjekte steht.

(cc) Zwischenergebnis

Die Begrenzung der Folgen schwerer Unfälle mit den Schutzobjekten Mensch und Umwelt ist damit gleichzeitig Zweck der Bestimmung des Art. 13 Abs. 2 der Richtlinie 2012/18/EU wie auch Bestandteil des Ziels der Richtlinie als Ganzes.

(5) Die Beeinträchtigung von Richtlinienzielen läuft einer möglichen Verpflichtung zur Erreichung des (verbindlichen) Richtlinienziels zuwider

Vor diesem Hintergrund sind hier nun Genehmigungsentscheidungen (beziehungsweise jenen vorausgehende Genehmigungsverfahren), denen kein Bebauungsplan – in welchen wiederum das Abstandsgebot Eingang gefunden hat[459] – zugrunde liegt, zu betrachten. Wenn im Kontext dieser Genehmigungen nun *keine* Berücksichtigung dieses unionsrechtlichen Abstandsgebots erforderlich wäre, so würde in allen betroffenen Fällen die Möglichkeit außen vor gelassen, durch Wahrung von der Richtlinie entsprechenden, angemessenen Abständen dem Ziel der Begrenzung der Folgen schwerer Unfälle zu dienen. Damit wäre hierin im Endeffekt eine Beeinträchtigung der Ziele sowohl des Abstandsgebots als auch der Richtlinie selbst zu sehen. Eine derartige Beeinträchtigung der Richtlinienziele läuft jedenfalls aber einer Verpflichtung zur Erreichung dieser Richtlinienziele zuwider.

Zu beantworten ist daher insbesondere die Frage, ob eine Behörde – bei ihrer jeweiligen Genehmigungsentscheidung im Einzelfall – die Richtlinienziele (konkret hier das Ziel der Begrenzung der Folgen schwerer Unfälle) tatsächlich durch Außerachtlassen de facto beeinträchtigen darf. Das darf sie jedenfalls dann

---

459   Siehe hierzu Seite 82 ff.

nicht, wenn sie verpflichtet wäre, das Richtlinienziel zu erreichen oder zumindest im Rahmen ihrer Möglichkeiten auf dieses hinzuwirken – und aus diesem Grund das unionsrechtliche Abstandsgebot in ihre behördliche Einzelentscheidung miteinzubeziehen hätte. Wäre sie in einer solchen Weise an die Richtlinie gebunden, so wäre die Behörde nach dem hier zugrunde gelegten Verständnis jedenfalls als Adressatin der unionsrechtlichen Richtlinie zu qualifizieren.

c) Die Zielbindung mitgliedstaatlicher Behörden – eine Frage der Richtlinienadressierung

aa) Problemaufriss

Eine gründliche Befassung mit unionsrechtlichen Richtlinien kommt nicht umhin, zunächst Art. 288 AEUV näher in den Blick zu nehmen, der jedenfalls eine Beschreibung zentraler „Handlungsformen"[460], welche im Unionsrecht zur Verfügung stehen, enthält. In Art. 288 Abs. 3 AEUV wird speziell zur Richtlinie allerdings lediglich festgestellt, dass diese „für jeden Mitgliedstaat, an den sie gerichtet wird, hinsichtlich des zu erreichenden Ziels verbindlich" ist, „jedoch den innerstaatlichen Stellen die Wahl der Form und der Mittel" überlasse. Dieser Wortlaut ist – kurz gesagt – „nicht eindeutig"[461]. Funke nennt das Problem, das diese Formulierung insbesondere mit sich bringt, beim Namen: Es sei klärungsbedürftig, ob die – jedenfalls hinsichtlich Form und Mittel einer Umsetzung nicht verpflichteten – innerstaatlichen Stellen ebenso wie der Mitgliedstaat selbst hinsichtlich des Ziels der entsprechenden Richtlinie verpflichtet sind.[462] Dass ein Mitgliedstaat auf nationaler Ebene de facto durch seine Organe handelt,[463] ist jedenfalls unzweifelhaft. Mit dem Begriff der „innerstaatlichen Stellen" in Art. 288 Abs. 3 AEUV – denen zumindest die Form- und Mittelwahl überlassen wird – sind gerade diese mitgliedstaatlichen Organe gemeint, also

---

460 *Schroeder,* in: *Streinz,* EUV/AEUV, Art. 288 AEUV Rn. 1.

461 *Funke,* Umsetzungsrecht, S. 143.

462 *Funke,* Umsetzungsrecht, S. 143; ebenso schon *Ipsen,* in: FS Ophüls, S. 67 (75, Fn. 25). *Funke* sieht über die vorliegend angesprochenen hinausgehend noch eine weitere Konstellation durch die tatbestandliche Formulierung des Art. 288 Abs. 3 AEUV bedingt als klärungsbedürftig an; es handelt sich dabei um die Frage, ob die Mitgliedstaaten selbst hinsichtlich der Mittel frei sind. Letztlich sei diese Konstellation aber unproblematisch, da auf die Freiheit des Staates hinsichtlich der Mittel im Erst-Recht-Schluss aus der dahingehenden Freiheit der innerstaatlichen Stellen geschlossen werden könne, siehe hierzu *Funke,* Umsetzungsrecht, S. 143 mit Verweis auf Rechtsprechung des EuGH.

463 Explizit auch *Ipsen,* in: FS Ophüls, S. 67 (77).

diejenigen Staatsorgane, welche über die unionsrechtlich gewährte Form- und Mittelwahl verfassungsrechtlich verfügen, mithin für die Ausführung zuständig sind und über die jeweiligen Mittel und Formen verfügen, um den von der Richtlinie anvisierten Zustand in geeigneter Form national herzustellen: also Parlament, Regierung, Verwaltung und Gerichte.[464]

Im Prinzip kommen zur Beantwortung der Frage nach dem Adressaten einer Richtlinie daher nur zwei Alternativen in Betracht: Entweder ist eine Richtlinie nur an die Mitgliedstaaten (als solche/ als juristische Person) adressiert[465] (so dass eine unmittelbare Verpflichtung nationaler Organe nicht erfolgen dürfte[466])

---

464 *Ipsen*, in FS Ophüls, S. 67 (77); *Nettesheim*, in: *Grabitz/Hilf/Nettesheim*, EUV/AEUV, Art. 288 AEUV, Rn. 132.

465 Für diese Sichtweise im Ergebnis beispielsweise:
Funke, Umsetzungsrecht, S. 141 ff. unter Zugrundelegung eines eher völkerrechtlichen Verständnisses: *Funke* vergleicht insbesondere die (generelle) Verpflichtung staatlicher Organe – verstanden als „*der (…) einmalige Fall einer unbedingten und sanktionierten (…) Rechtsetzungsverpflichtung eines bestimmten Organs*" – mit dem Bestehen eines Weisungsverhältnisses zwischen Europäischer Union und Mitgliedstaat, welches sich aber mangels organisatorischer Verflechtung nicht rechtlich begründen ließe; die Umsetzungsverpflichtung könne nicht als „*Befehl zur Gesetzgebung*" verstanden werden (*Funke*, Umsetzungsrecht, S. 146 f.). *Funke* wendet außerdem ein, im Unionsrecht fehle Auskunft darüber, welches der angeblich durch das Unionsrecht unmittelbar in Anspruch genommenen Organe jeweils in Anspruch genommen würde. Die hierfür entwickelten Lösungsansätze aus der Literatur lehnt er ab (*Funke*, Umsetzungsrecht, S. 147). Zusammenfassend sehr deutlich *Funke*, Umsetzungsrecht, S. 156: „*Ihre* [Anm. d. Verf.: der Richtlinie] *Adressaten sind die Mitgliedstaaten, nicht deren Organe.*"
Ebenfalls nur für eine Adressierung an den Mitgliedstaat: *Geismann*, in: *Von der Groeben/Schwarze/Hatje*, Europäisches Unionsrecht, Art. 288 AEUV Rn. 40, der zur Abgrenzung der Richtlinie von der Verordnung auf die „*Intensität der Bindung*" und den „*Kreis der denkbaren Adressaten*" abstellt.
Nettesheim, in: *Grabitz/Hilf/Nettesheim*, EUV/AEUV, Art. 288 AEUV, Rn. 109 sieht als Adressaten der Richtlinie ebenfalls (zumindest) „*grundsätzlich nur die Mitgliedstaaten als juristische Personen*" an. Keine unmittelbare Verpflichtung ergebe sich dagegen für nationale Organe und Glieder. Für *Nettesheim* ergibt sich dies aus dem Wortlaut des Art. 288 Abs. 3 AEUV („für jeden Mitgliedstaat").
Siehe außerdem exemplarisch für diese Sichtweise: *Pernice*, EuR 1994, 325 (327).
Prokopf differenziert zwischen den Mitgliedstaaten als Adressaten einerseits und Organen als Verpflichteten andererseits: *Prokopf*, Das gemeinschaftsrechtliche Rechtsinstrument der Richtlinie, S. 15 f. m.w.N. in Fn. 32.

466 Gegen eine „Bindung" innerstaatlicher Stellen auch schon vor innerstaatlicher Durchsetzung einer Richtlinie beispielsweise wohl schon: *Rabe*, Das Verordnungsrecht der Europäischen Wirtschaftsgemeinschaft, S. 40.

oder aber auch an innerstaatliche Stellen.[467] Spezifischer ist – im Hinblick auf den oben ausgeführten Kontext der Seveso-Richtlinien, in welchen sich die hiesige Problematik einfügt – zu fragen, ob nationale Behörden wie zum Beispiel die zur

---

So folgerichtig auch: *Nettesheim*, in: *Grabitz/Hilf/Nettesheim*, EUV/AEUV, Art. 288 AEUV, Rn. 109.

467 Im Detail variieren hierbei die Ansichten:
Für ein „funktionales Verständnis" des Begriffs vom „Mitgliedstaat" im Sinne *„aller Träger öffentlicher Gewalt in den Mitgliedstaaten"* siehe vor allem die mittlerweile ständige Rechtsprechung des EuGH, nach welcher zumindest die Verpflichtung, das in einer Richtlinie vorgesehene Ziel zu erreichen sowie die Pflicht, alle zur Erfüllung dieser Verpflichtung geeigneten Maßnahmen allgemeiner oder besonderer Art zu treffen, allen Trägern öffentlicher Gewalt in den Mitgliedstaaten obliege (wobei Grenze nur die nationale Zuständigkeitsordnung sei), siehe z.B.: EuGH, Urt. v. 10.04.1984, Rs. 14/83 – von Colson/Kamann, Slg. 1984, 1891 (1909), Rn. 26; ebenso: EuGH, Urt. v. 13.11.1990, Rs. C-106/89 – Marleasing SA, Slg. 1990, I-4156 (4159), Rn. 8; ebenso: EuGH, Urt. v. 05.10.2004, verb. Rs. C-397/01 bis C-403/01 – Pfeiffer u.a., Slg. 2004, I-8878 (8916f.), Rn. 110; ohne explizite Bezugnahme auf die nationale Zuständigkeitsverteilung: EuGH, Urt. v. 15.09.2011, Rs. C-53/10 – Land Hessen ./. Franz Mücksch OHG, UPR 2011, 443 (446), Rn. 29; u.v.m.; siehe hierzu auch: *Skouris*, ZEuS 2005, 463 (471).
Aus der Literatur siehe mit Tendenz Richtung „Organadressierung" beispielsweise: *Grabitz*, EuR 1971, 1 (5) m.w.N. in Fn. 16, der die Organe der Mitgliedstaaten als *„Zurechnungsendprodukte"* des Richtlinienrechts sieht; die mitgliedstaatlichen Organe als Adressaten der *„Pflicht aus der Richtlinie"* erkennt – gestützt durch *die „Treueklausel des Art. 5"* – *Zuleeg*, ZGR 9 (1980), 466 (471) m.w.N. in Fn. 22; wohl hier einzuordnen auch: *Brechmann*, Die richtlinienkonforme Auslegung, S. 13 f.
Für eine „Bindung" innerstaatlicher Stellen auch schon vor innerstaatlicher Durchsetzung einer Richtlinie – abstellend auf Art. 5 EWGV – *Jaenicke*, ZaöRVR 19 (1958), 153 (173); zunächst ohne nähere Begründung: *Ipsen*, in FS Ophüls, S. 67 (75, Fn. 25); auf die spezifisch vom Unionsrecht geprägte Besonderheit der Ziel-Verpflichtung der Richtlinie abstellend – unter Berücksichtigung dessen, dass bereits nach nationalem Recht die Mitgliedstaaten durch ihre Organe handelten – kommt *Ipsen* zu dem Ergebnis, dass die Richtlinie bereits *„mit ihrem Inkrafttreten unmittelbare Organverbindlichkeit im Rahmen des vorgefundenen nationalen Rechts"* habe, siehe deutlich ebenda S. 65 (76 f.).
Sehr weit geht *Gellermann*, Beeinflussung des bundesdeutschen Rechts durch Richtlinien der EG, S. 15 ff. m.w.N.: Er leitet aus Art. 189 Abs. 3 EWGV (heute: Art. 288 Abs. 3 AEUV) vor dem Hintergrund unmittelbarer Geltung von Richtlinien mehr ab, als nur *eine „inhaltsleere oder rein deklaratorische Umschreibung der ohnehin bestehenden Staatenverpflichtung"* – die Inbezugnahme innerstaatlicher Stellen in der Vorschrift wirke *„vielmehr konstitutiv mit der Folge einer unmittelbaren Organverbindlichkeit des von der Richtlinie erteilten Umsetzungsbefehls"*.

Erteilung von Baugenehmigungen zuständigen Landesbehörden selbst Adressatinnen von Richtlinien der Union sein können beziehungsweise sein müssen.

Leider *„noch komplizierter"*[468] wird die Problematik angesichts dessen, dass zwischen unterschiedlichen Richtlinienwirkungen – namentlich vor allem *„Zielerreichung, unmittelbare Wirkung, Auslegungskonformität"*[469] – und ihren jeweiligen Adressaten letztlich wiederum differenziert werden kann und muss. Gleichwohl – und gerade wegen dieser Kompexität und Vielschichtigkeit – sollen einzelne Richtlinienwirkungen nachstehend in den Fokus genommen werden, um hieraus Rückschlüsse ziehen zu können.

bb) Wortlaut des Art. 288 Abs. 3 AEUV

Was die explizite Nennung der *„innerstaatlichen Stellen"* in Art. 288 Abs. 3 HS. 2 AEUV angeht, so geht aus ihr zwar hervor, dass die innerstaatlichen Stellen in der Wahl von Form und Mittel der Zielerreichung frei sind. Das bedeutet aber noch nicht, dass damit per se durch den Wortlaut der Wendung ausgeschlossen wäre, dass sie nicht dennoch ihrerseits selbst auch zur Zielerreichung verpflichtet sein können.[470] Diese Sichtweise teilt beispielsweise auch *Brechmann*, der zwar zunächst festhält, dass nach Art. 288 Abs. 3 AEUV (damals noch: Art. 189 Abs. 3 EWGV) die (bestimmte einzelne oder alle) Mitgliedstaaten Adressaten der Richtlinienverpflichtung seien.[471] Jedoch sieht er Bedarf an einer *„Ergänzung"* dahingehend, dass Art. 288 Abs. 3 AEUV eben nicht ausschließlich diese Verpflichtung von Mitgliedstaaten *„als Völkerrechtssubjekt"* zum Inhalt habe, sondern dass der Rechtsprechung des EuGH folgend *„neben der Legislative auch die Exekutive und die Gerichte an Art. 189 Abs. 3 EWGV [Anm. d. Verf.: heute Art. 288 Abs. 3 AEUV] gebunden"* seien; einschränkend wirke hier nur die nationale Zuständigkeitsverteilung.[472] Insbesondere der Wortlaut des Art. 288 Abs. 3

---

468 *Funke*, Umsetzungsrecht, S. 143.

469 *Funke*, Umsetzungsrecht, S. 143.

470 *Funke* stellt eine derartige *„unionsrechtliche Deutung der Umsetzungsverpflichtung"* dem von ihm tendenziell bevorzugten völkerrechtlichen Verständnis gegenüber, siehe *Funke*, Umsetzungsrecht, S. 145. Besondere Regeln bei der Bestimmung der Richtlinienadressaten im Unionsrecht sieht – damals mit Blick noch auf Art. 189 Abs. 3 EWGV – z. B. hingegen *Nicolaysen*, EuR 1989, 216 (222): Wo *„die gemeinschaftsrechtlichen Pflichten"* ihre Wirkungen auch für *‚innerstaatliche Stellen' (vgl. Art. 189 Abs. 3 EWGV)"* entfalten würden, unterscheide sie das gerade von den *„völkerrechtlichen Bindungen, die nur ‚den Staat'"* träfen.

471 *Brechmann*, Die richtlinienkonforme Auslegung, S. 13.

472 *Brechmann*, Die richtlinienkonforme Auslegung, S. 13.

AEUV – insoweit dem damaligen Art. 189 Abs. 3 EGWV durchaus vergleichbar – trage diese Annahme einer derart umfassenden Bindungswirkung Rechnung: Mit einer Wahlfreiheit innerstaatlicher Stellen hinsichtlich Form und Mitteln gehe umgekehrt eine Bindung nationaler Organe aus Art. 288 Abs. 3 AEUV (damals Art. 189 Abs. 3 EWGV) hinsichtlich der Ziele der Richtlinie einher.[473]

Allerdings lässt der Wortlaut es ebenso zu, die Formulierung in Art. 288 Abs. 3 HS. 1 AEUV – *„für jeden Mitgliedstaat"* und eben gerade nicht „im" Mitgliedstaat – im Sinne einer Zielbindung gerade doch *nur* des Mitgliedstaates zu verstehen,[474] von welcher allerdings auch dann dennoch die Frage zu unterscheiden wäre, wen diese letztendlich *„trifft"*[475]. Denn der Mitgliedstaat ist selbst als juristische Person jedenfalls nicht handlungsfähig. Für ihn handeln seine Organe.[476] Dieses tatsächliche Agieren der Organe – und damit in letzter Konsequenz auch insbesondere von Behörden – könnte man durchaus mit der aus dem Verwaltungsrecht bekannten Formulierung von der „Wahrnehmungszuständigkeit" vergleichen und in einem solchen Sinne auf unionsrechtlicher Primärebene die Formulierung von Art. 288 Abs. 3 HS. 2 AEUV verstehen, der sagt: *„(...)* [Anm. d. Verf.: Die Richtlinie] *überlässt jedoch den innerstaatlichen Stellen die Wahl der Form und der Mittel."* Diese Sichtweise tendiert dann in Richtung eines völkerrechtlichen Verständnisses.[477] Eine völkerrechtliche Interpretation des Wortlauts von Art. 288 Abs. 3 AEUV – die teilweise sogar als naheliegend bezeichnet wird[478] – hätte also zur Folge, dass sich die Vorschrift nur an die Mitgliedstaaten selbst richten würde und die innerstaatlichen Stellen frei darin wären, auf welche Weise sie die Erfüllung der völkerrechtlichen Pflichten erfüllen wollen.[479] Im Sinne einer *„Klugheitsregel"* täten die innerstaatlichen Stellen dann freilich aber dennoch

---

473 *Brechmann,* Die richtlinienkonforme Auslegung, S. 13 f. m.w.N. in Fn. 33.

474 In diesem Sinne z. B. *Nettesheim,* in: *Grabitz/Hilf/Nettesheim,* EUV/AEUV, Art. 288 AEUV, Rn. 109.

475 Der Begriff ist unglücklich gewählt, wird aber so beispielsweise verwendet von *Grüner,* Planerischer Störfallschutz, S. 63.

476 *Ipsen,* in FS Ophüls, S. 67 (77): *„Der Mitgliedstaat handelt durch seine Organe, (...)".*

477 *Prokopf* beispielsweise argumentiert in eine vergleichbare Richtung, indem er zwischen den Mitgliedstaaten als Adressaten einerseits und Organen als Verpflichteten andererseits differenziert: *Prokopf,* Das gemeinschaftsrechtliche Rechtsinstrument der Richtlinie, S. 15 f. m.w.N. in Fn. 32.
      Konsequenz einer derartigen Betrachtung wäre es aber wohl wiederum, die Mitgliedstaaten als von der Richtlinie Nicht-Verpflichtete anzusehen, weshalb sie in dieser Rigorosität nicht aufrechtzuerhalten ist.

478 So zumindest *Funke,* Umsetzungsrecht, S. 144.

479 Vgl. *Herdegen,* EuGRZ 1989, 309 (311).

gut daran, es zu vermeiden, durch ihr Verhalten völkerrechtliche Verantwortlichkeiten des Mitgliedstaates auszulösen beziehungsweise den Mitgliedstaat dem Vorwurf der Vertragsverletzung auszusetzen.[480] Einen ähnlichen Gedanken zum Völkerrecht findet man bei *Proelss*, der die Anwendung eines Grundsatzes völkerrechtsfreundlicher Auslegung untersucht, *„wenn ein im Außenverhältnis bindender Vertrag entgegen Art. 59 Abs. 2 Satz 1 GG nicht in innerstaatliches Recht transformiert (…) wurde"*[481]: Bei Abschluss eines völkerrechtlichen Vertrags durch die Bundesrepublik Deutschland werde diese selbst *„auf Ebene des Völkerrechts, im Außenverhältnis also"* verpflichtet. Eine Nichtbeachtung der Inhalte eines derart bindenden Vertrags im innerstaatlichen Bereich ziehe eine Verantwortlichkeit Deutschlands nach Völkerrecht nach sich, was (nach Ansicht des BVerfG) *„'nach Möglichkeit' vermieden werden"* solle. Gleichwohl gehe eine Bindung der staatlichen Organe *„im Innenverhältnis"* nicht unmittelbar einher.[482]

Der dogmatische Streit – letztlich um die Rechtsnatur des Unionsrechts – führt jedoch zumindest an dieser Stelle nicht weiter: Denn jedenfalls der Wortlaut des Art. 288 Abs. 3 AEUV lässt beide Deutungsmuster zu, *Funke* spricht schließlich sogar von *einer „Inkongruenz der Formulierung"*[483]. Es muss daher eine andere als eine wortlautorientierte Herangehensweise an die Problematik gefunden werden.

cc) Richtlinien-Verpflichtungen (Zielerreichung – Umsetzung – Auslegungskonformität – …) in der Rechtsprechung des EuGH

Erneut ist Art. 288 Abs. 3 AEUV genau ins Visier zu nehmen: *„Die Richtlinie ist für jeden Mitgliedstaat, an den sie gerichtet wird, hinsichtlich des zu erreichenden Ziels verbindlich, überlässt jedoch den innerstaatlichen Stellen die Wahl der Form und der Mittel."* Auch in der Rechtsprechung des EuGH spielt die Norm eine bedeutende Rolle, worauf sogleich noch einzugehen sein wird.

---

480   *Funke*, Umsetzungsrecht, S. 145.

481   *Proelss*, in: *Rensen/Brink*, Linien der Rechtsprechung des Bundesverfassungsgerichts, S. 553 (560).

482   *Proelss*, in: *Rensen/Brink*, Linien der Rechtsprechung des Bundesverfassungsgerichts, S. 553 (561) m.w.N. aus der Rechtsprechung des BVerfG. Zur darüberhinausgehenden Frage, wann – mit Blick auf die innerstaatlichen Kompetenzverteilung – eine solche völkerrechtliche Verantwortlichkeit letztlich vermieden werden könne und wann nicht, siehe *Proelss*, in: *Rensen/Brink*, Linien der Rechtsprechung des Bundesverfassungsgerichts, S. 553 (562).

483   *Funke*, Umsetzungsrecht, S. 146.

Zunächst muss man sich jedoch klar machen, dass bereits terminologisch die Begriffe von der „Verpflichtung zur Zielerreichung" einerseits und der „Umsetzungsverpflichtung" andererseits voneinander abzugrenzen sind. Das gebietet sich bereits vor dem Hintergrund, dass Art. 288 Abs. 3 AEUV – wie im Übrigen auch andere kontextual relevante Normen des unionsrechtlichen Primärrechts – den Begriff der „Umsetzung" selbst gar nicht kennt. In Art. 288 Abs. 3 AEUV wird explizit lediglich von der Verbindlichkeit des Richtlinienziels gesprochen. Weiterführend könnte dann zwar Art. 4 Abs. 3 UAbs. 2 EUV sein, der immerhin attestiert: *„Die Mitgliedstaaten ergreifen alle geeigneten Maßnahmen allgemeiner oder besonderer Art zur Erfüllung der Verpflichtungen, die sich aus den Verträgen oder den Handlungen der Organe der Union ergeben."* – indes aber ebenfalls nicht ausdrücklich von einer Umsetzungspflicht spricht. Von einem Umsetzungserfordernis im Sinne eines „Nachkommens" sprechen explizit erst die Richtlinien selbst, wie exemplarisch Art. 31 Abs. 1 UAbs. 1 der Richtlinie 2012/18/EU zeigt: *„Die Mitgliedstaaten erlassen die erforderlichen Rechts- und Verwaltungsvorschriften, um dieser Richtlinie bis zum 31. Mai 2015 nachzukommen. Sie wenden diese Vorschriften ab dem 1. Juni 2015 an."*

Einerseits klar und ganz einhellig anerkannt ist dennoch, dass die sogenannte „Umsetzungsverpflichtung" auf die Erreichung des Richtlinienziels gerichtet ist.[484] Nicht so klar ist dagegen, ob sich in dieser „Umsetzungsverpflichtung" die Verpflichtung zur Erreichung des Richtlinienziels bereits zwingend erschöpft. Ebenso wenig klar ist die dogmatisch korrekte Herleitung dieser Verpflichtung(-en).

(1) Die Rechtsprechung des EuGH (1984–2012)

Dem EuGH wird bisweilen unterstellt, er habe die Herleitung einer Verpflichtung zur Umsetzung einer Richtlinie nicht deutlich geklärt.[485] Was man dem EuGH jedenfalls nicht vorwerfen kann, ist, dass er sich mit der Gesamtthematik von sich aus dem einschlägigen Primärrecht sowie aus Richtlinien ergebenden

---

484 Deutlich beispielsweise *Funke*, Umsetzungsrecht, S. 126.

485 Siehe hierzu *Prechal*, Directives in EC Law, S. 17 mit Beispielen aus der Rechtsprechung insbesondere in Fn. 31 f.; a. A.: *Schroeder*, in: *Streinz*, EUV/AEUV, Art. 288 AEUV Rn. 78, der sogar eine *ständige* Rechtsprechung des EuGH dahingehend erkennen will, dass dieser eine Umsetzungsverpflichtung aus Art. 288 Abs. 3 AEUV herleite; anders auch *Remien*, in: *Schulze* u. a., Europarecht, § 14 Rn. 23 i.V.m. Fn. 125, der (noch) davon spricht, dass *„Grundlage der Umsetzungspflicht (...) der EG-Vertrag, heute AEUV"* sei und dies auch schon aus Rechtsprechung des EuGH dementsprechend herauslesen will.

Verpflichtungen nicht ausgiebig und häufig befasst hätte. Die vorliegende Bearbeitung zieht zur näheren Untersuchung der Thematik nachfolgend insbesondere Rechtsprechung des EuGH aus den Jahren 1984 bis 2012 heran, womit ein erstens jüngerer, zweitens längerer und dadurch drittens aussagefähiger Zeitraum abgedeckt werden dürfte.

Besonders zentral ist im Kontext der Debatte um die Herleitung von Richtlinien-Verpflichtungen die Entscheidung des EuGH in Sachen „Von Colson/Kamann gegen Land Nordrhein-Westfalen" aus dem Jahr 1984.[486]

In Randnummer 15 lässt der EuGH dort verlauten: „*Nach Art. 189 Absatz 3 EWG-Vertrag* [Anm. d. Verf.: heute Art. 288 Abs. 3 AEUV] *ist ‚die Richtlinie … für jeden Mitgliedstaat, an den sie gerichtet wird, hinsichtlich des zu erreichenden Ziels verbindlich, überläßt jedoch den innerstaatlichen Stellen die Wahl der Form und der Mittel'. Zwar beläßt diese Bestimmung den Mitgliedstaaten die Freiheit bei der Wahl der Mittel und Wege zur Durchführung der Richtlinie, doch läßt diese Freiheit die Verpflichtung der einzelnen Mitgliedstaaten unberührt, im Rahmen ihrer nationalen Rechtsordnung alle erforderlichen Maßnahmen zu ergreifen, um die vollständige Wirksamkeit der Richtlinie entsprechend ihrer Zielsetzung zu gewährleisten.*"[487]

Randnummer 26 ist nicht weniger bedeutend: „*Allerdings ist klarzustellen, daß die sich aus einer Richtlinie ergebende Verpflichtung der Mitgliedstaaten, das in dieser vorgesehene Ziel zu erreichen, sowie die Pflicht der Mitgliedstaaten gemäß Artikel 5 EWG-Vertrag* [Anm. d. Verf.: heute Art. 4 Abs. 3 UAbs. 2, 3 EUV]*, alle zur Erfüllung dieser Verpflichtung geeigneten Maßnahmen allgemeiner oder besonderer Art zu treffen, allen Trägern öffentlicher Gewalt in den Mitgliedstaaten obliegen, und zwar im Rahmen ihrer Zuständigkeiten auch den Gerichten. Daraus folgt, daß das nationale Gericht bei der Anwendung des nationalen Rechts (…) dieses nationale Recht im Lichte des Wortlauts und des Zwecks der Richtlinie auszulegen hat, um das in Artikel 189 Absatz 3* [Anm. d. Verf.: heute Art. 288 Abs. 3 AEUV] *genannte Ziel zu erreichen.*"[488]

Auf die Entscheidung in Sachen „Von Colson/Kamann gegen Land Nordrhein-Westfalen" aus dem Jahr 1984 bezieht sich der EuGH auch einige Jahre später in der – ebenfalls im rechtswissenschaftlichen Diskurs häufig in Erscheinung

---

486 Siehe EuGH, Urt. v. 10.04.1984, Rs. 14/83 – von Colson/Kamann, Slg. 1984, 1891–1911, insbesondere Rn. 15 und 26.

487 EuGH, Urt. v. 10.04.1984, Rs. 14/83 – von Colson/Kamann, Slg. 1984, 1891 (1906), Rn. 15.

488 EuGH, Urt. v. 10.04.1984, Rs. 14/83 – von Colson/Kamann, Slg. 1984, 1891 (1909), Rn. 26.

tretenden – Entscheidung in der Rechtssache „Marleasing SA gegen La Comercial Internacional de Alimentatión SA".[489]

In Randnummer 8 bezieht der EuGH auch in dieser Entscheidung wieder klar Stellung: „*Wie der Gerichtshof in seinem Urteil vom 10. April 1984 in der Rechtssache 14/83 (Von Colson und Kamann, Slg. 1984, 1891, Randnr. 26) entschieden hat, obliegen die sich aus einer Richtlinie ergebende Verpflichtung der Mitgliedstaaten, das in dieser Richtlinie vorgesehene Ziel zu erreichen, sowie die Pflicht der Mitgliedstaaten gemäß Artikel 5 EWG-Vertrag* [Anm. d. Verf.: heute Art. 4 Abs. 3 UAbs. 2, 3 EUV], *alle zur Erfüllung dieser Verpflichtung geeigneten Maßnahmen allgemeiner oder besonderer Art zu treffen, allen Trägern öffentlicher Gewalt in den Mitgliedstaaten, und zwar im Rahmen ihrer Zuständigkeiten auch den Gerichten. Daraus folgt, daß ein nationales Gericht, soweit es bei der Anwendung des nationalen Rechts – gleich, ob es sich um vor oder nach der Richtlinie erlassene Vorschriften handelt – dieses Recht auszulegen hat, seine Auslegung soweit wie möglich am Wortlaut und Zweck der Richtlinie ausrichten muß, um das mit der Richtlinie verfolgte Ziel zu erreichen und auf diese Weise Artikel 189 Absatz 3 EWG-Vertrag* [Anm. d. Verf.: heute Art. 288 Abs. 3 AEUV] *nachzukommen.*"[490]

Ähnliches liest man, wenn man die Entscheidung des EuGH zur Rechtssache „Pfeiffer u. a. gegen Deutsches Rotes Kreuz, Kreisverband Waldshut e.V." aus dem Jahr 2004 zu Rate zieht:[491]

„*Jedoch obliegen nach ebenfalls ständiger Rechtsprechung seit dem Urteil vom 10. April 1984 in der Rechtssache 14/83 (Von Colson und Kamann, Slg. 1984, 1891, Randnr. 26) die sich aus einer Richtlinie ergebende Verpflichtung der Mitgliedstaaten, das in dieser Richtlinie vorgesehene Ziel zu erreichen, und die Pflicht der Mitgliedstaaten gemäß Artikel 10 EG* [Anm. d. Verf.: heute Art. 4 Abs. 3 UAbs. 2, 3 EUV], *alle zur Erfüllung dieser Verpflichtung geeigneten Maßnahmen allgemeiner oder besonderer Art zu treffen, allen Trägern öffentlicher Gewalt in den Mitgliedstaaten und damit im Rahmen ihrer Zuständigkeiten auch den Gerichten (*[Anm. d. Verf.: Verweis auf u. a. Rechtssache Marleasing, dort Rn. 8]...*) Bei der Anwendung des innerstaatlichen Rechts, insbesondere der Bestimmungen einer speziell zur Umsetzung der Vorgaben einer Richtlinie erlassenen Regelung, muss das nationale Gericht das innerstaatliche Recht außerdem so weit wie möglich anhand des*

---

489 Siehe EuGH, Urt. v. 13.11.1990, Rs. C-106/89 – Marleasing SA, Slg. 1990, I-4156–4161, insbesondere Rn. 8.

490 EuGH, Urt. v. 13.11.1990, Rs. C-106/89 – Marleasing SA, Slg. 1990, I-4156 (4159), Rn. 8.

491 Siehe EuGH, Urt. v. 05.10.2004, verb. Rs. C-397/01 bis C-403/01 – Pfeiffer u.a., Slg. 2004, I-8878–8922, insbesondere Rn. 110 ff.

Wortlauts und des Zweckes dieser Richtlinie auslegen, um das in ihr festgelegte Er-gebnis zu erreichen und so Artikel 249 Absatz 3 EG [Anm. d. Verf.: heute Art. 288 Abs. 3 AEUV] *nachzukommen* ([Anm. d. Verf.: Verweis u. a. auf Rechtssachen Von Colson und Kamann, dort Rn. 26 und Marleasing, dort Rn. 8]...). *Das Ge-bot einer gemeinschaftsrechtskonformen Auslegung des nationalen Rechts ist dem EG-Vertrag immanent, da dem nationalen Gericht dadurch ermöglicht wird, im Rahmen seiner Zuständigkeit die volle Wirksamkeit des Gemeinschaftsrechts zu gewährleisten (...)* [492].

Unter Verweis auf die vorangegangene Rechtsprechung liest man auch 2006 in der Entscheidung „Adeneler u. a. gegen Ellinikos Organismos Galaktos (ELOG)" Ähnliches: *„Es ist daran zu erinnern, dass die nationalen Gerichte bei der An-wendung innerstaatlichen Rechts dieses so weit wie möglich anhand des Wortlauts und des Zwecks der fraglichen Richtlinie auslegen müssen, um das in ihr festge-legte Ergebnis zu erreichen und so Artikel 249 Absatz 3 EG nachzukommen (...* [Anm.: Verweis auf Rechtssache Pfeiffer und andere]*) Diese Pflicht zur gemein-schaftsrechtskonformen Auslegung betrifft das gesamte nationale Recht (...). Das Gebot einer gemeinschaftsrechtskonformen Auslegung des nationalen Rechts ist dem EG-Vertrag immanent, da dem nationalen Gericht dadurch ermöglicht wird, im Rahmen seiner Zuständigkeit die volle Wirksamkeit des Gemeinschaftsrechts zu gewährleisten(...)"* [493]. Explizit wird in Randnummer 108 hingewiesen: *„Diese Pflicht zur gemeinschaftsrechtskonformen Auslegung betrifft das gesamte nationa-le Recht, unabhängig davon, ob es vor oder nach der Richtlinie, um die es geht, erlassen wurde (...)"* [494]. Weniger dieser Hinweis selbst, der – worauf der EuGH auch direkt verweist[495] – ja bereits in älterer Rechtsprechung gegeben wurde, fällt hier ins Auge, sondern die Terminologie: Der EuGH spricht an dieser Stelle zwar von der *„gemeinschaftsrechtskonformen Auslegung"*[496], meint aber ganz klar die „richtlinienkonforme Auslegung". Das ergibt sich unzweifelhaft aus dem Kon-text der Passage und wird beispielsweise auch erkennbar durch Wendungen wie

492   EuGH, Urt. v. 05.10.2004, verb. Rs. C-397/01 bis C-403/01 – Pfeiffer u. a., Slg. 2004, I-8878 (8916 ff.), Rn. 110, 113, 114.

493   Siehe hierzu EuGH, Urt. v. 04.07.2006, Rs. C-212/04 – Adeneler u. a., Slg. 2006, I-6091 (6131), Rn. 108 f.

494   EuGH, Urt. v. 04.07.2006, Rs. C-212/04 – Adeneler u. a., Slg. 2006, I-6091 (6131), Rn. 108.

495   EuGH, Urt. v. 04.07.2006, Rs. C-212/04 – Adeneler u. a., Slg. 2006, I-6091 (6131), Rn. 108 unter Verweis auf die Rs. Marleasing (dort Rn. 8) und Pfeiffer (dort Rn. 115).

496   EuGH, Urt. v. 04.07.2006, Rs. C-212/04 – Adeneler u. a., Slg. 2006, I-6091 (6131), Rn. 108.

„Es ist daran zu erinnern, dass die nationale [sic!]*] Gerichte bei der Anwendung des innerstaatlichen Rechts dieses so weit wie möglich anhand des Wortlauts und des Zwecks der fraglichen Richtlinie auslegen müssen, um das in ihr festgelegte Ergebnis zu erreichen (…).* **Diese** [Herv. d. Verf.] *Pflicht zur gemeinschaftsrechtskonformen Auslegung (…)* "[497] und etwas später *„(…) Richtlinie, um die es geht (…)"*[498]. Entweder war der EuGH terminologisch in dieser Textpassage daher schlicht ungenau, oder er differenziert hier nicht zwischen gemeinschafts- (heute: unions-) rechtskonformer und richtlinienkonformer Auslegung.

Die Entscheidung Kücükdeveci aus dem Jahr 2010 enthält in Rn. 47 f. unter Verweis auf alle bisher genannten Entscheidungen (außer Adeneler) Folgendes: *„Jedoch obliegen die sich aus einer Richtlinie ergebende Verpflichtung der Mitgliedstaaten, das in dieser Richtlinie vorgesehene Ziel zu erreichen, und deren Pflicht, alle zur Erfüllung dieser Verpflichtung geeigneten Maßnahmen allgemeiner oder besonderer Art zu treffen, allen Trägern öffentlicher Gewalt der Mitgliedstaaten und damit im Rahmen ihrer Zuständigkeiten auch den Gerichten (…). Folglich muss ein nationales Gericht, das bei der Anwendung nationalen Rechts dieses Recht auszulegen hat, seine Auslegung so weit wie möglich am Wortlaut und Zweck dieser Richtlinie ausrichten, um das in ihr festgelegte Ergebnis zu erreichen und so Art. 288 Abs. 3 AEUV nachzukommen (…). Das Gebot einer unionsrechtskonformen Auslegung des nationalen Rechts ist dem System des Vertrags immanent, da dem nationalen Gericht dadurch ermöglicht wird, im Rahmen seiner Zuständigkeit die volle Wirksamkeit des Unionsrechts sicherzustellen (…)."*[499]

Auf u.a. die Rechtssache Pfeiffer nimmt der EuGH in seiner Entscheidung vom 15.09.2011 in der Rechtssache Mücksch[500] Bezug:

„Insoweit ist zum einen darauf hinzuweisen, dass die sich aus einer Richtlinie ergebende Verpflichtung, das in dieser Richtlinie vorgesehene Ziel zu erreichen, und die Pflicht, im Einklang mit dem in Art. 4 Abs. 3 UAbs. 2 EUV verankerten Grundsatz der loyalen Zusammenarbeit alle zur Erfüllung dieser Verpflichtung geeigneten Maßnahmen allgemeiner

---

497 EuGH, Urt. v. 04.07.2006, Rs. C-212/04 – Adeneler u.a., Slg. 2006, I-6091 (6131), Rn. 108.

498 EuGH, Urt. v. 04.07.2006, Rs. C-212/04 – Adeneler u.a., Slg. 2006, I-6091 (6131), Rn. 108.

499 EuGH, Urt. v. 19.01.2010, Rs. C-555/07 – Kücükdeveci, EuZW 2010, 177 (179), Rn. 47 f.

500 Siehe EuGH, Urt. v. 15.09.2011, Rs. C-53/10 – Land Hessen ./. Franz Mücksch OHG, UPR 2011, 443–448.

oder besonderer Art zu treffen, allen Trägern öffentlicher Gewalt in den Mitgliedstaaten obliegen (Urteile vom 5.10.2004, Pfeiffer u.a., Rs. C-397/01 bis C-403/01, Slg. 2004, I-8835, Randnr. 110 [...])[501]

Auch dort hält der EuGH daran fest, dass der *„Grundsatz der unionsrechts-konformen Auslegung des nationalen Rechts (...) dem System des EG-Vertrags immanent"*[502] sei und tut dies auch noch in nachfolgender Rechtsprechung[503].

(2) Auswertung dieser Rechtsprechung

Der hier untersuchten Rechtsprechung des EuGH zufolge scheint sich eine Pflicht des Mitgliedstaates zur Zielerreichung insbesondere aus der Richtlinie selbst herleiten zu lassen. Während der EuGH genau das sehr klar sagt – so beispielsweise schon 1984 in der Entscheidung von Colson/Kamann *„(...) ist klarzustellen, daß die sich aus einer Richtlinie ergebende Verpflichtung der Mit-gliedstaaten, das in dieser vorgesehene Ziel zu erreichen"*[504] und erst jüngst wieder in der Rechtssache Mücksch[505] – so bleibt eine primärrechtliche Herleitung einer Verpflichtung zur Zielerreichung aus Art. 288 Abs. 3 AEUV selbst zumindest 1984 noch eher vage und kann allenfalls zwischen den Zeilen von Randnummer 15 der Entscheidung von Colson/Kamann herausgelesen werden: *„Zwar belässt diese Bestimmung* [Anm. d. Verf.: der ehemalige Art. 189 Abs. 3 EWG, heutiger Art. 288 Abs. 3 AEUV] *den Mitgliedstaaten die Freiheit bei der Wahl der Mittel und Wege (...), doch läßt diese Freiheit die Verpflichtung der einzelnen Mitgliedstaaten unberührt, (...) Maßnahmen zu ergreifen (...) um die vollständi-ge Wirksamkeit der Richtlinie entsprechend ihrer Zielsetzung zu gewährleisten."*[506] Insoweit könnte man letzteren Satz so verstehen, dass eine Freiheit der Form

---

501   EuGH, Urt. v. 15.09.2011, Rs. C-53/10 – Land Hessen ./. Franz Mücksch OHG, UPR 2011, 443 (446), Rn. 29.

502   EuGH, Urt. v. 15.09.2011, Rs. C-53/10 – Land Hessen ./. Franz Mücksch OHG, UPR 2011, 443 (446), Rn. 32.

503   EuGH, Urt. v. 24.01.2012, Rs. C-282/10 – Dominguez, NJW 2012, 509 (510), Rn. 24.

504   EuGH, Urt. v. 10.04.1984, Rs. 14/83 – von Colson/Kamann, Slg. 1984, 1891 (1909), Rn. 26; ebenso: EuGH, Urt. v. 13.11.1990, Rs. C-106/89 – Marleasing SA, Slg. 1990, I-4156 (4159), Rn. 8; ebenso: EuGH, Urt. v. 05.10.2004, verb. Rs. C-397/01 bis C-403/01 – Pfeiffer u.a., Slg. 2004, I- 8878 (8916 f.), Rn. 110; EuGH, Urt. v. 19.01.2010, Rs. C-555/07 – Kücükdeveci, EuZW 2010, 177 (179), Rn. 47.

505   EuGH, Urt. v. 15.09.2011, Rs. C-53/10 – Land Hessen ./. Franz Mücksch OHG, UPR 2011, 443 (446), Rn. 29.

506   EuGH, Urt. v. 10.04.1984, Rs. 14/83 – von Colson/Kamann, Slg. 1984, 1891 (1909), Rn. 15.

und der Mittel nicht gleichzeitig eine Freiheit von der Verpflichtung zur Umsetzung und zu richtlinienkonformer Auslegung bedeuten kann und daher im heutigen Art. 288 Abs. 3 AEUV die primärrechtliche Verankerung einer Verpflichtung zur Zielerreichung zu sehen ist. Spätestens in der Rechtssache Marleasing nimmt der EuGH aber ganz deutlich eine aus dem heutigen Art. 288 Abs. 3 AEUV (damals Art. 189 Abs. 3 EWG-Vertrag) resultierende Verpflichtung zur Zielerreichung an, wenn er formuliert: *„um das mit der Richtlinie verfolgte Ziel zu erreichen und auf diese Weise Artikel 189 Absatz 3 EWG-Vertrag* [Anm. d. Verf.: heute Art. 288 Abs. 3 AEUV] *nachzukommen."*[507] „Nachkommen" kann man nur einer Verpflichtung, so dass der EuGH es insoweit scheinbar nicht als ausreichend erachtet, im heutigen Art. 288 Abs. 3 AEUV nur die Fixierung der Verbindlichkeit des Richtlinienziels zu sehen, sondern eine Pflicht zur Zielerreichung hier primärrechtlich verankert sieht.

Eine Pflicht des Mitgliedstaates, Maßnahmen zur Erfüllung dieser Verpflichtung zur Zielerreichung zu treffen, leitet der EuGH aus dem heutigen Art. 4 Abs. 3 EUV her. So führte er bereits 1984 aus: *„(…) die sich aus einer Richtlinie ergebende Verpflichtung der Mitgliedstaaten, das in dieser vorgesehene Ziel zu erreichen, sowie die Pflicht der Mitgliedstaaten gemäß Artikel 5 EWG-Vertrag* [Anm. d. Verf.: heute Art. 4 Abs. 3 UAbs. 2, 3 EUV], *alle zur Erfüllung dieser Verpflichtung geeigneten Maßnahmen allgemeiner oder besonderer Art zu treffen, (…)"*[508] und behielt diese Rechtsprechung bei.[509] Zwar verwies der EuGH in der zitierten älteren Rechtsprechung nur auf Art. 5 EWG beziehungsweise Art. 10 EG.[510] Jedoch handelt es sich in der Rechtsprechung des

---

507 EuGH, Urt. v. 13.11.1990, Rs. C-106/89 – Marleasing SA, Slg. 1990, I-4156 (4159), Rn. 8; ebenso (nur unter Nennung von noch Art. 249 Abs. 3 EG): EuGH, Urt. v. 05.10.2004, verb. Rs. C-397/01 bis C-403/01 – Pfeiffer u. a., Slg. 2004, I-8878 (8917 f.), Rn. 113; an die Entscheidung Pfeiffer sich insoweit anschließend auch: EuGH, Urt. v. 04.07.2006, Rs. C-212/04 – Adeneler u. a., Slg. 2006, I-6091 (6131), Rn. 108; bereits unter Nennung von Art. 288 Abs. 3 AEUV: EuGH, Urt. v. 19.01.2010, Rs. C-555/07 – Kücükdeveci, EuZW 2010, 177 (179), Rn. 48 sowie EuGH, Urt. v. 24.01.2012, Rs. C-282/10 – Dominguez, NJW 2012, 509 (510), Rn. 24.

508 EuGH, Urt. v. 10.04.1984, Rs. 14/83 – von Colson/Kamann, Slg. 1984, 1891 (1909), Rn. 26.

509 Ebenso nämlich: EuGH, Urt. v. 13.11.1990, Rs. C-106/89 – Marleasing SA, Slg. 1990, I-4156 (4159), Rn. 8; sowie ebenso (nur unter Nennung von noch Art. 10 EG): EuGH, Urt. v. 05.10.2004, verb. Rs. C-397/01 bis C-403/01 – Pfeiffer u. a., Slg. 2004, I-8878 (8916 f.), Rn. 110.

510 Art. 5 EWG-Vertrag: EuGH, Urt. v. 10.04.1984, Rs. 14/83 – von Colson/Kamann, Slg. 1984, 1891 (1909), Rn. 26; ebenso: EuGH, Urt. v. 13.11.1990, Rs. C-106/89

EuGH dabei nicht um ein unübliches Vorgehen.[511] Die Formulierungen in den einschlägigen Textpassagen belegen aber, dass konkret Art. 5 Abs. 1 S. 1 EWG beziehungsweise Art. 10 Abs. 1 S. 1 EGV und damit konkret der heutige 4 Abs. 3 UAbs. 2 EUV gemeint waren. Zu beachten ist insoweit auch, dass überhaupt ein Normbezug vorgenommen wurde und nicht pauschal auf einen allgemeinen Rechtsgrundsatz abgestellt wurde. In der Entscheidung Kücükdeveci aus dem Jahr 2010 fehlt dieser Normbezug, der konsequenterweise auf Art. 4 Abs. 3 EUV abstellen müsste; es wird allerdings auf die vorangegangene Rechtsprechung explizit verwiesen.[512] Erst 2011 formulierte der EuGH im konkreten Zusammenhang präzise – indem er als Anknüpfungspunkt exakt Art. 4 Abs. 3 UAbs. 2 EUV nennt: *„(...), und die Pflicht, im Einklang mit dem in Art. 4 Abs. 3 Unterabs. 2 EUV verankerten Grundsatz der loyalen Zusammenarbeit alle zur Erfüllung dieser Verpflichtung* [Anm. d. Verf.: gemeint ist die Verpflichtung, das in dieser Richtlinie vorgesehene Ziel zu erreichen] *geeigneten Maßnahmen allgemeiner oder besonderer Art zu treffen (...)"*[513].

Diese Pflicht obliege ebenso wie die Verpflichtung zur Zielerreichung selbst allen Trägern öffentlicher Gewalt in den Mitgliedstaaten; Grenze sei die nationale Zuständigkeitsordnung.[514]

Davon, dass es sich bei der richtlinienkonformen Auslegung nationalen Rechts grundsätzlich um eine Maßnahme handelt, die zur Erfüllung der Verpflichtung zur Zielerreichung überhaupt geeignet ist, scheint der EuGH von Anfang an auszugehen. Schon 1984 liest man hierzu: *„Daraus folgt, daß das nationale Gericht bei der Anwendung des nationalen Rechts (...) dieses nationale Recht im Lichte des Wortlauts und des Zwecks der Richtlinie auszulegen hat, um das in Artikel 189 Absatz 3*

– Marleasing SA, Slg. 1990, I-4156 (4159), Rn. 8; Art. 10 EG: EuGH, Urt. v. 05.10.2004, verb. Rs. C-397/01 bis C-403/01 – Pfeiffer u. a., Slg. 2004, I-8878 (8916 f.), Rn. 110.

511 So auch *Obwexer*, in: *Von der Groeben/Schwarze/Hatje*, Europäisches Unionsrecht, Art. 4 EUV Rn. 89 mit Verweis auf einschlägige Rechtsprechung des EuGH.

512 EuGH, Urt. v. 19.01.2010, Rs. C-555/07 – Kücükdeveci, EuZW 2010, 177 (179), Rn. 47.

513 EuGH, Urt. v. 15.09.2011, Rs. C-53/10 – Land Hessen ./. Franz Mücksch OHG, UPR 2011, 443 (446), Rn. 29.

514 EuGH, Urt. v. 10.04.1984, Rs. 14/83 – von Colson/Kamann, Slg. 1984, 1891 (1909), Rn. 26; ebenso: EuGH, Urt. v. 13.11.1990, Rs. C-106/89 – Marleasing SA, Slg. 1990, I-4156 (4159), Rn. 8; ebenso: EuGH, Urt. v. 05.10.2004, verb. Rs. C-397/01 bis C-403/01 – Pfeiffer u. a., Slg. 2004, I-8878 (8916 f.), Rn. 110; EuGH, Urt. v. 19.01.2010, Rs. C-555/07 – Kücükdeveci, EuZW 2010, 177 (179), Rn. 47; ohne explizite Bezugnahme auf die nationale Zuständigkeitsverteilung: EuGH, Urt. v. 15.09.2011, Rs. C-53/10 – Land Hessen ./. Franz Mücksch OHG, UPR 2011, 443 (446), Rn. 29.

genannte Ziel zu erreichen."[515] Vom *„Recht auslegen (…) um das mit der Richtlinie verfolgte Ziel zu erreichen*"[516] spricht der EuGH auch 1990 ebenso wie er 2004 erneut feststellt, nationale Gerichte müssten *„anhand des Wortlauts und des Zwecks dieser Richtlinie auslegen, um das in ihr festgelegte Ergebnis zu erreichen*"[517] und dies 2006[518] ebenso wie 2010[519] und 2012[520] fast wortlautidentisch wieder bestätigt.

Mit der dogmatischen Herleitung einer Pflicht zur richtlinienkonformen Auslegung haderte der EuGH dagegen längere Zeit etwas. In früheren einschlägigen Urteilen (1984 von Colson sowie 1990 Marleasing) war noch deutlich – bereits anhand der Formulierung *„Daraus folgt (…)"*[521] – erkennbar, dass nach Einschätzung des Gerichtshofs die Pflicht eines Trägers zur richtlinienkonformen Auslegung, um das im heutigen Art. 288 Abs. 3 AEUV verankerte Ziel zu erreichen, jedenfalls aus dem folgen sollte, was heute in Art. 4 Abs. 3 UAbs. 2 EUV normiert ist.[522] Nicht ganz klar wird in den betreffenden Passagen lediglich, ob auch die Richtlinie selbst in die jeweilige Herleitung einer Pflicht zur richtlinienkonformen Auslegung mit einbezogen werden soll. Weitere Ausführungen macht der EuGH in den betreffenden Entscheidungen hierzu aber nicht. In der Rechtssache Pfeiffer aus dem Jahr 2004 fehlt schließlich plötzlich die explizite Herstellung eines Kausalzusammenhangs im Sinne eines *„Daraus folgt"*. Zwar bleibt es bei hergebrachter Rechtsprechung sowohl zur Herleitung der Pflicht zur Zielerreichung als auch bezüglich der Pflicht, Maßnahmen zur Erfüllung dieser Pflicht zu treffen.[523]

---

515 EuGH, Urt. v. 10.04.1984, Rs. 14/83 – von Colson/Kamann, Slg. 1984, 1891 (1909), Rn. 26.

516 EuGH, Urt. v. 13.11.1990, Rs. C-106/89 – Marleasing SA, Slg. 1990, I-4156 (4159), Rn. 8.

517 EuGH, Urt. v. 05.10.2004, verb. Rs. C-397/01 bis C-403/01 – Pfeiffer u.a., Slg. 2004, I- 8878 (8917 f.), Rn. 113.

518 EuGH, Urt. v. 04.07.2006, Rs. C-212/04 – Adeneler u.a., Slg. 2006, I-6091 (6131), Rn. 108.

519 EuGH, Urt. v. 19.01.2010, Rs. C-555/07 – Kücükdeveci, EuZW 2010, 177 (179), Rn. 48.

520 EuGH, Urt. v. 24.01.2012, Rs. C-282/10 – Dominguez, NJW 2012, 509 (510), Rn. 24.

521 EuGH, Urt. v. 10.04.1984, Rs. 14/83 – von Colson/Kamann, Slg. 1984, 1891 (1909), Rn. 26; ebenso: EuGH, Urt. v. 13.11.1990, Rs. C-106/89 – Marleasing SA, Slg. 1990, I-4156 (4159), Rn. 8.

522 EuGH, Urt. v. 10.04.1984, Rs. 14/83 – von Colson/Kamann, Slg. 1984, 1891 (1909), Rn. 26; ebenso: EuGH, Urt. v. 13.11.1990, Rs. C-106/89 – Marleasing SA, Slg. 1990, I-4156 (4159), Rn. 8.

523 EuGH, Urt. v. 05.10.2004, verb. Rs. C-397/01 bis C-403/01 – Pfeiffer u.a., Slg. 2004, I-8878 (8916 f.), Rn. 110.

In den nachfolgenden Abschnitten fehlt aber eine klare Stellungnahme zur Herleitung einer Pflicht zur richtlinienkonformen Auslegung. Auch wird terminologisch nicht zwischen richtlinienkonformer und gemeinschaftsrechtskonformer Auslegung unterschieden.[524] Stattdessen zieht sich der EuGH auf eine sehr allgemein gehaltene Aussage zurück (die er sinngemäß regelmäßig[525] und erst kürzlich in der Entscheidung Dominguez aus dem Jahr 2012 wieder aufgriff[526]): *„Das Gebot einer gemeinschaftsrechtskonformen Auslegung des nationalen Rechts ist dem EG-Vertrag immanent, da dem nationalen Gericht dadurch ermöglicht wird, im Rahmen seiner Zuständigkeit die volle Wirksamkeit des Gemeinschaftsrechts zu gewährleisten (...)"*[527]. Dennoch scheint es zunächst, als würde der EuGH im Kontext der Herleitung einer Pflicht zur richtlinienkonformen Auslegung bereits in der Rechtssache Marleasing nicht ganz ohne den heutigen Art. 288 Abs. 3 AEUV auskommen, wenn er feststellt, es sei richtlinienkonform *„auszulegen (...) um das mit der mit der Richtlinie verfolgte Ziel zu erreichen und auf diese Weise Artikel 189 Absatz 3 EWG-Vertrag nachzukommen"*[528]. Ebenso *„auslegen, um (...) so Artikel 249 Absatz 3 EG nachzukommen"*[529] will der EuGH die nationalen Träger dann auch in der Rechtssache Pfeiffer im Jahr 2004 lassen. Mit einer Herleitung der Pflicht zur richtlinienkonformen Auslegung aus dem heutigen Art. 288 Abs. 3 AEUV beziehungsweise eben dessen Vorgängernormen hat das aber nichts zu tun. Denn diese Formulierungen fügen sich insoweit in das Gesamtkonzept des EuGH perfekt ein, als dass er damit nur zum Ausdruck bringt, dass seiner Auffassung nach richtlinienkonform auszulegen ist, um der – sich in besagten Urteilen unter anderem eben gerade aus dem heutigen Art. 288 Abs. 3 AEUV (damals Art. 189 Abs. 3 EWG-Vertrag beziehungsweise Art. 249 Abs. 3 EGV) ergebenden – Pflicht zur Zielerreichung nachzukommen. Gestützt wird also auch durch diese Formulierung eine Herleitung der Pflicht zur richtlinienkonformen Auslegung aus dem heutigen Art. 4

---

524 Zum Nachlesen siehe EuGH, Urt. v. 05.10.2004, verb. Rs. C-397/01 bis C-403/01 – Pfeiffer u.a., Slg. 2004, I- 8878 (8917 f.), Rn. 111 ff.

525 EuGH, Urt. v. 04.07.2006, Rs. C-212/04 – Adeneler u.a., Slg. 2006, I-6091 (6133), Rn. 109; EuGH, Urt. v. 19.01.2010, Rs. C-555/07 – Kücükdeveci, EuZW 2010, 177 (179), Rn. 48.

526 EuGH, Urt. v. 24.01.2012, Rs. C-282/10 – Dominguez, NJW 2012, 509 (510), Rn. 24.

527 EuGH, Urt. v. 05.10.2004, verb. Rs. C-397/01 bis C-403/01 – Pfeiffer u.a., Slg. 2004, I-8878 (8916 ff.), Rn. 114.

528 EuGH, Urt. v. 13.11.1990, Rs. C-106/89 – Marleasing SA, Slg. 1990, I-4156 (4159), Rn. 8.

529 EuGH, Urt. v. 05.10.2004, verb. Rs. C-397/01 bis C-403/01 – Pfeiffer u.a., Slg. 2004, I- 8878 (8917 f.), Rn. 113.

Abs. 3 UAbs. 2 EUV. Im Jahr 2006 bezieht der EuGH zur Frage nach der dogmatischen Begründung einer Pflicht zur richtlinienkonformen Auslegung so klar wie kaum vorher Stellung, wenn auch wieder unter dem Begriff der „gemeinschaftsrechtskonformen Auslegung": *„(…) den Grundsatz der gemeinschaftsrechtskonformen Auslegung anzuwenden, ist darauf hinzuweisen, dass diese sich aus den Artikeln 10 Absatz 2* [sic!] *EG und 249 Absatz 3 EG sowie der betreffenden Richtlinie selbst ergebende Verpflichtung insbesondere dann zum Tragen kommt (…)"*[530]. Dass der EuGH an dieser Stelle kommentarlos unter anderem auf den damaligen Art. 10 Abs. 2 EGV – den heutigen Art. 4 Abs. 3 UAbs. 3 Alt. 2 EUV – abstellt, verwundert, wenn man sich die soeben ausführlich erläuterte Entwicklung der Rechtsprechung zum Thema ansieht, auf welche in der Entscheidung Adeneler sogar explizit verwiesen wird.[531] Im Jahr 2010 scheint der EuGH – was die Begründung einer Pflicht zur richtlinienkonformen Auslegung nationalen Rechts anbelangt – wieder zu seiner früheren Rechtsprechung zurückzukehren, denn nach Erläuterung der Herleitung einer Pflicht zur Zielerreichung (aus der Richtlinie und aus Art. 288 AEUV) sowie einer mitgliedstaatlichen Pflicht, Maßnahmen zur Erfüllung dieser Verpflichtung zu treffen (ohne Normbezug), welche allen Trägern öffentlicher Gewalt der Mitgliedstaaten (im Rahmen ihrer Zuständigkeiten) oblägen, schlussfolgert er hieraus (!) die Pflicht nationaler Gerichte, bei der Auslegung nationalen Rechts diese an Wortlaut und Zweck der Richtlinie zu orientieren.[532] Der Kausalzusammenhang wird deutlich durch die Formulierung *„Folglich (…)"*[533]. Explizit knüpft der EuGH hierbei an die Rechtssachen von Colson/Kamann, Marleasing und Pfeiffer an.[534] Dass das *„Gebot einer unionsrechtskonformen Auslegung des nationalen Rechts (…) dem System des Vertrags immanent"* sei, findet sich ebenfalls in der Entscheidung wieder.[535] Die Pflicht zur richtlinienkonformen Auslegung nationalen Rechts leitet der EuGH in der Sache – nach dieser zumindest

---

530 EuGH, Urt. v. 04.07.2006, Rs. C-212/04 – Adeneler u.a., Slg. 2006, I-6091 (6133), Rn. 113.

531 EuGH, Urt. v. 04.07.2006, Rs. C-212/04 – Adeneler u.a., Slg. 2006, I-6091 (6133), Rn. 108.

532 EuGH, Urt. v. 19.01.2010, Rs. C-555/07 – Kücükdeveci, EuZW 2010, 177 (179), Rn. 47 f.

533 EuGH, Urt. v. 19.01.2010, Rs. C-555/07 – Kücükdeveci, EuZW 2010, 177 (179), Rn. 48.

534 Zu diesen siehe Seite 111 ff.; hier: EuGH, Urt. v. 19.01.2010, Rs. C-555/07 – Kücükdeveci, EuZW 2010, 177 (179), Rn. 48; außerdem Verweis auf die Rechtssache Faccini/Dori.

535 EuGH, Urt. v. 19.01.2010, Rs. C-555/07 – Kücükdeveci, EuZW 2010, 177 (179), Rn. 48.

wiederaufgegriffenen Rechtsprechung („*Daraus folgt*" beziehungsweise jetzt „*Folglich*") – also konsequenterweise auch aus dem heutigen Art. 4 Abs. 3 UAbs. 2 EUV her, wobei dieser konkrete Normbezug 2010 in Kücükdeveci fehlt und erst 2011 in der Sache Mücksch wieder auftaucht. Notwendige Schlussfolgerung hieraus ist wiederum, dass für den EuGH die Adressaten einer richtlinienkonformen Auslegung ebenfalls diese Träger öffentlicher Gewalt „*der*"[536] beziehungsweise „*in den*"[537] Mitgliedstaaten sind, der innerstaatlichen Zuständigkeitsverteilung folgend damit Behörden und Gerichte in den Mitgliedstaaten.

dd) Folgerungen aus der Rechtsprechung und Bewertung

(1) Vorüberlegung zur Organ-Adressierung: Verhältnis Unionsrecht – Völkerrecht

Ob es sich bei dem – seine primärrechtlichen Grundlagen seit dem Vertrag von Lissabon[538] in EUV und AEUV findenden – Unionsrecht[539] letztlich der Sache nach um ganz normales Völkerrecht handelt oder ob von einem besonderen Status

---

536 So ausnahmsweise EuGH, Urt. v. 19.01.2010, Rs. C-555/07 – Kücükdeveci, EuZW 2010, 177 (179), Rn. 47.

537 So die übliche Formulierung, wie auch z.B. in EuGH, Urt. v. 15.09.2011, Rs. C-53/10 – Land Hessen ./. Franz Mücksch OHG, UPR 2011, 443 (446), Rn. 29.

538 Vertrag von Lissabon zur Änderung des Vertrags über die Europäische Union und des Vertrags zur Gründung der Europäischen Gemeinschaft (2007/C 306/01) [mit Protokollen und Anhängen], ABlEU Nr. C 306 vom 17.12.2007, S. 1–271, zuletzt bekanntgemacht durch Abdruck der konsolidierten Textfassungen von EUV und AEUV in ABlEU Nr. C 326 vom 26.10.2012, S. 1–199.

539 Die Stellungnahmen in der rechtswissenschaftlichen Literatur zum Verhältnis des Völkerrechts zum Unionsrecht beziehungsweise früher „Gemeinschaftsrecht" stammen vorwiegend aus der Zeit vor dem Vertrag von Lissabon, in der das „Unionsrecht" eben noch als „Gemeinschaftsrecht" bezeichnet wurde. Speziell in Bezug auf das Verhältnis zum Völkerrecht kann der Bezeichnung als „Gemeinschaftsrecht" möglicherweise weitreichendere als eine bloß terminologische Bedeutung zukommen; immerhin haben sich mit dem Vertrag von Lissabon auch Änderungen in der Sache ergeben, insbesondere der Wegfall der bis dahin geltenden „Säulenstruktur" der Europäischen Union. Früher übte nur die erste der „drei Säulen" der Europäischen Union (vgl. Art. 1 Abs. 3 S. 1 EU a. F.) – die früheren „europäischen Gemeinschaften" – in bestimmten Politikbereichen übertragene Hoheitsrechte aus, weshalb man insoweit von supranationalen Bereichen sprach. Klar von diesem früher als „Gemeinschaftsrecht" bezeichneten Bereich waren „Säulen II und III" – die Polizeiliche und justizielle Zusammenarbeit in Strafsachen und die Gemeinsame Außen- und Sicherheitspolitik – zu trennen, welche intergouvernemental organisiert waren; vgl. hierzu auch *Schroeder*, Grundkurs Europarecht, § 5 Rn. 6.

respektive einer anderen Rechtsnatur auszugehen ist, wurde und wird weithin diskutiert: Bereits 1992 sprach *Oehmichen* davon, das *„Gemeinschafts recht* [sic!] *stellt einen besonderen Typus des Völkerrechts dar."*[540] Und auch noch 2010 sprach sich beispielsweise *Funke* für *„eine wiewohl besondere, aber eben völkerrechtliche Einordnung des Unionsrechts (...)"*[541] aus, nach welcher das Unionsrecht zwar von den allgemeinen Regeln des Völkerrechts, aber nicht *„überhaupt"* vom Völkerrecht abweiche.[542]

Die überwiegende Auffassung in der rechtswissenschaftlichen Literatur hingegen unterscheidet das Unionsrecht vom Völkerrecht.[543] Und auch die Rechtsprechung des EuGH klassifizierte das Unionsrecht schon früh als *„eigene Rechtsordnung"*[544] welche damit weder zum Völkerrecht noch zum nationalen Recht gehören sondern durchaus einem eigenen logischen System folgen kann.[545]

Dennoch wird zu Recht erkannt, dass eine *„völkerrechtliche* [i. Orig.: -n] *Grundlage"* der – auf einer *„vertraglichen Willenseinigung der Mitgliedstaaten"* beruhenden – Rechtsordnung der Europäischen Union nicht abgesprochen werden kann.[546] Das kann aber auch kaum ernsthaft in Zweifel gezogen werden, wenn man bedenkt, dass der Europäischen Union nun einmal völkerrechtliche Vertragsschlüsse zugrundeliegen. Dass in Anbetracht einer jahrzehntelangen Fortentwicklung von Strukturen und *„Wirkungsgesetzen"* innerhalb der EU die *„Basis völkerrechtlicher Verträge"* wohl *„entscheidend an Gewicht verloren"* hat,[547] wird man dabei allerdings ebenfalls anerkennen müssen.

---

540 *Oehmichen*, Die unmittelbare Anwendbarkeit der völkerrechtlichen Verträge der EG, S. 125.

541 *Funke*, Umsetzungsrecht, S. 118.

542 *Funke*, Umsetzungsrecht, S. 118.

543 Dieses Meinungsbild bestätigt *Schwarze* und bildet einen Überblick über die Vertreter dieser Sichtweise aus Rechtsprechung und Literatur (mit Stand 1983) ab: *Schwarze*, EuR 1983, 1 (1, Fn. 1 und 2); bei *Frenz*, Handbuch Europarecht, Band 5, Rn. 39 ff. kommt die Unterscheidung zwischen Unionsrecht und Völkerrecht indirekt dadurch zum Ausdruck, dass dort das Verhältnis von Vorrang/Nachrang beider zueinander geklärt werden soll, was ihre Unterscheidung voraussetzt.

544 EuGH, Urt. v. 15.07.1964, Rs. 6/64 – Costa, Slg. 1964, 1259 (1269).

545 EuGH, Gutachten 1/91, Slg. 1991, I-6079 (6105), Rn. 35 spricht von der *„Autonomie des Rechtssystems der Gemeinschaft"*.

546 *Herdegen*, Europarecht, § 5 Rn. 11; ähnlich – mit der Bilanz, dass auch der Vertrag von Lissabon hieran nichts ändere – auch: *Streinz*, Europarecht, 8. Aufl., § 1 Rn. 3: *„Dieses primäre Unionsrecht entstand und entsteht auch künftig durch völkerrechtliche Verträge zwischen den Mitgliedstaaten (...)"*.

547 *Schwarze*, EuR 1983, 1 (34).

Funke, der in der Rechtsprechung des EuGH „*verallgemeinerungsfähige Aussagen über die Bindung der staatlichen Organe*"[548] *sucht,* stellt in diesem Kontext die – allerdings im Ergebnis offengelassene – Überlegung an, die Inbezugnahme innerstaatlicher Organe durch den EuGH könne „*auch aus einem völkerrechtlichen Blickwinkel geschehen*"[549]. Ansatz für diese Überlegung ist *Funkes* gesamtheitliches Verständnis vom „*Unionsrecht (...) als besonderes Völkerrecht*"[550]. Das, was das Unionsrecht vom „allgemeinen Völkerrecht" unterscheidet, müsse sich letztlich positiviert in den Primärverträgen wiederfinden.[551] Ebenso verhielte es sich dann im Kontext des Art. 288 Abs. 3 AEUV: Je nach entweder unionsrechtlicher oder völkerrechtlicher Natur einer Umsetzungsverpflichtung könne sich eine unterschiedliche personale Reichweite der Richtlinienbindungen ergeben; so könne eine völkerrechtliche Pflicht nur die Mitgliedstaaten binden, eine spezifisch unionsrechtliche Deutung lasse den Kreis der Adressaten möglicherweise weiter werden.[552] Aber: „*Für die Bestimmung der personalen Reichweite der Richtlinienbindungen ist allein aus der Annahme einer ,unionsrechtlichen' Natur der Umsetzungsverpflichtung nichts gewonnen.*"[553] Positivierte unionsrechtliche Besonderheiten hinsichtlich dieser personalen Reichweite von Richtlinienbindungen sieht *Funke* im Primärrecht aber scheinbar wiederum nicht, so dass er letztlich allgemeine völkerrechtliche Maßstäbe der „*Zurechnung von Organverhalten*" auch im Unionsrecht heranzieht und dementsprechend „*nur die Mitgliedstaaten als solche in die Pflicht*" genommen wissen will.[554]

Dass diese Herangehensweise im Ergebnis nicht überzeugt, liegt nicht allein daran, dass sie sich nicht näher als in einem einzigen Satz damit befasst, inwiefern man dem EuGH den genannten „*völkerrechtlichen Blickwinkel*"[555] tatsächlich unterstellen kann. Nicht abzustreiten ist nämlich – einer rein völkerrechtlichen Deutung zuwider laufend – insbesondere, dass das Unionsrecht mittlerweile – das heißt spätestens seit Inkrafttreten des Vertrags von Lissabon – einen Grad an Supranationalität und Integration aufweist, der es vom Völkerrecht

---

548 *Funke,* Umsetzungsrecht, S. 145.
549 *Funke,* Umsetzungsrecht, S. 146.
550 *Funke,* Umsetzungsrecht, S. 118.
551 *Funke,* Umsetzungsrecht, S. 145.
552 *Funke,* Umsetzungsrecht, S. 144 f. Zur Bindung nur der Mitgliedstaaten als solcher bei völkerrechtlichem Verständnis vgl. auch: *Funke,* Umsetzungsrecht, S. 83; *Herdegen,* EuGRZ 1989, 309 (311).
553 *Funke,* Umsetzungsrecht, S. 145.
554 *Funke,* Umsetzungsrecht, S. 145 f.
555 *Funke,* Umsetzungsrecht, S. 146.

vehement unterscheidet.[556] Der EuGH hat ganz im Sinne dieser Sichtweise bereits den – nach einem völkerrechtlichen Verfahren geschlossenen – EGV als *„Verfassungsurkunde der Gemeinschaft"*[557] bezeichnet. Die *„besondere Natur des Unionsrechts"*[558] kommt beispielsweise in Fragen der Auslegung zum Tragen.[559] Aber eben nicht nur dort: Die sekundärrechtlichen Rechtsetzungsformen des Unionsrechts – namentlich die Richtlinie – stellen einen Bereich dar, der mit den bekannten Regeln des Völkerrechts nicht hinreichend erfasst werden kann.[560] Gerade der Bereich des Sekundärrechts im Sinne des Art. 288 AEUV ist nämlich vielfältig geprägt von spezifischen Strukturprinzipien, die charakteristisch für das Unionsrecht sind und speziell dort auftauchen, wie zum Beispiel die unmittelbare Geltung in den Mitgliedstaaten, der Vorrang des Unionsrechts und die zumindest partielle unmittelbare Anwendbarkeit durch nationale Behörden und Gerichte.[561] Ganz abgesehen davon gibt es im Völkerrecht gar keine Richtlinien. Als *„neuartige Kunstschöpfung des Gemeinschaftsrechts"*, welche *„keinem staatlich überlieferten Formtyp angehört"* bezeichnet die Richtlinie Ipsen.[562] Richtlinien sind spezifisch unionsrechtliche Instrumente, was ihre besondere Behandlung nicht nur legitimiert sondern gerade erst erforderlich macht. Mit Art. 288 Abs. 3 AEUV (welchen übrigens auch *Funke* selbst i. V. m. Art. 288 Abs. 1 AEUV und der jeweils einschlägigen Kompetenznorm als *„Geltungsgrund"* der Richtlinie anerkennt[563]) wird in einem Primärvertrag die Besonderheit des Unionsrechts im Bereich des Richtlinienrechts herausgehoben.

Schon 1965 stellte *Ipsen* fest, dass das es *„ein Vorgang ohne Beispiel"* sei, wie die Union den Mitgliedstaaten *„Aktivität zur Rechtsgestaltung im Gemeinschaftsinteresse anbefiehlt, ohne sie selbst mit allgemeiner Geltung vorzunehmen und ohne den mitgliedstaatlichen Formen und Mitteln zu ihrer Herstellung zu praejudizieren".*[564] Von üblichen völkerrechtlichen Verpflichtungen sei man in diesem Bereich weit

---

556 Vgl. hierzu *Herdegen*, Europarecht, § 4 Rn. 33; § 5 Rn. 9 ff.

557 EuGH, Urt. v. 23.04.1986, Rs. 294/83 – Parti écologiste „Les Verts", Slg. 1986, 1357 (1365), Rn. 23.

558 *Funke*, Umsetzungsrecht, S. 118.

559 Auslegung von Unionsrecht – siehe hierzu Seite 32 ff.

560 *Funke*, Umsetzungsrecht, S. 118 f. sieht allerdings den *„Weg eröffnet, die Rechtsetzungsformen des Unionsrechts, insbesondere natürlich die Richtlinie, in eine völkerrechtliche Systematisierung einzubeziehen"*, indem er das Unionsrecht als *„besonderes Völkerrecht"* klassifiziert.

561 *Schroeder*, in: *Streinz*, EUV/AEUV, Art. 288 AEUV Rn. 23, 36.

562 *Ipsen*, in: FS Ophüls, S. 67 (69).

563 *Funke*, Umsetzungsrecht, S. 122.

564 *Ipsen*, in: FS Ophüls, S. 67 (71).

entfernt.[565] Vielmehr handle es sich bei der Pflicht, die sich aus einer Richtlinie ergebenden Rechtswirkungen auch innerstaatlich herzustellen, um eine „*Verpflichtung (...) gemeinschaftsrechtliche* [-r] *und besonderer Art, die Vergleiche mit völker- oder bundesstaatsrechtlich begründeten kaum verträgt*".[566] Bundesstaatliche Parallelen zu Ermächtigungen wie in Art. 80 Abs. 1 GG oder Art. 71 GG verböten sich ebenso wie die Annahme, mit der Verpflichtung der Mitgliedstaaten durch die Richtlinie sei eine (Rück-) Delegation von Aufgaben der Union verbunden.[567] Diese Aussagen treffen auch 50 Jahre später noch zu, ebenso wie auch Fragen der Adressierung von Richtlinien nicht mit den üblichen Lehren zum Völkerrecht[568] beigekommen werden kann.

Dieses spezifisch unionsrechtliche Verständnis zugrunde gelegt, ist Adressat einer Richtlinie nicht bereits wegen einer rein völkerrechtlichen Herangehensweise nur der Mitgliedstaat, sondern erscheint eine behördliche Adressaten-Stellung grundsätzlich möglich. Klar ist aber noch nicht, ob deshalb tatsächlich auch innerstaatliche Stellen in die personale Reichweite der Richtlinienbindungen einzubeziehen sind.

(2) Bewertung/Stellungnahme

Entscheidend für die Schlüssigkeit der Rechtsprechung des EuGH ist zunächst dessen Aussage, eine Pflicht des Mitgliedstaates, Maßnahmen zur Erfüllung der Verpflichtung zur Zielerreichung zu treffen, leite sich aus dem heutigen Art. 4 Abs. 3 EUV her.[569] Art. 4 Abs. 3 UAbs.2 EUV besagt im entscheidenden Abschnitt aber lediglich: „*Die Mitgliedstaaten ergreifen alle geeigneten Maßnahmen (...) zur Erfüllung der Verpflichtungen, die sich aus den Verträgen oder den Handlungen der Organe der Union ergeben.*" In den Vorgängernormen – Art. 5 Abs. 1 S. 1 EWGV beziehungsweise Art. 10 Abs. 1 S. 1 EGV – war das sinngemäß nicht anders.

---

565 *Ipsen*, in: FS Ophüls, S. 67 (71).
566 *Ipsen*, in: FS Ophüls, S. 67 (76).
567 *Ipsen*, in: FS Ophüls, S. 67 (76).
568 *Funke* dagegen beispielsweise sieht für den Bereich des Völkerrechts einen „*Rahmen der Umsetzung*" dahingehend gegeben, dass Adressat einer Umsetzungsverpflichtung nur der „*Staat, nicht Staatsorgane*" sein können, siehe *Funke*, Umsetzungsrecht, S. 82 f. Auch im Fall des Art. 288 Abs. 3 AEUV sei im Ergebnis grundsätzlich nicht von einer Bindung der einzelnen innerstaatlichen Organe auszugehen, wenngleich sich diese dennoch im Sinne einer „*Klugheitsregel*" völker-/unionsrechtskonform verhalten sollten, siehe *Funke*, Umsetzungsrecht, S. 144 ff.
569 Siehe hierzu Seite 116 f.

(a) Die „Verpflichtung zur Zielerreichung" als Verpflichtung im Sinne des Art. 4 Abs. 3 UAbs. 2 EUV?

Damit die Aussage des EuGH zutrifft, gilt es also zu beurteilen, ob es sich bei der Verpflichtung zur Zielerreichung um eine *„Verpflichtung, die sich aus den Verträgen oder den Handlungen der Organe der Union"* ergibt, im Sinne des Art. 4 Abs. 3 UAbs. 2 EUV, handelt. Der EuGH selbst sagt hierzu ganz klar ja – die Pflicht zur Zielerreichung leitet er nämlich wie oben bereits gezeigt aus der Richtlinie selbst (als Handlung der Organe der Union) sowie aus Art. 288 Abs. 3 AEUV (mithin aus den Verträgen) her. Zu untersuchen ist daher lediglich, ob diese Auffassung haltbar ist.

(aa) Dogmatischer Hintergrund

Nach Auffassung des EuGH hat das gesamte Unionsrecht – also Primärrecht ebenso wie Sekundärrecht – unmittelbare Geltung im Mitgliedstaat: Es ist mit seinem Inkrafttreten Bestandteil des innerstaatlichen Rechts geworden.[570] Entscheidend für diese innerstaatliche Geltung ist originär – folgt man dem EuGH – die vorbehaltlose Zustimmung des jeweiligen Mitgliedstaates zu den Verträgen gemäß der Ratifikationsurkunde.[571] Wo *Schroeder* aus der Rechtsprechung des EuGH zu dieser unmittelbaren Geltung des Unionsrechts in den Mitgliedstaaten die Verpflichtung der nationalen Verwaltungsbehörden herauslesen will, das Unionsrecht ab dessen Inkrafttreten zu beachten, ohne dass es einer Umwandlung in nationales Recht bedarf, also mithin eine Pflicht nationaler Verwaltungsbehörden, das Unionsrecht anzuwenden und durchzusetzen sowie kollidierendes nationales Recht unangewendet zu lassen,[572] so muss doch zumindest im Hinblick auf unionsrechtliche Richtlinien (auf welche sich die von *Schroeder* zitierte Entscheidung des EuGH allerdings auch gerade bezieht) die Rechtsprechung des EuGH ganz genau betrachtet werden: Zur Voraussetzung wird darin die – nur

---

570 *Schroeder*, in: *Streinz*, EUV/AEUV, Art. 288 AEUV Rn. 38 m.w.N. auch zu einschlägiger Rechtsprechung des EuGH; aus dieser siehe z.B. EuGH, Urt. v. 15.07.1964, Rs. 6/64 – Costa, Slg. 1964, 1259 (1269).

571 Vgl. hierzu EuGH, Urt. v. 15.07.1964, Rs. 6/64 – Costa, Slg. 1964, 1259 (1269 ff.). Das Bundesverfassungsgericht teilt die Herleitung des EuGH zur innerstaatlichen Geltung des Unionsrechts nicht. Vielmehr würden die Verträge mittels Zustimmungsgesetz gemäß Art. 59 Abs. 2 GG Bestandteil der deutschen Rechtsordnung; ein Rechtsanwendungsbefehl könne daher auch nur im Rahmen der geltenden Verfassung erteilt werden. Siehe hierzu die Lissabon-Entscheidung des BVerfG: BVerfGE 123, 267 (398) m.w.N.

572 *Schroeder*, in: *Streinz*, EUV/AEUV, Art. 288 AEUV Rn. 38, 48.

ausnahmsweise unter besonderen Voraussetzungen bestehende – unmittelbare *Anwendbarkeit* der Richtlinie gemacht; dann und offenbar nur unter den für eine solche unmittelbare Anwendbarkeit einer Richtlinie nach der Rechtsprechung des EuGH statuierten Voraussetzungen sei eine Verpflichtung der Träger der Verwaltung anzunehmen, diese Richtlinienbestimmungen direkt anzuwenden.[573] Festgehalten kann daher insoweit allgemein lediglich werden: Innerstaatliche Geltung auch für Richtlinien anzunehmen ist Ergebnis zwingender Logik aus der Rechtsprechung des EuGH, was letztlich *Funke* auf den Punkt bringt: *„Würde die Richtlinie innerstaatlich nicht gelten, könnte ihr Potential für die unmittelbare Wirkung kaum erklärt werden."*[574] Auch die Richtlinie gilt quasi *„als fremdes Recht im Mitgliedstaat"*[575]. Die unmittelbare (innerstaatliche) Geltung des Unionsrechts macht eine Kollision zwischen Unions- und nationalem Recht also erst möglich.[576] Neben der unmittelbaren Geltung ist Voraussetzung für einen Anwendungsvorrang des Unionsrechts aber vor allem eine solche Kollisionslage zwischen nationalem und Unionsrecht, die sich dann ergeben kann, wenn das Unionsrecht unmittelbar anwendbar[577] ist.[578] Der Anwendungsvorrang richtet sich dann an alle mitgliedstaatlichen Stellen, mithin neben den Gerichten auch an alle Träger der Verwaltung.[579] Unmittelbar anwendbares Unionsrecht bindet die Mitgliedstaaten selbst sowie alle innerstaatlichen Stellen.[580] Die Frage nach der unmittelbaren Anwendbarkeit von Unionsrecht meint also, ob eine Norm des Unionsrechts von nationalen Behörden oder Gerichten ohne Weiteres angewendet werden kann.[581]

---

573 Speziell für *„die Verwaltung – auch auf kommunaler Ebene"*: EuGH, Urt. v. 22.06.1989, Rs. 103/88 – Fratelli Costanzo, Slg. 1989, 1861 (1870 f.), Rn. 28 ff. (insbes: Rn. 31).

574 *Funke*, Umsetzungsrecht, S. 138 f. m.w.N., auch zu a.A.

575 *Funke*, Umsetzungsrecht, S. 138.

576 *Mayer*, Kompetenzüberschreitung und Letztentscheidung, S. 74.

577 Die Begriffe von unmittelbarer Anwendbarkeit und unmittelbarer Wirkung des Unionsrechts werden im Folgenden synonym gebraucht. Ebenso z.B. *Frenz*, Handbuch Europarecht. Band 5, Rn. 11.

578 Vgl. *Frenz*, Handbuch Europarecht. Band 5, Rn. 15 (sowie S. 48 ff. Rn. 138 ff.) unter Verweis auf *Jarass/Beljin*, NVwZ 2004, 2 (3), die den Anwendungsvorrang a.a.O. als *„Vorrang im engeren Sinne"* bezeichnen; siehe auch *Streinz*, in: *Streinz*, EUV/AEUV, Art. 4 EUV Rn. 40.

579 EuGH, Urt. v. 22.06.1989, Rs. 103/88 – Fratelli Costanzo, Slg. 1989, 1861 (1871), Rn. 31.

580 *Frenz*, Handbuch Europarecht. Band 5, Rn. 13.

581 Vgl. *Klein*, Unmittelbare Geltung, Anwendbarkeit und Wirkung, S. 12 f. (konkret zur Richtlinie) sowie 8 f. (allgemein).

Nicht nur bei den – grundsätzlich gerade nicht unmittelbar anwendbaren – Richtlinien, sondern auch im Fall des Primärrechts bestehen für dessen unmittelbare Wirkung verschiedene Voraussetzungen: So muss die betreffende primärrechtliche Norm unbedingt formuliert und hinreichend bestimmt sein und es dürfen für ihre Durchführung keine weiteren Maßnahmen der Unionsorgane oder der Mitgliedstaaten erforderlich sein.[582]

(bb) Praktische Auswirkungen auf die Verpflichtung zur Zielerreichung; Herleitung

Wendet man diese Kriterien nun auf Art. 288 AEUV an, so trifft es einerseits – wie der EuGH letztlich ja auch annimmt[583] – zu, dass dieser neben der Verbindlichkeit von Richtlinienzielen auch eine mitgliedstaatliche Pflicht zur Zielerreichung abstrakt zu statuieren vermag.[584] Die Vorschrift ist bereits seit ihrem Inkrafttreten Bestandteil des innerstaatlichen Rechts. Für die Statuierung einer Pflicht zur Zielerreichung sprechen in der Formulierung des Art. 288 Abs. 3 AEUV namentlich die Passage des *„zu erreichenden Ziels"* in Zusammenschau mit der Festlegung, dass insoweit die Richtlinie für die Mitgliedstaaten *„verbindlich"* ist. Dass das Richtlinienziel *„zu erreichen"* sei, legt es nahe, dass mit der Verwendung dieser Formulierung eine Pflicht zur Zielerreichung primärrechtlich konstatiert werden sollte.

Eine Pflicht zur Zielerreichung ergibt sich allerdings insbesondere auch aus der Richtlinie selbst,[585] genauer gesagt aus dem Erlass der Richtlinie als einer Handlung von Organen der Union.[586] Zu dieser Annahme zwingt auch insoweit weiterhin eine streng am Wortlaut – allerdings desjenigen der Richtlinie selbst – orientierte Argumentation: Die sich in aller Regel stark ähnelnden Formulierungen in den jeweils letzten Artikeln von Richtlinien legen fest, dass *„dieser Richtlinie (…) nachzukommen"*[587] sei und verweisen auf das Erfordernis des Erlasses entsprechender nationaler Vorschriften.

---

582 EuGH, Urt. v. 16.06.1966, Rs. 57/65 – Lütticke, Slg. 1966, 257 (266): die Norm sei dann *„vollständig, rechtlich vollkommen und infolgedessen geeignet, unmittelbare Wirkungen (…) zu erzeugen".*

583 Siehe hierzu Seite 115 f.

584 In diesem Sinne auch *Ipsen*, in: FS Ophüls, S. 67 (75), allerdings noch unter Nennung von Art. 189 Abs. 3 EWG Vertrag.

585 So auch der EuGH, siehe hierzu Seite 115; ebenso auch *Ipsen*, in: FS Ophüls, S. 67 (75).

586 So auch *Ipsen*, in: FS Ophüls, S. 67 (75).

587 So beispielsweise in Art. 31 Abs. 1 der Richtlinie 2012/18/EU.

Lediglich als vorgreifender Hinweis – da an der hiesigen Stelle noch ohne weitere Bedeutung – soll hier jedoch bereits festgehalten werden: Weder Art. 288 Abs. 3 AEUV noch (grundsätzlich[588]) eine Richtlinie sind jedoch unmittelbar anwendbar, so dass hier-über eine direkte Bindung von innerstaatlichen Behörden an das Ziel einer Richtlinie nicht begründet werden kann. Zwar hat der EuGH in seiner einschlägigen Rechtsprechung festgestellt, dass (unter anderem) die Pflicht zur Zielerreichung allen Trägern in den Mitgliedstaaten obliege,[589] doch kann diese Pflicht zur Zielerreichung einer einzelnen Behörde nicht als – sich bereits aus Art. 288 Abs. 3 AEUV oder der Richtlinie selbst ergebender – „Grund- und Regelfall" hergeleitet werden. Eine allgemein bestehende Verpflichtung mitgliedstaatlicher Behörden (oder anderer innerstaatlicher Träger) zur Erreichung des Richtlinienziels konnte insoweit mangels unmittelbarer Anwendbarkeit weder aus Art. 288 Abs. 3 AEUV noch aus der Richtlinie selbst nachgewiesen werden.

(b) Konsequenz

Eine Pflicht zur Zielerreichung wird daher – auch vom EuGH zu Recht – aus Art. 288 Abs. 3 AEUV (also mit Blick auf Art. 4 Abs. 3 UAbs. 2 EUV gesprochen „*aus den Verträgen*") sowie aus (dem Erlass) der Richtlinie selbst (und mithin aus „*Handlungen der Organe der Union*" im Sinne des Art. 4 Abs. 3 UAbs. 2 EUV) hergeleitet. Konsequenz dessen ist es, dass man auf dieser Grundlage – auch insoweit übereinstimmend mit dem EuGH und namhaften Autoren wie *Ipsen*[590] – davon ausgehen muss, dass eine Pflicht der Mitgliedstaaten, Maßnahmen zur Erfüllung der Verpflichtung zur Zielerreichung zu treffen, sich aus dem heutigen Art. 4 Abs. 3 UAbs. 2 EUV ergibt. *Ipsen* weist – nachdem er zu dieser einzig konsequenten und daher auch überzeugenden Feststellung gelangt ist – ergänzend noch darauf hin, dass die sich (heute) aus Art. 4 Abs. 3 UAbs. 3 EUV ergebende Pflicht der Mitgliedstaaten, alle Maßnahmen zu unterlassen, „die die Verwirklichung der Ziele der Union gefährden könnten" (UAbs. 3), durch die

---

588 Zu den wenigen Ausnahmefällen siehe knapp aus der Rechtsprechung speziell für „*die Verwaltung – auch auf kommunaler Ebene*": EuGH, Urt. v. 22.06.1989, Rs. 103/88 – Fratelli Costanzo, Slg. 1989, 1861 (1870), Rn. 29; sowie aus der Literatur: *Schroeder*, in: *Streinz*, EUV/AEUV, Art. 288 AEUV Rn. 106.

589 Siehe bereits oben: EuGH, Urt. v. 10.04.1984, Rs. 14/83 – von Colson/Kamann, Slg. 1984, 1891 (1909), Rn. 26; ebenso: EuGH, Urt. v. 13.11.1990, Rs. C-106/89 – Marleasing SA, Slg. 1990, I-4156 (4159), Rn. 8; ebenso: EuGH, Urt. v. 05.10.2004, verb. Rs. C-397/01 bis C-403/01 – Pfeiffer u.a., Slg. 2004, I-8878 (8916 f.), Rn. 110.

590 Ebenso nämlich bereits 1965 *Ipsen*, in: FS Ophüls, S. 67 (75), noch auf Art. 5 Abs. 1 EWG-Vertrag abstellend.

Zielverpflichtung nicht berührt würde. Die Zielverpflichtung verpflichte zur innerstaatlichen Herstellung von Wirkungen der Richtlinie. Selbst die Erfüllung der Pflicht zur Zielerreichung durch Verwirklichung des Ziels würde es nicht ausschließen, dass der Mitgliedstaat ein Vertragsziel – dessen Erfüllung oder Verwirklichung die Richtlinie bezwecke oder fördere –durch *andere* Maßnahmen gefährde.[591]

(c) Die richtlinienkonforme Auslegung als „Maßnahme zur Erfüllung der Verpflichtung zur Zielerreichung"?

Wurde dem EuGH bis hierher Recht gegeben, so stellt er weiter fest, dass sowohl eine mitgliedstaatliche Pflicht zur Zielerreichung wie auch eine mitgliedstaatliche Pflicht, Maßnahmen zur Erfüllung dieser Verpflichtung zur Zielerreichung zu treffen, allen Trägern öffentlicher Gewalt in den Mitgliedstaaten obliege.[592]

Davon, dass es sich bei der richtlinienkonformen Auslegung nationalen Rechts grundsätzlich um eine Maßnahme handelt, die zur Erfüllung der Verpflichtung zur Zielerreichung überhaupt geeignet ist, scheint der EuGH – trotz einiger Undeutlichkeiten bei der Herleitung einer entsprechenden Auslegungspflicht – von Anfang an auszugehen.[593]

Das erscheint jedoch etwas kurz gegriffen und soll daher nachstehend genau beleuchtet werden. Anzuschließen hat sich insbesondere die nähere Befassung mit der folgenden Überlegung: Sowohl eine Umsetzung einer Richtlinie (durch nationale Rechtsnormen) als auch eine richtlinienkonforme Auslegung des nationalen Rechts könnten – und müssten, damit die Rechtsprechung des EuGH insgesamt schlüssig ist – als „Maßnahmen zur Erfüllung der Verpflichtung zur Zielerreichung" im Sinne des Art. 4 Abs. 3 UAbs. 2 EUV subsumierbar sein.[594]

In den Worten von Art. 288 Abs. 3 AEUV ausgedrückt geht es daher nach wie vor um die Frage, ob die Richtlinie für die – grundsätzlich – hinsichtlich der

---

591 *Ipsen*, in: FS Ophüls, S. 67 (75).

592 EuGH, Urt. v. 10.04.1984, Rs. 14/83 – von Colson/Kamann, Slg. 1984, 1891 (1909), Rn. 26; ebenso: EuGH, Urt. v. 13.11.1990, Rs. C-106/89 – Marleasing SA, Slg. 1990, I-4156 (4159), Rn. 8; ebenso: EuGH, Urt. v. 05.10.2004, verb. Rs. C-397/01 bis C-403/01 – Pfeiffer u.a., Slg. 2004, I- 8878 (8916 f.), Rn. 110; ohne explizite Bezugnahme auf die nationale Zuständigkeitsverteilung: EuGH, Urt. v. 15.09.2011, Rs. C-53/10 – Land Hessen ./. Franz Mücksch OHG, UPR 2011, 443 (446), Rn. 29.

593 Siehe hierzu Seite 117.

594 Die hier nun vorgenommene Untersuchung ließe sich damit freilich auch im Detail für die Pflicht zur Umsetzung einer Richtlinie vornehmen. Diese soll aber vorliegend nicht Gegenstand der Abhandlung sein.

„*Wahl der Form und der Mittel*" freien „*innerstaatlichen Stellen*" ebenfalls „*hinsichtlich des zu erreichenden Ziels verbindlich*" ist. Die den innerstaatlichen Stellen jedenfalls zustehende Form- und Mittelfreiheit ist freilich insbesondere begrenzt durch die den mitgliedstaatlichen Organen überhaupt zur Verfügung stehenden Instrumentarien.[595] Der Verwaltung stehen andere Handlungsformen zur Verfügung als dem parlamentarischen Gesetzgeber.

In diesem Zusammenhang ist sich zu vergegenwärtigen, dass es sich bei der richtlinienkonformen Auslegung gerade nicht um eine Umsetzung der Richtlinienvorgaben handeln kann. Vielmehr gilt es, beides streng voneinander zu unterscheiden:[596] Während an eine Umsetzung von Richtlinien vor dem Hintergrund der Gebote von Rechtsklarheit und Rechtssicherheit strenge Anforderungen zu stellen sind,[597] die es letztlich zwingend erforderlich machen, nur verbindliche Rechtsnormen als Umsetzungsakt gelten zu lassen,[598] handelt es sich bei der richtlinienkonformen Auslegung gerade um keinen solchen Umsetzungsakt. Konkreter:

Die Frage, ob eine Richtlinie im Wege richtlinienkonformer Auslegung des nationalen Rechts umgesetzt werden kann, wird uneinheitlich beantwortet. Während aus der Literatur beispielsweise *Brechmann* die richtlinienkonforme Auslegung direkt als Teil der Umsetzungsverpflichtung sehen will,[599] womit Erstere für ihn jedenfalls zur Umsetzung gehören dürfte, lässt *Schroeder* die „*Versuche der Mitgliedstaaten, durch richtlinienkonforme Auslegung nationale Vorschriften zu korrigieren*" zwar dann nicht als Umsetzungsakt gelten, wenn die nationalen Vorschriften „*inhaltlich der Richtlinie widersprechen*". Anders beurteilt er dies, „*wenn das Umsetzungsgesetz unbestimmte Rechtsbegriffe verwendet*", ohne aber inhaltlich näher auf diese Ausnahme einzugehen.[600] *König* hingegen lehnt eine Umsetzung durch richtlinienkonforme Auslegung nationalen Rechts

---

595   Vgl. *Nettesheim*, in: *Grabitz/Hilf/Nettesheim*, EUV/AEUV, Art. 288 AEUV, Rn. 132.

596   Anders dagegen *Brechmann*, Die richtlinienkonforme Auslegung, S. 256 f.: „*(...) die richtlinienkonforme Auslegung (...) gehört daher zur Umsetzungsverpflichtung (...)*".

597   Siehe hierzu z.B. *König*, in: *Schulze* u.a., Europarecht, § 2 Rn.52. Auch hierin muss letztlich eine Begrenzung der in Art. 288 Abs. 3 AEUV gewährten Form- und Mittelfreiheit innerstaatlicher Stellen gesehen werden.

598   Vgl. insbesondere zur Ablehnung „*bloße[-r] Verwaltungspraxis*" schon EuGH, Urt. v. 01.03.1983, Rs. 300/81 – Kommission, Slg. 1983, 449 (456), Rn. 10.

599   *Brechmann*, Die richtlinienkonforme Auslegung, S. 257. Von einer „*Umsetzung (...) im Wege der Auslegung*" spricht auch *Kukk*, ZfBR 2012, 219 (220).

600   *Schroeder*, in: *Streinz*, EUV/AEUV, Art. 288 AEUV Rn. 95 m.w.N.

ohne weitere Einschränkung ab.[601] Auch *Burger* lässt – nach eingehender dogmatischer Würdigung *„der Wechselwirkungen zwischen normativer und applikativer Richtlinienumsetzung"* – das Erfordernis normativer Richtlinienumsetzung nicht wegen der Möglichkeit zur richtlinienkonformen Auslegung entfallen.[602] Gerade in der älteren Literatur zum Umweltrecht findet sich hingegen durchaus die Meinung wieder, eine richtlinienkonforme Auslegung durch die Verwaltung würde den Gesetzgeber von seiner Umsetzungspflicht befreien.[603]

Die im thematischen Kontext von den rechtswissenschaftlichen Autoren oft herangezogene Rechtsprechung des EuGH existiert, die Frage ist aber, was sie tatsächlich aussagt. Auswertungen einschlägiger Rechtsprechung konstatieren eine uneinheitliche Judikatur des EuGH: Wohingegen der EuGH teilweise die Umsetzung per Generalklausel akzeptiert habe, solange das verfolgte Richtlinienziel in der Praxis erreicht werde, habe er in anderen Fällen in unbestimmten Rechtsbegriffen trotz richtlinienkonformer Auslegung durch die Verwaltung ein Umsetzungsdefizit angenommen.[604] Nicht übermäßig sollte man vor diesem Hintergrund eine Entscheidung des EuGH zur richtlinienkonformen Auslegung aus dem Jahr 1997[605] bewerten, die *Schroeder* als Nachweis dafür heranzieht, dass im Falle der Verwendung unbestimmter Rechtsbegriffe in Umsetzungsgesetzen eine richtlinienkonforme Auslegung Umsetzungsqualität haben könne.[606] In der Entscheidung des EuGH geht es um eine Konstellation, in welcher ein Umsetzungsgesetz vom betreffenden Mitgliedstaat erlassen worden ist.[607] Bei dessen Beurteilung, so der EuGH, sei dann nicht *„selektiv auf bestimmte Begriffe"*, sondern auf den *„allgemeine[-n] rechtliche[-n] Kontext der streitigen Vorschrift"* abzustellen und zu fragen, ob dieser es ermögliche, *„die vollständige Anwendung der Richtlinie tatsächlich zu gewährleisten"*. In diesem Kontext müsse überprüft werden, ob das Ziel der Richtlinie *„in der nationalen Rechtsordnung (…) erreicht*

---

601 *König*, in: *Schulze* u.a., Europarecht, § 2 Rn. 52 f. So auch: *Prokopf*, Das gemeinschaftsrechtliche Rechtsinstrument der Richtlinie, S. 108 unter Bezugnahme auf den EuGH (Rs. C-144/99) m.w.N. aus der Literatur in Fn. 103; *Grüner*, Planerischer Störfallschutz, S. 200 f.

602 *Burger*, DVBl. 2013, 1431 (1434 ff.). Bea. auch *Funke*, Umsetzungsrecht; S. 133 ff.

603 *Burger*, DVBl. 2013, 1431 (1435) m.w.N. in Fn. 62.

604 *Burger*, DVBl. 2013, 1431 (1435) m.w.N. aus der Rechtsprechung des EuGH in Fn. 63 f.

605 EuGH, Urt. v. 29.05.1997, Rs. C-300/95 – Kommission, Slg. 1997, I-2663 (2671 f.), Rn. 33 ff.

606 *Schroeder*, in: *Streinz*, EUV/AEUV, Art. 288 AEUV Rn. 95 Fn. 281.

607 EuGH, Urt. v. 29.05.1997, Rs. C-300/95 – Kommission, Slg. 1997, I-2663 (2669), Rn. 23.

würde", wobei *„die Bedeutung der nationalen Rechts- und Verwaltungsvorschrif-ten unter Berücksichtigung ihrer Auslegung durch die nationalen Gerichte zu be-urteilen"* sei.[608] Eine Konstellation wie diese – in welcher der Mitgliedstaat ein Umsetzungsgesetz bereits erlassen hat – ist freilich ein anderer Fall, als derjenige, in welchem es um die Frage geht, ob die (richtlinienkonforme) Auslegung von bereits vor der Richtline bestehendem nationalen Recht ebenfalls Umsetzungs-qualität haben kann. Das allein schon deswegen, weil in erstgenannter Konstel-lation der nationale Gesetzgeber normative Anstrengungen unternommen hat, ein Umsetzungsgesetz zu schaffen. Dass ein Umsetzungsgesetz der Umsetzung einer Richtlinie dienen soll, wird – beispielsweise aus der Gesetzesbegründung – auch deutlich. Das alles ist nicht der Fall, wenn der nationale Gesetzgeber schlicht völlig untätig bleibt. Für diese Frage der generellen Umsetzbarkeit von Richtlinien durch (nur) richtlinienkonforme Auslegung ist eine Entscheidung des EuGH aus dem Jahr 2001[609] weiterführend: Danach verlange die Umsetzung einer Richtlinie zwar nicht notwendigerweise stets eine gesetzgeberische Akti-vität, jedoch müsse das nationale Recht unter anderem erstens *„die vollständi-ge Anwendung der Richtlinie durch die nationalen Behörden"* gewährleisten und zweitens *„die sich aus diesem Recht ergebende Rechtslage hinreichend bestimmt und klar"* sein.[610] Eine *„Klarheit und Bestimmtheit (...) die notwendig sind, um dem Erfordernis der Rechtssicherheit zu genügen"* könne eine nationale Rechtspre-chung, die innerstaatliches Recht richtlinienkonform auslege, nicht aufweisen.[611] Hierzu ist zum einen festzuhalten, dass diese letztere Entscheidung neuer ist. Zum anderen nimmt sie im nationalen Recht bestehende etwaige unbestimmte Rechtsbegriffe nicht von der Grundregel, dass richtlinienkonforme Auslegung keine Umsetzung ist, aus. Bei allen Einzelfallentscheidungen in der Rechtspre-chung des EuGH[612] kristallisieren sich – so ergeben Auswertungen einschlägiger Rechtsprechung – dennoch bestimmte Grundfeste heraus: Bedeutsam sei nach dem EuGH daher zum einen der Rechtssicherheitsgrundsatz. Die normative Richtlinienumsetzung müsse aus der Normadressaten-Perspektive insbesondere Publizitäts-, Klarheits- und Bestimmtheitserfordernis genügen. Bei der Wahl der

---

608 EuGH, Urt. v. 29.05.1997, Rs. C-300/95 – Kommission, Slg. 1997, I-2663 (2671 f.), Rn. 33 ff.

609 EuGH, Urt. v. 10.05.2001, Rs. C-144/99 – Kommission, Slg. 2001, I-3558 ff.

610 EuGH, Urt. v. 10.05.2001, Rs. C-144/99 – Kommission, Slg. 2001, I-3558 (3565) Rn. 17.

611 EuGH, Urt. v. 10.05.2001, Rs. C-144/99 – Kommission, Slg. 2001, I-3558 (3566) Rn. 21.

612 Vom *„scheinbare[-n] Widerspruch"* spricht *Burger*, DVBl. 2013, 1431 (1435).

Mittel ergebe sich daher ein „*weitreichender Rechtsnormvorbehalt*", dem nament-lich Parlamentsgesetze und Rechtsverordnungen genügen würden. Eine richtli-nienkonforme Verwaltungspraxis ohne Bindung an verbindliche normative Akte sei jedenfalls – mangels Transparenz für den Normadressaten – unzureichend.[613]

In dieser Gesamtschau drängt sich folgende Schlussfolgerung auf: Gibt es kein Umsetzungsgesetz, kann *nur* eine richtlinienkonforme Auslegung durch Verwaltung und Gerichte den Anforderungen an eine solche Umsetzung nicht genügen, und zwar aus Gründen von Rechtsklarheit und Rechtssicherheit. Gibt es schon ein Umsetzungsgesetz, so ist dieses freilich in der Gesamtschau zu betrachten, es kann damit aber wohl kaum der Grundsatz von Rechtsklarheit und Rechtssicherheit entfallen. Damit würde es aber nicht konform gehen, wenn man bei innerstaatlichen Umsetzungsgesetzen eine Ausnahme dahinge-hend machen würde, eventuell verbleibende Defizite (wo die Richtlinie mehr verlangt, als das Umsetzungsgesetz explizit hergibt) über die richtlinienkon-forme Auslegung als „endgültig bereinigt" anzusehen.[614] Denn übergreifend muss das „*unionsrechtliche* [i. Orig.: -n] *Gebot der Umsetzungstransparenz*"[615] gelten: Rechtssicherheit und insbesondere Rechtsklarheit sind – insbesonde-re widerum vor dem Hintergrund des Effektivitätsgrundsatzes – fundamentale Prinzipien in der Rechtsprechung des EuGH, die letztlich zum Erfordernis po-sitivrechtlicher Umsetzung von Richtlinienvorgaben führen:[616] Das vom EuGH postulierte Transparenzerfordernis bei der Umsetzung muss Wirkung entfalten können, egal ob es sich um ein nationales Gesetz handelt, das schon vor der Richtlinie existierte oder ob es sich um ein (unvollständiges) Umsetzungsge-setz handelt. Für die Transparenz kann auch nicht ausschlaggebend sein, ob die umzusetzende Regelung Bürger begünstigt oder belastet oder ob sie objektive Verpflichtungen für die Mitgliedstaaten enthält. Vor allem kann es nicht ent-scheidend sein, warum die nationale Regelung intransparent ist: Sei es, dass das nationale Gesetz den Anschein vermittelt, eine *abschließende Regelung* zu treffen – obwohl es das, unionsrechtlich überformt, gar nicht tut. Sei es, dass

---

613 *Burger*, DVBl. 2013, 1431 (1435) m.w.N.; zu den Erfordernissen von Rechtssicherheit und -klarheit siehe auch *König*, in: *Schulze* u.a., Europarecht, § 2 Rn. 52 f. m.w.N. aus der Rechtsprechung des EuGH vor allem in Fn. 142.

614 *Grüner*, Planerischer Störfallschutz, S. 200 f. kommt – konkret mit Blick auf die nationale Umsetzungsnorm des § 50 S. 1 BImSchG – zum selben Ergebnis.

615 *Greiner*, Der Betrieb 2014, 1987 (1990) mit Nachweisen aus der Rechtsprechung des EuGH zu diesem Erfordernis von Klarheit und Transparenz in Fn. 37.

616 Vgl. hierzu – ebenso wie zum Nachstehenden – *Burger*, DVBl. 2013, 1431 (1435 ff.) m.w.N. auch aus der Rechtsprechung des EuGH.

für einen bestimmten, nun durch Richtlinienrecht überformten Sachverhalt *gar keine* nationale Regelung existiert – auch das macht für Normadressaten nicht klar und durchschaubar, wie genau sich hier mittels richtlinienkonformer Auslegung die Rechtslage darstellt. Ebenso wenig sind die Anforderungen an Klarheit, Bestimmtheit und Transparenz erfüllt, wenn das nationale Recht unbestimmte Rechtsbegriffe und Generalklauseln enthält, die grundsätzlich richtlinienkonform „auffüllbar" sind.

Weder Verwaltungs- noch Rechtspraxis[617] können diesen Anforderungen an eine echte Umsetzung genügen. Gerade mit Blick auf die Verwaltungspraxis wird hierbei häufig betont, dass eine Anpassung der Verwaltungspraxis nicht Umsetzung sein könne, weil die Verwaltung ihre Praxis jederzeit wieder ändern könne.[618] Das gilt freilich letztlich nur eingeschränkt, wenn man wiederum an die bereits genannte Sonderkonstellation denkt: nämlich an gerichtlich voll überprüfbare (!) unbestimmte Rechtsbegriffe (ohne Beurteilungsspielraum), die ein – im Übrigen zu einer Richtlinienvorgabe sich eben gerade nicht äußerndes – Umsetzungsgesetz enthalten mag. Letztlich liegt die Letztentscheidungskompetenz dann beim Gericht und dessen Rechtspraxis, was die Angelegenheit mit Blick auf Transparenz und Klarheit aber nicht unbedingt besser macht. Aber auch richtlinienkonforme Auslegung in der Rechtspraxis – und sogar höchstrichterliche Judikatur – stellt keine Richtlinienumsetzung dar. Der EuGH sieht die richtlinienkonforme Auslegung durch Gerichte tendenziell nicht als Richtlinienumsetzung an und auch im Schrifttum wird allenfalls höchstrichterliche Rechtsprechung in Betracht gezogen.[619] Doch letztlich sind es auch hier wieder die grundlegenden Gebote von Klarheit, Bestimmtheit und Rechtssicherheit, die einer Qualifizierung von richtlinienkonformer Rechtsprechung als Umsetzung entgegenstehen.[620] Sehr deutlich kommt dies in den Schlussanträgen des Generalanwalts Tizzano zu oben bereits genannter Entscheidung des EuGH aus dem Jahr 2001 zum Ausdruck: Eine richtlinienkonforme Auslegung komme „*in der Zeit bis zur Umsetzung der Richtlinie oder solange die Umsetzung nicht ordnungsgemäß oder unvollständig ist*" zum Tragen. Sie sei dagegen „*gewiss nicht*"

---

617 Mit diesen Begriffen gemeint ist die richtlinienkonforme Auslegung des nationalen Rechts durch mitgliedstaatliche Behörden beziehungsweise Gerichte; verwendet ebenso z.B. bei *König*, in: *Schulze* u.a., Europarecht, § 2 Rn. 52 f.

618 *König*, in: *Schulze* u.a., Europarecht, § 2 Rn. 52.

619 *Burger*, DVBl. 2013, 1431 (1436) m.w.N. in Fn. 81, zur Rechtsprechung des EuGH in Fn. 83, 85.

620 Weitere Argumente mit jeweils weiteren Nachweisen bei *Burger*, DVBl. 2013, 1431 (1437 f.).

Rechtfertigung für eine mangelhafte oder keine Umsetzung. Insbesondere lasse eine richtlinienkonforme Auslegung nationalen Rechts *„nach den vom Gerichtshof aufgestellten Grundsätzen"* nicht die Pflicht des Gesetzgebers entfallen, im Rahmen seines Kompetenzbereichs eine Umsetzung zu gewährleisten. Das verstieße nämlich namentlich gegen Rechtssicherheit und Publizität bei der Umsetzung, was nicht nur für Richtlinien gelte, die Ansprüche Einzelner gewähren.
[621] Diese Ausführungen erstrecken sich auf das gesamte nationale Recht, sei es (unvollständiges) Umsetzungsrecht oder originäres mitgliedstaatliches Recht vor Richtlinienerlass.[622] Dem Normadressaten wird ohne echten Umsetzungsakt die Kenntnis seiner Rechte erschwert[623] – ebenso erschwert wird die Erkennbarkeit objektiver Verpflichtungen des Mitgliedstaates.[624] Nicht zuletzt kann sich – auch höchstrichterliche – Rechtspraxis ändern. Über den nationalen „Tellerrand" hinaus ist mit *König* – zum Thema Rechtssicherheit – die Gefahr zu sehen, dass Gerichte nationale Vorschriften in unterschiedlicher Weise richtlinienkonform auslegen, nicht zuletzt da in den meisten Mitgliedstaaten zumindest keine rechtliche allgemeine Bindungswirkung höchstrichterlicher Entscheidungen existiere.[625] Schließlich fällt ins Gewicht, dass auch Richtlinien selbst sich zum Umsetzungsbedürfnis äußern, wie exemplarisch Art. 31 Abs. 1 UAbs. 1 der Richtlinie 2012/18/EU zeigt: *„Die Mitgliedstaaten erlassen die erforderlichen Rechts- und Verwaltungsvorschriften, um dieser Richtlinie bis zum 31. Mai 2015 nachzukommen. Sie wenden diese Vorschriften ab dem 1. Juni 2015 an."* Gerade hieraus wird deutlich, dass über bloße Verwaltungspraxis hinaus noch nicht einmal Verwaltungsvorschriften allein dem Umsetzungserfordernis genügen. Das ergibt sich letztlich insbesondere aus dem – auch vom EuGH häufig betonten – Transparenzgedanken,[626] der es erforderlich erscheinen lässt, dass nicht nur mittels Richtlinien gewährte Rechte sondern auch Belastungen in einer Umsetzungsnorm erkennbar werden. Darüber hinaus überzeugt vor diesem Hintergrund die Ergänzung dahingehend, dass *„auch Richtlinienvorschriften, die der*

621　Schlussanträge des Generalanwalts Tizzano vom 23.01.2001 in der Rs. C-144/99, Slg. 2001, I-3541 (3554 ff.), Rn. 34 ff. m.w.N.

622　Vgl. Schlussanträge des Generalanwalts Tizzano vom 23.01.2001 in der Rs. C-144/99, Slg. 2001, I-3541 (3554 ff.), Rn. 34 unter Verweis auf Rechtsprechung des EuGH in Fn. 12.

623　*König*, in: *Schulze* u.a., Europarecht, § 2 Rn. 53.

624　*Burger*, DVBl. 2013, 1431 (1438) m.w.N. in Fn. 111.

625　*König*, in: *Schulze* u.a., Europarecht, § 2 Rn. 53.

626　*Burger*, DVBl. 2013, 1431 (1436) m.w.N. – auch zur einschlägigen Rechtsprechung des EuGH – insbesondere in Fn. 71 ff.

nationalen Verwaltung objektive Pflichten auferlegen, die Regelung des Gesamt-umfangs der administrativen Aufgaben mit allen begünstigenden und belastenden Konsequenzen für die Bürger in Umsetzungsvorschriften mit Rechtsnormqualität" erfordern würden.[627]
Wie sich diese Überlegungen konkret auf Art. 13 Abs. 2 lit. a) der Richtlinie 2012/18/EU und das nationale deutsche Recht auswirken, darauf wird noch ein-zugehen sein.[628]
Die richtlinienkonforme Auslegung nationalen Rechts stellt ihrerseits aber gleichwohl eine *„verbindliche Anleitung zur Erzielung eines bestimmten Ergebnisses"*[629] dar,[630] und könnte damit für nationale Behörde eine gangbare Möglichkeit sein, einer etwaigen Verpflichtung zur Erreichung des Richtlini-enziels – im Sinne eines *„Ergebnisses"*[631] – nachzukommen. Es könnte in die-sem Sinne mittels der richtlinienkonformen Auslegung – so *Borchardt* – von Seiten der Behörde *„Richtlinienkonformität auf der Ebene der Rechtsanwendung"* hergestellt werden, was eine *„einheitliche Auslegung und Anwendung"* des vom Unionsrecht beeinflussten nationalen Rechts garantieren würde, so dass *„auf*

---

627 *Burger,* DVBl. 2013, 1431 (1436) m.w.N. in Fn. 76.

628 Dort geht es um die Frage, ob § 50 S. 1 BImSchG, der zwecks Umsetzung der Seveso-Richtlinie eigens geändert wurde, überhaupt richtlinienkonform so ausgelegt werden könnte, dass ein Umsetzungsdefizit für den Bereich der Vorhabenzulassung gar nicht mehr besteht. Dies ist – so viel sei vorweggenommen – abzulehnen, da schon nach dem EuGH die Bedeutung nationaler Rechtsvorschriften unter Berücksichtigung ihrer Auslegung durch nationale Gerichte zu beurteilen ist (siehe soeben: EuGH, Urt. v. 29.05.1997, Rs. C-300/95 – Kommission, Slg. 1997, I-2663 (2672), Rn. 37). Hinsichtlich § 50 S. 1 BImSchG waren sich sämtliche Vorinstanzen und auch das BVerwG bereits im Vorlagebeschluss einig, dass § 50 S. 1 BImSchG gebundene Ge-nehmigungsentscheidungen nach § 34 Abs. 1 BauGB nicht erfasst. Auch nach der Entscheidung des EuGH in der Sache Mücksch hat das BVerwG bei seiner richt-linienkonformen Auslegung keinesfalls auf § 50 S. 1 BImSchG abgestellt. Es sei zudem darauf hingewiesen, dass ein Referentenentwurf der Bundesregierung exis-tiert, welcher in der Anpassung von § 50 BImSchG an die aktuelle Rechtsprechung zu Art. 13 Abs. 2 lit a) der Richtlinie 2012/18/EU eine *„Klarstellung"* sieht, siehe Referentenentwurf der Bundesregierung, S. 1 f., 12, 25 f. (Zitat z.B. auf S. 2). Hielte man eine solche nicht für erforderlich, würde man kaum das Gesetz ändern wollen. Das stützt die hier vertretene Auffassung zusätzlich.

629 *Schroeder,* in: *Streinz,* EUV/AEUV, Art. 288 AEUV Rn. 126.

630 In diesem Sinne beispielsweise auch *Bach,* JZ 1990, 1108 (1112).

631 *Schroeder,* in: *Streinz,* EUV/AEUV, Art. 288 AEUV Rn. 76.

nationaler Ebene nicht das auseinanderdividiert [Anm. d. Verf.: werde] *was durch die Richtlinie auf EU-Ebene gerade erst angeglichen wurde"*.[632]

Woher eine solche Pflicht aber dann tatsächlich kommt, wer Adressat dieser Verpflichtung zur richtlinienkonformen Auslegung ist und welche Rolle dies für die vorliegende Arbeit spielt, wird an dieser Stelle nun zu klären sein. Von Interesse ist bei der vorliegenden Bearbeitung dabei insbesondere – ruft man sich den Fall „Mücksch" ins Gedächtnis – ob es sich bei der richtlinienkonformen Auslegung um eine Maßnahme zur Erfüllung der Verpflichtung zur Zielerreichung handelt und ob Verwaltungsbehörden Adressaten der entsprechenden Verpflichtung sind.

(aa) (Übereinstimmende) Herleitung einer „Pflicht zur richtlinienkonformen Auslegung" (und einer „Pflicht, Maßnahmen zur Erfüllung der Verpflichtung zur Zielerreichung zu ergreifen")

Ein starkes Indiz hierfür wäre es, wenn einer Pflicht zur richtlinienkonformen Auslegung *tatsächlich* die identische Herleitung zugrundeliegen würde wie der Pflicht, Maßnahmen zur Erfüllung der Verpflichtung zur Zielerreichung zu treffen. Über eine derartige identische Begründung beider Pflichten geht teilweise auch der EuGH – bereits in früherer und ebenso wieder in jüngerer Rechtsprechung[633] – vor, bevor er im Anschluss hieran innerstaatliche Träger als Adressaten dieser Pflichten ausmacht.

Die mitgliedstaatliche Pflicht, Maßnahmen zur Erfüllung der Verpflichtung zur Zielerreichung zu treffen, wurde vorliegend aus Art. 4 Abs. 3 UAbs. 2 EUV hergeleitet, wobei diese Pflicht wiederum in Verbindung mit Art. 288 AEUV sowie der Richtlinie selbst zu sehen ist, woraus sich die Verpflichtung zur Zielerreichung ihrerseits ergibt. Die Rechtsprechung des EuGH, welche genau Vorstehendes besagt, wurde damit für richtig befunden.

---

632 *Borchardt*, in: *Schulze* u.a., Europarecht, § 15 Rn. 73 f., allerdings mit Blick (offenbar nur) auf das nationale Umsetzungsrecht. *Burger*, DVBl. 2013, 1431 (1432) gesteht der richtlinienkonformen Auslegung in ähnlicher Weise Bedeutung zu: Sie gewähre nicht nur die Auswahl zwischen verschiedenen nationalen Auslegungsergebnissen, sondern diene gerade „*der Schließung von Regelungslücken (…) die allein anhand des Richtlinienrechts feststellbar sind"*.

633 Siehe abermals oben ausführlich zu den Entscheidungen: EuGH, Urt. v. 10.04.1984, Rs. 14/83 – von Colson/Kamann, Slg. 1984, 1891 (1909), Rn. 26; ebenso: EuGH, Urt. v. 13.11.1990, Rs. C-106/89 – Marleasing SA, Slg. 1990, I-4156 (4159), Rn. 8; EuGH, Urt. v. 19.01.2010, Rs. C-555/07 – Kücükdeveci, EuZW 2010, 177 (179), Rn. 48.

Eine – unionsrechtliche – Herleitung des Gebots richtlinienkonformer Auslegung nationalen Rechts findet verschiedene Anknüpfungspunkte im rechtswissenschaftlichen Diskurs ebenso wie in der Rechtsprechung: Manche wollen das Gebot allein aus Art. 288 Abs. 3 AEUV herleiten.[634] Andere knüpfen allein an den heutigen Art. 4 Abs. 3 EUV an.[635] Weitere Stimmen sehen beide Vorschriften im Zusammenspiel.[636] Daneben gibt es noch völlig andere Herangehensweisen, auf welche ebenfalls sogleich im Kontext eingegangen werden soll.

Der EuGH fokussierte in seiner früheren Rechtsprechung noch primär die Vorgängernormen des heutigen Art. 4 Abs. 3 UAbs. 2 EUV [637] zur Herleitung einer Pflicht zu richtlinienkonformer Auslegung nationalen Rechts[638] und griff auf diese Rechtsprechung mittlerweile im Jahr 2010 – wenngleich ohne konkreten Normbezug auf Art. 4 Abs. 3 UAbs. 2 EUV – wieder zurück.[639] Die Rechtsprechung des EuGH in der Rechtssache Adeneler favorisierte hingegen ganz deutlich einen Kombinationsansatz aus den heutigen Art. 288 Abs. 3 AEUV, Art. 4 Abs. 3 UAbs. 3 EUV und der Richtlinie selbst.[640] Dort, und zuletzt unter anderem 2012 in der Rechtssache Dominguez formulierte der EuGH zudem ähnlich wie bereits 2004 in der Rechtssache Pfeiffer: *„Das Gebot einer gemeinschaftsrechtskonformen Auslegung des nationalen Rechts ist dem EG-Vertrag immanent, da dem nationalen Gericht dadurch ermöglicht wird, im Rahmen seiner Zuständigkeit*

---

634 Z.B. *Brechmann*, Die richtlinienkonforme Auslegung, S. 256 (allerdings noch bezogen auf Art. 189 Abs. 3 EWGV) unter Verweis auf frühere Rechtsprechung des EuGH; *Remien*, in: *Schulze* u.a., Europarecht, § 14 Rn. 30 m.w.N. in Fn. 170.

635 Z.B.: BVerfGE 75, 223 (237); *Bach*, JZ 1990, 1108 (1111), noch zum damaligen Art. 5 EWGV.

636 Z. B. *Borchardt*, in: *Schulze* u.a., Europarecht, § 15 Rn. 74.

637 Vgl. hierzu z.B.: EuGH, Urt. v. 10.04.1984, Rs. 14/83 – von Colson/Kamann, Slg. 1984, 1891 (1909), Rn. 26; ebenso: EuGH, Urt. v. 13.11.1990, Rs. C-106/89 – Marleasing SA, Slg. 1990, I-4156 (4159), Rn. 8; zwar wurde nur Art. 5 EWG in den einschlägigen Urteilen genannt, jedoch muss Art. 5 Abs. 1 S. 1 EWG gemeint gewesen sein.

638 Nicht ganz deutlich wird in jenen Urteilen, ob auch die Richtlinie selbst in die jeweilige Herleitung einer Pflicht zur richtlinienkonformen Auslegung mit einbezogen werden sollte.

639 EuGH, Urt. v. 19.01.2010, Rs. C-555/07 – Kücükdeveci, EuZW 2010, 177 (179), Rn. 47f.

640 Unklar noch bei EuGH, Urt. v. 05.10.2004, verb. Rs. C-397/01 bis C-403/01 – Pfeiffer u.a., Slg. 2004, I-8878 (8917 f.), Rn. 111 ff; so aber dann explizit EuGH, Urt. v. 04.07.2006, Rs. C-212/04 – Adeneler u.a., Slg. 2006, I-6091 (6133), Rn. 113, wobei dort von *„Artikeln 10 Absatz 2 EG und 249 Absatz 3 EG sowie der betreffenden Richtlinie selbst"* gesprochen wird.

die volle Wirksamkeit des Gemeinschaftsrechts zu gewährleisten (...)[641] 2012 formuliert der EuGH insoweit fast identisch: „*Die Verpflichtung zur unionsrechts-konformen Auslegung des nationalen Rechts ist dem System des AEU-Vertrags immanent (...)*"[642]

Gerade was aber die Herleitung der Pflicht zur richtlinienkonformen Auslegung aus den genannten Normen des Unionsrechts angeht, wird in verschiedenster Hinsicht Kritik vorgetragen:

Statt aus jenen, nämlich allein aus der Umsetzungsverpflichtung selbst, leitet *Funke* die Pflicht zur richtlinienkonformen Auslegung als (nur) „*methodischen Standard*" her: Für ihn bedeutet das Abstellen auf den heutigen Art. 288 Abs. 3 AEUV zur Begründung der Pflicht zur richtlinienkonformen Auslegung gerade nicht, dass damit eine Pflicht zur Zielerreichung einhergehe. Vielmehr will er „*die vom EuGH aufgestellte ‚Verpflichtung' zur richtlinienkonformen Auslegung in einem anderen Licht (...) betrachten*" und bestreitet deren Herleitbarkeit aus Art. 288 Abs. 3 AEUV sowie Art. 4 Abs. 3 EUV: Es handle sich bei diesem Gebot nicht um eine „*Rechtsnorm*" sondern um eine „*methodische Regel*", die keine Rechtsvorschrift „*im Sinne von Verhaltensnormen*" sei sondern „*eine besondere rechtliche Natur*" habe. Methodenfragen seien „*nicht ein Thema des Art. 249 Abs. 3 EGV* [Anm. d. Verf.: also des neuen 288 Abs. 3 AEUV] *(...) aber auch kein Thema des Art. 4 Abs. 3 AEUV* [sic!] [Anm. d. Verf.: *Funke* meint Art. 4 Abs. 3 EUV neu]". Vielmehr verhalte es sich so, dass die Umsetzungsverpflichtung selbst einen methodischen Standard auslöse, dessen Nichtbeachtung zur Verletzung des in Art. 4 Abs. 3 EUV beinhalteten Effektivitätsgrundsatzes führe, was freilich letztlich dazu führe, dass man diesen methodischen Standard – also das Gebot richtlinienkonformer Auslegung – aus diesem Grund einhalten müsse.[643]

In der Sache ist *Funke* freilich zuzustimmen: Wird vom Mitgliedstaat nicht korrekt umgesetzt, ist richtlinienkonform auszulegen, um den unionsrechtlichen Vorgaben überhaupt noch Wirkung im nationalen Rechtskreis verschaffen zu

---

641 EuGH, Urt. v. 04.07.2006, Rs. C-212/04 – Adeneler u. a., Slg. 2006, I-6091 (6133), Rn. 109.

642 EuGH, Urt. v. 24.01.2012, Rs. C-282/10 – Dominguez, NJW 2012, 509 (519), Rn. 24, wo explizit auf die Rechtssache Pfeiffer sowie weitere Entscheidungen verwiesen wird.

643 *Funke*, Umsetzungsrecht, S. 134 f. Nicht ganz klar ist vor diesem Hintergrund die vorangehende Aussage *Funkes*, das Gebot richtlinienkonformer Auslegung nur „*in solchen Fällen*" von verbleibenden Auslegungsfragen trotz rechtzeitiger und vollständiger *Umsetzung „nicht als Rechtspflicht, sondern nur als methodische Regel aufzufassen*", siehe *Funke*, Umsetzungsrecht, S. 131.

können. Jedoch bedarf es *Funkes* „Umwegs" über die Umsetzungsverpflichtung und die aus jener hergeleitete Entwicklung eines – im Übrigen in dessen Existenz noch zu belegenden – methodischen Standards überhaupt nicht. Denn eine dogmatische Begründung der Pflicht zur richtlinienkonformen Auslegung lässt sich – wie anschließend zu zeigen sein wird – sehr wohl über die primärrechtlichen Normen des EUV herleiten und erhält damit eine tragfähige rechtliche und dogmatische Grundlage, welche vor dem Hintergrund des auch von *Funke* genannten „effet utile" ebenso wie in Anbetracht der Grundsätze von Rechtsklarheit und -sicherheit allein in aller Interesse sein kann.

Wo mit ganz anderem Ansatz hingegen *Remien* schlussfolgert – wenn man das Gebot richtlinienkonformer Auslegung aus dem Willen des nationalen Umsetzungsgesetzgebers ableite[644] – übersähe dies gerade die notwendige Bindung von Gerichten und Behörden an die Zielvorgaben der Richtlinie,[645] so erliegt er damit letztlich einem Zirkelschluss, denn diese Bindung innerstaatlicher Organe an die Ziele der Richtlinie gilt es doch gerade zu begründen.

Gleichwohl überzeugt dennoch ebenfalls nicht die Auffassung *Dänzer-Vanottis* von der Herleitung eines Gebots richtlinienkonformer Auslegung aus dem Willen des Umsetzungsgesetzgebers. Zu dieser gelangt *Dänzer-Vanotti*, indem er die richtlinienkonforme Auslegung nicht als „*selbständige*", sondern als Teil einer „*allgemeinen*" von deutschen Gerichten vorzunehmenden Auslegungsmethode einordnet, die „*keinen rechtlichen Vorrang vor den herkömmlichen Auslegungsregeln*" genieße; insoweit würde die Rechtsprechung des Bundesverfassungsgerichts greifen, nach welcher bei der Auslegung auf einen „*objektivierten Willen des Gesetzgebers*" abgestellt werden müsse.[646] Dieser Ansatz vermag nicht zu überzeugen: Zu einer richtlinienkonformen Auslegung kommt man nämlich insbesondere dann, wenn der zur Umsetzung verpflichtete nationale Gesetzgeber seiner Umsetzungspflicht mit Ablauf der Umsetzungsfrist gerade nicht nachgekommen ist. Diese Nicht-Erfüllung seiner dahingehenden Pflicht lässt – sofern überhaupt – allenfalls den Rückschluss auf einen Willen des Umsetzungsgesetzgebers zu, der jedenfalls nicht darauf gerichtet ist, den Vorgaben

---

644 So wohl *Dänzer-Vanotti*, RIW 1991, 754 (754).

645 *Remien*, in: *Schulze* u.a., Europarecht, § 14 Rn. 30.

646 *Dänzer-Vanotti*, RIW 1991, 754 (754) m.w.N. vor allem zur Rechtsprechung des BVerfG in Fn. 6. Einen ähnlich auf nationales Recht abstellenden Ansatz verfolgt *Ehricke*, EuZW 1999, 553 (554), geht aber nicht ganz so weit: Er sieht die Grundlage für eine Pflicht zur richtlinienkonformen Auslegung ebenfalls im nationalen Recht, verweist aber ergänzend auf Art. 10 EGV – mithin wiederum den heutigen Art. 4 Abs. 3 EUV.

der in Rede stehenden Richtlinie im nationalen Recht Wirkung zu verschaffen. In diese Richtung geht auch die Überlegung von *Jarass*, der zwar – was das nationale Umsetzungsrecht als solches angeht – schon davon ausgeht, dass der nationale Gesetzgeber Normen, die er zur Umsetzung erlassen hat, richtlinienkonform auslegen will. Für „zweifelhaft" hält *Jarass* es aber, ob dieser Gedanke auch über Umsetzungsrecht hinaus für sonstige Normen angewandt werden kann. *Jarass* stellt dabei „*insbesondere*" auf vor einer Richtlinie ergangenes Recht ab, bei welchem dem nationalen Gesetzgeber „*nur schwer der Wille unterstellt werden* [Anm. d. Verf.: kann], *die ihm möglicherweise noch völlig unbekannte Richtlinie erfüllen zu wollen*".[647] Dasselbe muss wohl auch gelten, wenn die Richtlinie schlicht gar nicht umgesetzt wird. Jenseits dessen ist es auch von daher problematisch, das Gebot richtlinienkonformer Auslegung aus dem Willen des nationalen Gesetzgebers herzuleiten, als es gerade nicht nur „den einen" Umsetzungsgesetzgeber gibt, sondern eine Vielzahl – nämlich die gesetzgebenden Organe in all jenen Mitgliedstaaten der EU, an welche sich die betreffende Richtlinie richtet; Probleme hinsichtlich Einheitlichkeit sind damit, würde man diesem Ansatz folgen, beinahe unausweichlich. Auch der Verweis auf einen „objektivierten" gesetzgeberischen Willen kann über die – dem Kontext des Unions- beziehungsweise Richtlinienrechts eigene – Pluralität der nationalen Gesetzgeber nicht hinweghelfen. Ein einheitlicher objektivierter Wille wird sich hier nur schwer eruieren lassen. Der Objektivierungsgedanke des Bundesverfassungsgerichts, auf den sich *Dänzer-Vanotti* in seiner Argumentation stützt, ist nicht für das Unionsrecht, sondern lediglich für das nationale Recht gemacht, in welchem eine solche Pluralität gerade nicht herrscht.

Einen ganz anderen Begründungsansatz für eine unionsrechtskonforme Auslegung verfolgen *Jarass* und *Beljin*, die davon ausgehen, dass es sich bei jenem „*Institut*"[648] um einen „*Ausfluss des Vorrangs des EG-Rechts*"[649] handle. „Vorrang" in diesem Sinne meine aber nicht den klassischen Anwendungsvorrang des Unionsrechts (unabhängig von dessen exakter Reichweite je nachdem ob dem EuGH oder dem BVerfG gefolgt wird), welcher insbesondere eine unmittelbare Anwendbarkeit des zugrundeliegenden Unionsrechts voraussetze; vielmehr sei insoweit von einem „*Vorrang im weiteren Sinne*"[650] zu sprechen, der ebensolche

---

647 *Jarass*, EuR 1991, 211 (217).

648 *Jarass/Beljin*, NVwZ 2004, 1 (2).

649 *Jarass/Beljin*, NVwZ 2004, 1 (2); einen „*Vorrang*" der richtlinienkonformen Auslegung bringt bereits *Spetzler*, RIW 1991, 579 ff. (Zitat z.B. auf S. 582) ins Spiel, siehe hierzu andererseits die Erwiderung von *Dänzer-Vanotti*, RIW 1991, 754 f.

650 *Jarass/Beljin*, NVwZ 2004, 1 (2).

unmittelbare Anwendbarkeit nicht voraussetze und auch andere Rechtsfolgen habe.[651] Diese Ansicht überzeugt ebenfalls aus mehreren Gründen nicht: Zum einen bleibt bereits unklar, welche Voraussetzungen und Rechtsfolgen die Konstruktion vom „Vorrang im weiteren Sinne" selbst denn überhaupt haben soll – hierauf wird von den Autoren nämlich nicht näher eingegangen. Unklar bleibt insofern auch, ob es einen solchen „Vorrang im weiteren Sinne" überhaupt geben kann beziehungsweise woraus er sich dogmatisch herleiten lässt. Zum anderen erscheint es nicht nur argumentativ etwas dürftig, aus einem nur ersonnenen Konstrukt eine Pflicht zur unionsrechtskonformen Auslegung herleiten zu wollen (*„Ausfluss"*), sondern fast schon zirkelschlussartig, mit jener Pflicht gleichsam die Konstruktion des „Vorrangs im weiteren Sinn" wiederum belegen zu wollen. Nicht erklärt wird überdies, wie sich aus alledem eine konkrete Pflicht nationaler – innerstaatlicher – Verwaltungsbehörden ergeben soll.

Es verbleibt damit als allein tragfähig der Ansatz, die Pflicht zur richtlinienkonformen Auslegung des nationalen Rechts aus dem geschriebenen Unionsrecht herzuleiten. Dabei muss entschieden werden, ob diese Herleitung sich auf Art. 288 Abs. 3 AEUV, Art. 4 Abs. 3 (UAbs. 2 oder 3) EUV, die Richtlinie selbst oder auf ein Zusammenspiel aller stützt.

In früheren einschlägigen Urteilen (1984 Von Colson sowie 1990 Marleasing) des EuGH war, wie bereits mehrfach erwähnt, noch deutlich – bereits anhand der Formulierung *„Daraus folgt (...)"*[652] – erkennbar, dass nach Einschätzung des Gerichtshofs die Pflicht eines Trägers zur richtlinienkonformen Auslegung, um das in Art. 288 Abs. 3 AEUV verankerte Ziel zu erreichen, aus dem heutigen Art. 4 Abs. 3 UAbs. 2 EUV folgen solle.[653] Nicht ganz klar wird in den betreffenden Passagen lediglich, ob auch die Richtlinie selbst in die jeweilige Herleitung einer Pflicht zur richtlinienkonformen Auslegung mit einbezogen werden soll.

---

651   *Jarass/Beljin*, NVwZ 2004, 1 (2).
652   EuGH, Urt. v. 10.04.1984, Rs. 14/83 – von Colson/Kamann, Slg. 1984, 1891 (1909), Rn. 26; ebenso: EuGH, Urt. v. 13.11.1990, Rs. C-106/89 – Marleasing SA, Slg. 1990, I-4156 (4159), Rn. 8.
653   EuGH, Urt. v. 10.04.1984, Rs. 14/83 – von Colson/Kamann, Slg. 1984, 1891 (1909), Rn. 26; ebenso: EuGH, Urt. v. 13.11.1990, Rs. C-106/89 – Marleasing SA, Slg. 1990, I-4156 (4159), Rn. 8; gesprochen wurde a.a.O. jeweils lediglich von „*Artikel 5 EWG-Vertrag"*, gemeint war dessen Absatz 1.
      Streinz, in: *Streinz*, EUV/AEUV, Art. 4 EUV Rn. 33 Fn. 134 kommt ebenso zu der Feststellung, dass in der Rechtssache Von Colson/Kamann der EuGH die Pflicht zur richtlinienkonformen Auslegung auf den heutigen Art. 4 Abs. 3 EUV (den damaligen Art. 5 EWGV) stützt, ebenso werde vom EuGH jedoch auf den heutigen Art. 288 Abs. 3 AEUV (dden amaligen Art. 189 Abs. 3 EWGV) abgestellt.

Weitere Ausführungen macht der EuGH in den betreffenden Entscheidungen hierzu nicht.

Im Jahr 2010 greift der EuGH – was die Begründung einer Pflicht zur richtlinienkonformen Auslegung nationalen Rechts anbelangt – diese Rechtsprechung wieder auf, denn nach Erläuterung der Herleitung einer Pflicht zur Zielerreichung (aus der Richtlinie und aus Art. 288 AEUV) sowie einer mitgliedstaatlichen Pflicht, Maßnahmen zur Erfüllung dieser Verpflichtung zu treffen (ohne Normbezug), welche allen Trägern öffentlicher Gewalt der Mitgliedstaaten oblägen, schlussfolgert er hieraus (!) die Pflicht nationaler Gerichte, bei der Auslegung nationalen Rechts diese an Wortlaut und Zweck der Richtlinie zu orientieren.[654] Der Kausalzusammenhang wird deutlich durch die Formulierung *„Folglich (...)"*[655]. Dass das *„Gebot einer unionsrechtskonformen Auslegung des nationalen Rechts (...) dem System des Vertrags immanent"* sei, findet sich ebenfalls in der Entscheidung wieder.[656]

Dazwischen war die Rechtsprechung eher verschwommen: In der Rechtssache Pfeiffer aus dem Jahr 2004 fehlt die Herstellung eines Kausalzusammenhangs im Sinne eines „Daraus folgt" völlig. Zwar bleibt es bei hergebrachter Rechtsprechung sowohl zur Herleitung der Pflicht zur Zielerreichung als auch bezüglich der Pflicht, Maßnahmen zur Erfüllung dieser Pflicht zu treffen.[657] In den nachfolgenden Abschnitten fehlt aber eine klare Stellungnahme zur Herleitung einer Pflicht zur richtlinienkonformen Auslegung, sondern wird lediglich das Institut gemeinschaftsrechtskonformer Auslegung des nationalen Rechts zur systemimmanenten Erscheinung erklärt.[658] Auch wird terminologisch nicht nachvollziehbar und klar zwischen richtlinienkonformer und gemeinschaftsrechtskonformer Auslegung unterschieden.[659] In der Entscheidung Adeneler bezieht der EuGH 2006 zur Frage nach der dogmatischen Begründung einer Pflicht zur richtlini-

---

654 EuGH, Urt. v. 19.01.2010, Rs. C-555/07 – Kücükdeveci, EuZW 2010, 177 (179), Rn. 47 f.

655 EuGH, Urt. v. 19.01.2010, Rs. C-555/07 – Kücükdeveci, EuZW 2010, 177 (179), Rn. 48.

656 EuGH, Urt. v. 19.01.2010, Rs. C-555/07 – Kücükdeveci, EuZW 2010, 177 (179), Rn. 48.

657 EuGH, Urt. v. 05.10.2004, verb. Rs. C-397/01 bis C-403/01 – Pfeiffer u.a., Slg. 2004, I- 8878 (8916 f.), Rn. 110.

658 EuGH, Urt. v. 05.10.2004, verb. Rs. C-397/01 bis C-403/01 – Pfeiffer u.a., Slg. 2004, I- 8878 (8916 f.), Rn. 114; später u.a. auch wieder in: EuGH, Urt. v. 24.01.2012, Rs. C-282/10 – Dominguez, NJW 2012, 509 (510), Rn. 24.

659 Zum Nachlesen siehe EuGH, Urt. v. 05.10.2004, verb. Rs. C-397/01 bis C-403/01 – Pfeiffer u.a., Slg. 2004, I-8878 (8917 f.), Rn. 111 ff.

enkonformen Auslegung ausdrücklich Stellung, wenn auch wieder unter dem Begriff der „gemeinschaftsrechtskonformen Auslegung"): „(...) den Grundsatz der gemeinschaftsrechtskonformen Auslegung anzuwenden, ist darauf hinzuweisen, dass diese sich aus den Artikeln 10 Absatz 2 [sic!] EG [Anm. d. Verf.: das entspräche dem heutigen Art. 4 Abs. 3 UAbs. 3 HS. 2 EUV] und 249 Absatz 3 EG sowie der betreffenden Richtlinie selbst ergebende Verpflichtung insbesondere dann zum Tragen kommt (...)"[660].

Da der EuGH seit 2004 das Gebot der gemeinschafts- beziehungsweise jetzt unionsrechtskonformen Auslegung als systemimmanent bezeichnet,[661] drängt sich zunächst der Gedanke auf, dies könnte zur Begründung des Instituts einer Pflicht zur richtlinienkonformen Auslegung genügen. Dem ist jedoch nicht so. Die Pflicht zur richtlinienkonformen Auslegung nationalen Rechts ist spezieller als die allgemeine Pflicht zur unionsrechtskonformen Auslegung[662] – insbesondere ist bei Ersterer den Spezifitäten der Richtlinie gemäß Art. 288 Abs. 3 AEUV, allem voran der grundsätzlich fehlenden unmittelbaren Anwendbarkeit, Rechnung zu tragen. Das scheint bereits der EuGH selbst zu erkennen, was in der Rechtssache Adeneler 2006 recht deutlich wird, die daher hier exemplarisch zur Verdeutlichung herangezogen wird:[663] Der EuGH unterscheidet terminologisch nicht ausdrücklich zwischen richtlinienkonformer und unionsrechts- (beziehungsweise gemeinschaftsrechts-)konformer Auslegung. Dennoch scheint er letztere als „allgemeiner" und mithin auf das gesamte Gemeinschafts- (beziehungsweise jetzt Unions-)recht bezogen zu betrachten. Die Feststellung in der Entscheidung Adeneler, das Gebot „einer" gemeinschaftsrechtskonformen Auslegung sei dem EGV immanent, steht ohne direkten Kontext zu den übrigen Feststellungen, die speziell auf die Richtlinie bezogen sind.[664] Wenn es darum

---

660 EuGH, Urt. v. 04.07.2006, Rs. C-212/04 – Adeneler u.a., Slg. 2006, I-6091 (6133), Rn. 113.

661 EuGH, Urt. v. 05.10.2004, verb. Rs. C-397/01 bis C-403/01 – Pfeiffer u.a., Slg. 2004, I-8878 (8916 f.), Rn. 114; EuGH, Urt. v. 04.07.2006, Rs. C-212/04 – Adeneler u.a., Slg. 2006, I-6091 (6133), Rn. 109; EuGH, Urt. v. 15.09.2011, Rs. C-53/10 – Land Hessen ./. Franz Mücksch OHG, UPR 2011, 443 (446), Rn. 32; : EuGH, Urt. v. 24.01.2012, Rs. C-282/10 – Dominguez, NJW 2012, 509 (510), Rn. 24.

662 Vom Ergebnis her so auch Streinz, in: Streinz, EUV/AEUV, Art. 4 EUV Rn. 33.

663 Zur richtlinienkonformen Auslegung als Unterfall des Gebots unionsrechtskonformer Auslegung, das den Verträgen „immanent" sei und darauf ziele, dem Unionsrecht die „volle Wirksamkeit" zu verleihen, siehe beispielsweise auch: EuGH, Urt. v. 19.01.2010, Rs. C-555/07 – Kücükdeveci, EuZW 2010, 177 (179), Rn. 48.

664 EuGH, Urt. v. 04.07.2006, Rs. C-212/04 – Adeneler u.a., Slg. 2006, I-6091 (6133), Rn. 109.

geht, nationales Recht anhand eben gerade einer solchen Richtlinie auslegen zu müssen, spricht der EuGH im Fall Adeneler von einer speziellen (*„Diese (...)"*) Pflicht zur gemeinschaftsrechtskonformen Auslegung.[665] Speziell hinsichtlich jener beziffert er eine Herleitung – in derselben Entscheidung – auch anhand konkreter primärrechtlicher Vertragsnormen,[666] was darauf schließen lässt, dass er selbst nicht davon ausgeht, die Qualifikation als Systementscheidung genüge zur Begründung speziell einer Pflicht zur richtlinienkonformen Auslegung.

Eine Pflicht zur richtlinienkonformen Auslegung ergibt sich schließlich auch nicht *allein* aus Art. 288 Abs. 3 EUV: Es lässt sich zwar bereits trefflich streiten, ob man dieser Norm überhaupt unterstellen kann, dass aus ihr irgendeine Verpflichtung erwachse.[667] In Übereinstimmung mit der neueren Rechtsprechung des EuGH ist aber davon auszugehen, dass sich – zumindest auch – aus Art. 288 Abs. 3 AEUV nicht nur die Verbindlichkeit der Richtlinienziele, sondern auch eine Pflicht zur Zielerreichung herleiten lässt.[668] Da es sich bei Art. 288 Abs. 3 AEUV um unionsrechtliches Primärrecht handelt, das selbst nicht unmittelbar anwendbar ist – und nur dann könnten innerstaatliche Behörden (und Gerichte) die Norm ohne Weiteres anwenden – kann aus dieser Norm allein noch keine Verhaltenspflicht für die mitgliedstaatliche Behörde resultieren.[669] Damit macht es aber keinen Sinn, auf eine solche Norm eine Pflicht zur richtlinienkonformen Auslegung stützen zu wollen – denn wenn durch sie nicht innerstaatliche Stellen gebunden werden können, so kann dies vor allem unter Effektivitätsgesichtspunkten bei der Anwendung des Unionsrechts nicht überzeugen.

Dasselbe gilt letztlich für die Ableitung einer Pflicht zur richtlinienkonformen Auslegung *allein* aus einer Richtlinie selbst: Auch diese ist innerstaatlich grundsätzlich gerade nicht unmittelbar anwendbar, sondern auf Umsetzung angelegt. Über die Annahme eines (Anwendungs-)Vorrangs der Richtlinie ist daher keine Verpflichtung zur richtlinienkonformen Auslegung herzuleiten, da die Richtlinie eben gerade mangels unmittelbarer Anwendbarkeit keinen solchen Anwendungsvorrang genießt.

---

665 EuGH, Urt. v. 04.07.2006, Rs. C-212/04 – Adeneler u.a., Slg. 2006, I-6091 (6133), Rn. 108.

666 EuGH, Urt. v. 04.07.2006, Rs. C-212/04 – Adeneler u.a., Slg. 2006, I-6091 (6133), Rn. 113.

667 Dies ablehnend z. B. *Funke*, Umsetzungsrecht, S. 123: *„Aus Art. 288 Abs. 1 und 3 AEUV folgt also keine Verpflichtung der Mitgliedstaaten."*

668 Siehe hierzu Seite 115 f.

669 Siehe hierzu Seite 127 f.

Es verbleibt damit als möglicher unionsrechtlicher Ansatz zur Herleitung einer Pflicht zur richtlinienkonformen Auslegung nationalen Rechts der heutige Art. 4 Abs. 3 EUV.

Art. 4 Abs. 3 EUV blickt auf eine weitreichende Vorgeschichte zurück, die kurz umrissen werden muss, um die Vorschrift zu verstehen. Ursprünglich gab es als Vorgängernorm nur Art. 5 EWGV, später Art. 5 EG und nach der Umnummerierung durch den Vertrag von Amsterdam befand sich die einschlägige Vorgängerregelung zum heutigen Art. 4 Abs. 3 EUV in Art. 10 EGV.[670] Eine *„Verpflichtung zu loyaler Zusammenarbeit"* war darüber hinaus als allgemeiner Rechtsgrundsatz sowohl im Gemeinschaftsrecht als auch in den Bereichen von GASP (Gemeinsame Aussen- und Sicherheitspolitik) und PJZS (polizeiliche und justizielle Zusammenarbeit in Strafsachen) anerkannt.[671] Der EuGH verstand noch 2007 – also kurz vor den mit den durch den Vertrag von Lissabon einhergehenden Veränderungen – hierunter, *„dass die Mitgliedstaaten alle geeigneten Maßnahmen allgemeiner oder besonderer Art zur Erfüllung ihrer Verpflichtungen nach dem Recht der Europäischen Union treffen"*[672]. In der Literatur benutzt wurden Begriffe wie *„Unionstreue"* beziehungsweise früher *„Gemeinschaftstreue"*,[673] oder auch derjenige vom *„primärrechtlich verankerte[-n] Loyalitätsgebot"*[674]. Mit dem Vertrag von Lissabon wird dieses Loyalitätsgebot nun als *„Grundsatz der loyalen Zusammenarbeit"* offiziell in Art. 4 Abs. 3 EUV geführt, vgl. dort wörtlich UAbs. 1. In der Literatur meint dieser Begriff in der Regel den gesamten Absatz 3 des Art. 4 EUV,[675] der mehrere verschiedene Ausprägungen des

---

670 Die unterschiedlichen Bezeichnungen der Verträge und Nummerierungen spiegeln sich freilich in der einschlägigen Rechtsprechung des EuGH wieder, siehe dazu oben vor allem die Klammerzusätze in den jeweiligen Zitaten mit entsprechenden Aktualisierungsvermerken. Zur Normgenese des heutigen Art. 4 Abs. 3 EUV siehe *von Bogdandy/Schill*, in: *Grabitz/Hilf/Nettesheim*, EUV/AEUV, Art. 4 EUV, Rn. 50 ff.

671 *Obwexer*, in: *Von der Groeben/Schwarze/Hatje*, Europäisches Unionsrecht, Art. 4 EUV Rn. 59 mit Nachweisen aus der Rechtsprechung des EuGH sowie des EuG.

672 EuGH, Urt. v. 27.02.2007, Rs. C-355/04 – Segi u.a, Slg. 2007 I-1662(1682), Rn. 52. Zur Terminologie des EuGH in Bezug auf den heutigen Art. 4 Abs. 3 EUV siehe *Kahl*, in: *Calliess/Ruffert*, EUV/AEUV, Art. 4 EUV Rn. 29.

673 Zu diesen und weiteren Bezeichnungen ausführlich *Kahl*, in: *Calliess/Ruffert*, EUV/AEUV, Art. 4 EUV Rn. 30 ff. mit entsprechenden Nachweisen.

674 *Obwexer*, in: *Von der Groeben/Schwarze/Hatje*, Europäisches Unionsrecht, Art. 4 EUV Rn. 60.

675 So wohl *Obwexer*, in: *Von der Groeben/Schwarze/Hatje*, Europäisches Unionsrecht, Art. 4 EUV Rn. 59 ff.

Loyalitätsgedankens enthalte.[676] Das scheint auch der EuGH so zu sehen, denn immerhin hat er im Verfahren Mücksch 2011 diesen Begriff auch auf Art. 4 Abs. 3 UAbs. 2 EUV bezogen, wo von der „loyalen Zusammenarbeit" im Gegensatz zu UAbs. 1 nicht explizit die Rede ist: „(…) im Einklang mit dem in Art. 4 Abs. 3 Unterabs. 2 EUV verankerten Grundsatz der loyalen Zusammenarbeit (…)"[677] Dabei ist jedoch zu beachten, dass Art. 4 Abs. 3 UAbs. 2 und 3 (fast) unverändert die zuletzt aus Art. 10 EGV bekannte Regelung zur „Loyalitätspflicht der Mitgliedstaaten gegenüber der Union"[678] übernommen haben. Wirklich neu ist daher nur Unterabsatz 1 des Absatzes 3 von Art. 4 EUV – dort wurde versucht, einschlägige Rechtsprechung des EuGH, nach welcher auch die Union zur loyalen Zusammenarbeit mit den Mitgliedstaaten verpflichtet ist,[679] zu kodifizieren, weshalb diese insbesondere bei der Auslegung der Norm eine Rolle spielt.[680]

Bei der Pflicht zur richtlinienkonformen Auslegung nationalen Rechts handelt es sich jedenfalls um eine Pflicht, die den Mitgliedstaaten obliegt, welche zur Auslegung ihres nationalen Rechts berufen sind, so dass vorliegend Art. 4 Abs. 3 UAbs. 2 und 3 EUV – und mithin das auch schon bisher in den früheren Art. 5 EWG/5 EG/10 EGV kodifizierte Recht – näher zu beleuchten sind:

Art. 4 Abs. 3 UAbs. 3 Alt. 2 EUV – der dem ehemaligen 10 Abs. 2 EGV entspricht, welchen der EuGH in der Rechtssache Adeneler zur Begründung einer Pflicht zur richtlinienkonformen Auslegung unter anderem heranzog[681] – ist bereits wörtlich genommen ungeeignet als Anknüpfungspunkt zur Begründung einer mitgliedstaatlichen Auslegungspflicht: Denn bei der Auslegung nationalen Rechts handelt es sich bereits dem Gesamtverständnis nach nicht um ein Unterlassen, sondern um ein aktives Tun! Theoretischer ausgedrückt hat diesen Grundgedanken Ipsen, indem er vorbringt, die Richtlinie zeichne sich durch einen „imperativen Gehalt" aus, „der die Mitgliedstaaten zur Aktivität

---

676 *Obwexer*, in: *Von der Groeben/Schwarze/Hatje*, Europäisches Unionsrecht, Art. 4 EUV Rn. 62.

677 EuGH, Urt. v. 15.09.2011, Rs. C-53/10 – Land Hessen ./. Franz Mücksch OHG, UPR 2011, 443 (446), Rn. 29.

678 *Obwexer*, in: *Von der Groeben/Schwarze/Hatje*, Europäisches Unionsrecht, Art. 4 EUV Rn. 63.

679 Siehe z.B. EuGH, Urt. v. 10.02.1983, Rs. 230/81 – Großherzogtum Luxemburg, Slg. 1983, 255 (287), Rn. 37.

680 *Obwexer*, in: *Von der Groeben/Schwarze/Hatje*, Europäisches Unionsrecht, Art. 4 EUV Rn. 61.

681 Siehe hierzu Seite 119.

verpflichtet".[682] Nicht zuletzt würde diese Begründung auch nicht zur bis dahin existierenden Rechtsprechung des EuGH passen, welche die Pflicht zur richtlinienkonformen Auslegung („daraus folgt") aus der Pflicht zur Zielerreichung beziehungsweise der Pflicht, Maßnahmen zur Erfüllung selbiger zu treffen, herleitete;[683] dort knüpfte der EuGH zur Begründung letzterer Pflicht an den heutigen Art. 4 Abs. 3 UAbs. 2 EUV an, was er in seiner Entscheidung zum Fall Mücksch 2011[684] erst jüngst wieder explizit bestätigte. In den Vordergrund der Entscheidung Adeneler 2006 ist jedoch diejenige Formulierung des EuGH zu rücken, welche sich bereits in der Entscheidung Pfeiffer 2004 findet und die sich bis ins Jahr 2012 (z.B. in der Rechtssache Dominguez) hineinzieht: Die Verpflichtung zur gemeinschafts- beziehungsweise unionsrechtskonformen – gemeint ist dabei hier konkret die richtlinienkonforme – Auslegung des nationalen Rechts sei dem System des damaligen EGV immanent, da den nationalen Gerichten dadurch ermöglicht wird, im Rahmen ihrer Zuständigkeiten die volle Wirksamkeit des Unionsrechts sicherzustellen.[685] Der EuGH sieht damit – noch jenseits einer speziellen Herleitung – die Pflicht zu unionsrechtskonformer ebenso wie die Pflicht zu richtlinienkonformer Auslegung (als besondere Ausprägung ersterer) seit geraumer Zeit nach eigener Aussage unter dem Blickwinkel des sogenannten „effet utile". Es sieht ganz so aus, als orientiere sich das Gericht bei der Begründung einer Pflicht zur richtlinienkonformen Auslegung nationalen Rechts mehr an diesem zugrundeliegenden Rechtsgrundsatz als an der Bezifferung einzelner Vorschriften in den Primärverträgen.

Außerdem muss gesehen werden, dass der Effektivitätsgedanke im Wandel der Zeit unterschiedlich normativ verortet wurde: Speziell im ehemaligen Art. 10 Abs. 2 EGV beziehungsweise noch früher in Art. 5 Abs. 2 EWG-Vertrag – dem heutigen Art. 4 Abs. 3 UAbs. 3 EUV entsprechend – wurde schon früh vom EuGH sinngemäß[686] und wird auch heute noch gerne das Effektivitätsgebot verankert, verstanden als *„das an die Mitgliedstaaten gerichtete Gebot, die Verwirklichung des europäischen Rechts nicht praktisch unmöglich zu machen oder wesentlich zu erschweren."*[687] Jenes Effektivitätsgebot muss jedoch nicht auf den

---

682 *Ipsen,* in: FS Ophüls, S. 67 (79).
683 Siehe hierzu Seite 118 f.
684 EuGH, Urt. v. 15.09.2011, Rs. C-53/10 – Land Hessen ./. Franz Mücksch OHG, UPR 2011, 443 (446), Rn. 29.
685 Nachweise siehe bereits oben.
686 Vgl. EuGH, Urt. v. 15.07.1964, Rs. 6/64 – Costa, Slg. 1964, 1259 (1270).
687 So scheinbar (da nicht ausdrücklich an UAbs. 3 des Art. 4 Abs. 3 EUV anknüpfend) bei *Funke,* Umsetzungsrecht, S. 135 m.w.N.

ehemaligen Art. 5 Abs. 2 EWG-Vertrag beziehungsweise Art. 10 Abs. 2 EGV – und damit heutigen Art. 4 Abs. 3 UAbs. 3 EUV – reduziert gesehen werden. Vielmehr handelt es sich um einen Grundgedanken, der sowohl dem heutigen Art. 4 Abs. 3 UAbs. 2 EUV als auch dessen UAbs. 3 immanent ist.

Zusätzliche Verwirrung stiftet freilich der Umstand, dass die neueste Rechtsprechung 2012 vom „*System des AEU-Vertrags* [Herv. d. Verf.]"[688] spricht, wenn sie von der unionsrechts- beziehungsweise richtlinienkonformen Auslegung spricht. Dies scheint nicht mit der Verankerung des „effet utile" im heutigen Art. 4 Abs. 3 EUV konform zu gehen. Es ist hierbei aber zu sehen, dass der Gedanke des EuGH von der gemeinschafts-/unionsrechts-/richtlinienkonformen Auslegung als systemimmanentes Element, den der EuGH im regelmäßigen Turnus heranzieht, aus einer Zeit stammt, in welcher das, was heute in Art. 4 Abs. 3 EUV geregelt ist, noch in Art. 10 EGV zu finden war. Im Zuge der Neugestaltung der Verträge ist es mangels konkreter Benennung des früheren Art. 10 EGV in diesem Kontext wohl schlicht übersehen worden, dass es letztlich falsch ist, statt „*dem EG-Vertrag immanent*"[689] jetzt „*dem System des AEU-Vertrags immanent*"[690] zu schreiben. Richtig wäre gegebenenfalls „dem System der Verträge immanent", besser noch „dem System des EUV immanent" oder – wie in der Entscheidung Kücükdeveci 2010 geschehen – schlicht „*dem System des Vertrags immanent*"[691].

Vorliegend wird daher die Auffassung vertreten, dass zur Begründung der Pflicht zur richtlinienkonformen Auslegung nationalen Rechts auf Art. 4 Abs. 3 UAbs. 2 EUV abzustellen ist, denn allein diese Ansicht überzeugt in der Gesamtschau. Das heißt konkret: Zum einen folgt sie der früheren Rechtsprechung des EuGH in den Jahren 1984/1990 (von Colson/Kamann und Marleasing), welche er 2010 in der Entscheidung Kücükdeveci wieder explizit aufgriff[692] und welche letztlich die Pflicht zur richtlinienkonformen Auslegung nationalen Rechts als im Kausalzusammenhang stehende „Folge-Erscheinung" der sich aus dem damaligen Art. 5 EWG und heutigem Art. 4 Abs. 3 UAbs. 2 EUV ergebenden Pflicht des Mitgliedstaates, Maßnahmen zur Erfüllung der Verpflichtung zur Zielerreichung zu treffen, anerkannte. Zum anderen harmoniert die Begründung der Pflicht zur richtlinienkonformen Auslegung aus dem heutigen Art. 4 Abs. 3

---

688 EuGH, Urt. v. 24.01.2012, Rs. C-282/10 – Dominguez, NJW 2012, 509 (510), Rn. 24.

689 EuGH, Urt. v. 05.10.2004, verb. Rs. C-397/01 bis C-403/01 – Pfeiffer u.a., Slg. 2004, I- 8878 (8916 f.), Rn. 114.

690 EuGH, Urt. v. 24.01.2012, Rs. C-282/10 – Dominguez, NJW 2012, 509 (510), Rn. 24.

691 EuGH, Urt. v. 19.01.2010, Rs. C-555/07 – Kücükdeveci, EuZW 2010, 177 (179), Rn. 48.

692 Nachweise und Details zur Rechtsprechung – siehe hierzu Seite 118 ff.

UAbs. 2 EUV mit dem Wortlaut dieser Vorschrift, da – anders als in UAbs. 3, wo die Mitgliedstaaten Maßnahmen „*unterlassen*" müssen, um dem Loyalitätsgedanken zu genügen – eine Aktivität der Mitgliedstaaten in Rede steht („*ergreifen (…) Maßnahmen*") um welche es sich bei einer Auslegungsverpflichtung letztlich ja handelt. Insbesondere eine teleologische Betrachtung weist schließlich als gangbaren Weg einer Herleitung der Pflicht zur richtlinienkonformen Auslegung den Art. 4 Abs. 3 UAbs. 2 EUV: Denn an dieser Stelle sind Ziel und Zweck der Vorschrift des Art. 4 Abs. 3 UAbs. 2 EUV zu berücksichten. Art. 4 Abs. 3 insgesamt dient letztlich dazu, „*die Funktionsfähigkeit der Union* [zu] *sichern*"[693].

Insbesondere fällt ins Gewicht, dass – zumindest auch (!) der UAbs. 2 des – Art. 4 Abs. 3 EUV den Grundsatz des „effet utile" verbürgt, der essentiell zur Begründung des Gebots richtlinienkonformer Auslegung ist: [694] Art. 4 Abs. 3 EUV verpflichtet die Mitgliedstaaten zu einer ordnungsgemäßen Anwendung von Unionsrecht.[695] Beim sogenannten „effet utile" – streng übersetzbar als „*nützliche Wirkung*" – handelt es sich, so hier *Streinz*, um einen „*Leitbegriff*" in der Rechtsprechung des EuGH, der letztlich – vom EuGH „*aus Geist und System des Vertrages unter Einbeziehung einzelner Normen*" entwickelte – Prinzipien zusammenfasst, die erforderlich sind, um eine einheitliche Geltung und Anwendung des Unionsrechts in den Mitgliedstaaten zu sichern.[696]

In Fällen, in denen eine Richtlinienumsetzungsfrist allerdings erfolglos ohne nationale Umsetzung abgelaufen ist, kommt nun aber der Umstand zum Tragen, dass für Richtlinien gerade nicht der Grundsatz unmittelbarer Anwendbarkeit gilt,[697] sondern diese – so ist es bereits in ihrer Rechtsnatur angelegt, vgl. Art. 288 Abs. 3 AEUV – auf die Ergänzung durch nationales Recht angewiesen sind. Gerade in solchen Fällen ist es aber doch umso bedeutsamer, eine Möglichkeit zu haben, um dennoch die einheitliche Anwendung des Unionsrechts in den

---

693 *Obwexer*, in: *Von der Groeben/Schwarze/Hatje*, Europäisches Unionsrecht, Art. 4 EUV Rn. 67; ebenso *Streinz*, in: *Streinz*, EUV/AEUV, Art. 4 Rn. 3.

694 Zum „Effektivitätsgebot" in Art. 4 Abs. 3 EUV siehe *von Bogdandy/Schill*, in: *Grabitz/ Hilf/Nettesheim*, EUV/AEUV, Art. 4 EUV Rn. 85 ff.; zu sich aus dem Effektivitätsgrundsatz für die nationale Verwaltung ergebenden Pflichten siehe ebenda, Rn. 90 f., mit Nachweisen aus der Rechtsprechung des EuGH in Rn. 91 Fn. 6

695 *Streinz*, in: *Streinz*, EUV/AEUV, Art. 4 EUV Rn. 32.

696 *Streinz*, in: *Streinz*, EUV/AEUV, Art. 4 EUV Rn. 33. In der Entscheidung Costa/ E.N.E.L. wurde dabei z.B. auf den damaligen Art. 10 Abs. 2 EGV abgestellt, welcher dem heutigen Art. 4 Abs. 3 UAbs. 3 EUV entsprach, siehe EuGH, Urt. v. 15.07.1964, Rs. 6/64 – Costa, Slg. 1964, 1259 (1270).

697 Nur unter strengen Voraussetzungen kann Richtlinienbestimmungen ausnahmsweise unmittelbare Wirkung zukommen.

Mitgliedstaaten sicherstellen zu können. Im Fall von Richtlinienvorschriften, die keine unmittelbare Wirkung entfalten, sei daher – so *Borchardt* zu Recht – eine richtlinienkonforme Auslegung elementar wichtig um im Falle fehlender oder fehlerhafter Umsetzung durch Rechtsvorschrift eine Möglichkeit an der Hand zu haben *„korrigierend einzugreifen"*.[698] Die Erreichung eines richtlinienkonformen Zustandes kann und muss bei fehlender oder fehlerhafter Umsetzung durch Rechtsvorschrift dann zumindest „kurzfristig" auf Anwendungsebene – also auf der Ebene nationaler behördlicher Verwaltungstätigkeit – sichergestellt werden. Zu Recht weisen daher beispielsweise *von Bogdandy/Schill* auf *„Pflichten der Verwaltung in Bezug auf die Sicherung des unional vorgesehenen Regelungsziels"* hin, welche sich *„aus dem Effektivitätsgebot"* ergäben; und ebenso zu Recht verweisen die Autoren – ebenfalls im Kontext des Art. 4 Abs. 3 EUV – auf die Pflicht der *„Verwaltungen, das mitgliedstaatliche Recht im Licht des anzuwendenden Unionsrechts auszulegen"*.[699] Es kann nicht angehen, dass ein Mitgliedstaat sich den von der Richtlinie vorgegebenen Zielen durch bloßes Verstreichenlassen der Umsetzungsfrist de facto (und sei es unter Hinnahme anderweitiger Sanktionen) entziehen kann, wenn auch nur vorübergehend (bis eventuell doch ein entsprechendes mitgliedstaatliches Umsetzungsgesetz erlassen wird).

Essentiell für die praktische Anwendbarkeit einer Pflicht zur richtlinienkonformen Auslegung ist insbesondere aber, dass sie von den nationalen *Rechtsanwendungsorganen* durchgeführt werden muss. Von der Zulässigkeit eines solchen Vorgehens darf nicht per se – oder aus bloßen Zweckmäßigkeitserwägungen heraus – ausgegangen werden, sondern es bedarf einer dogmatischen Begründbarkeit. Bei einer Herangehensweise über Art. 4 Abs. 3 UAbs. 2 EUV ergibt sich hierbei eine dogmatisch schlüssige Lösung, die im Folgenden aufgezeigt werden soll.

(bb) Zwischenergebnis der übereinstimmenden Herleitung

Es wurde bisher aufgezeigt, dass sowohl eine Pflicht zur richtlinienkonformen Auslegung als auch eine Pflicht, Maßnahmen zur Erfüllung der Verpflichtung zur Zielerreichung zu treffen, ihren Ursprung in Art. 4 Abs. 3 UAbs. 2 EUV finden. Es spricht daher viel dafür, in der richtlinienkonformen Auslegung nationalen

---

698 *Borchardt*, in: *Schulze* u. a., Europarecht, § 15 Rn. 78.

699 *von Bogdandy/Schill*, in: *Grabitz/Hilf/Nettesheim*, EUV/AEUV, Art. 4 EUV Rn. 90 f. In Verbindung miteinander bringen die Autoren die beiden Pflichten jedoch zumindest nicht explizit.

Rechts tatsächlich eine Maßnahme zur Erfüllung der Pflicht zur Zielerreichung zu sehen.

(cc) Adressat der hergeleiteten Pflicht

Dass Adressaten einer Pflicht zur richtlinienkonformen Auslegung die mitgliedstaatlichen Organe, im konkreten Fall die nationalen Verwaltungsbehörden seien, davon geht die rechtswissenschaftliche Literatur verbreitet aus,[700] entbehrt dabei aber häufig einer sauberen Begründung. *Jarass* hingegen sieht es geradezu als Notwendigkeit an, als *„ Verpflichtete* [i. Orig.: -r] *der richtlinienkonformen Auslegung"* auch die Exekutive anzusehen, zumindest wenn man eine Verpflichtung der Gerichte zur richtlinienkonformen Auslegung anerkenne. Man müsse gleiche Maßstäbe für Verwaltung und Rechtsprechung anlegen, da ansonsten die Verwaltungsbehörden entscheiden müssten, ohne das Unionsrecht in den Blick zu nehmen, diese Entscheidung in einer – richtlinienkonform ausgerichteten – gerichtlichen Überprüfung aber anschließend keinen Bestand haben könnte.[701]

Auch der oben dargetane Blick auf die Rechtsprechung des EuGH lässt nur den Rückschluss zu, dass für den EuGH die Adressaten einer richtlinienkonformen Auslegung diejenigen Träger öffentlicher Gewalt *„der"*[702] beziehungsweise *„in den"*[703] Mitgliedstaaten sind (der innerstaatlichen Zuständigkeitsverteilung folgend damit Behörden und Gerichte in den Mitgliedstaaten), welchen nach seiner Rechtsprechung auch die Pflichten zu Zielerreichung und zum Ergreifen von Maßnahmen zur Erfüllung der Verpflichtung zur Zielerreichung obliegen.[704]

Doch gerade mit dem soeben aufgezeigtem Blick auf Ziel und Zweck des Art. 4 Abs. 3 EUV tut sich die entscheidende Weichenstellung bei der Klärung der Frage, ob denn eine Zielbindung gerade mitgliedstaatlicher Behörden existiert, auf: Bei den aus Art. 4 Abs. 3 EUV resultierenden Pflichten – und hier insbesondere relevant bei jener aus Art. 4 Abs. 3 UAbs. 2 EUV resultierenden Pflicht – handelt es sich dem Wortlaut nach gleichwohl wiederum um ein bloß an *„die Mitgliedstaaten"* gerichtetes Gebot.

---

700 So beispielsweise: *Brechmann*, Die richtlinienkonforme Auslegung, S. 262 f.; *Borchardt*, in: *Schulze* u.a., Europarecht, § 15 Rn. 82; *Streinz*, in: *Streinz*, EUV/AEUV, Art. 4 EUV Rn. 33.

701 *Jarass*, EuR 1991, 211 (219).

702 So ausnahmsweise EuGH, Urt. v. 19.01.2010, Rs. C-555/07 – Kücükdeveci, EuZW 2010, 177 (179), Rn. 47.

703 So die übliche Formulierung, wie auch z.B. in EuGH, Urt. v. 15.09.2011, Rs. C-53/10 – Land Hessen ./. Franz Mücksch OHG, UPR 2011, 443 (446), Rn. 29.

704 Zu dieser Rechtsprechung siehe im Ergebnis Seite 117.

Teilweise wird daher vertreten, dass die aus Art. 4 Abs. 3 UAbs. 2 und 3 EUV resultierenden Pflichten den *„Mitgliedstaat als Einheit"*[705] binden würden. Teleologisch betrachtet kann eine reine Adressierung der Pflicht zur richtlinienkonformen Auslegung nur an die Mitgliedstaaten selbst jedoch nicht überzeugen.

Der sinnlogische Hauptgrund dafür, alle einzelnen *„Ebenen"*[706] des Mitgliedstaates für sich genommen – also Legislative, Judikative und Exekutive, mithin auch nationale Behörden – als Adressaten einer – vorliegend aus Art. 4 Abs. 3 UAbs. 2 EUV hergeleiteten – Pflicht zu qualifizieren, ist der vom EuGH entwickelte Grundsatz des *„effet utile"*. Teilweise wird allgemein zu Art. 4 Abs. 3 EUV unter Hinweis auf die ständige Rechtsprechung des EuGH daher schlicht darauf hingewiesen, dass zwar *„ausdrücklicher [i. Orig.: A-] Verpflichtungsadressat des Art. 4 Abs. 3 EUV (…) die Mitgliedstaaten"* seien, jene aber *„mit sämtlichen Trägern öffentlicher Gewalt erfasst"* würden, so dass die *„Verpflichtungen aus Art. 4 Abs. 3 EUV (…) somit von der Legislative (…), der Exekutive (…) und der Judikative (…) erfüllt werden"* müssten.[707] Der bloße Hinweis auf diesen – von seinem Ergebnis her betrachtet zweifelsfrei richtigen – Rückschluss genügt schon in der besagten Rechtsprechung des EuGH nicht den Anforderungen an eine saubere dogmatische Herleitung. Dies gilt erst recht für bloße Verweise auf jene Rechtsprechung in der einschlägigen Literatur. Im Zuge einer dogmatischen Begründung nämlich nicht wirklich weiterführend ist die Rechtsprechung des EuGH, die aber immerhin eindeutig *Stellung* zur Adressierung des Art. 4 Abs. 3 bezieht: Die Pflicht, Maßnahmen zur Erfüllung der Verpflichtung, das in der Richtlinie vorgesehene Ziel zu erreichen, zu treffen – aus dem heutigen Art. 4 Abs. 3 UAbs. 2 EUV – obliege ebenso wie die Verpflichtung zur Zielerreichung selbst allen Trägern öffentlicher Gewalt in den Mitgliedstaaten; Grenze sei die nationale Zuständigkeitsordnung.[708] Erst im Jahr 2014 wies der EuGH in der

705 *Obwexer*, in: *Von der Groeben/Schwarze/Hatje*, Europäisches Unionsrecht, Art. 4 EUV Rn. 73.

706 *Streinz*, in: *Streinz*, EUV/AEUV, Art. 4 EUV Rn. 26.

707 *Streinz*, in: *Streinz*, EUV/AEUV, Art. 4 Rn. 5 mit Verweis auf Nachweise aus der Rechtsprechung des EuGH in Fn. 13, ebenso Rn. 26.

708 EuGH, Urt. v. 10.04.1984, Rs. 14/83 – von Colson/Kamann, Slg. 1984, 1891 (1909), Rn. 26; ebenso: EuGH, Urt. v. 13.11.1990, Rs. C-106/89 – Marleasing SA, Slg. 1990, I-4156 (4159), Rn. 8; ebenso: EuGH, Urt. v. 05.10.2004, verb. Rs. C-397/01 bis C-403/01 – Pfeiffer u.a., Slg. 2004, I-8878 (8916 f.), Rn. 110; ohne explizite Bezugnahme auf die nationale Zuständigkeitsverteilung: EuGH, Urt. v. 15.09.2011, Rs. C-53/10 – Land Hessen ./. Franz Mücksch OHG, UPR 2011, 443 (446), Rn. 29.

Entscheidung Mediaset wieder darauf hin, dass die Pflichten aus Art. 4 Abs. 3 EUV den Trägern öffentlicher Gewalt in den Mitgliedstaaten obliegen würden,[709] zu welchen neben den in der Entscheidung Mediaset konkret gemeinten Gerichten auch nationale Gesetzgebungsorgane und Verwaltungsbehörden gehören.

Zu klären verbleibt damit aber immer noch, ob es sich auch rechtlich *begründen* lässt, als Adressaten einer aus Art. 4 Abs. 3 UAbs. 2 EUV hergeleiteten Pflicht – hier: zur richtlinienkonformen Auslegung im Sinne einer Maßnahme zur Erfüllung der Verpflichtung zur Zielerreichung – auch mitgliedstaatliche Behörden anzunehmen. Es müsste insgesamt das im Wege der teleologischen Herangehensweise gefundene Ergebnis auch einer rechtlichen Betrachtung standhalten, um wirklich tragfähig sein zu können:

Art. 4 Abs. 3 EUV gehört zum unionsrechtlichen Primärrecht. An der unmittelbaren Geltung des EUV und damit auch des Art. 4 Abs. 3 EUV besteht – insbesondere unter Berücksichtigung der Rechtsprechung des EuGH – kein Zweifel.[710]

Oben wurde bereits dargelegt, dass unmittelbar anwendbares Unionsrecht auch die innerstaatlichen Stellen in einem Mitgliedstaat bindet.[711] Sofern Art. 4 Abs. 3 EUV also unmittelbar anwendbar ist, wären innerstaatliche Stellen – und damit auch die nationalen Verwaltungsbehörden – an diese Vorschrift mit allen Konsequenzen gebunden.

Wohingegen früher – noch unter Geltung der Vorgängernorm(en) zu Art. 4 Abs. 3 EUV – die Rechtsprechung des EuGH der Norm beziehungsweise den sich aus ihr ergebenden Pfichten insbesondere wegen eines verbleibenden mitgliedstaatlichen „*Entscheidungsspielraum* [-s]"[712] und unpräziser Fassung keine unmittelbare Wirkung zugestand[713] erkennt die neuere Rechtsprechung des EuGH[714] ebenso wie zumindest ein Teil der rechtswissenschaftlichen Literatur[715] an, dass

---

709 EuGH, Urt. v. 13.02.2014, Rs. C-69/13 – Mediaset SpA, EuZW 2014, 269 (270), Rn. 29.

710 Unmittelbare Geltung primären und sekundären Unionsrechts – siehe hierzu Seite 125 ff.

711 Siehe hierzu Seite 125 ff.

712 EuGH, Urt. v. 24.10.1973, Rs. 9/73 – Schlüter, Slg. 1973, 1135 (1160), Rn. 39.

713 Z.B.: EuGH, Urt. v. 24.10.1973, Rs. 9/73 – Schlüter, Slg. 1973, 1135 (1160), Rn. 39; EuGH, Urt. v. 15.01.1986, Rs. 44/84 – Hurd, Slg. 1986, 47 (83), Rn. 47 f.

714 EuGH, Urt. v. 01.10.1998, Rs. C-285/96 – Kommission, Slg. 1998, I-5945 (5951), Rn. 19.

715 Z. B. bereits *Bach*, JZ 1990, 1108 (1112) m.w.N. in Fn. 49, noch zu Art. 5 EWGV. Beachte die Ausführungen von *von Bogdandy/Schill*, „*aus dem Effektivitätsgebot* [Anm. d. Verf.: dieses verorten die Autoren bei Art. 4 Abs. 3 EUV] *(...) Pflichten der*

(der heutige) Art. 4 EUV „*eine selbständige Grundlage für Verpflichtungen*"[716] zu sein vermag – und die aus Art. 4 Abs. 3 EUV ableitbaren Verpflichtungen dann ihrerseits unmittelbare Wirkung haben können.[717] Voraussetzung dafür, dass Art. 4 Abs. 3 EUV Verpflichtungen überhaupt zu begründen vermag, ist eine dahingehende pflichtbegründende Wirkung der Norm: „*Konstitutive Wirkung*"[718] muss Art. 4 Abs. 3 – einfach ausgedrückt – dort zugestanden werden, wo er konkrete Pflichten zu begründen vermag.[719] Wie bereits gezeigt, kommt nach der neueren Rechtsprechung des EuGH dem Art. 4 Abs. 3 UAbs. 2 EUV diese Wirkung im hier zu untersuchenden Bereich zu: Gerade aus dem (heutigen) Art. 4 Abs. 3 EUV leitet der EuGH die Pflicht der Mitgliedstaaten ab, Maßnahmen zur Erfüllung der Verpflichtung zur Zielerreichung – welche er ihrerseits aus der Richtlinie selbst beziehungsweise Art. 288 AEUV ableitet – zu treffen. Aus demselben Normenkomplex leitet sich – und auch das wurde bereits gezeigt – die Pflicht zur richtlinienkonformen Auslegung her. Kurzum: Art. 4 Abs. 3 UAbs. 2 EUV wirkt pflichtbegründend, weil er die Pflicht zur richtlinienkonformen Auslegung begründet.[720] Art. 291 Abs. 1 AEUV kann insoweit als Konkretisierung des Art. 4 Abs. 3 EUV angesehen werden,[721] verdrängt diesen dabei aber somit nicht. In dieselbe Richtung geht es, wenn dem Effektivitätsgrundsatz selbst schlicht unmittelbare Wirkung zugeschrieben wird.[722] Darüber hinaus werden an eine derartige pflichtbegründende Wirkung des Art. 4 Abs. 3 EUV unter Berücksichtigung von Rechtsprechung des EuGH noch strengere Anforderungen gestellt: Art. 4 Abs. 3 EUV sei prinzipiell „*wegen seines allgemeinen und unbestimmten Inhalts, der den Mitgliedstaaten einen weiten Ermessensspielraum lässt*"

Verwaltung in Bezug auf die Sicherung des unional vorgesehenen Regelungsziels" zu entnehmen sowie die Pflicht der Verwaltung zur unionsrechtskonformen Auslegung ebenfalls im Kontext des Art. 4 Abs. 3 EUV zu erfassen – *von Bogdandy/Schill*, in: *Grabitz/Hilf/Nettesheim*, EUV/AEUV, Art. 4 EUV Rn. 90 f.; vgl. auch die Andeutung bei: *Epiney*, EuR 1994, 301 (311) noch zu Art. 5 EGV.

716 *Streinz*, in: *Streinz*, EUV/AEUV, Art. 4 EUV Rn. 27.
717 *Streinz*, in: *Streinz*, EUV/AEUV, Art. 4 EUV Rn. 27.
718 *Streinz*, in: *Streinz*, EUV/AEUV, Art. 4 EUV Rn. 28.
719 Vgl. in diese Richtung: *Obwexer*, in: Von der Groeben/Schwarze/Hatje, Europäisches Unionsrecht, Art. 4 EUV Rn. 79 f.
720 Hierbei handelt es sich nicht um einen Zirkelschluss, weil damit noch nicht gesagt wurde, dass Adressat(in) dieser Pflicht zur richtlinienkonformen Auslegung die mitgliedstaatliche Behörde ist!
721 *Streinz*, in: *Streinz*, EUV/AEUV, Art. 4 EUV Rn. 32.
722 *Streinz*, in: *Streinz*, EUV/AEUV, Art. 4 EUV Rn. 34.

nicht geeignet, unmittelbare Wirkung zu entfalten.[723] Eine Ausnahme hiervon sei aber zu machen in Fällen, wo der jeweilige Mitgliedstaat seinen unionsrechtlichen Verpflichtungen *„nur durch eine einzige Maßnahme nachkommen kann"*, da dann *„das an sich zustehende Ermessen auf Null reduziert* [Anm. d. Verf.: sei], *so dass Art. 4 Abs. 3 EUV als Grundlage und autonome Quelle für selbständige primärrechtliche Pflichten fungiert"*.[724] Unter denselben Ausnahmetatbestand (mit der Folge einer unmittelbaren Wirkung) wird die Situation gefasst, wo den Mitgliedstaaten bei der Erfüllung von aus Art. 4 Abs. 3 EUV ableitbaren Verpflichtungen zwar ein Auswahl-, jedoch kein Entschließungsermessen zukommt.[725]

Um eine solche Ausnahmekonstellation handelt es sich bei der vorliegend untersuchten jedoch gerade: Der unionsrechtlichen Pflicht zur Zielerreichung (welche sich aus der Richtlinie selbst in Verbindung mit Art. 288 Abs. 3 AEUV ergibt) kann – sofern bei Ablauf der Umsetzungsfrist kein vollständiges Richtlinien-Umsetzungsgesetz besteht – bis auf Weiteres nur durch eine richtlinienkonforme Auslegung nationalen Rechts auf der Anwendungsebene Rechnung getragen werden. Es handelt sich hierbei rein abstrakt um die für den betreffenden Mitgliedstaat einzig mögliche Maßnahme auf Anwendungsebene, mit der auf die Erfüllung dieser Pflicht zur Zielerreichung hingewirkt werden kann. Auf mitgliedstaatlicher Ebene bestehen im Rahmen einer (richtlinienkonformen) Auslegung dann zwar immer noch Spielräume, allerdings nicht hinsichtlich des „ob" der Berücksichtigung von Unionsrecht, sondern nur hinsichtlich des „wie".

(dd) Zusammenfassung

Eine Pflicht zur richtlinienkonformen Auslegung nationalen Rechts ergibt sich nach der hier vertretenen Auffassung aus Art. 4 Abs. 3 UAbs. 2 EUV.

Diese Herleitung der Pflicht zur richtlinienkonformen Auslegung stimmt mit der hierzu ergangenen Rechtsprechung des EuGH, die ebenfalls auf (die Vorgängernormen des heutigen) Art. 4 Abs. 3 UAbs. 2 EUV abstellt, überein. Das Abstellen des EuGH in Sachen Adeneler auf den – dem heutigen Art. 4 Abs. 3 UAbs. 3 Alt. 2 EUV entsprechenden – Art. 10 Abs. 2 EGV stellt keinen Widerspruch zur sonstigen Rechtsprechung des EuGH dar, da der EuGH wohl auch mit dieser Herangehensweise den „effet utile" vor Augen hat.

---

723 *Obwexer*, in: Von der Groeben/Schwarze/Hatje, Europäisches Unionsrecht, Art. 4 EUV Rn. 79 m.w.N. auch aus der Rechtsprechung des EuGH.
724 *Obwexer*, in: Von der Groeben/Schwarze/Hatje, Europäisches Unionsrecht, Art. 4 EUV Rn. 80 mit Verweis auf neuere Rechtsprechung des EuGH.
725 *Streinz*, in: *Streinz*, EUV/AEUV, Art. 4 Rn. 27.

Die mitgliedstaatliche Pflicht, Maßnahmen zur Erfüllung der Verpflichtung zur Zielerreichung zu treffen, wurde vorliegend aus Art. 4 Abs. 3 UAbs. 2 EUV hergeleitet, wobei diese Pflicht durchaus im Kontext mit Art. 288 AEUV sowie der Richtlinie selbst zu sehen ist, woraus sich die Verpflichtung zur Zielerreichung ihrerseits ergibt. Die Rechtsprechung des EuGH, welche genau Vorstehendes besagt, wird damit für richtig befunden.

Eine übereinstimmende Herleitung der Pflicht zur richtlinienkonformen Auslegung sowie der Pflicht, Maßnahmen zur Erfüllung der Verpflichtung zur Zielerreichung zu treffen, kann damit mit Bezug auf Art. 4 Abs. 3 UAbs. 2 EUV vorliegend bejaht werden.

Unter Berücksichtigung dessen, dass aus Art. 4 Abs. 3 UAbs. 2 EUV in bestimmten Fällen (wie gezeigt unter anderem in dem der richtlinienkonformen Auslegung) Pflichten resultieren können und dieser dann unmittelbar anwendbar ist kann vorliegend davon ausgegangen werden, dass es sich bei der richtlinienkonformen Auslegung um eine Maßnahme zur Erfüllung der Verpflichtung zur Zielerreichung handelt, welche unter anderem den nationalen Verwaltungsbehörden zur Verfügung steht.

(d) Einschränkung: Zeitpunkt des Beginns einer Pflicht zur richtlinienkonformen Auslegung

Dass es sich bei Art. 4 Abs. 3 EUV um eine *„bindende Rechtsvorschrift"*[726] handelt, spiegelt sich darin wieder, dass es sich bei der Pflicht zur richtlinienkonformen Auslegung nicht etwa um etwas Fakultatives handelt, sondern um ein zwingendes Gebot. Dieses Gebot richtlinienkonformer Auslegung[727] war in der Vergangenheit häufig Gegenstand der Rechtsprechung des EuGH, wobei sich der EuGH zunächst darauf beschränkte, festzustellen *„daß das nationale Gericht bei der Anwendung des nationalen Rechts, insbesondere auch der Vorschriften eines speziell zur Durchführung der Richtlinie (…) erlassenen Gesetzes, dieses nationale Recht im Lichte des Wortlauts und des Zwecks der Richtlinie auszulegen hat,*

---

726 *Obwexer*, in: *Von der Groeben/Schwarze/Hatje*, Europäisches Unionsrecht, Art. 4 EUV Rn. 78.

727 Gesamtüberblick zur Behandlung der richtlinienkonformen Auslegung in Rechtsprechung und Literatur ausführlich bei: *Brechmann*, Die richtlinienkonforme Auslegung, S. 31 ff. (allerdings nur mit Stand 1994).
Zum Verhältnis: Pflicht zur richtlinienkonformen Auslegung des nationalen Rechts – Pflicht zur unionsrechtskonformen Auslegung des nationalen Rechts, siehe hierzu Seite 144, Fn. 663.

um das in Art. 189 Abs. 3 genannte Ziel zu erreichen.[728] Etwas später führte er aus, dass die Pflicht zu richtlinienkonformer Auslegung *„gleich, ob es sich um vor oder nach der Richtlinie erlassene Vorschriften handelt"* bestehe.[729] Hieraus lässt sich ableiten, dass gerade auch bei Fehlen oder vor Erlass eines Umsetzungsaktes das Gebot richtlinienkonformer Auslegung gelten soll.[730]

Die Rechtsprechung des EuGH wird bezüglich der Frage, ab wann genau eine solche Pflicht zur richtlinienkonformen Auslegung besteht, unterschiedlich ausgewertet. Mehrheitlich wird sie dahingehend gedeutet, dass aus ihr keine Verpflichtung zur richtlinienkonformen Auslegung vor Ablauf der Umsetzungsfrist hergeleitet werden könne,[731] wenngleich sie gleichzeitig als eher *„nicht eindeutig"*[732] gesehen wird. Jedenfalls die neuere Rechtsprechung des EuGH geht aber wohl dahin, eine Verpflichtung zur richtlinienkonformen Auslegung *erst* mit dem Ablauf der Umsetzungsfrist anzusetzen;[733] nichtsdestotrotz ist im rechtswissenschaftlichen Diskurs die Thematik sehr umstritten.[734]

---

728 EuGH, Urt. v. 10.04.1984, Rs. 14/83 – von Colson/Kamann, Slg. 1984, 1891 (1909), Rn. 26.

729 EuGH, Urt. v. 13.11.1990, Rs. C-106/89 – Marleasing SA, Slg. 1990, I-4156 (4159), Rn. 8.

730 So *Remien*, in: *Schulze* u.a., Europarecht, § 14 Rn. 31.

731 So z.B. *König*, in: *Schulze* u.a., Europarecht, § 2 Rn. 55. Häufig kontrovers debattiert wird im Kontext das Urteil des EuGH in Sachen „Kolpinghuis Nijmegen"; dazu, dass hierin der EuGH wohl keine genelle Annahme einer Pflicht zur richtlinienkonformen Auslegung auch schon vor Ablauf der Umsetzungsfrist statuieren wollte: *Ehricke*, EuZW 1999, 553 (556 f.).

732 *König*, in: *Schulze* u.a., Europarecht, § 2 Rn. 55.

733 Deutlich: EuGH, Urt. v. 04.07.2006, Rs. C-212/04 – Adeneler u.a., Slg. 2006, I-6091 (6133), Rn. 115.

734 Für eine Pflicht zur richtlinienkonformen Auslegung nationalen Rechts schon vor Fristablauf: z. B. bereits *Scherzberg*, Jura 1993, 225 (232) unter Berufung u.a. auf EuGH (Kolpinghuis Nijmegen), der die Pflicht zur richtlinienkoformen Auslegung nicht als Sanktion für eine nicht ausreichende Umsetzung von Richtlinienvorgaben auffasst, sondern gerade als Ausprägung des Umsetzungsbefehls, deren Beginn bei Erlass der Richtlinie anzusetzen sei.
Erst mit dem Ablauf der Umsetzungsfrist nehmen eine Pflicht zu richtlinienkonformer Auslegung nationalen Rechts dagegen z.B. bereits an: *Bach*, JZ 1990, 1108 (1112); grundsätzlich auch: *Borchardt*, in: *Schulze* u.a., Europarecht, § 15 Rn. 79 ff., der aber eine Ausnahme von dieser Sichtweise für den Fall macht, dass eine Richtlinie bereits vor Ablauf der Umsetzungsfrist in nationales Recht *umgesetzt* wird, s. ebenda Rn. 81. Insoweit differenzierend bereits *Gellermann*, Beeinflussung des bundesdeutschen Rechts durch Richtlinien der EG 1994, S. 109 f. m.w.N. vor allem in Fn. 33, der eine

Zugrundegelegt wird dem hier untersuchten Streitstand die Situation einer nicht – und schon gar nicht bereits vor Ende der Umsetzungsfrist – umgesetzten Richtlinie.[735]

Für eine Pflicht zur richtlinienkonformen Auslegung nationalen Rechts vor Ablauf der Umsetzungsfrist könnte zwar angeführt werden, dass bereits vor Ablauf der Umsetzungsfrist *"von Anfang an"*, die Richtlinienziele bekannt sind und damit auch klar ist, *"welches materiell-rechtliche Ziel im nationalen Recht mit der Umsetzung der Richtlinie verfolgt werden wird"*.[736] Dem ist aber entgegenzuhalten, dass dennoch erst mit Fristende die Herstellung einer richtlinienkonformen Rechtslage geboten ist.[737] Auch Erwägungen für eine frühere richtlinienkonforme Auslegung nationalen Rechts aus Gründen *"rasch[-er] und effektiv[-er]"* Berücksichtigungsfähigkeit unionsrechtlicher Vorgaben oder mit dem Hinweis auf eine ansonsten ohnehin nur abzuwartende Förmelei können nicht tragen.[738]

Dies belegen bereits verschiedene Überlegungen im Kontext des nationalen Rechts: In diesem Sinne wird in einer Pflicht zur richtlinienkonformen Auslegung vor Fristablauf eine Einengung des – dem mitgliedstaatlichen Gesetz- und Verordnungsgeber bei der Anpassung, Aufhebung oder Neuregelung bestehender Rechtsvorschriften vom Unionsrecht bis zum Fristablauf

---

Pflicht zur richtlinienkonformen Auslegung bei – bereits vor Fristablauf - speziell zur Umsetzung einer Richtlinie erlassenen nationalen Vorschriften auch schon vor Ablauf der Umsetzungsfrist annimmt.

735 Zum gegenläufigen Phänomen: Eine Pflicht zur richtlinienkonformen Auslegung vor Ende der Umsetzungsfrist bei bereits vollzogener Umsetzung bejahend z.B. *Ehricke,* EuZW 1999, 553 (554) m.w.N. in Fn. 16: Der Fall sei als *"unproblematisch"* einzuordnen, der Gesetzgeber habe in dieser Konstellation gerade „über Form und Mittel entschieden" und seinem Willen zur Entsprechung der unionsrechtlichen Vorgaben Ausdruck verliehen. Die in dieser Konstellation auf nationalem Recht fußende Verpflichtung werde aber erst mit Ablauf der Umsetzungsfrist auch zu einer unionsrechtlichen aus den heutigen Art. 4 Abs. 3 EUV i.V.m. Art. 288 Abs. 3 AEUV. So auch: *Brechmann,* Die richtlinienkonforme Auslegung, S. 265: *"mit der erfolgten Umsetzung"*.

736 *Ehricke,* EuZW 1999, 553 (555); noch weitergehend von einer Zielverbindlichkeit von Anfang an spricht: *Schroeder,* in: *Streinz,* EUV/AEUV, Art. 288 AEUV Rn. 130.

737 *Ehricke,* EuZW 1999, 553 (555); *Schroeder,* in: *Streinz,* EUV/AEUV, Art. 288 AEUV Rn. 130; *Nettesheim,* in: *Grabitz/Hilf/Nettesheim,* EUV/AEUV, Art. 288 AEUV, Rn. 133.

738 Zu derartigen Erwägungen im Ergebnis aber ablehnend *Ehricke,* EuZW 1999, 553 (555 f.), insbesondere mit dem Hinweis, *"der faktische Verzicht auf den legislativen Umsetzungsbefehl"* verwische unzulässiger Weise die Grenzen zur unionsrechtlichen Verordnung.

gewährten – „*Handlungs- und Gestaltungsspielraum* [-s]" gesehen.[739] Unionsrechtlich interpretiert würde mit einem solchen De facto-Leerlauf der Umsetzungsfrist deren Funktion als „*formale Gewähr für die den Charakter einer Richtlinie ausmachende Wahlfreiheit des Mitgliedstaates hinsichtlich der Form und Mittel der Umesetzung*" ausgehebelt.[740] Zwar mag es grundsätzlich nicht falsch sein, dass vor Ablauf der Umsetzungsfrist ergangene, richtlinienkonform auslegende Rechtsprechung eventuell dem Gesetzgeber bei dessen sodann normativer Umsetzung hilfsreich sein könnte – dogmatisch kann aus derartigen Praktikabilitätserwägungen jedoch kein Ertrag gewonnen werden.[741] Noch darüber hinausgehend wird die Annahme einer Pflicht zur richtlinienkonformen Auslegung nationalen Rechts durch Gerichte und Verwaltung vor Ablauf der Umsetzungsfrist sogar als Verstoß gegen den Grundsatz der Gewaltenteilung eingeordnet: Es müsse von Gerichten und Verwaltung grundsätzlich erst die Umsetzung der Richtlinie in abstrakt-generelle Rechtsnormen abgewartet werden, um nicht in gesetzgeberische Kompetenzbereiche einzugreifen.[742] Eine Verpflichtung durch das Unionsrecht, bereits im Vorfeld einer Umsetzung durch den Gesetzgeber Auslegungen im Sinne des Unionsrechts vorzunehmen existiere überdies im Stadium vor Ablauf der Umsetzungsfrist noch nicht.[743]

Das stimmt – denn insbesondere aus unionsrechtlicher Perspektive ist eine Pflicht zur richtlinienkonformen Auslegung des nationalen Rechts erst mit dem Ablauf der Umsetzungsfrist anzunehmen: Dies widerum steht in engem Zusammenhang mit den oben getroffenen Aussagen zur Herleitung und zum Zweck der richtlinienkonformen Auslegung nationalen Rechts: Die Erreichung eines richtlinienkonformen Zustandes kann und muss bei fehlender oder fehlerhafter Umsetzung (durch nationale Rechtsvorschrift) dann zumindest „kurzfristig" auf Anwendungsebene – also auf der Ebene nationaler behördlicher Verwaltungstätigkeit – sichergestellt werden. Die Pflicht nationaler Rechtsanwendungsorgane zur richtlinienkonformen Auslegung ist in diesem Sinne eine Möglichkeit, dem in Art. 4 Abs. 3 EUV veranckterten Effektivitätsgebot Rechnung zu tragen. Ihre Funktion besteht darin, „*eine effektive Umsetzung des verbindlichen*

---

739 *König*, in: *Schulze* u.a., Europarecht, § 2 Rn. 55.
740 *Ehricke*, EuZW 1999, 553 (555).
741 Ablehnend mit weiteren Argumenten auch: *Ehricke*, EuZW 1999, 553 (555).
742 Vgl. *Brechmann*, Die richtlinienkonforme Auslegung, S. 265; *Borchardt*, in: *Schulze* u.a., Europarecht, § 15 Rn. 84.
743 *Borchardt*, in: *Schulze* u.a., Europarecht, § 15 Rn. 84.

Richtlinienziels absichern"[744] zu sollen. Diese teleologische Ausrichtung kommt jedoch erst mit Ablauf der Umsetzungsfrist zum Tragen; anders ausgedrückt, geht diese Sichtweise von einem Beginn einer Pflicht zur richtlinienkonformen Auslegung erst mit Ablauf der Umsetzungsfrist gerade aus. Unionsrechtlicher Hauptgrund für die Annahme eines Beginns der Pflicht zur richtlinienkonformen Auslegung erst mit dem Ablauf der Umsetzungsfrist ist damit letztlich die Rückkopplung der Pflicht zur richtlinienkonformen Auslegung an die Umsetzungsverpflichtung, welche – sofern eine Frist gesetzt wurde – ebenfalls erst mit dem Ablauf dieser zulässigerweise gesetzten Umsetzungsfrist besteht.[745] Sowohl die Pflicht zur richtlinienkonformen Auslegung als auch die Umsetzungsverpflichtung lassen sich nach der hier vertretenen Ansicht über Art. 4 Abs. 3 UAbs. 2 EUV begründen; es handelt sich bei richtlinienkonformer Auslegung wie auch bei der Umsetzung um Maßnahmen zur Erfüllung der Pflicht zur Zielverwirklichung. Die Pflicht zur Herstellung eines richtlinienkonformen Zustandes obliegt den Adressaten dieser Pflicht jedoch erst mit Richtlinienumsetzungsfrist-Ablauf. Was für den nationalen Gesetzgeber an Pflichten damit – auf Rechtsetzungsebene – erst mit dem Ablauf der Umsetzungsfrist besteht, kann für die Verwaltungsbehörde – auf Anwendungsebene – nicht schon früher beginnen. Versuche, welche die Umsetzungsfrist nur auf das Verfahren beziehen und von der materiellen Zielerreichung trennen wollen,[746] können nicht überzeugen, will man den Mitgliedstaaten *nicht „ein entscheidendes Gestaltungsmittel (...) bei der Transformation gemeinschaftsrechtlicher Vorgaben in ihr eigenes Recht"*[747] nehmen. Der dem Art. 4 EUV immanente Grundsatz des *effet utile* lässt hierfür keine Rechtfertigung erkennen – die richtlinienkonforme Auslegung auf Anwendungsebene soll lediglich sicherstellen, dass im Falle von Umsetzungsversäumnissen auf Rechtssetzungsebene keine Umgehung von Richtlinienzielen zu befürchten ist. Nimmt man darüber hinausgehend außerdem einen sanktionierenden Charakter des Instruments der richtlinienkonformen Auslegung

---

744 *König*, in: *Schulze* u.a., Europarecht, § 2 Rn. 55.
745 In diese Richtung auch *Brechmann*, Die richtlinienkonforme Auslegung, S. 264, der davon spricht, dass die Pflicht zur Umsetzung der Richtlinien-Ergebnisse zwar grundsätzlich mit dem Inkrafttreten der Richtlinie beginne, jedoch durch die Umsetzungsfrist „modifiziert" werde. Eine Verletzung des heutigen Art. 288 Abs. 3 AEUV trete daher erst mit Ablauf der Umsetzungsfrist ein. Siehe auch *Ehricke*, EuZW 1999, 553 (555) m.w.N. Zur Zulässigkeit der Setzung einer Umsetzungsfrist in der Richtlinie: *Funke*, Umsetzungsrecht, S. 123 f.
746 So z.B. *Sack*, wrp 1998, 241 (243 f.).
747 *Ehricke*, EuZW 1999, 553 (555).

an, kann nichts anderes gelten: Die mitgliedstaatliche Pflichtverletzung wird erst in dem Moment begangen, wo pflichtwidrig im Zeitpunkt des Ablaufs der Umsetzungsfrist die Richtlinienvorgaben nicht umgesetzt wurden.[748] *Schroeder* formuliert insoweit treffsicher: Mit dem Verstreichen-Lassen der gesetzten Umsetzungsfrist verletzt der Mitgliedstaat seine jedenfalls mit Fristablauf bestehende Umsetzungsverpflichtung.[749] *Borchardt* zieht aus einer solchen Verletzung den Schluss, dass es *zumindest* unter diesen Voraussetzungen „*dann auch die Pflicht der nationalen Gerichte und Rechtsanwendungsorgane* [Anm. d. Verf.: sei,] *das bestehende nationale Recht im Lichte der nicht umgesetzten Richtlinie auszulegen bzw. anzuwenden.*"[750] Umsetzungsdefizite können und müssen – sofern keine anderweitigen Sanktionierungsmöglichkeiten wie z.B. eine unmittelbare Richtlinienwirkung greifen[751] – mit dem Instrument der richtlinienkonformen Auslegung auf Anwendungsebene kurzfristig ausgeglichen werden.

Funke geht insoweit grundsätzlich konform mit der im Schrifttum[752] geäußerten Annahme, „*daß es sich beim Gebot der richtlinienkonformen Auslegung (…) um eine Sanktion für Umsetzungsversäumnisse handelt*", wofür für ihn vor allem spricht, diese Pflicht „*erst mit Ablauf der Umsetzungsfrist*" anzunehmen.[753] Allerdings gibt er zu bedenken, dass auch im Falle rechtzeitiger und vollständiger Richtlinienumsetzung Auslegungsfragen auftreten könnten „*die unter Rückgriff auf die Richtlinie und ihre Erwägungsgründe gelöst werden müssen*".[754] Das aber steht hier nicht in Frage.

Von der Frage nach dem Beginn der Pflicht zur richtlinienkonformen Auslegung muss auch die Frage unterschieden werden, ob vor Ablauf der Umsetzungsfrist eine richtlinienkonforme Auslegung nationalen Rechts überhaupt erfolgen

---

748 Zur Pflichtverletzung im Zeitpunkt des Ablaufs der Umsetzungsfrist siehe auch *Brechmann*, Die richtlinienkonforme Auslegung, S. 264.

749 *Schroeder*, in: *Streinz*, EUV/AEUV, Art. 288 AEUV Rn. 78.

750 *Borchardt*, in: *Schulze* u.a., Europarecht, § 15 Rn. 82.

751 Die „unmittelbare Wirkung" von Richtlinien knüpft an spezifische Voraussetzungen an, welche im hier gegebenen Fall des unionsrechtlichen Abstandsgebots nicht vorliegen, siehe hierzu Seite 127. Daher wird die unmittelbare Anwendbarkeit von Richtlinien vorliegend kaum beachtet.

752 Z.B. *König*, in: *Schulze* u.a., Europarecht, § 2 Rn. 56.

753 *Funke*, Umsetzungsrecht, S. 131.

754 *Funke*, Umsetzungsrecht, S. 131 m. w. N. Gerade in diesem Fall könne man aber eben nicht von einer Sanktionierung sprechen, vielmehr sei das *Gebot „in solchen Fällen nicht als Rechtspflicht, sondern nur als methodische Regel aufzufassen*", so *Funke*, Umsetzungsrecht, S. 131.

darf, welche sich wohl als eine Frage des nationalen Rechts darstellt.[755] Vor dem Hintergrund des bisher Gesagten und vor allem der damit – durch ungleiche Handhabung dieses Rechts durch die einzelnen Gerichte – verbundenen Gefahr von Rechtsunsicherheiten[756] ist die *Zulässigkeit* einer richtlinienkonformen Auslegung vor Fristablauf jedoch zumindest Bedenken ausgesetzt. Legt man ein Verständnis zugrunde, nach welchem *„Richtlinien für die mitgliedstaatlichen Gerichte* [Anm. d. Verf.: nur] Anlaß *zum Nachdenken über ihr bisheriges Rechtsverständnis (…) sein sollten"*[757], kann die Problematik freilich entschärft werden.

Festzuhalten für die vorliegend untersuchte Problematik bleibt daher: Zeitpunkt des Beginns der *Pflicht* zur richtlinienkonformen Auslegung ist der erfolglose Ablauf der Umsetzungsfrist.

ee) Zwischenergebnis zur Zielbindung von Behörden

Der Behörde steht mit der richtlinienkonformen Auslegung ab dem Zeitpunkt des Ablaufs der Richtlinien-Umsetzungsfrist ein Mittel zur Verfügung, mit welchem sie auf die Zielerreichung hinwirken beziehungsweise die Zielerfüllung rein auf der Anwendungsebene abstrakt auch erfüllen kann und dies mangels bestehender Spielräume auch tun muss. Die mitgliedstaatliche Verwaltungsbehörde trifft damit auf Anwendungsebene abstrakt Maßnahmen zur Erfüllung der Verpflichtung zur Zielerreichung im Sinne des Art. 4 Abs. 3 UAbs. 2 EUV.[758]

---

755 So jedenfalls *Nettesheim*, in: *Grabitz/Hilf/Nettesheim*, EUV/AEUV, Art. 288 AEUV, Rn. 133. Eine Vereinbarkeit mit Art. 20 GG bejaht *Nettesheim*, in: *Grabitz/Hilf/ Nettesheim*, EUV/AEUV, Art. 288 AEUV, Rn. 133 zumindest solange, wie sich das vom nationalen Gericht bei der richtlinienkonformen Auslegung gefundene Ergebnis innerhalb des nationalen Auslegungsrahmens hielte.

756 Zur Rechtsunsicherheit siehe *Ehricke*, EuZW 1999, 553 (557).

757 *Leible/Sosnitza*, NJW 1998, 2507 (2508).

758 Zwar steht vorliegend die richtlinienkonforme Auslegung nationalen Rechts bei Nichtumsetzung einer Richtlinie und nicht die Begründung der Umsetzungspflicht selbst im Fokus, doch sei ergänzend angemerkt: Für die Umsetzungspflicht zieht der EuGH in seiner neueren Rechtsprechung unter anderem auch den heutigen Art. 4 Abs. 3 EUV heran, z.B.: EuGH, Urt. v. 17.07.2008, Rs. C-132/06 – Kommission, EuZW 2008, 575 (576), Rn. 37. Dies nähert sich der von der Bearbeiterin vertretenen Auffassung an, nach welcher eine Umsetzungsverpflichtung ihre primärrechtliche Grundlage ebenfalls in Art. 4 Abs. 3 UAbs. 2 EUV findet. Die Umsetzung stellt mithin – nach dem hier zugrundegelegten Verständnis – ebenso wie die richtlinienkonforme Auslegung eine „Maßnahme zur Erfüllung der Pflicht zur Zielerreichung" dar, allerdings nicht auf Anwendungsebene sondern auf Rechtsetzungsebene.

Die Frage, ob die Behörde damit auch Adressatin einer – sich ihrerseits aus Art. 288 Abs.3 AEUV sowie der Richtlinie selbst ergebenden – Pflicht zur Zielerreichung ist, verstanden in dem Sinne, dass sich die Pflicht zur Zielerreichung eben dann auch konkret an sie richtet, ist damit insoweit – also für den Zeitraum nach Ablauf der Umsetzungsfrist – mit einem ‚Ja‘ zu beantworten: Denn es macht keinen Sinn, nationalen Behörden mit der richtlinienkonformen Auslegung eine Möglichkeit und ein Mittel zur Zielerreichung auf Anwendungsebene an die Hand zu geben und diese verbindlich zur Verpflichtung auszugestalten, um andererseits dann erneut in Frage zu stellen, ob die Behörde überhaupt eine Pflicht zur Zielerreichung hat.

Der – als einzig alternative Herangehensweise denkbare – Ansatz, dass die Behörde mit der richtlinienkonformen Auslegung (als Maßnahme der Erfüllung einer Pflicht zur Zielerreichung) nur quasi „erfüllungsgehilflich" eine Pflicht des Mitgliedstaates als solchen erfüllt, findet keinen Halt. Insbesondere wurde geklärt, dass es sich beim Unionsrecht gerade nicht um allgemeines Völkerrecht handelt, so dass man die Verpflichtungen der Behörde auch nicht auf bloße „Wahrnehmungszuständigkeiten" reduzieren kann. Und auch die von einigen befürchtete Gefahr, die Abgrenzung zur Verordnung im Sinne des Art. 288 Abs. 2 AEUV würde durch eine Organbindung der Richtlinie verschwimmen,[759] besteht im Ergebnis nicht: Denn nach der hier vertretenen Auffassung ist auch bei einer Ziel-Bindung der innerstaatlichen Stellen/Organe deswegen nicht die Richtlinie als solche selbst unmittelbar anwendbar. Lediglich Art. 4 Abs. 3 UAbs. 2 EUV als Grundlage der Pflicht zur richtlinienkonformen Auslegung (beziehungsweise einer Pflicht, Maßnahmen zur Erfüllung der Pflicht zur Zielerreichung zu treffen) wurde für unmittelbar anwendbar erklärt. Nicht abzustreiten ist gleichwohl, dass das Institut der Richtlinie durch diese Vorgehensweise sich durchaus der Verordnung als unmittelbar in den

---

Für die Umsetzungsverpflichtung müsste man nach hier vertretener Bewertung damit wohl folgendermaßen vorgehen: Eine Umsetzungspflicht besteht erst mit Fristablauf. Erst ab dann (!) hat Art. 4 Abs. 3 UAbs. 2 EUV – welcher nach hier vertretener Ansicht dann auch Rechtsgrundlage einer Umsetzungsverpflichtung wäre – insoweit konstitutive Wirkung. Erst ab dann wäre Art. 4 Abs. 3 UAbs. 2 EUV unmittelbar anwendbar. Erst mit Ablauf der Umsetzungsfrist könnte er also Wirkung auch für innerstaatliche Organe entfalten, in diesem Fall gemäß der nationalen Zuständigkeitsverteilung für den mitgliedstaatlichen Gesetzgeber!

759 So sieht z.B. *Funke* die Unterscheidung der Richtlinie von der Verordnung als hinfällig an, wenn man innerstaatliche Organe direkt verpflichten würde: Funke, Umsetzungsrecht, S. 148. Als im Ergebnis unbedenklich stuft diese Überschneidungsgefahr z.B. *Ipsen* ein: Ipsen, in: FS Ophüls, S. 67 (77).

Mitgliedstaaten per se anwendbares Recht bis zu einem gewissen Grad annähert. Es lässt sich durchaus vertreten, zumindest „*mittelbar*" werde damit eine Wirkung der Richtlinie auch für den Einzelnen bewirkt.[760] Im Falle der vorliegend untersuchten nationalen Genehmigungsentscheidungen im Einzelfall wird dies durchaus deutlich. Bedenklich ist das im Ergebnis aber dennoch nicht: Mit der Wirkung von unionsrechtlichen Verordnungen im Mitgliedstaat ist dieser Effekt nämlich – wie *Ipsen* schon früh zu Recht feststellte – nicht vergleichbar: Der einzelne Bürger habe nämlich auch in Anbetracht dieser Richtlinienwirkung (Organbindung) weder einen unions- noch einen staatsrechtlichen Anspruch auf ein bestimmtes Verhalten seiner Staatsorgane. Allenfalls über einen verfassungsrechtlichen Anspruch auf Gleichbehandlung könnte man ein Vorgehen des Einzelnen zulassen, die entsprechende Wirkung der Richtlinie geltend zu machen, wenn die Staatsorgane sich Dritten gegenüber richtlinienkonform verhalten haben.[761] Der EuGH scheint – gerade unter dem Blickwinkel einer Pflicht zur richtlinienkonformen Auslegung als Mittel für nationale Verwaltungsbehörden zur Zielerreichung auf Anwendungsebene – diese Auffassung zu teilen. So teilt er zuletzt in der vorliegend untersuchten Rechtssache Mücksch mit: „*Zwar stehen sich im Ausgangsrechtsstreit eine Behörde und ein Einzelner gegenüber, doch hat der Gerichtshof bereits entschieden, dass ein Mitgliedstaat grundsätzlich den Einzelnen eine richtlinienkonforme Auslegung des nationalen Rechts entgegenhalten kann (…)*"[762].

Man kann auf der Anwendungsebene daher für mitgliedstaatliche Behörden von einer „Zielverpflichtung in Form einer Auslegungsverpflichtung"[763] sprechen.

Mit der Rechtsprechung des EuGH – die insbesondere[764] in Fällen einer Pflicht zur richtlinienkonformen Auslegung nach Ablauf der Umsetzungsfrist eine

---

760 So: Ipsen, in: FS Ophüls, S. 67 (77).

761 *Ipsen*, in FS Ophüls, S. 67 (77). Für den Bereich der Umsetzungsgesetzgebung („*Soweit die angewendeten Mittel Rechtsnormen sind (Gesetze, Rechtsverordnungen)*", siehe Ipsen, in: FS Ophüls, S. 67 (78)), ergebe sich damit Folgendes: Erst durch das Mittel der Normierung werde für den Einzelnen wirksam, was für die Organe bereits mit dem Inkrafttreten – auf welches Ipen zeitlich abstellt – verbindlich geworden sei, siehe *Ipsen*, in: Fs Ophüls, S. 67 (79).

762 EuGH, Urt. v. 15.09.2011, Rs. C-53/10 – Land Hessen ./. Franz Mücksch OHG, UPR 2011, 443 (446), Rn. 34 mit weiteren Nachweisen aus der älteren Rechtsprechung des EuGH.

763 Zu diesem Begriff vgl. auch *Funke*, Umsetzungsrecht, S. 144: „*Ziel- bzw. Ergebnisverpflichtung (…) in der Form der Auslegungsverpflichtung*".

764 Der zweite Fall, in welchem der EuGH eine Organbindung annimmt, betrifft denjenigen der (ausnahmsweisen) unmittelbaren Anwendbarkeit der Richtlinie. Dieser wird hier nicht behandelt.

Bindung innerstaatlicher Organe an das Richtlinienziel annimmt[765] – stimmt das vorliegend gefundene Ergebnis insoweit als auch im Übrigen überein. Dies trifft auch auf die Entscheidung des EuGH vom 15.09.2011 im Verfahren Mücksch zu, in welcher der EuGH letztlich von einer nicht ordnungsgemäßen Umsetzung der Vorgaben des damaligen Art. 12 der Richtlinie 96/82/EG ausgeht, deren Umsetzungsfrist zum Verfahrenszeitpunkt abgelaufen war. Die Lösungskonstellation des EuGH läuft daher auch hier über das Instrument der richtlinienkonformen Auslegung nationalen Rechts.

Wenngleich in der einschlägigen Rechtsprechung des EuGH zwar ohne Zweifel ein *„Fall der unmittelbaren Adressierung staatlicher Organe"*[766] gegeben ist, so wendet *Funke* dennoch ein, man könne hierin keine Bestätigung dafür sehen, *„daß Art. 288 Abs. 3 AEUV generell die staatlichen Organe unmittelbar in die Pflicht nimmt"* – es gehe hier schließlich nicht um *„die Zielverpflichtung selbst, sondern die besondere Konstellation, daß eine Umsetzung nicht erfolgt ist und dies sanktioniert werden soll"*.[767] Das überzeugt vor dem Hintergrund der hier vertretenen Herangehensweise an die Thematik nur vom Ergebnis her: Mit Ablauf

---

765 Exemplarische Rechtsprechungsnachweise zur Bindung von innerstaatlichen Stellen an das Richtlinienziel in der genannten Spezialkonstellation einer bestehenden Pflicht zur richtlinienkonformen Auslegung:
Aus der Rechtsprechung des EuGH, nach welcher zumindest die Verpflichtung, das in einer Richtlinie vorgesehene Ziel zu erreichen sowie die Pflicht, alle zur Erfüllung dieser Verpflichtung geeigneten Maßnahmen allgemeiner oder besonderer Art zu treffen, allen Trägern öffentlicher Gewalt in den Mitgliedstaaten obliege, (wobei Grenze nur die nationale Zuständigkeitsordnung sei), siehe z.B.: EuGH, Urt. v. 10.04.1984, Rs. 14/83 – von Colson/Kamann, Slg. 1984, 1891 (1909), Rn. 26; ebenso: EuGH, Urt. v. 13.11.1990, Rs. C-106/89 – Marleasing SA, Slg. 1990, I-4156 (4159), Rn. 8; ebenso: EuGH, Urt. v. 05.10.2004, verb. Rs. C-397/01 bis C-403/01 – Pfeiffer u.a., Slg. 2004, I-8878 (8916f.), Rn. 110; ohne explizite Bezugnahme auf die nationale Zuständigkeitsverteilung: EuGH, Urt. v. 15.09.2011, Rs. C-53/10 – Land Hessen ./. Franz Mücksch OHG, UPR 2011, 443 (446), Rn. 29.; u.v.m.
In allen hier genannten Entscheidungen des EuGH erfolgte eine Auflösung der jeweiligen Konstellation (keine korrekte Umsetzung [beziehungsweise irrelevant] und keine unmittelbare Anwendbarkeit der Richtlinie im konkreten Fall) über eine richtlinienkonforme Auslegung des nationalen Rechts.
Deutlicher Rechtsprechungsnachweis speziell dafür, dass nach dem EuGH die Pflicht zur richtlinienkonformen Auslegung erst mit Ablauf der Umsetzungsfrist beginnt: EuGH, Urt. v. 04.07.2006, Rs. C-212/04 – Adeneler u.a., Slg. 2006, I-6091 (6133), Rn. 115.

766 *Funke*, Umsetzungsrecht, S. 144.

767 *Funke*, Umsetzungsrecht, S. 144.

der Umsetzungsfrist besteht eine behördliche Pflicht zur richtlinienkonformen Auslegung, ihrerseits begründet über Art. 4 Abs. 3 UAbs. 2 EUV. Dieser wirkt damit konstitutiv und damit unmittelbar, so dass Behörden hierüber – aber eben erst ab diesem Zeitpunkt – unmittelbar in die Pflicht genommen und damit eigenständig an das Ziel im Sinne des Art. 288 Abs. 3 AEUV gebunden sind.

Dass die Behörde auf Anwendungsebene eine eigene Verpflichtung auf das Richtlinienziel hat und mittels der richtlinienkonformen Auslegung dieser Verpflichtung nachkommt, lässt eine weitere Schlussfolgerung zu: Die Verpflichtung zur Zielerreichung erfasst neben der Umsetzungsverpflichtung offenbar auch noch die Pflicht zur richtlinienkonformen Auslegung nationalen Rechts. Hieraus muss jedoch nicht gefolgert werden, dass sich durch Umsetzung einer Richtlinie ins nationale Recht allein deren Ziel dann gar nicht erreichen lassen würde. Der Zusammenhang der Pflichten lässt sich dann vielmehr so beschreiben, dass die Pflicht zur richtlinienkonformen Auslegung tatsächlich auch bei Umsetzung nicht wegfällt, da auch Umsetzungsrecht sowie das gesamte übrige nationale Recht bei Bedarf richtlinienkonform ausgelegt werden muss.

d) Ergebnis zu 3.: Genehmigungsentscheidungen im Anwendungsbereich des Art. 13 Abs. 2 der Richtlinie 2012/18/EU

Um ihrer Bindung an das Richtlinienziel – ab dem Zeitpunkt des Ablaufs der Umsetzungsfrist – Rechnung zu tragen beziehungsweise um diese nicht zu konterkarieren, muss die Behörde bei der von ihr zu erteilenden Genehmigung das von Art. 13 Abs. 2 der Richtlinie 2012/18/EU vorgeschriebene Abstandsgebot berücksichtigen.

Zu diesem Ergebnis kommt auch der EuGH im hier untersuchten Urteil vom 15.09.2011 zum Fall „Mücksch" und macht deutlich, dass er von einer Verpflichtung der Behörde auf das Richtlinienziel ausgeht: *„(...) wenn diesem Erfordernis* [Anm. d Verf.: der Wahrung angemessener Abstände nach dem damaligen Art. 12 Abs. 1 UAbs. 2 der Seveso-II-Richtlinie; heute: Art. 13 Abs. 2 der Seveso-III-Richtlinie] *seitens der Planungsbehörden nicht Rechnung getragen wurde,* [Anm. d. Verf: so ist hervorzuheben, dass es] *zur Gewährleistung der praktischen Wirksamkeit von Art. 12 Abs. 1 der Richtlinie 96/82 umso bedeutsamer wird, dass die Baugenehmigungsbehörde selbst dieser Verpflichtung nachkommt."*[768]

Behördliche Genehmigungsentscheidungen fallen damit grundsätzlich in den sachlichen Anwendungsbereich des Art. 13 Abs. 2 der Richtlinie 2012/18/EU.

---

768 EuGH, Urt. v. 15.09.2011, Rs. C-53/10 – Land Hessen ./. Franz Mücksch OHG, UPR 2011, 443 (446), Rn. 28.

e) *Verortung der Baugenehmigungs-Entscheidung als „Politik" oder „Verfahren für die Durchführung dieser Politiken" im Sinne des Art. 13 Abs. 2 der Richtlinie 2012/18/EU?*

Bereits im Kontext der „Planung" wurde festgestellt, dass die Terminologie des Art. 13 Abs. 2 der Richtlinie 2012/18/EU keine wirkliche Entsprechung im nationalen Sprachgebrauch findet. Vom Begriff der „Politiken" als *„typischer des Gemeinschaftsrechts"*[769] war die Rede. Eine Definition der Politiken als *„im allgemeinen ein Bündel von Handlungsmaßnahmen oder auch Handlungsfeldern"*, wurde gesprochen, wobei eine *„genaue Zuordnung zur Administration, in welcher Ebene auch immer, oder zu legislativen Funktionen"* gerade zu vermeiden sei. Ein *„Gesamtkonzept von Tätigkeiten"*[770] wolle man unionsrechtlich damit umschreiben.

Es scheint, als wolle die rechtswissenschaftliche Literatur mit ihren Definitions-Versuchen zum Politikbegriff weniger ein begriffliches Synonym im nationalen Recht suchen, sondern mehr darauf hindeuten, was teleologischer Hintergrund derartiger Interpretationsunterfangen ist: Ein Gesamtkonzept oder auch ein Handlungsfeld mit seinen einzelnen Teilelementen, gelöst von der nationalen Kompetenzzuordnung, welches aber stets das Ziel der Richtlinienbestimmung vor Augen haben muss.[771]

Genehmigungsentscheidungen der Baugenehmigungsbehörde für Vorhaben im unbeplanten Innen- oder Außenbereich nach §§ 34 f. BauGB stellen vor diesem Hintergrund ein treffliches Beispiel für allerlei Zuordnungsversuche zum sachlichen Anwendungsbereich des Art. 13 Abs. 2 lit a) der Richtlinie 2012/18/ EU dar, die zumindest seit – teilweise auch schon vor – der Entscheidung des EuGH in Sachen Mücksch vorrangig positiv ausgehen.

Während beispielsweise *Grüner* 2010[772] oder bereits *Sellner/Scheidmann* 2004[773] Baugenehmigungen für Vorhaben im unbeplanten Innen- oder Außenbereich nach §§ 34 f. BauGB dem Begriff der „Politik der Flächenausweisung oder Flächennutzung" im Sinne des heutigen Art. 13 Abs. 2 der Richtlinie

---

769 *Berkemann*, ZfBR 2010, 18 (25).
770 *Berkemann*, ZfBR 2010, 18 (25).
771 In diesem Sinne relativ deutlich bereits *Sellner/Scheidmann*, NVwZ 2004, 267 (269).
772 *Grüner*, Planerischer Störfallschutz, S. 59, auf die mit einer solchen Genehmigung verbundene *„rechtlich verbindliche Aussage über die Inanspruchnahme und Zuweisung bestimmter Flächen"* abstellend.
773 *Sellner/Scheidmann*, NVwZ 2004, 267 (269), letztlich noch ohne konkrete Begründung an dieser Stelle.

2012/18/EU zuordneten, scheint der EuGH dies 2011 ähnlich anzugehen: Die Baugenehmigung als solche versteht er wohl ebenfalls als „Politik der Flächenausweisung oder Flächennutzung", das Verfahren zu ihrer Erteilung offenbar als „Verfahren für die Durchführung dieser Politiken".[774] In der Sache ist eine genaue Zuordnung der Genehmigungsentscheidungen für Vorhaben nach § 34 BauGB nicht bedeutsam, um diese unter den Anwendungsbereich des Art. 13 Abs. 2 lit. a) der Richtlinie 2012/18/EU fassen zu können. Dass sie diesem überhaupt zuzuordnen sind, wurde dagegen oben eingehend begründet. Als „Verfahren für die Durchführung dieser Politiken" wird man die Genehmigungsentscheidung selbst freilich nicht einordnen können, da es sich bei ihr schlicht um kein Verfahren handelt, sondern letztlich um das Ergebnis desselben. Die Zuordnung der Genehmigungsentscheidung als „Politik" trifft daher zu. Das gemeinhin sehr weite Verständnis dieses Begriffs[775] spielt dem in die Hände.

IV. Integration des Abstandsgebots im nationalen Recht bei der Genehmigung schutzbedürftiger Nutzungen, deren bauplaungsrechtliche Zulässigkeit nach § 34 Abs. 1 BauGB zu beurteilen ist („Mücksch-Konstellation")

1. Ausgangslage und dogmatische Grundüberlegungen

Die erste Frage des BVerwG in dessen Vorlagebeschluss an den EuGH, ob Art. 12 Abs. 1 der Seveso-II-Richtlinie (heute Art. 13 Abs. 2 der Seveso-III-Richtlinie) so zu verstehen sei, dass die darin enthaltene Pflicht, dem Erfordernis der Wahrung angemessener Abstände Rechnung zu tragen, sich auch an Baugenehmigungsbehörden, die eine gebundene Entscheidung über die Zulassung eines Vorhabens nach § 34 BauGB zu treffen haben, richte, hatte der EuGH bejaht: Die Vorschrift sei so auszulegen, dass die Pflicht, dem Erfordernis der Abstandswahrung Rechnung zu tragen, auch von einer Behörde – insbesondere einer für die Erteilung von Baugenehmigungen zuständigen Behörde – zu beachten sei, und zwar auch dann, wenn die Entscheidung eine gebundene sei.

---

774 EuGH, Urt. v. 15.09.2011, Rs. C-53/10 – Land Hessen ./. Franz Mücksch OHG, UPR 2011, 443 (445), Rn. 19 f.; vorangehend siehe bereits die Schlussanträge der Generalanwältin Sharpston vom 14.04.2011 in der Rechtssache C-53/10, Rn. 24, welche die Entscheidung über Erteilung oder Versagung einer Baugenehmigung unter die *„anderen einschlägigen Politiken"* subsumiert, das Baugenehmigungsverfahren aber als *„Verfahren für die Durchführung dieser Politiken"* im Sinne der Richtlinie.

775 So schon *Sellner/Scheidmann*, NVwZ 2004, 267 (269) für sämtliche Varianten der „Politik" im damaligen Art. 12 Abs. 1 der Seveso-II-Richtlinie.

Dieser Rechtsprechung wurde im Vorstehenden zugestimmt: Genehmigungs-entscheidungen nach § 34 BauGB fallen in den sachlichen Anwendungsbereich des Art. 13 Abs. 2 der Richtlinie 2012/18/EU. Hintergrund dessen war die Er-kenntnis, dass mit Ablauf der Umsetzungsfrist auch die innerstaatlichen Stellen in einem Mitgliedstaat selbst an das Richtlinienziel gebunden sind. Das ergibt sich aus Art. 4 Abs. 3 UAbs. 2 EUV, der die Pflicht statuiert, Maßnahmen zur Erfüllung der Verpflichtung zur Zielerreichung zu treffen.

Die Verwaltung hat mittels richtlinienkonformer Auslegung des nationalen Rechts auf der Anwendungsebene für die Erreichung des Zielzustands zu sor-gen, sofern und jedenfalls solange der Gesetzgeber seiner Umsetzungspflicht nach Fristablauf nicht nachgekommen ist. Der nationale Gesetzgeber ist indes – seinem Kompetenzbereich entsprechend – verpflichtet, ein Gesetz zu schaffen, welches die Richtlinienvorgaben umsetzt, mithin ein nationales Gesetz, mittels dessen das unionsrechtliche Abstandserfordernis im Genehmigungsverfahren bei Vorhaben nach §§ 34 f. BauGB gewahrt werden kann.

Eine unmittelbare Wirkung kommt indes Art. 13 Abs. 2 der Richtlinie 2012/18/EU ebenso wenig wie seiner Vorgängervorschrift Art. 12 Abs. 1 UAbs. 2 der Richtlinie 96/827EG zu.[776] Die Bestimmung ist schlichtweg zu unbestimmt und bietet keine konkreten Inhalte z. B. mit Blick auf maßgebliche Faktoren oder Berechnungsmethoden bei der Abstandsfestlegung. Auch ihre „hinreichende Klarheit" lässt sich mit Blick auf die vorangegangene Untersuchung zum eige-nen Anwendungsbereich (Planung/Genehmigung) bezweifeln.

2. Lösungsansätze

Nach den – für die nationale baurechtliche Prüfung im Detail nicht wirklich weiterhelfenden – Ausführungen des EuGH und schließlich denjenigen des BVerwG liegen mittlerweile zur behandelten Thematik bereits erste „neue" Ge-richtsentscheidungen vor. Auch die rechtswissenschaftliche Literatur wartet mit Stellungnahmen zum Thema auf, wobei hierbei teilweise der Eindruck entsteht, die richtlinienkonforme Auslegung der nationalen bauplanungsrechtlichen Nor-men werde von den entsprechenden Autoren als *weitgehend unproblematisch*[777] eingestuft. Ganz so unproblematisch gestaltet sich bei näherer Betrachtung die

---

776 Ebenso BVerwGE 145, 290 (300); a.A. *Bernhard*, Die Implementierung des EG-Rechts in Österreich, S. 56 ff., die von einer unmittelbaren Anwendbarkeit der Seveso-Richtlinie, sogar konkret in Bezug auf das Abstandsgebot des Art. 12 der Seveso-II-Richtlinie, ausgeht.
777 *Uechtritz*, BauR 2012, 1039 (1040).

Frage allerdings nicht. Insbesondere kann in einer wissenschaftlichen Abhandlung nicht „das Heil in der Flucht" (vor einer tragfähigen Stellungnahme) gesucht werden, wie man dagegen – bezogen auf allgemeine Ausführungen zur (richtlinienkonformen) Auslegung – *Remien* mit der Aussage *„Es kommt allerdings nur auf das richtlinienkonforme Ergebnis an, der Begründungsweg dürfte in unionsrechtlicher Sicht beliebig sein"*[778] verstehen könnte.

Zu klären sind letztlich drei Fragen: Gibt es ein Umsetzungsgesetz? Falls nein, wie und wo im nationalen Recht kann eine richtlinienkonforme Auslegung des nationalen Rechts dogmatisch verankert werden? Und: reicht das aus oder existiert gesetzgeberischer Handlungsbedarf? Schwierig bei der konkreten Ausgestaltung einer richtlinienkonformen Auslegung nationalen Rechts ist insbesondere die mittlerweile mehrfach genannte Tatsache, dass es sich bei der Vorhabenzulassung nach § 34 BauGB um eine „gebundene Entscheidung" der Behörde handelt. Das bedeutet, dass – wenn die Tatbestandsvoraussetzungen der Norm vorliegen – ein Vorhaben rein nach nationalem Recht schlicht zulässig ist. Wo daher ein wertendes Kriterium wie das unionsrechtliche Abstandsgebot letztlich „eingeschleust" werden kann, ist alles andere als leicht zu beantworten.

a) Umsetzungsdefizit

Ein nationales Gesetz, welches die unionsrechtlichen Vorgaben des Art. 13 Abs. 2 lit a) der Richtlinie 2012/18/EU für die Vorhabenzulassung im unbeplanten Bereich explizit ins nationale Recht umsetzt, existierte bislang nicht.[779]

§ 50 BImSchG hat – auch nach seiner der Richtlinienumsetzung zur Richtlinie 96/82/EG dienenden Änderung – Genehmigungsentscheidungen nach bisherigem Verständnis nicht erfasst: In der Literatur wurde § 50 S. 1 BImSchG – nachdem die Frage lange Zeit fast überhaupt nicht thematisiert wurde – sowohl vor, wie auch noch nach der Entscheidung des EuGH im Jahr 2011, oftmals gerade *nicht* so verstanden, dass er auf Entscheidungen über die bauplanungsrechtliche Zulässigkeit baulicher Anlagen im unbeplanten Innenbereich anwendbar sei.[780]

---

778 *Remien*, in: *Schulze* u. a., Europarecht, § 14 Rn. 33.

779 So auch *Schröer/Kullick*, NZBau 2011, 667 (667). Nicht näher eingegangen wird hier auf § 9 Abs. 1 Nr. 24 BauGB, der sich ersichtlich lediglich auf die Bebauungsplanung bezieht; siehe hierzu auch: Fachkommission Städtebau der Bauministerkonferenz, Arbeitshilfe, S. 4. Zu § 50 BImSchG sogleich im Anschluss.

780 Aus der Literatur zum bisherigen Verständnis z. B.: *Moench/Hennig*, DVBl. 2009, 807 (814 f.); *Schröer/Kullick*, NZBau 2011, 667 (667); *Lau*, DVBl. 2012, 678 (680). Andere Ansicht z.B. aber: *Grüner*, Planerischer Störfallschutz, S. 116 ff. Für die verwaltungsbehördliche Praxis wird auch ganz aktuell (März 2015) auf dieses

Festgestellt wurde insoweit zunächst, dass in vielen Bundesländern eine Prüfung des § 50 BImSchG im Genehmigungsverfahren bereits deshalb ausscheide, weil die Vorschrift nicht mehr zum nur beschränkten Prüfungsumfang der Bauaufsichtsbehörde gehöre.[781] Dieses Problem könnte man zumindest für Innenbereichsvorhaben noch damit überwinden, § 50 BImSchG formal *„zum Zulassungsprogramm des § 34 BauGB zu zählen"*[782]. Als Grund wurde insbesondere aber auch angeführt, dass § 50 nur für Entscheidungen gelte, welche vom planerischen Abwägungsgebot gesteuert und in planerischer Gestaltungsfreiheit ergehen würden; hierzu zähle jedenfalls die Entscheidung nach § 34 Abs. 1 BauGB nicht.[783] Auch sei zu sehen, dass das Kriterium der „Raumbedeutsamkeit" in § 50 S. 1 BImSchG in aller Regel *„erst* [i. Orig.: Erst] *aus der Summe vieler Einzelgenehmigungen folgt"*[784]; der Störfallschutz wirke aber deshalb nicht auf jede einzelne Genehmigung ein, sondern eine *„derartige übergreifende"* Problematik sei dann gerade mittels einer Planung, die dann wiederum § 50 BImSchG Rechnung zu tragen habe, zu lösen.[785] Auch sämtliche Vorinstanzen im Fall Mücksch hatten die Anwendbarkeit des § 50 S. 1 BImSchG auf – im konkreten Fall in Rede stehende – gebundene Genehmigungsentscheidungen nach § 34 BauGB abgelehnt: § 50 BImSchG formuliere explizit einen *„Planungsgrundsatz"* und trage sogar die Überschrift „Planung". Im Baugenehmigungsverfahren für Vorhaben, die nach § 34 BauGB zu beurteilen seien, finde die Norm keine Anwendung, da es sich um eine gebundene Entscheidung der Behörde handle, *„die planerischen Erwägungen nicht zugänglich ist, nicht einmal in Form der Ausübung eines Ermessens."* Die Novellierung der Vorschrift im Zuge der Seveso-Richtlinie habe an dieser Einschätzung nichts geändert. Selbst wenn die Norm im Baugenehmigungsverfahren für Vorhaben nach § 34 BauGB anwendbar wäre, wovon aber ja nicht auszugehen sei, würde es im Normalfall bei der Zulassung schutzbedürftiger Vorhaben am Tatbestandsmerkmal der „raumbedeutsamen Planungen und Maßnahmen" fehlen, wenn z.B. *„nicht von einer raumprägenden, weit über das Baugrundstück selbst hinausweisenden Bedeutung des Vorhabens ausgegangen*

---

zugrundezulegende (bauleit-)planerische Verständnis des § 50 BImSchG – unter Verweis auf die Rechtsprechung – hingewiesen, siehe Fachkommission Städtebau der Bauministerkonferenz, Arbeitshilfe, S. 4.

781 *Moench/Hennig,* DVBl. 2009, 807 (814, Fn. 65).

782 *Lau,* DVBl. 2012, 678 (680), der jedoch diese Ansicht nicht teilt.

783 *Lau,* DVBl. 2012, 678 (680) unter Berufung auf die Erwägungen des BVerwG im Vorlagebeschluss des BVerwG an den EuGH im Verfahren Mücksch.

784 *Moench/Hennig,* DVBl. 2009, 807 (814).

785 *Moench/Hennig,* DVBl. 2009, 807 (814).

werden" könne und es „*auch kein zusammenhängender Bestandteil eines größeren städtebaulichen Vorhabens, das seinerseits als raumbedeutsam einzuordnen wäre*" sei. Schlicht „*überdehnen*" würde es zudem den Wortlaut des § 50, wenn man „*alle Vorhaben, die überhaupt im Umfeld raumbedeutsamer Maßnahmen stattfinden, gleichwohl dem Regime des Imissionsschutzes unterwerfen wollte.*"[786] Das BVerwG selbst formulierte bereits in seinem Vorlagebeschluss an den EuGH im Verfahren Mücksch im Jahr 2009 nochmals explizit: „*§ 50 BImSchG ist auf Entscheidungen über die bodenrechtliche Zulässigkeit von Vorhaben nach § 34 BauGB weder direkt noch entsprechend anwendbar.*"[787] Der EuGH selbst äußerte sich in seiner hierauf ergangenen Entscheidung im Verfahren Mücksch zur Vorschrift des § 50 BImSchG selbst gar nicht.[788]

Auch ein eigens im Hinblick auf die Seveso-Richtlinien entwickelter Leitfaden für die Verwaltung konnte sich nicht zu einer klaren Einordnung von Vorhaben, die im Rahmen eines Baugenehmigungsverfahrens planungsrechtlich nach § 34 BauGB zu beurteilen sind, durchringen. Unter der Überschrift „*Geltungsbereich des § 50 Satz 1 BImSchG*", Unterpunkt „*raumbedeutsame Maßnahmen*" formulierte man daher zunächst sehr vorsichtig: „*Ob Art. 12 der Seveso-II-Richtlinie, der für planerische Entscheidungen in §50 BImSchG umgesetzt wurde, bei Baugenehmigungsverfahren von Einzelvorhaben im Umfeld von Betriebsbereichen, die planerisch nach § 34 BauGB zu bewerten sind, anzuwenden ist, ist umstritten*".[789] Im selben Dokument unter der Überschrift „*Anwendung des Leitfadens bei verschiedenen Planungssituationen*", Unterpunkt „*Baurechtliche Vorhaben in der Nachbarschaft von Betriebsbereichen*" wurde erneut darauf hingewiesen, dass die rechtliche Bewertung der „*Zulässigkeit einer Bebauung* [Anm. d. Verf.: deren bauplanungsrechtliche Zulässigkeit sich nach § 34 BauGB beurteilt], *die an Betriebsbereiche heranrückt, (…) umstritten und Gegenstand eines Verfahrens vor dem Bundesverwaltungsgericht* [Anm. d. Verf.: 4 C 5/09]" *sei*.[790] Nachdem die gegenständlichen Entscheidungen nun mittlerweile existieren, wurde eine „Korrektur

---

786 So exemplarisch bereits: VG Darmstadt, Urt. v. 27.11.2007 – 9 E 2454/05, BauR 2008, 1421 (1423 f.); mit weiteren Argumenten auch: VGH Kassel, Urt. v. 04.12.2008 – 4 A 882/08, UPR 2009, 115 (118 f.); ebenso: VG Darmstadt, Urt. v. 27.11.2007 – 9 E 735/07, Juris, Rn. 30 ff.

787 BVerwG, Beschl. v. 03.12.2009 – 4 C 5/09, BauR 2010, 726 (728), Rn. 20.

788 Vgl. EuGH, Urt. v. 15.09.2011, Rs. C-53/10 – Land Hessen ./. Franz Mücksch OHG, UPR 2011, 443 ff.

789 Kommission für Anlagensicherheit, Leitfaden, S. 4 f.

790 Kommission für Anlagensicherheit, Leitfaden,, S. 16 ff.

des Leitfadens KAS-18"[791] herausgegeben, die – systematisch betrachtet – sich scheinbar der Annahme annähert, § 50 S. 1 BImSchG nun doch auf Genehmigungsentscheidungen für Vorhaben im Sinne des § 34 BauGB anwenden zu wollen: Sie ändert Unterpunkt 2.1.3 ab, der systematisch wohl als Einschränkung des Unterpunktes 2.1.1 des Leitfadens („Geltungsbereich des § 50 Satz 1 BImSchG") zu verstehen ist; explizit ausgesprochen wird die Anwendbarkeit des § 50 in der Änderung nicht. Dort steht insoweit nur: *„Gemäß den Entscheidungen des EuGH vom 15.09.2011 und des BVerwG vom 20.12.2012 ist der Artikel 12 der Seveso-II-Richtlinie auch in Baugenehmigungsverfahren im Umfeld von Betriebsbereichen zu berücksichtigen, sofern dies nicht im Rahmen der Planung vorher bereits geschehen ist. (...)"*[792].

Es bleibt daher festzuhalten, dass zumindest bisher § 50 S. 1 BImSchG das unionsrechtliche Abstandsgebot mit Blick auf Vorhabenzulassungen im Einzelfall nicht erfasst hat.

Die Neuerungen der Kommission für Anlagensicherheit geben bisher kein klares Bild in Bezug auf die Vorhabenzulassung im Einzelfall ab, da sie offensichtlich nur einen ersten Versuch abbilden, den Entscheidungen des EuGH und des BVerwG im Fall Mücksch Rechnung zu tragen, ohne selbst eine vertiefte oder überhaupt nur klare Auseinandersetzung mit der Thematik vorzuweisen. Unabhängig hiervon ist der Leitfaden – so hilfreich er in der (auch verwaltungsgerichtlichen) Praxis auch sein mag – als *„generelles Sachverständigengutachten"*[793] jedenfalls kein normativer Umsetzungsakt für die Richtlinienvorgabe zum Abstandsgebot. Verwaltungsvorschriften, die keine Rechtsnormqualität besitzen, genügen den Anforderungen nicht, die – insbesondere auch nach der Rechtsprechung des EuGH – an eine Umsetzung zu stellen sind.[794]

Für den unter den Anwendungsbereich von Art. 13 Abs. 2 der Richtlinie 2012/18/EU fallenden Bereich der Vorhabenzulassung im Einzelfall – konkret hier: für die Berücksichtigung des unionsrechtlichen Abstandsgebots bei der Baugenehmigungserteilung – besteht daher grundsätzlich ein Umsetzungsdefizit. Es ist mithin zu untersuchen, welche dogmatischen Anknüpfungspunkte für eine richtlinienkonforme Auslegung das nationale Recht bietet; beispielsweise auch, ob die Vorschrift des § 50 S. 1 BImSchG dahingehend richtlinienkonform ausgelegt werden kann, mit ihr die Anforderungen aus Art. 13 Abs. 2 der

---

791 Korrektur_Kommission für Anlagensicherheit, Leitfaden.
792 Korrektur-KAS 18, S. 1.
793 *Burger*, DVBl. 2013, 1431 (1436).
794 Siehe hierzu Seite 135.

Richtlinie 2012/18/EU – ebenso wie schon vorher aus Art. 12 Abs. 1 UAbs. 2 der Richtlinie 96/82/EG – letztlich komplett einhalten zu können.[795]

Es wird außerdem darauf einzugehen sein, ob durch eine richtlinienkonforme Auslegung im Fall der Seveso-Richtlinien dieses Umsetzungsdefizit endgültig ausgeglichen werden kann – so dass kein weiterer gesetzgeberischer Handlungsbedarf mehr bestünde. *Burger* behandelt diese Frage unter dem treffenden Titel „*Entlastung des Gesetzgebers durch die Rechtsanwender*"[796].[797]

b) Lösungsansätze auf der Anwendungsebene: Richtlinienkonforme Auslegung nationalen Rechts

Geht man davon aus, dass kein nationales Umsetzungsgesetz existiert, welches bei der Zulassung von Vorhaben im unbeplanten Bereich die Berücksichtigung des unionsrechtlichen Abstandsgebotes verlangt, so verbleibt es bei den bisher gefundenen Ergebnissen: Die nationalen Genehmigungsbehörden müssen im Baugenehmigungsverfahren mittels des ihnen zur Verfügung stehenden Mittels der richtlinienkonformen Auslegung – zu welcher sie nach Ablauf der Umsetzungsfrist unionsrechtlich verpflichtet sind – das Abstandsgebot aus Art. 13 Abs. 2 lit. a) der Richtlinie 2012/18/EU berücksichtigen, um auf der Anwendungsebene ihrer Bindung an das Richtlinienziel gerecht zu werden. Ganz in diesem Sinne hat das Oberverwaltungsgericht Nordrhein-Westphalen bereits drei Monate nach dem EuGH-Urteil – unter Verweis auf jenes – befunden: „*Zur Gewährung der praktischen Wirksamkeit dieser Regelung sind auch die nationalen Baugenehmigungsbehörden verpflichtet, das Erfordernis der Wahrung angemessener Abstände im Rahmen eines Baugenehmigungsverfahrens zu beurteilen.*"[798] Die dogmatischen Anknüpfungspunkte, welche hierfür in Rechtsprechung und Literatur gefunden werden, sind ambivalent. Dies insbesondere vor dem Hintergrund, dass zumindest teilweise davon ausgegangen wird, Lösungen nicht nur für den Bereich der Vorhabenzulassung im Baurecht (Baugenehmigung; Vorbescheid) sondern auch für die Zulassung von Störfallbetrieben nach Immissionsschutzrecht finden zu müssen.[799]

---

795 Vgl. hierfür z.B. BVerwG, Beschl. v. 16.01.2013 – 4 B 15.10, ZfBR 2013, 363 (364), Rn. 14.

796 *Burger*, DVBl. 2013, 1431 (1434).

797 Zu Lösungsvorschlägen auf Anwendungsebene siehe sogleich, zum gesetzgeberischen Handlungsbedarf siehe Seite 206.

798 OVG NRW, Urt. v. 15.12.2011 – 2 A 2645/08, DVBl. 2012, 634 (637).

799 Für eine Übertragung der Problematik auf die Vorhabenzulassung nach Immsissionsschutzrecht z.B. *Schmitt/Kreutz*, NVwZ 2012, 483 (487 f.).

aa) Verankerung des Abstandsgebots im Ermessensbereich?

Eine Berücksichtung des unionsrechtlichen Abstandsgebots im behördlichen Ermessensbereich – als Anknüpfungspunkt zur Inkorporierung des vom EuGH bei der Berücksichtung des Abstandsgebots genannten „Wertungsspielraums" ins nationale Recht – lässt sich jedenfalls dann nicht verwirklichen, wenn es sich um eine gebundene Entscheidung der Behörde handelt.[800] Bei Baugenehmigungsentscheidungen besteht ein solches Ermessen gleich „doppelt" nicht: Weder verbürgt die – nach Landesrecht zu beurteilende – Genehmigungsentscheidung als solche einen Ermessensspielraum der Behörde auf Rechtsfolgenseite;[801] noch verbleibt ein solches Ermessen bei der Beurteilung der planungsrechtlichen Zulässigkeit eines Vorhabens im unbeplanten Innenbereich nach § 34 Abs. 1 BauGB.

bb) Verankerung des Abstandsgebots im Immissionsschutzrecht?

Für die Zulassung von Störfallbetrieben wird bisweilen die Lösung innerhalb des Immissionsschutzgesetzes gesucht und eine Verankerung des Abstandsgebots innerhalb der Betreiberpflicht des § 5 Abs. 1 S. 1 Nr. 1 BImSchG angedacht.[802] Eine derartige Aufspaltung muss jedoch einer vorzugswürdigen „einheitliche[-n] Betrachtungsweise"[803] weichen, welche dem Umstand Rechnung trägt, dass das Abstandsgebot insbesondere auch bei der Zulassung schutzwürdiger Nutzungen zu berücksichtigen ist.

Die 12. BImSchV – so wird beispielsweise von *Kuck* hierzu vorgetragen – sei zwar in Umsetzung der Seveso-II-Richtlinie ergangen, enthalte aber keine konkreten Abstandsvorschriften sondern konkretisiere vielmehr vor allem durch Anforderungen an Stofflisten und Stoffmengen Betreiber- und Behördenpflichten.[804] Überhaupt kommt das Wort *„Abstand* [i. Orig.: -s]" im räumlich verstandenen Sinn in der 12. BImSchV nur in § 15 vor, wo es um die *„gegenseitigen"* Abstände zwischen Betriebsbereichen geht. Zwar trifft den Betreiber nach § 3 Abs. 3 der 12. BImSchV die Pflicht, *„vorbeugend Maßnahmen zu treffen, um die Auswirkungen von Störfällen so gering wie möglich zu halten"*, die in § 5 Abs. 1 der 12. BImSchV noch weiter konkretisiert wird. Die – wenn auch nur beispielhaft (*„insbesondere"*) – aufgeführten Pflichten in § 5 Abs. 1 der 12. BImSchV weisen

---

800 *Schmitt/Kreutz*, NVwZ 2012, 483 (484).
801 Siehe hierzu sowie zur insoweit problematischen Qualifizierung der Erweiterung des Art. 68 Abs. 1 S. 1 HS. 1 BayBO um den HS. 2 siehe Seite 76 ff.
802 *Hellriegel*, EuZW 2011, 876 (878).
803 *Schmitt/Kreutz*, NVwZ 2012, 483 (484).
804 *Kuck*, ZfBR 2012, 219 (219).

aber deutlich in Richtung technischer Auswirkungsbegrenzungsmaßnahmen und normieren gerade kein Abstandsgebot. Die 12. BImSchV postuliert damit zumindest nicht explizit ein Gebot zur Abstandseinhaltung zwischen Störfallbetrieb und schutzwürdiger Nutzung.[805] Sofern man – wie *Kuck* dann scheinbar letztlich doch annimmt – „*Achtungsabstände der StörfallV*"[806] überhaupt entnehmen will, wird insoweit zumindest vorgetragen, diese meinten schlicht nicht die Einhaltung von Sicherheitsabständen im Sinne der Richtlinie.[807] Abstände im Sinne der Seveso-Richtlinien als Betreiberpflicht des Störfallbetrieb-Betreibers auszugestalten, überzeugt zudem schon vor dem Hintergrund nicht, dass sie auch und gerade bei der Zulassung schutzbedürftiger Nutzungen zu berücksichtigen sind. Insbesondere da letztlich die Frage offen bleiben muss, wo genau solche Abstände normativ als verankert zu sehen wären,[808] können insoweit aber auch keine öffentlich-rechtlichen Vorschriften im Sinne des Art. 68 Abs. 1 S. 1 (i.V.m. Art. 71 S. 4) BayBO dem Anspruch auf Baugenehmigungs-/ Bauvorbescheidserteilung entgegenstehen.[809]

Im Lichte des Unionsrechts könnte § 50 BImSchG möglicherweise anders auszulegen sein, als das Begriffsverständnis nach rein nationalem Recht (z. B. nach Raumordnungsrecht) reicht, so dass die Lösung für die Frage, wie man das unionsrechtliche Abstandsgebot in behördliche Genehmigungsentscheidungen materiell-rechtlich intregrieren kann, über eine richtlinienkonforme Auslegung des § 50 BImSchG herzuleiten wäre. Man könne zum Beispiel – in diesem Sinne – das Kriterium der Raumbedeutsamkeit erweiternd so auslegen, dass eine solche Raumbedeutsamkeit im Fall einer Konfliktlage zwischen schutzbedürftiger Nutzung und Störfallbetrieb im Sinne der Seveso-Richtlinie eben gerade

---

805   *Uechtritz*, BauR 2012, 1039 (1043).

806   *Kuck,* ZfBR 2012, 219 (220).

807   Vgl. *Schröer/Kullick*, NZBau 2011, 667 (668).

808   So auch *Uechtritz*, BauR 2012, 1039 (1043). Zur Frage, ob solche aus § 3 Abs. 3 der 12. BImSchV abgeleitet werden können, ablehnend z.B. *Hellriegel/Schmidt*, NuR 2010, 98 (102 f.) m. w. N. für die Rechtsrechung (insbesondere in Fn. 60 f.), da man zwar speziell in § 3 Abs. 3 der 12. BImSchV neben technisch-organisatorischen Maßnahmen auch Sicherheitsabstände in Betracht ziehen könnte, jedoch auch dort – wegen des anzuwendenden Verhältnismäßigkeitsprinzips – eine Nachrangigkeit von Sicherheitsabständen bestehe, falls auch durch technisch-organisatorische Maßnahmen eine ausreichende Begrenzung von Störfallauswirkungen gesichert werden könnte. Aus diesem „*Rangverhältnis*" ergebe sich, „*dass es keine abstrakte störfallrechtliche Betreiberpflicht zur vorrangigen Einhaltung eines angemessenen Abstandes zu schutzwürdigen Nutzungen in der Umgebung" gebe.*

809   So aber *Kuck,* ZfBR 2012, 219 (220).

gegeben sei.[810] Mittels derartiger Vorgehensweise könnte dann letztlich doch erreicht werden, dass genannte Genehmigungen in den materiell-rechtlichen Anwendungsbereich der Norm des § 50 S. 1 BImSchG fallen. *Jarass* akzeptiert wegen der recht klaren Ausrichtung der Rechtsprechung im Verfahren Mücksch, dass gebundene Zulassungsentscheidungen vom Anwendungsbereich des § 50 S. 1 BImSchG nicht erfasst werden, doch sei seiner Ansicht nach *„diese Einschränkung zu bedauern"*.[811] Er spricht auf der anderen Seite auch nicht explizit vom Erfordernis, beispielsweise in der Mücksch-Konstellation § 50 BImSchG richtlinienkonform auszulegen; vielmehr spricht er § 50 eine *„mittelbare* [i. Orig.: Mittelbare] *Relevanz"* insofern zu, als dass die Vorschriften, auf welche mit Blick auf die Rechtsprechung abzustellen sei (§ 34, § 35 BauGB und § 15 BauNVO), *„keinerlei Hinweis auf schwere Unfälle enthalten"*. Sie seien daher *„im Lichte der Vorgaben des § 50 S. 1 (…) zu interpretieren"*.[812]

Grüner spricht von einer richtlinienkonformen Auslegung des § 50 S. 1 BImSchG, wobei er den richtlinienkonformitätsbegründenden Auslegungsbedarf nicht *explizit* darin sieht, die Vorschrift bei der Beurteilung der Zulässigkeit von Vorhaben im unbeplanten Innenbereich nach § 34 BauGB anzuwenden. Das ergebe sich nämlich bereits daraus, dass es sich bei der Prüfung einer Ansiedlung im Innenbereich letztlich doch um eine raumbedeutsame Maßnahme im Sinne des § 50 S. 1 BImSchG handle.[813] Die Norm finde *„'nur' Anwendung zur Konkretisierung des Gebots der Rücksichtnahme"*, sei damit innerhalb des Einfügens-Erfordernisses in § 34 BauGB beheimatet, wo *„auch störfallrechtliche Aspekte beachtet werden"* müssten, *was „auch schon aus Gründen der Europarechtskonformität geboten* [Anm. d. Verf.: sei], *da Baugenehmigungen im unbeplanten Innenbereich Politiken der Flächennutzung nach Art. 12 Abs. 1 UAbs. 2 Seveso II-Richtlinie darstellen"*.[814] Explizit vom Erfordernis einer *„richtlinienkonforme[-n] Auslegung der Vorschrift"*[815] des § 50 BImSchG geht *Grüner* jedoch insoweit aus, als er die Richtlinienvorgabe – also das unionsrechtliche Abstandsgebot – selbst

---

810 *Uechtritz*, BauR 2012, 1039 (1047, Fn. 51); kritisch zu einer solchen Interpretation *Berkemann*, ZfBR 2010, 18 (23): Dies sei *„eine zumindest ungewöhnliche Interpretation"*.

811 *Jarass*, BImSchG, § 50 Rn. 5.

812 *Jarass*, BImSchG, § 50 Rn. 8; zumindest undeutlicher noch die Vorauflage, vgl. dort *Jarass*, BImSchG 2013, § 50 Rn. 8.

813 *Grüner*, Planerischer Störfallschutz, S. 115 ff.

814 *Grüner*, Planerischer Störfallschutz, S. 116 f. m.w.N. insbesondere zur Berücksichtigung störfallrechtlicher Aspekte innerhalb von § 34 BauGB in Fn. 79.

815 *Grüner*, Planerischer Störfallschutz, S. 186.

als zwingendes Erfordernis betrachtet, das keine Überwindung dulde. Dies habe sich auch bei der Prüfung des § 50 S. 1 BImSchG im störfallrechtlichen Kontext auszuwirken und erfordere mithin eine strengere Betrachtung als die rein „immissionsschutzrechtliche Interpretation" der Vorschrift.[816]

Dass eine richtlinienkonforme Auslegung des § 50 S. 1 BImSchG insoweit, als damit seine Qualifizierung als abwägungsfeste Konstante erreicht werden soll, nicht überzeugt, wurde jedoch bereits festgehalten.[817] Auch im Übrigen bliebe immerhin noch zu klären, wie die Vorschrift des § 50 BImSchG in ihrer richtlinienkonformen Auslegung formal ins Baugenehmigungsverfahren integriert werden könnte. *Jarass* beispielsweise war noch bis vor kurzer Zeit durchaus kreativ, was die Möglichkeiten angeht, § 50 BImSchG bei Baugenehmigungen im unbeplanten Innenbereich – formal – zu berücksichtigen: Das Einfügenserfordernis, die Wahrung gesunder Wohn- und Arbeitsverhältnisse und das Rücksichtnahmegebot böten sich an.[818] Eine formale Integration über Art. 68 Abs. 1 S. 1 HS. 2 BayBO oder eine entsprechende Norm wäre unbefriedigend, würde doch eine formale Integration des Abstandsgebots scheitern wenn eine solche im betreffenden Bundesland nicht existiert. Man muss sich vor Augen halten, dass es sich beim Abstandsgebot um eine unionsrechtliche Vorgabe handelt. Man darf es nicht ins Belieben des jeweiligen Landesgesetzgebers stellen, ob diese im nationalen Zulassungsrecht zum Tragen kommt oder nicht.

Doch unabhängig hiervon sind die Unterfangen der Literatur, die unbedingt mittels einer richtlinienkonformen Auslegung § 50 S. 1 BImSchG auf Genehmigungsentscheidungen erstrecken wollen, schlussendlich überflüssig. Die formalen Anknüpfungspunkte verlangen es nicht, § 50 BImSchG heranzuziehen; eine bloße *Auslegung* kommt auch mit einem direkten Rückgriff auf die Richtlinienvorgabe zurecht. Abgesehen davon würde das Gebot richtlinienkonformer Auslegung zumindest strapaziert, wenn man zunächst die eine nationale Vorschrift richtlinienkonform auslegte (hier: § 50 S. 1 BImSchG), um dann mit dem hierüber gefundenen Normtatbestand in eine weitere nationale Norm (hier § 34 Abs. 1 BauGB) einzugreifen, so dass man am Ende wohl eher von einer doppelten richtlinienkonformen Auslegung zu sprechen hätte. Dasselbe Ergebnis – und auch das spricht letztlich gegen die richtlinienkonforme Auslegung des § 50 S. 1 BImSchG – lässt sich denn auch erreichen, wenn der „Umweg" über § 50 S. 1

---

816 *Grüner*, Planerischer Störfallschutz, S. 192 ff., deutlich auf S. 202 m.w.N., auch zu a. A., in Fn. 220.

817 Siehe hierzu Seite 48 ff.

818 *Jarass*, BImSchG 2013, § 50 Rn. 9 m.w.N.; keine Ausführungen dieser Art macht er mehr in der nachfolgenden Auflage von 2015.

BImSchG ausgespart wird, und direkt auf Art. 13 Abs. 2 lit. a) der Richtlinie 2012/18/EU abgestellt wird. So geht auch das BVerwG im Anschluss an die Entscheidung des EuGH im Verfahren Mücksch vor, welches so die Richtlinienvorgabe mittels richtlinienkonformer Auslegung ins Bauplanungsrecht transferiert. Hierin – oder in einem der weiteren Ansätze, die ebenfalls ihren Weg über das Bauplanungsrecht suchen – muss also der „Schlüssel" zur dogmatisch korrekten Verortung des unionsrechtlichen Abstandsgebots mittels richtlinienkonformer Auslegung ins nationale Recht liegen.

cc) Verankerung des unionsrechtlichen Abstandsgebots im Bauplanungsrecht?

Eine Lösung der Abstandsproblematik fände – könnte man sie also dort integrieren – im Bauplanungsrecht zumindest eine Plattform, welche es möglich machen würde, bei der Zulassung von schutzbedürftigen Nutzungen sowie Störfallbetrieben eine einheitliche dogmatische Grundlage zugrundezulegen.[819] Bei Vorhaben, für deren Zulassung es einer Baugenehmigung bedarf, ist die Prüfung bauplanungsrechtlicher Vorschriften (hier: § 34 BauGB) vom Prüfungsumfang erfasst, vgl. z.B. Art. 59 S. 1 Nr. 1 BayBO sowie Art. 60 S. 1 Nr. 1 BayBO. Bauplanungsrechtliche Vorschriften finden jedoch gleichermaßen bei der Erteilung von immissionsschutzrechtlichen Genehmigungen Eingang, vgl. § 6 Abs. 1 Nr. 2 BImSchG.[820] Das lässt insoweit ein Vorgehen über das Bauplanungsrecht durchaus als attraktiven Anknüpfungspunkt erscheinen. Einig ist man sich noch dahingehend, dass die Vorgaben der Richtlinie aus Art. 13 Abs. 2 der Richtlinie 2012/18/EU – vorher aus Art. 12 Abs. 1 UAbs. 2 der Richtlinie 96/82/EG – in irgendeiner Form in die tatbestandlichen Voraussetzungen des § 34 Abs. 1 BauGB hineingelesen werden müssen; dies stellt dann die richtlinienkonforme Auslegung dar, welche es möglich macht, bei Genehmigungsentscheidungen über Vorhaben, deren planungsrechtliche Zulässigkeit sich nach § 34 Abs. 1 BauGB beurteilt, das unionsrechtliche Abstandsgebot zu berücksichtigen.

Im Detail gibt es natürlich unterschiedliche Anknüpfungselemente: *Reidt* beispielsweise nimmt an, eine richtlinienkonforme Auslegung des § 34 Abs. 1 BauGB sei durch eine mittels Rechtsprechung „*fortentwickelt*[-e] " Auslegung der

---

819 Dafür daher z.B. auch *Schmitt/Kreutz*, NVwZ 2012, 483 (484).
820 Bei der Genehmigung von Vorhaben, die dem BImSchG unterfallen, kommt der Störfallschutz aber wohl außerdem noch im Rahmen der immissionsschutzrechtlichen Grundpflichten (§ 6 Abs. 1 Nr. 1 i.V.m. § 5 Abs. 1 Nr. 1 BImSchG) zum Tragen, siehe *Mitschang/Reidt*, in: *Battis/Krautzberger/Löhr*, § 34 Rn. 34 a.E. m.w.N.

„Anforderungen an gesunde Wohn- und Arbeitsverhältnisse" im Sinne des § 34 Abs. 1 BauGB möglich.[821]

Kukk hält diesen Ansatz für „zu eng". Das Merkmal lasse sich – außer freilich in § 34 BauGB – nur noch im Rahmen einer Prüfung von Konstellationen nach § 35 BauGB als „öffentlicher Belang", der einer Bebauung entgegensteht, unterbringen. Zumindest bei Vorliegen eines qualifizierten, eines einfachen oder eines vorhabenbezogenen Bebauungsplans nach § 30 BauGB lasse dieser Ansatz aber ein „vergeichbares Kontrollinstrument" vermissen.[822] Dieser Einwand trägt zwar nicht bei der Neuaufstellung von Bebauungsplänen, bei welcher das unionsrechtliche Abstandserfordernis ja über § 50 S. 1 BImSchG innerhalb der Abwägung Eingang zu finden hat. Allerdings ist *Kuck* insoweit Recht zu geben, als dass beispielsweise bei alten Bebauungsplänen, die die Anforderungen der Seveso-Richtlinie deshalb nicht hinlänglich berücksichtigen können, ebenfalls im Zuge der Genehmigung von Vorhaben – dann auf Plangebiet – aus unionsrechtlicher Perspektive betrachtet das Abstandserfordernis berücksichtigt werden muss. Das erkennt *Reidt* aber selbst, und ergänzt seine Ausführungen dahingehend, dass für derartige Fälle bei der Vorhabenzulassung § 15 Abs. 1 S. 2 BauNVO in richtlinienkonformer Auslegung heranzuziehen sei oder eben der Mechanismus der „Funktionslosigkeit" des Bebauungsplans greifen müsse.[823]

Uechtritz hält es hingegen für möglich, in das Tatbestandsmerkmal des Einfügens im Sinne des § 34 Abs. 1 BauGB – da dieses *„offen"* sei und der Wortlaut es zudem gestatte, *„weitere Anforderungen zu implementieren"* – und zwar namentlich *„das Erfordernis der Wahrung eines angemessenen Abstandes zu einem bestehenden Störfallbetrieb".*[824]

Einerseits könnten die Vorgaben der Seveso-Richtlinie innerhalb einer Prüfung des § 34 so untergebracht werden, dass man fragt, *„ob sich ein zu genehmigendes Vorhaben nach der ‚Art' seiner Nutzung in die Umgebungsbebauung einfügt, obwohl es innerhalb des Achtungsabstands eines Störfallbetriebs liegt".*[825] Beispielsweise *Schröer* und *Kullick* halten dies für eine denkbare Herangehensweise, da eine Beurteilung nach § 34 BauGB insofern *„weniger streng"* sei als diejenige nach § 30 Abs. 1 BauGB, als dass die Vorgaben der BauNVO bei der Beurteilung der „Art der Nutzung" nur *„bloßes Hilfsmittel"* seien, so dass man

---

821 *Reidt*, UPR 2011, 448 (449); für eine denkbare Alternative hält dies auch *Uechtritz*, BauR 2012, 1039 (1047).

822 *Kukk*, ZfBR 2012, 219 (220).

823 *Reidt*, UPR 2011, 448 (449).

824 *Uechtritz*, BauR 2012, 1039 (1047).

825 *Schröer/Kullick*, NZBau 2011, 667 (668).

in den Begriff wohl noch weitere Anforderungen hineinlesen könne.[826] Die
Gefahr, dass auf diese Weise derjenige privilegiert werde, der zuerst in einem
Gebiet sein Vorhaben realisiere, sei hinzunehmen.[827] Die Autoren *Schröer* und
Kullick nennen aber noch eine zweite Möglichkeit, im Rahmen des „Einfügens"
die Vorgaben der Richtlinie zum Abstandsgebot unterzubringen. Dieser zweite
Ansatz erscheint passender, da er auf das baurechtliche Rücksichtnahmegebot
abstellt:[828] Dieses bietet einen flexiblen Ansatz, insbesondere da es einerseits
im Tatbestandsmerkmal des „Einfügens" in § 34 Abs. 1 BauGB beheimatet ist,
andererseits über § 15 Abs. 1 BauNVO auch in Fällen des § 34 Abs. 2 BauGB
greifen kann.[829] Es ist „*stark einzelfallbezogen*"[830]. Hierin enthalten sei die Idee
„*einer Abwägung der Interessen des zur Rücksichtnahme Verpflichteten gegen die
Interessen des von einer solchen Rücksichtnahme Begünstigten*". Dieser Gedanke
der Abwägung könne „*Anknüpfungsmöglichkeit auch für Aspekte zur Begrenzung von Störfallfolgen*" sein.[831] Auch *Mitschang* und *Reidt* plädieren vor dem
Hintergrund der Rechtsprechung im Fall Mücksch dafür, den „*Begriff des Einfügens und das darin enthaltene Gebot der Rücksichtnahme unionsrechtskonform
auszulegen*"[832]. Der Weg für die Behörden, bei der bauaufsichtlichen Zulassung
von Vorhaben in nach § 34 BauGB zu beurteilenden Gebieten die Vorgaben
der Richtlinie in ihr Prüfprogramm auf diese Weise zu integrieren, wird in
der rechtswissenschaftlichen Literatur häufig als die Lösung des Problems gesehen.[833] Auch die Rechtsprechung des BVerwG geht – im Anschluss an die

---

826 *Schröer/Kullick*, NZBau 2011, 667 (668).
827 *Schröer/Kullick*, NZBau 2011, 667 (668).
828 *Schröer/Kullick*, NZBau 2011, 667 (668).
829 *Mitschang/Reidt*, in: *Battis/Krautzberger/Löhr*, § 34 Rn. 32 und 65 m.w.N., insbeson-
     dere aus der Rechtsprechung des BVerwG.
830 *Schröer/Kullick*, NZBau 2011, 667 (668).
831 *Schröer/Kullick*, NZBau 2011, 667 (668)
832 *Mitschang/Reidt*, in: *Battis/Krautzberger/Löhr*, § 34 Rn. 33.
833 Für eine Integration der störfallschutzrechtlichen Anforderungen in die Anfor-
     derungen des Rücksichtnahmegebots beispielsweise auch *Kraus*, ZfBR 2012, 324
     (329), der zu Recht darauf hinweist, dass hierbei auch über den direkten Nahbereich
     hinausreichende Störfall-Konfliktlagen berücksichtigungsfähig sind; vgl. hierzu
     letztlich dann auch BVerwGE 145, 290 (300 f.). *Hellriegel* und *Farsbotter* deuten die
     diesbezüglichen Ausführungen des Gerichts dahingehend, dass mit Blick auf den
     Störfallschutz „*der Umgebungsbegriff räumlich entsprechend der möglichen Reichwei-
     te schwerer Betriebsstörungen zu erweitern*" sein wird – nähere Umgebung meine
     dann nicht „*den unmittelbaren Nahbereich des Vorhabens (…) sondern in der Regel*

Entscheidung des EuGH – auf diese Weise vor.[834] Die Frage ist nur, ob dieser Weg der Richtige sein kann.

dd) Lösung der Rechtsprechung – Richtlinienkonforme Auslegung des § 34 BauGB: Rücksichtnahmegebot

(1) Zur zweiten und dritten Frage des BVerwG im Fall Mücksch

Das BVerwG hatte dem EuGH im Jahr 2009 zwar insbesondere – jedoch nicht nur – die (bereits beantwortete) Frage gestellt, ob Art. 12 Abs. 1 der Richtlinie 96/82/EG dahin auszulegen sei, dass die Pflicht zur Abstandswahrung nicht nur an Planungsträger, sondern auch auch an Baugenehmigungsbehörden – die eine gebundene Entscheidung über die Zulassung eines Vorhabens im im Zusammenhang bebauten Ortsteil zu treffen haben – gerichtet sei.

Das BVerwG stellte in seinem Vorlagebeschluss 2009 aber noch zwei weitere Fragen an den EuGH, und zwar genau für diesen – hier grundsätzlich bejahten – Fall: *„Wenn Art. 12 Abs. 1 Seveso-II-Richtlinie sich auch an Baugenehmigungsbehörden, die eine gebundene Entscheidung über die Zulassung eines Vorhabens in einem bereits im Zusammenhang bebauten Ortsteil zu treffen haben, richten sollte"*[835]. In der zweiten und dritten Vorlagefrage des BVerwG[836] geht es letztlich um die Reichweite der Verpflichtung, angemessenen Abständen Rechnung zu tragen.[837] Konkret: Statuiert das unionsrechtliche Abstandsgebot ein *„Verschlechterungsverbot"*[838] – ist die Verpflichtung also so auszulegen, dass die Nichteinhaltung des „angemessenen Abstandes" zwingend ein „Genehmigungsverbot" bezüglich des öffentlich genutzten Gebäudes durch die Behörde zur Folge hat oder ist ein solches schutzwürdiges Vorhaben vielmehr zwingend zu erlauben, weil es nationale Vorschriften eben zwingend so gebieten?[839]

---

das gesamte durch den angemessenen Abstand überdeckte Areal", *Hellriegel/Farsbotter*, NVwZ 2013, 1117 (1119).

834 Siehe sogleich hierzu.

835 BVerwG, Beschl. v. 03.12.2009 – 4 C 5/09, BauR 2010, 726 (726).

836 Vgl. hierzu BVerwG, Beschl. v. 03.12.2009 – 4 C 5/09, BauR 2010, 726 (726).

837 EuGH, Urt. v. 15.09.2011, Rs. C-53/10 – Land Hessen ./. Franz Mücksch OHG, UPR 2011, 443 (447), Rn. 40.

838 BVerwG, Beschl. v. 03.12.2009 – 4 C 5/09, BauR 2010, 726 (730), Rn. 27.

839 Vgl. BVerwG, Beschl. v. 03.12.2009 – 4 C 5/09, BauR 2010, 726 (726) und dies aufgreifend EuGH, Urt. v. 15.09.2011, Rs. C-53/10 – Land Hessen ./. Franz Mücksch OHG, UPR 2011, 443 (447), Rn. 36.

(2) EuGH

Der EuGH grenzt in seiner auf diese Fragen hin ergangenen Entscheidung 2011 die „Reichweite" der Verpflichtung nach Art. 12 Abs. 1 UAbs. 2 der Seveso-II-Richtlinie folgendermaßen ein: Die Mitgliedstaaten hätten bei der Anwendung des Erfordernisses, der Wahrung angemessener Abstände Rechnung zu tragen, einen gewissen „*Wertungsspielraum*"[840], der eine Auslegung des Art. 12 Abs. 1 UAbs. 2 dahingehend, dass nach ihm jedes Vorhaben (im konkreten Fall ein öffentlich genutztes Gebäude in einem im Zusammenhang bebauten Gebiet, in welchem sich Störfallbetriebe befinden) abgelehnt werden müsste, welches die angemessenen Abstände unterschreite, verbiete. Andererseits dürfe jedoch dieser Wertungsspielraum – den der EuGH übrigens vor allem aus dem Wortlaut des Art. 12 Abs. 1, insbesondere aus der Formulierung „*Rechnung getragen*" herausliest – jedoch nicht so weit ausgelegt werden, dass er es den Mitgliedstaaten gestatten würde, von der Berücksichtigung angemessener Abstände komplett abzusehen.[841] Im Ergebnis verlange eine „Berücksichtigung" angemessener Abstände eben auch deren tatsächliche Berücksichtigung bei der Bewertung der Risiken (einer Ansiedlung innerhalb der angemessenen Abstandsgrenzen) neben anderen Faktoren, wobei dies entweder im Rahmen einer Planung oder mangels Planung beim Erlass von Entscheidungen über Baugenehmigungen erfolgen könne. Da eine nationale Vorschrift, die eine solche Berücksichtigung in Form einer Risikoabwägung/-würdigung gerade nicht zulasse, weil eine Genehmigung zwingend zu erteilen ist, die Verpflichtung nach Art. 12 geradezu „*aushöhlen und damit ihrer praktischen Wirksamkeit berauben*" würde, obliege es dem vorlegenden Gericht, das nationale Recht so weit als möglich richtlinienkonform auszulegen.[842]

(3) Schwierigkeit: Wertungsspielraum versus gebundene Zulassungsentscheidung

Gerade diese Wertungselemente machen es so schwierig, im nationalen Recht mittels richtlinienkonformer Auslegung eine Lösung zu finden: eine Lösung, die einerseits nicht das nationale System bei der Vorhabenzulassung – sprich die

---

840 EuGH, Urt. v. 15.09.2011, Rs. C-53/10 – Land Hessen ./. Franz Mücksch OHG, UPR 2011, 443 (447), Rn. 40.

841 EuGH, Urt. v. 15.09.2011, Rs. C-53/10 – Land Hessen ./. Franz Mücksch OHG, UPR 2011, 443 (447 f.), Rn. 40 ff.

842 EuGH, Urt. v. 15.09.2011, Rs. C-53/10 – Land Hessen ./. Franz Mücksch OHG, UPR 2011, 443 (448), Rn. 50 ff.

gebundene Entscheidung im Rahmen von § 34 Abs. 1 BauGB – „sprengt", die aber andererseits einem aus dem Unionsrecht stammenden, nicht originär zum Prüfprogramm gehörenden, Kriterium samt den vom EuGH hiermit konstatierten Wertungsspielräumen zu Genüge Rechnung trägt.

(4) BVerwG-Urteile vom 20.12.2012 und Bewertung

Im Verfahren war es sowohl mit Blick auf die Rechtmäßigkeit des erteilten Bauvorbescheids als auch bezüglich des Anspruchs auf Erteilung einer Baugenehmigung in der Sache um die an § 34 Abs. 1 BauGB zu beurteilende bauplanungsrechtliche Zulässigkeit des streitgegenständlichen Gartencenters gegangen. Ein Schwerpunkt im Rahmen dieser Prüfung war die im Zuge des § 34 Abs. 1 BauGB zu prüfende Beachtung des Rücksichtnahmegebots gewesen.[843] In der Ablehnung einer Verletzung des Gebots der Rücksichtnahme unter Heranziehung des Kriteriums vorhandener „Vorbelastungen" ohne Anpassung der deutschen Dogmatik an den durch die Seveso-Richtlinie geprägten störfallspezifischen Kontext sah das BVerwG jetzt – nach der Entscheidung des EuGH – allerdings einen Verstoß gegen Bundesrecht:[844] Ebenso monierte das BVerwG auch in 4 C 12/11, der VGH habe den „*Einfluss des Unionsrechts auf die Handhabung des Rücksichtnahmegebots (...) verkannt*"[845].

Das BVerwG hat die Vorgaben des EuGH erkannt: Die Pflicht, langfristig dem Abstandserfordernis Rechnung zu tragen, obliege auch der Baugenehmigungsbehörde bei gebundenen Entscheidungen über eine Vorhaben-Zulassung. Eine zwingende Untersagung von Vorhaben-Neuansiedlungen innerhalb des angemessenen Abstands sei zu verneinen; eine Zulassung setze aber eine Würdigung entsprechender Ansiedlungs-Risiken voraus.

---

843 Nachweise siehe oben.
844 BVerwGE 145, 290 (292, 302 f.).
845 BVerwG, Urt. v. 20.12.2012 – 4 C 12/11, Juris, Rn. 36.
     Die rechtlichen Ausführungen des BVerwG in den Entscheidungsgründen im Verfahren 4 C 12/11 entsprechen weitestgehend wortlautidentisch denen im Verfahren 4 C 11/11; hier wird daher nicht weiter unterschieden. Die Entscheidungen des BVerwG vom 20.12.2012 beziehen sich noch auf die Richtlinie 96/82/EG, die vom Gericht getroffenen Aussagen behalten aber auch unter Geltung der die Richtlinie 96/82/EG ablösenden Richtlinie 2012/18/EU ihre Relevanz.

(a) BVerwG: Abstandsermittlung

Das BVerwG untergliedert eine Vorgehensweise in die Notwendigkeit der Ermittlung des „angemessenen" Abstandes einerseits und – im Falle des Unterschreitens dieses festgestellten Abstandes durch das Vorhaben – die Frage nach der Zulässigkeit einer Abstandsunterschreitung andererseits.[846] Als auf die Festlegung des angemessenen Abstandes einflussnehmende Faktoren erkennt das BVerwG dem EuGH folgend lediglich die *„störfallspezifischen"*, nicht dagegen *„'sozioökonomische'"* oder *„sonstige"* Belange an.[847] Eine wichtige Aussage trifft das Gericht in Randnummer 20 seines Urteils, wo es konstatiert: *„Der Begriff des ‚angemessenen' Abstands ist ein zwar unbestimmter, aber technisch-fachlich bestimmbarer Rechtsbegriff."*[848] Unter abermaligem Verweis auf den EuGH betont das BVerwG zwar einerseits die Einzelfallabhängigkeit einer derartigen „Angemessenheits"-Beurteilung, jedoch andererseits (unter Rückgriff auf diverse Literaturmeinungen) auch die volle gerichtliche Überprüfbarkeit der behördlichen Abstandsfestlegung und mithin das Fehlen von etwaigen Beurteilungs- oder Ermessensspielräumen der Verwaltung.[849]

(b) BVerwG: Berücksichtigung des (ermittelten, angemessenen) Abstandes

Bei der Genehmigung von Vorhaben *innerhalb* der auf diese Weise eruierten Abstandsgrenzen stellt sich dann die Frage nach der Zulässigkeit einer derartigen Unterschreitung, was unter dem Stichwort *„Berücksichtigungspflicht"*[850] der Genehmigungsbehörde dargelegt wird:[851] Dem EuGH folgend spricht das BVerwG hier von einem echten *„Wertungsspielraum"*[852] bei der – stets *tatsächlich* vorzunehmenden – Berücksichtigung der angemessenen Abstände und gerade nicht von einem *„Verschlechterungsverbot* [i.Orig.: -s]*"*[853] Infolgedessen könne es sein, dass ein öffentlich genutztes Gebäude im Einzelfall innerhalb des angemessenen Abstandes zuzulassen sei oder eben auch nicht; waagschalenartig träten den störfallspezifischen Belangen bei der Abstandsermittlung nun (die vom EuGH

---

846 BVerwGE 145, 290 (293).
847 BVerwGE 145, 290 (294 f.).
848 BVerwGE 145, 290 (295).
849 BVerwGE 145, 290 (295 f.) m.w.N.
850 BVerwGE 145, 290 (296).
851 Zum Nachfolgenden daher BVerwGE 145, 290 (296 ff.).
852 BVerwGE 145, 290 (296).
853 BVerwGE 145, 290 (296).

als „*sozioökonomisch*"[854] betitelten) Faktoren vor allem sozialer, wirtschaftlicher und ökologischer Natur gegenüber. Mittel hierzu sei eine „*'nachvollziehende' Abwägung*"[855], welche als „*sachgeleitete Wertung (...) der vollen gerichtlichen Kontrolle*"[856] unterläge. ; die Verankerung fände bei der Prüfung des in § 34 Abs. 1 BauGB enthaltenden Rücksichtnahmegebots in „*richtlinienkonforme[-r] Handhabung*"[857] statt. Das Gebot der gegenseitigen Rücksichtnahme sei nämlich ein „*wertungsoffenes Korrektiv (...), das auch für störfallrechtlich vorgegebene Wertungen offensteht*"[858]. Die auf diesem Wege getroffene Entscheidung sei – dem Verständnis von der „nachvollziehenden Abwägung" gerecht werdend – „*sachgeleitete Wertung, die ebenfalls der vollen gerichtlichen Kontrolle unterliegt*"[859]. Die Existenz einer „Vorbelastung" der zu beurteilenden Umgebung könne allerdings speziell im Störfallrecht nicht dazu führen, dass ein angemessener Abstand nicht mehr berücksichtigt werden müsste; dies wäre widersinnig.[860]

ee) Bewertung

(1) Vorgehen über § 34 Abs. 1 BauGB und Rücksichtnahmegebot sinnvoll

Dass das Bauplanungsrecht geeigneter Anknüpfungspunkt für die richtlinienkonforme Auslegung im Hinblick auf das unionsrechtliche Abstandsgebot ist, wurde schon festgehalten. Im Detail überzeugt ein Abstellen auf § 34 BauGB, namentlich auf das Kriterium des Einfügens. Bereits nach Rechtsprechung des BVerwG aus den 70er Jahren fügt sich ein „*Vorhaben, das sich – in jeder Hinsicht – innerhalb des aus seiner Umgebung hervorgehenden Rahmens hält (...) gleichwohl seiner Umgebung dann nicht ein, wenn das Vorhaben es an 'der gebotenen Rücksichtnahme auf die sonstige' d.h. vor allem: auf die in seiner unmittelbaren Nähe vorhandene 'Bebauung' fehlen läßt*"[861]. Ständige Rechtsprechung des BVerwG ist es auch, dass das Rücksichtnahmegebot dazu dient, konfligierende Nutzungen einander möglichst schonend zuzuordnen, wobei die Anforderungen im jeweiligen Einzelfall sich nach der Zumutbarkeit für die Beteiligten nach Lage der

---

854 EuGH, Urt. v. 15.09.2011, Rs. C-53/10 – Land Hessen ./. Franz Mücksch OHG, UPR 2011, 443 (447), Rn. 44: „*sozioökonomischer Faktoren*".
855 BVerwGE 145, 290 (299).
856 BVerwGE 145, 290 (299) m.w.N. zu Begriff und Bedeutung.
857 BVerwGE 145, 290 (300).
858 BVerwGE 145, 290 (301).
859 BVerwGE 145, 290 (302).
860 BVerwGE 145, 290 (302 f.).
861 BVerwGE 55, 369 (386) m.w.N.

Dinge richten.[862] Beides stellt das BVerwG auch in seiner Mücksch-Entscheidung 2012 klar heraus.[863] Das Rücksichtnahmegebot als *„wertungsoffenes Korrektiv"* sei nicht per se verschlossen für störfallrechtliche Wertungen; was das Anliegen der Bewältigung einer Konfliktsituation anginge, würden sich derartige nicht wesentlich von anderen Konfliktlagen unterscheiden.[864] Dem kann insoweit nichts Tragfähiges entgegengehalten werden, so dass der Ansatz, über das Rücksichtnahmegebot vorzugehen – der sich damit möglichst nah an bisheriger nationaler Rechtsprechung orientiert – durchaus sinnvoll erscheint. Die Probleme – beziehungsweise die Besonderheiten, die sich im Zuge der richtlinienkonformen Auslegung ergeben – tun sich erst im Detail auf, dazu siehe sogleich.

(2) Bloße Abstandsermittlung unproblematisch vereinbar mit
§ 34 Abs. 1 BauGB

Die Frage, ob es sich mit einer solchen gebundenen Entscheidung *überhaupt* verträgt, (unionsrechtsbedingt) ein zusätzliches Zulassungs-Kriterium miteinbeziehen zu müssen, spielt insoweit noch keine Rolle, als es rein um die Abstandsermittlung geht. Es ist unbedenklich, beispielsweise im Rahmen einer richtlinienkonformen Auslegung des in § 34 Abs. 1 BauGB verankerten Rücksichtnahmegebotes angemessene Abstände zu ermitteln,[865] solange noch nicht einmal klar ist, ob diese in die Entscheidung irgendwie geartet Eingang finden.

Lediglich hilfsweise lassen sich daher auch die Ausführungen des BVerwG verstehen, wo dieses feststellt *„ein Beurteilungs- oder Ermessenspielraum kommt der Genehmigungsbehörde insoweit nicht zu"*, da der Begriff des angemessenen Abstandes *„ein zwar unbestimmter, aber technisch-fachlich bestimmbarer Rechtsbegriff"* sei.[866] Dieser Aussage wird hier vorbehaltlos zugestimmt:[867]

Zum einen findet eine „Abwägung" der rein störfallspezifischen Belange mit sonstigen, sozioökonomischen Belangen auf der Ebene der Abstandsfestlegung gerade nicht statt. Der EuGH verlangt das erst auf Ebene der *„Berücksichtigung"*[868]

---

862 BVerwGE 145, 145 (147 f.) m.w.N.

863 BVerwGE 145, 290 (301).

864 BVerwGE 145, 290 (301 f.).

865 Auch die Ermittlung verortet das BVerwG nämlich schon dort, vgl. BVerwGE 145, 290 (300).

866 BVerwGE 145, 290 (295).

867 Kritisch dagegen, die Festlegung der Abstände als *„ein wertender Prozess"* auffassend, *König*, ZfBR 2014, 336 (337 f.).

868 EuGH, Urt. v. 15.09.2011, Rs. C-53/10 – Land Hessen ./. Franz Mücksch OHG, UPR 2011, 443 (447 f.), Rn. 44 a.E., vgl. auch Rn. 45 und 50.

und das hat das BVerwG so übernommen.[869] Vielmehr würden die angemessenen Abstände den Anwendungsbereich der Richtlinie überhaupt erst definieren,[870] und man könne *„nicht ernstlich (...) das Risikopotential eines Störfallbetriebs von sozioökonomischen Faktoren abhängig machen"*[871], z.B. von wirtschaftlichen Gründen, die für das Vorhaben sprächen.[872]

Wo der EuGH formuliert: *„Gleichwohl lässt er* [Anm. d. Verf.: Art. 12 Abs. 1 UAbs. 2 der Seveso-II-Richtlinie] *den zuständigen Behörden der Mitgliedstaaten bei der Festlegung dieser Abstände einen Wertungsspielraum, von dem aber jedenfalls innerhalb der Grenzen der genannten Verpflichtung Gebrauch gemacht werden muss."*[873] könnte dies andeuten, dass nach Ansicht des EuGH bereits auf der Ebene der Festlegung des angemessenen Abstandes ein nationaler Spielraum hinsichtlich der Frage, welcher Abstand eigentlich „angemessen" ist, existiere. Diese Sichtweise teilt offenbar *Uechtritz*, der bereits insoweit von einem *„,Beurteilungsspielraum' [i. Orig.: -es]"*, welcher sich z. B. auf die *„Gefährlichkeit der jeweiligen Stoffe, (...) Wahrscheinlichkeit eines Unfalls und (...) Folgen eines etwaigen Unfalls"* beziehe, ausgeht.[874] In der Praxis wird jedoch die Festlegung „angemessener Abstände" durch *„eine Heranziehung technisch-fachlichen Sachverstands"* oder auch *„die Vorlage eines entsprechenden Gutachtens"* der Vorhabenträger geprägt sein.[875] *Königs* Feststellung, dass das BVerwG sich die Festlegung der Abstände *„als eine rein technisch-mathematische Angelegenheit"* vorstelle,[876] ist zwar überspitzt, geht aber in die richtige Richtung. Für einen darüber hinaus verbleibenden Beurteilungsspielraum der Verwaltung gibt es jedenfalls weder Grund noch Anhaltspunkte. Das BVerwG geht sogar so weit, die Formulierung des EuGH als Versehen zu klassifizieren, denn dessen Formulierung beziehe sich *„nach dem Verständnis des EuGH (...) ersichtlich nicht auf die Ermittlung, sondern auf die ,Berücksichtigung' des angemessenen Abstands"*[877].

---

869 BVerwGE 145, 290 (295).

870 BVerwGE 145, 290 (295).

871 BVerwGE 145, 290 (295); so in der Sache bereits – hierauf wird vom BVerwG auch verwiesen – *Uechtritz*, BauR 2012, 1039 (1046 f.).

872 *Uechtritz*, BauR 2012, 1039 (1046 f.).

873 EuGH, Urt. v. 15.09.2011, Rs. C-53/10 – Land Hessen ./. Franz Mücksch OHG, UPR 2011, 443 (446).

874 *Uechtritz*, BauR 2012, 1039 (1048).

875 BVerwGE 145, 290 (294); so aber auch *Uechtritz*, BauR 2012, 1039 (1046 f.).

876 *König*, ZfBR 2014, 336 (337).

877 BVerwGE 145, 290 (296).

Ohne Beurteilungs- oder Ermessensspielraum der Verwaltung steht ein derartiges Vorgehen ohnehin nicht im Widerspruch zu einer gebundenen Zulassungsentscheidung im Sinne des § 34 Abs. 1 BauGB.

(3) „Verschlechterungsverbot" – Das unionsrechtliche Abstandserfordernis als strikte, zwingende Vorgabe?

Der EuGH plädiert in seinem Urteil C-53/10 gegen ein Verschlechterungsverbot und stützt dies unter anderem auf den Wortlaut des Art. 12 Abs. 1 der Seveso-II-Richtlinie, die nur davon spricht, dass die Mitgliedstaaten dafür sorgen, dass *„langfristig dem Erfordernis Rechnung getragen wird, dass (...) ein angemessener Sicherheitsabstand gewahrt bleibt".* Insbesondere diese Formulierung könne aber nicht dahin *„ausgelegt werden, dass danach alle Vorhaben abgelehnt werden müssten, die die angemessenen Abstände unterschreiten."*[878] Jedoch stellt sich die berechtigte Frage, ob nicht – gerade anders – eine richtlinienkonforme Auslegung nationalen Rechts so geartet sein müsste, das Erfordernis der Wahrung angemessener Abstände derart in ein Tatbestandsmerkmal des § 34 Abs.1 BauGB zu integrieren, dass bei einem Unterschreiten des ermittelten angemessenen Abstands dieses Tatbestandsmerkmal als nicht gegeben und die Vorhabenzulassung als gescheitert anzusehen wäre.[879] In einem solchen Sinne verstanden, stünde man immerhin nicht mehr vor dem Problem, in eine national gebundene Entscheidung gleichwie geartete Wertungsspielräume zu integrieren versuchen zu müssen. In der Literatur sprechen sich einige Vertreter für ein striktes Verständnis des Abstandserfordernisses in Art. 13 Abs. 2 der Richtlinie 2012/18/EU (beziehungsweise ihrer Vorläuferin) aus,[880] andere dagegen.[881] Art. 13 Abs. 2 der Richtlinie 2012/18/EU zwingt letztlich aber eben gerade nicht dazu, wegen einer Abstandsunterschreitung Vorhaben ausnahmslos abzulehnen. Die Richtlinie selbst enthält kein zwingendes Abstandserfordernis und damit kein Verschlechterungsverbot. An dieser Stelle ist insoweit dem EuGH zu folgen. Zwar

---

878 EuGH, Urt. v. 15.09.2011, Rs. C-53/10 – Land Hessen ./. Franz Mücksch OHG, UPR 2011, 443 (447), Rn. 42.

879 So *Uechtritz*, BauR 2012, 1039 (1048) für den Fall der Annahme eines „absoluten Verschlechterungsverbotes".

880 So z.B. *Grüner*, Planerischer Störfallschutz, S. 184 ff., der insbesondere schon den Wortlaut der Vorschrift im Sinne einer starren, zwingenden Vorgabe versteht, z.B. wegen der Begriffe „Erforderis und „gewahrt bleibt" (S. 184, m.w.N. in Fn. 146); für Grüner spricht hierfür auch, dass die Einschränkung „soweit möglich" nur für Verkehrswege gelte (184 f., n.w.N. in Fn. 147).

881 *Moench/Hennig*, DVBl. 2009, 807 (809) freilich noch zur Seveso-II-Richtlinie.

erkennt das BVerwG – im Anschluss an die Entscheidung des EuGH – zu Recht, dass „*mit jedem Vorhaben, das den angemessenen Abstand unterschreitet, der störfallrechtlich unerwünschte Zustand in der Regel weiter verfestigt*" wird, es käme aber im Ergebnis dennoch gerade auf den Einzelfall und die jeweils einander gegenüberstehenden Belange an; nur derart verstanden sei es möglich „*die volle praktische Wirksamkeit des Erfordernisses sicherzustellen*".[882] So legt Art. 13 Abs. 2 lit. a) der Richtlinie 2012/18/EU lediglich fest, dass diejenigen Abstände, die zu berücksichtigen sind, „*angemessen* [i.Orig.: -er]" sein müssen. Vorgaben für deren Ermittlung macht die Richtlinie nicht – weder bietet sie eine Berechnungsmethode an, noch nennt sie Faktoren, die bei der Bestimmung der Angemessenheit miteinbezogen werden müssen. Es wäre zumindest befremdlich, wenn der Mitgliedstaat mithin beim „ersten Schritt" einer Festlegung des „angemessenen Abstandes" komplett auf sich selbst gestellt ist, indes aber beim „zweiten Schritt" des „dem Erfordernis Rechnung Tragens" an diese – selbst ermittelten (!) – Abstände wiederum durch die Richtlinie selbst rigoros gebunden wäre.[883] Die Richtlinie ist überdies mit Art. 13 Abs. 2 lit. a) 2012/18/EU tatsächlich recht eindeutig nicht-zwingend formuliert: Wenn dem Abstandserfordernis eben nur „langfristig Rechnung getragen werden muss", dann ist das nicht dasselbe, als wenn dort beispielsweise stünde „ein Abstand ist stets einzuhalten". Das bestätigt auch der Zusatz „soweit möglich", der – beinahe wortgleich seit Richtlinie 2003/105/EG – lediglich „eine weitere Relativierung der Anforderungen in Bezug auf Verkehrswege"[884] darstellt. Die Aufnahme des Begriffs „erforderlichenfalls" in Art. 13 Abs. 2 lit. b) der Richtlinie 2012/18/EU rechtfertigt kein anderes Grundverständnis zum Abstandsgebot – denn sie ist insoweit nicht eindeutig und kann auch so verstanden werden, dass in Fällen des Art. 13 Abs. 2 lit. b) Sicherheitsabstände noch nicht einmal zwingend, sondern eben nur „erforderlichenfalls" *berücksichtigt* (geschweige denn eingehalten) werden müssen. Auch das BVerwG führte bereits in seinem Vorlagebeschluss gegen die Annahme eines Verschlechterungsverbots den Wortlaut des damaligen Art. 12 Abs. 1

---

882 BVerwGE 145, 290 (296) unter Bezugnahme auf die vorangegangene EuGH-Entscheidung. Kritisch noch die Überlegung in BVerwG, Beschluss vom 03.12.2009 – Az.: 4 C 5/09, BauR 2010, 726 (730), Rn. 28, wonach für ein solches Verschlechterungsverbot die Zielsetzung der Seveso-II-Richtlinie spreche, auch bei bestehenden Gemengelagen, in denen es an angemessenen Abständen fehlt, jedenfalls langfristig zu entflechten; eine solche Entflechtung werde aber erschwert, wenn innerhalb des Abstandes weitere schutzbedürftige Nutzungen zugelassen würden.

883 In diesem Sinne auch *Moench/Hennig*, DVBl. 2009, 807 (809).

884 *Moench/Hennig*, DVBl. 2009, 807 (809, Fn. 22) m.w.N. aus der Rechtsprechung.

UAbs. 2 der Seveso-II-Richtlinie ins Feld, nach welchem dem Erfordernis, dass *„ein angemessener Abstand gewahrt bleibt"*, lediglich *„Rechnung getragen"* werden solle. Die Richtlinie enthalte gerade *„keine zwingenden Ge- oder Verbote im Hinblick auf die Zulassung von Vorhaben"*, sondern überlasse dem Mitgliedstaat einen Entscheidungsspielraum.[885] *Moench/Hennig* formulieren in diesem Sinne treffend: *„Die Richtlinie verpflichtet damit (...) nicht auf ein bestimmtes Ergebnis, sondern zu einer angemessenen Berücksichtigung im Verfahren."*[886]

Aus nationaler Perspektive gibt es keinen vernünftigen Grund, das Erfordernis strenger zu fassen, als es damit die Richtlinie vorgibt: Immerhin gewährt § 34 Abs. 1 BauGB – bei rein national orientierter Auslegung – einen gebundenen planungsrechtlichen Zulassungsanspruch. Die richtlinienkonforme Auslegung verlangt, das Abstandsgebot zu berücksichtigen. Sie verlangt nicht mehr als das, da die Richtlinie selbst nicht mehr verlangt. Der originären nationalen Systementscheidung kommt es aber doch deutlich näher, das Abstandsgebot nicht über die Richtlinienvorgabe hinausreichend als striktes Verschlechterungsverbot aufzufassen, sondern als grundsätzlich überwindbares Kriterium.

Damit einher geht aber freilich eine weitere brisante Frage: Kann man ein derartiges „überwindbares Kriterium" in eine nach nationalem Recht gebundene Entscheidung überhaupt einfügen? Darf es also einen *„Wertungsspielraum"*[887], einen „Entscheidungsspielraum" oder anders ausgedrückt Raum für eine *„nachvollziehende Abwägung"*[888] im Rahmen einer gebundenen Entscheidung überhaupt geben?

(4) Die „nachvollziehende Abwägung" – Zulässigkeit von Spielräumen bei gebundenen (Genehmigungs-) Entscheidungen?

Hätte man ein *„absolutes Verschlechterungsverbot"*[889] entgegen dem EuGH bejaht, würde nun eine Nicht-Einhaltung des angemessenen Abstands dazu führen, dass dasjenige Tatbestandsmerkmal des § 34 Abs. 1 BauGB, in welches man – unionsrechtskonform auslegend – das Abstandsgebot der Seveso-Richtlinie hineinliest, schlicht nicht bejaht werden könnte; eine Genehmigung für das betreffende

---

885 BVerwG, Beschluss vom 03.12.2009 – Az.: 4 C 5/09, BauR 2010, 726 (731), Rn. 29.
886 *Moench/Hennig*, DVBl. 2009, 807 (809); dies schon zwei Jahre vor der Entscheidung des EuGH in Sachen Mücksch, jedoch im Kontext der Bauleitplanung
887 EuGH, Urt. v. 15.09.2011, Rs. C-53/10 – Land Hessen ./. Franz Mücksch OHG, UPR 2011, 443 (447), Rn. 40.
888 BVerwGE 145, 290 (299).
889 EuGH, Urt. v. 15.09.2011, Rs. C-53/10 – Land Hessen ./. Franz Mücksch OHG, UPR 2011, 443 (447).

Gebäude wäre dann konsequenterweise zu versagen.[890] *Uechtritz* schlussfolgert, dass auf diese Weise dann „*der Charakter der Genehmigungsentscheidung nach § 34 BauGB als einheitliche gebundene Entscheidung nicht in Frage gestellt worden*" wäre.[891] Die eigentlich verquickten „*Zweifelsfragen*"[892] tun sich jedoch erst dann auf, wenn – wie vorliegend, in Übereinstimmung mit der Rechtsprechung – ein „striktes Verschlechterungsverbot" abgelehnt wird. *Jäde* sieht das nationale Recht vor dem Hintergrund der europäischen Rechtsprechung sogar vor einer „*Stukturrevolution*"[893].

Das kann so aber nicht tragen, denn die Richtlinienvorgabe zum Abstandsgebot legt – wie es das BVerwG trefflich ausdrückt – „*die Mitgliedstaaten nicht auf eine durch planerische Gestaltungsspielräume gekennzeichnete, prinzipiell ergebnisoffene Abwägung fest*"[894]. Der EuGH spricht im Rahmen des Erfordernisses, angemessenen Abständen Rechnung zu tragen, lediglich von einem „*Wertungsspielraum bei der Anwendung dieses Erfordernisses*"[895], begrenzt dadurch, dass die Richtlinie aber immerhin eine „*'Berücksichtigung' der angemessenen Abstände (…) mangels einer Planung (…) insbesondere beim Erlass von Entscheidungen über Baugenehmigungen*"[896] verlange. Das BVerwG versucht dieser Vorgabe durch den Einschub einer „*nachvollziehende[-n] Abwägung*"[897] in das Rücksichtnahmegebot in § 34 Abs. 1 BauGB im Rahmen einer gebundenen Entscheidung Rechnung zu tragen.

Zu klären ist, wie „*der Charakter der Genehmigungsentscheidung nach § 34 BauGB als einheitliche gebundene Entscheidung*" mit dem wertungsspielraumbehafteten Erfordernis der „Berücksichtigung" des angemessenen Abstands im Sinne des Art. 12 der Richtlinie in Einklang gebracht werden kann.[898]

---

890 *Uechtritz*, BauR 2012, 1039 (1048).
891 *Uechtritz*, BauR 2012, 1039 (1048).
892 *Uechtritz*, BauR 2012, 1039 (1048).
893 *Jäde*, Publicus 2011.11, 4 (5).
894 BVerwGE 145, 290 (298).
895 EuGH, Urt. v. 15.09.2011, Rs. C-53/10 – Land Hessen ./. Franz Mücksch OHG, UPR 2011, 443 (447), Rn. 40.
896 EuGH, Urt. v. 15.09.2011, Rs. C-53/10 – Land Hessen ./. Franz Mücksch OHG, UPR 2011, 443 (44), Rn. 50.
897 BVerwGE 145, 290 (299).
898 vgl. *Uechtritz*, BauR 2012, 1039 (1048).

(a) Zu weit gehende Ansätze in der Literatur

Dem EuGH kann nicht unterstellt werden, er hätte gefordert, baurechtliche Genehmigungsentscheidungen mit Störfall-Bezug zu Ermessensentscheidungen umzugestalten.[899] Es ginge wohl auch zu weit, bei der Entscheidung nach § 34 Abs. 1 BauGB künftig eine *„Zulassung (...) unter einem ‚Abwägungsdispens'"*[900] anzunehmen. In diesem Sinne schlägt jedoch *Uechtritz* vor, man könne § 34 Abs. 1 BauGB unionsrechtskonform dahin auslegen, dass bei Ansiedlung eines öffentlich genutzten Gebäudes in der Nähe eines Störfallbetriebs grundsätzlich ein angemessener Abstand einzuhalten, der Genehmigungsbehörde aber die Befugnis zur Erteilung einer Befreiung („„Dispens'") im Einzelfall zuzugestehen sei. Eine solche Befreiung von den Anforderungen solle dann möglich sein, wenn unter Berücksichtigung der sich gegenüberstehenden Interessen – also der Berücksichtigung des Abstands auf der einen Seite und Berücksichtigung der Belange, die für das Vorhaben sprechen auf der anderen Seite – ein Abweichen vom Abstandserfordernis vertretbar erscheine. Gegen diesen Lösungsansatz wendet *Uechtritz* aber – zu Recht – selbst ein, dass durch ihn letztlich unzulässiger Weise die vom EuGH vorgesehene *„„Berücksichtigung' der Wahrung eines angemessenen Abstandes"* in ein *„„Verbot mit Befreiungsvorbehalt'"* umgewandelt werde. Zudem drifte eine derartige Interpretation des § 34 Abs. 1 BauGB wohl weiter als andere Ansätze von dessen ursprünglicher Konzeption ab.[901]

(b) Befürwortung der Vorgehensweise des BVerwG vom 20.12.12 wegen deren Vereinbarkeit mit § 34 Abs. 1 BauGB

Die – durch das unionsrechtliche Abstandsgebot bedingte – Besonderheit im Kontext des § 34 Abs. 1 BauGB besteht darin, dass überhaupt eine Art StörfallAbwägung im Rahmen der gebundenen Zulassungsentscheidung stattfinden muss.

(aa) Keine echte („planerische") Abwägung

Uechtritz erkannte bereits vor den abschließenden Entscheidungen des BVerwG in Sachen Mücksch, dass eine *„grundsätzliche Inkompatibilität"* zwischen einer Abwägung und einer gebundenen Entscheidung wie der nach § 34 Abs. 1 BauGB jedenfalls dann gegeben sei, *„wenn man die Entscheidung über die Zulassung als Abwägung im Sinne einer echten planerischen Abwägung versteht, die*

---

899 Ablehnend auch *Uechtritz*, BauR 2012, 1039 (1050).
900 *Uechtritz*, BauR 2012, 1039 (1050) mit Verweis auf den Begriffsursprung in anderem Kontext in Fn. 65.
901 *Uechtritz*, BauR 2012, 1039 (1050).

einen umfassenden, multipolaren Interessenausgleich sicherstellen soll und bei der, wie im Rahmen einer Bauleitplanung (…) eine Alternativenprüfung geboten wäre".[902] Die Veranlassung einer umfassenden Ermittlung, Befassung und Berücksichtigung von Belangen, eines Ausgleich von Interessen und Positionen sowie einer Prüfung von Alternativen liefe der Annahme eines Rechtsanspruchs des Bauherrn auf baurechtliche Zulassung beziehungsweise Genehmigung des Vorhabens völlig zuwider.[903] Da man in dieser Situation gerade nicht mehr von der *„‚Anreicherung‘ einer gebundenen Entscheidung um ein ‚Abwägungselement‘"* sprechen könnte, würde – wenn man gleichwohl eine solche echte Abwägung vornehmen wollte – eine *„‚Wesensänderung‘"* der baubehördlichen Entscheidung eintreten.[904]

Was *Uechtritz* sodann – um eine „Vereinbarkeit" zwischen nationalem und Unionsrecht doch noch erreichen zu können – über den Umweg des § 38 BauGB versucht,[905] hat folgenden Grundgedanken, den auch das BVerwG in seinen Entscheidungen vom 20.12.2012 verfolgt: Letztlich steht hinter der – bei *Uechtritz* über § 38 BauGB hergeleiteten – „reduzierten Abwägung" kein anderer Gedanke als derjenige, dass eine echte, „große" Abwägung eine gebundene Genehmigungsentscheidung völlig torpedieren würde, man eine „kleine" Abwägung aber noch in eine gebundene Entscheidung mit „hineinschmuggeln" kann, ohne den „Wesensgehalt" des § 34 BauGB als gebundene Entscheidung völlig zu verändern.

Eine solche – *„nachvollziehende Abwägung"*[906] – werde gerade nicht als *„‚echte‘"* Abwägung verstanden: Letztlich gehe es in der Sache – eben auch gerade im Fall der Vorhabenzulassung neben einem Störfallbetrieb – nur um eine

---

902   *Uechtritz*, BauR 2012, 1039 (1049).

903   In diesem Sinne auch *Uechtritz*, BauR 2012, 1039 (1049).

904   *Uechtritz*, BauR 2012, 1039 (1049).

905   Siehe hierzu ausführlich *Uechtritz*, BauR 2012, 1039 (1049 f.); vgl. hierzu auch *Jäde*, Publicus 2011.11, 4 (5).

906   Siehe aus der Rechtsprechung – zu § 35 BauGB – BVerwGE 115, 17 (24 f.); auch *Uechtritz*, BauR 2012, 1039 (1050) verwendet den Begriff *„nachvollziehende Abwägung"* m.w.N. aus der älteren Literatur und Rechtsprechung in Fn. 62 und 66. Das BVerwG verwendet den Begriff im Fall Mücksch 2012 ebenfalls, siehe BVerwGE 145, 290 (299); *„im Ergebnis ebenso"* (ebenda) laut BVerwG: OVG Münster, Beschluss v. 21.02.2012 – 2 B 15/12, Juris, Rn. 22; VG Düsseldorf, Beschluss v. 16.12.2011 – 25 L 581/11, Juris, Rn. 62. *Uechtritz*, BauR 2012, 1039 (1044) betrachtet die Entscheidungen des VG und des OVG kritisch: *„Ausgeblendet bleibt aber die Frage, ob nicht aus der EuGH-Entscheidung ein Abwägungs- bzw. Wertungsspielraum abgeleitet werden muss"*.

„Bilanzierung" von Belangen, die einerseits für und andererseits gegen eine Vorhabenzulassung sprächen.[907] Die Rechtsfigur der „nachvollziehenden Abwägung" wurde ursprünglich zu § 35 BauGB entwickelt.[908] Das tut der Übertragbarkeit des Gedankens auf die Störfall-konstellation aber keinen Abbruch:[909] Das BVerwG definierte die „nachvollziehende Abwägung" bereits im Jahr 2001 im Kontext des § 35 BauGB als einen *„gerichtlich uneingeschränkt überprüfbaren Vorgang der Rechtsanwendung, der eine auf den Einzelfall ausgerichtete Gewichtsbestimmung verlangt"*[910]. Auf diese Definition nimmt das BVerwG 2012 im Fall Mücksch unmittelbar Bezug.[911]

Gerade in diesem Verständnis liege – so stellte schon vor einiger Zeit das BVerwG fest – der Unterschied zu einer planerischen Abwägung, bei welcher *„planerischer Gestaltungsspielraum"* bestehe, für welche *„Ergebnisoffenheit"* bestehe und für die *„mehrere rechtlich zulässige Entscheidungen"* in Betracht kämen.[912] Wo mehrere rechtlich zulässige Entscheidungen in Betracht kämen, gäbe es einen *„nur eingeschränkt gerichtlich überprüfbaren Abwägungsspielraum* [i. Orig.: -s] *"*.[913]

(bb) Kein planerischer Gestaltungsspielraum, kein Ermessens- oder Beurteilungsspielraum

(i) Dogmatik im deutschen Verwaltungsrecht zur Existenz von Spielräumen der Verwaltung

Verwaltungsbehörden wenden auf der Rechtsanwendungsebene Normen an, die in der Regel aus Tatbestand und Rechtsfolge bestehen.[914] Die Gesetzesbindung der Verwaltung ist *„gelockert"*[915], wo Beurteilungsspielräume auf Tatbestandsseite oder Ermessen auf der Rechtsfolgenseite einer Norm gewährt werden.

---

907 *Uechtritz*, BauR 2012, 1039 (1050) m.w.N. aus der älteren Literatur und Rechtsprechung in Fn. 62 und 66.

908 Siehe aus der Rechtsprechung zu § 35 BauGB: BVerwGE 115, 17 (24 f.); bestätigend *Uechtritz*, BauR 2012, 1039 (1051).

909 *Uechtritz*, BauR 2012, 1039 (1050) geht dabei sogar noch den Umweg über § 38 BauGB.

910 BVerwGE 115, 17 (24).

911 BVerwGE 145, 290 (299); den Umweg, den *Uechtritz* über § 38 BauGB geht, hält das BVerwG nicht für erforderlich, siehe BVerwGE 145, 290 (300).

912 BVerwG, BauR 2002, 751 (754).

913 BVerwG, BauR 2002, 751 (754).

914 Vgl. *Maurer*, Allgemeines Verwaltungsrecht, § 7 Rn. 2.

915 *Maurer*, Allgemeines Verwaltungsrecht, § 7 Rn. 6.

Die mit der gesetzlichen Verwendung von unbestimmten Rechtsbegriffen einhergehende Problematik liegt – da insbesondere häufig Prognosen für die Zukunft oder Wertungen nötig seien – nach *Maurer „im Bereich der Erkenntnis"*[916]. Im konkreten Einzelfall ist es stets zunächst Sache der Verwaltung, eine Auslegungsentscheidung zu treffen. Die von der Behörde getroffene Entscheidung und darin vorgenommene Auslegung unbestimmter Rechtsbegriffe kann durch die Gerichte als rechtswidrig aufgehoben werden, wenn diese zu einer anderen Auslegung gelangen. Beim Gericht liegt mithin die *„Kompetenz (...) zur ‚Letztentscheidung"*[917] über die Frage, welche Auslegung eines unbestimmten Rechtsbegriffs die richtige ist. Grundsätzlich gibt es für jeden unbestimmten Rechtsbegriff in jedem konkreten Einzelfall trotz aller Unbestimmtheit nämlich nur genau eine richtige Auslegung, die von der Behörde bei der Rechtsanwendung gefunden werden muss und deren Entscheidung richtig und rechtmäßig macht.[918] Nur ausnahmsweise steht – nach der Rechtsprechung – der Behörde ein Beurteilungsspielraum zu.[919] Das bedeutet, dass hinsichtlich Auslegung und Anwendung des unbestimmten Rechtsbegriffs mehrere Entscheidungen richtig und damit rechtmäßig sein können.[920] In diesen engen Ausnahmefällen – die meist einem Bereich entstammen, in welchem Behörden derart situationsabhängige Entscheidungen zu treffen haben, dass eine Rekonstruktion beziehungsweise auch nur Nachvollziehbarkeit dieser Situation im gerichtlichen Verfahren kaum möglich sein wird – obliegt es der Verwaltung, die richtige Auslegung „abschließend" zu bestimmen. Die verwaltungsgerichtliche Kontrolle ist in solchen Fällen des Vorliegens eines Beurteilungsspielraums ebenso *„gelockert"* wie die Gesetzesbindung der Verwaltung.[921] Denn die Überprüfbarkeit durch das Gericht ist auf die Überprüfung der Rechtmäßigkeit des Verwaltungshandelns und mithin auf die Klärung der Frage beschränkt, ob die verwaltungsbehördliche Entscheidung sich innerhalb der Grenzen hält, die für die Ausübung dieses Beurteilungsspielraums gezogen sind. Sofern dies der Fall ist, hat das Gericht die behördliche Entscheidung zu akzeptieren.[922] Die

---

916 *Maurer*, Allgemeines Verwaltungsrecht, § 7 Rn. 29.
917 *Maurer*, Allgemeines Verwaltungsrecht, § 7 Rn. 5.
918 Zum Ganzen: *Maurer*, Allgemeines Verwaltungsrecht, § 7 Rn. 4 f.; *Detterbeck*, Allgemeines Verwaltungsrecht, § 8 Rn. 354.
919 Vgl. ausführlich hierzu BVerfGE 103, 142 (156 ff.); aus der Rechtsprechung des BVerwG siehe z. B. BVerwGE 100, 221 (225); jeweils mit Blick auf Art. 19 Abs. 4 GG.
920 *Detterbeck*, Allgemeines Verwaltungsrecht, § 8 Rn. 355.
921 *Maurer*, Allgemeines Verwaltungsrecht, § 7 Rn. 6.
922 Vgl. *Detterbeck*, Allgemeines Verwaltungsrecht, § 8 Rn. 355.

Letztentscheidungskompetenz liegt in diesem Fall des Vorliegens eines Beurteilungsspielraumes bei der Verwaltung.[923]

Der Ermessensspielraum betrifft im Gegensatz zum Beurteilungsspielraum gerade nicht die Auslegung von Rechtsbegriffen. Die Einräumung von Ermessen geschieht – sofern überhaupt – auf der Rechtsfolgenseite einer Norm.[924] Inhaltlich geht es um die Entscheidung der Verwaltung im Einzelfall für eine von mehreren rechtlich zulässigen Rechtsfolgen bei Verwirklichung eines gesetzlichen Tatbestandes.[925] Vergleichbar dem Fall des Vorliegens eines Beurteilungsspielraums wird beim Ermessensspielraum der Behörde eine gerichtlich nur eingeschränkt überprüfbare Letztentscheidungskompetenz gewährt.[926] Die Beschränkung der Kontrollbefugnis der Verwaltungsgerichte auf die Überprüfung der Einhaltung der gesetzlichen Grenzen des Ermessens ergibt sich bereits aus § 114 S. 1 VwGO und § 40 VwVfG, wenngleich wegen deren „geringen Aussagegehalts"[927] im Kontext freilich die von Lehre und Rechtsprechung entwickelten Grundsätze zu beachten sind.

Einen Sonderfall stellt das sogenannte „Planungsermessen"[928] – treffender bezeichnet als „planerische Gestaltungsfreiheit"[929] – dar. Es kommt insbesondere beim Erlass von Bauleitplänen nach § 1 BauGB zum Tragen, bei deren Aufstellung gemäß § 1 Abs. 7 BauGB die öffentlichen und privaten Belange gegeneinander und untereinander gerecht abgewogen werden müssen. Im Sinne einer „Konfliktbewältigung"[930] durch die Behörden sind die zahlreichen Interessen in Ausgleich zu bringen.

Die Besonderheit besteht – so anschaulich die Ausführungen von *Maurer* zum Thema – zunächst in der Struktur der zugrundeliegenden Normen, welche keine klassische „Wenn-Dann"-Formulierung enthielten, sondern vielmehr „*final geprägt*" seien, mithin „*ein bestimmtes Ziel vorgeben und einige Direktiven für die Bestimmung und Erreichung dieses Ziels festlegen, im Übrigen aber noch offen sind*".[931] Hintergrund ist in solchen Fällen das Zugrundeliegen von „*komplexe[-n] Entscheidungssituation mit unterschiedlichen öffentlichen und privaten Interessen*

---

923   *Maurer*, Allgemeines Verwaltungsrecht, § 7 Rn. 6.

924   *Detterbeck*, Allgemeines Verwaltungsrecht, § 8 Rn. 312.

925   Vgl. z. B. ähnlich bei *Maurer*, Allgemeines Verwaltungsrecht, § 7 Rn. 7.

926   *Maurer*, Allgemeines Verwaltungsrecht, § 7 Rn. 6.

927   *Detterbeck*, Allgemeines Verwaltungsrecht, § 8 Rn. 325.

928   Begriff z.B. bei *Detterbeck*, Allgemeines Verwaltungsrecht, § 8 Rn. 386.

929   *Maurer*, Allgemeines Verwaltungsrecht, § 7 Rn. 63.

930   *Maurer*, Allgemeines Verwaltungsrecht, § 7 Rn. 63.

931   *Maurer*, Allgemeines Verwaltungsrecht, § 7 Rn. 63.

[Anm. d. Verf.: die] *einen Ausgleich im Wege der Abwägung erfordern*"[932]. Die Überprüfung der Verwaltungsentscheidung erfolgt nur eingeschränkt mit Blick auf Abwägungsfehlerfreiheit.[933] Die Behörden verfügen hier über *„Entscheidungsspielräume (…), ohne dass gesetzliche Vorschriften ihnen ausdrücklich oder zumindest der Sache nach Ermessen oder Beurteilungsspielräume gewähren*"[934]. Uneinigkeit besteht daher insoweit, ob man die mit dem Instrument verbundenen Besonderheiten mit dem allgemeinen Verwaltungsermessen erfassen kann, oder ob es sich beim „Planungsermessen" um eine eigene Kategorie handelt.[935]

(ii) Subsumtion der „nachvollziehenden Abwägung" im Rahmen des § 34 Abs. 1 BauGB unter diese Grundsätze

Die von der Rechtsprechung des BVerwG – und von Teilen der Literatur – gefundene Lösung, mittels einer „nachvollziehenden Abwägung" die unionsrechtlichen Vorgaben zum Abstandsgebot in die gebundene Entscheidung nach § 34 Abs. 1 BauGB zu integrieren, ist zum einen vor dem Hintergrund dieser Dogmatik zu sehen. Zum anderen sei, so bedenkt *König*, zu berücksichtigen, dass die Rechtsprechung des EuGH keine derartig klaren Unterscheidungen zwischen diesen Begriffen trifft beziehungsweise die Begriffe wohl noch nicht einmal wirklich einheitlich verwendet.[936] Vielmehr habe der EuGH schon früh – so *König* – den Begriff *„Entscheidungs- und Gestaltungsfreiheit der Verwaltung"* geprägt.[937]

Ein „Planungsermessen" nach deutschem Verständnis kommt der Genehmigungsbehörde bei der Zulassung eines öffentlich genutzten Gebäudes im unbeplanten Innenbereich in der Nähe eines Störfallbetriebs demnach aber nicht zu. Mit den Worten des BVerwG im Verfahren Mücksch gesprochen: Die *„'nachvollziehende Abwägung' (…) ist nicht planerische Abwägung"*[938]. Denn bei der planerischen Abwägung besteht – wie oben ausgeführt – planerischer Gestaltungsspielraum und Ergebnisoffenheit, es kommen mehrere rechtlich zulässige Entscheidungen in Betracht, so dass es einen gerichtlich nicht überprüfbaren Abwägungsspielraum gibt.[939]

---

932   *Maurer*, Allgemeines Verwaltungsrecht, § 7 Rn. 63.
933   *Maurer*, Allgemeines Verwaltungsrecht, § 7 Rn. 63.
934   *Detterbeck*, Allgemeines Verwaltungsrecht, § 8 Rn. 386.
935   Siehe knapp zum Problem: *Detterbeck*, Allgemeines Verwaltungsrecht, § 8 Rn. 386.
936   *König*, ZfBR 2014, 336 (337) m.w.N. in Fn. 21.
937   *König*, ZfBR 2014, 336 (337) m.w.N. in Fn. 22.
938   BVerwGE 145, 290 (299).
939   Siehe hierzu Seite 197 f. mit entsprechenden Nachweisen.

Zunächst ist hier festzuhalten, dass im Rahmen der Berücksichtigung angemessener Abstände kein gestalterischer Spielraum über die vorher stattgefunden habende Festlegung angemessener Abstände mit einfließt. Denn hierbei kommt den Behörden gerade kein Beurteilungs- oder Ermessenspielraum zu.[940]

Zudem ist bei der Berücksichtigung der angemessenen Abstände selbst keine – einem Planungsermessen dagegen immanente – „Gestaltungsfreiheit" der Behörden erkennbar. Die Behörde soll – und nicht mehr verlangt auch der EuGH in der Entscheidung Mücksch – lediglich störfallspezifische und sonstige (sozioökonomische) Belange zueinander ins Verhältnis setzen. Was schwerer wiegt, setzt sich durch. Das ist die geforderte „Berücksichtigung" des Abstandsgebots. Raum für echte Gestaltung lässt dies erkennbar nicht: Insbesondere die störfallspezifischen Belange müssen durch „technisch-fachlichen Sachverstand"[941] ermittelt werden, ähnlich auf fachspezifischen Sachverstand angewiesen wird man im Bereich sozialer, ökonomischer und ökologischer Faktoren auf der anderen Seite sein. *Mehrere* richtige Entscheidungen – wie es gerade bei der städtebaulichen Planung der Fall ist – kann es damit aber grundsätzlich[942] im Rahmen des Störfallschutzes nicht geben, sondern immer nur eine: Wiegen die Störfallschutzbelange schwerer, ist der Sicherheitsabstand einzuhalten, überwiegen sonstige (insbesondere sozioökonomische) Belange, kann er im Einzelfall unterschritten werden.

Zum anderen spricht ein weiterer Aspekt gegen eine Vergleichbarkeit mit einem „Planungsermessen": Will man diese mit den herkömmlichen Strukturen nationaler Verwaltungsdogmatik erfassen – und für eine solche Zuordnung spricht bereits, dass man dann nicht eine weitere Kategorie der „Lockerung" der Gesetzesbindung der Verwaltung konstruieren müsste – so wird man es wohl dem Bereich des „Verwaltungsermessens" zurechnen müssen. Dieses ist der Rechtsfolgenseite zuzuordnen. Die Konstruktion der „nachvollziehenden Abwägung", die – wie es das BVerwG beschreibt – in das (im Gebot des Einfügens verankerte) Rücksichtnahmegebot richtlinienkonform hineingelesen wird, spielt sich aber auf tatbestandlicher Seite der Norm des § 34 Abs. 1 BauGB ab.

Auch jenseits eines direkten Vergleichs mit dem „Planungsermessen" sind im Fall der richtlinienkonformen Auslegung des Rücksichtnahmegebots weder

---

940 Siehe hierzu Seite 187 ff.
941 BVerwGE 145, 290 (294).
942 Zur Überschreitung der *„Leistungsfähigkeitsgrenze"* (BVerwGE 145, 290 (299)) einer solchen rein gewichtenden Abwägung/Bilanzierung beispielsweise dann, wenn Alternativstandort-Prüfungen einfließen oder städtebauliche Gründe in die Bilanz mit einfließen sollen, siehe hierzu Seite 201.

Ermessen noch Beurteilungsspielraum der Genehmigungsbehörde zu bejahen:[943] Ein Ermessensspielraum käme auf der Rechtsfolgenseite des § 34 Abs. 1 BauGB zum Tragen, hierum geht es aber gar nicht, wenn man über die richtlinienkonforme Auslegung eines Tatbestandsmerkmals des § 34 Abs. 1 BauBG diskutiert. Ein Beurteilungsspielraum scheitert in der Sache an den gleichen Gründen, aus welchen es sich hier um keinen Fall planerischer Gestaltungsfreiheit handelt: Es gibt im Rahmen der vorzunehmenden Störfall-Sozioökonomie-Bilanzierung nur ein richtiges Ergebnis, nicht viele. Daher liegt kein Beurteilungsspielraum vor. Abgesehen davon: Selbst wenn doch, könnte die Entscheidung immernoch als gebundene ergehen!

(c) Grenzen

(aa) Kein „Abwägungsausfall" bei Existenz von Vorbelastungen

Dass eine derart vorzunehmende Störfallschutz-Abwägung nicht ausgerechnet dann ausfallen darf, wenn innerhalb der ermittelten angemessenen Abstände bereits Bebauung (im Sinne einer „Vorbelastung" nach rein nationalem Verständnis) vorhanden ist, ist theoretisch eine sinnlogische Selbstverständlichkeit. Gäbe es keine derartige „Vorbelastung" innerhalb der Abstandsgrenzen, würde bereits das Erfordernis der Langfristigkeit aus Art. 13 Abs. 2 der Richtlinie 2012/18/ EU wohl einer Vorhabenzulassung entgegenstehen,[944] was das BVerwG sogar zu der Aussage veranlasst, dass *eine bestehende Vorbelastung im Störfallrecht nicht Grenze, sondern vielmehr gerade Voraussetzung des Wertungsspielraums*"[945] sei. Das geht wohl zu weit, denn bei der Frage, wie sich eine Vorbelastung auswirkt, kommt man prüfungstechnisch erst an, wenn die angemessenen Abstände bereits ermittelt sind und sich die Behörde fragt, ob sie – innerhalb dieser Grenzen – das neue Vorhaben zulassen darf. Richtig ist aber jedenfalls, dass bei richtlinienkonformer Handhabung des Rücksichtnahmegebots im Rahmen der unionsrechtlich verlangten „nachvollziehenden Abwägung" zwischen störfallspezifischen und sonstigen Belangen die Existenz von Vorbelastungen gerade

---

943 Hierzu beispielsweise auch *Reidt*, UPR 2011, 448 (449) gegen das Vorliegen eines Beurteilungsspielraums bei behördlichen Zulassungsentscheidungen „*nach derzeitiger Rechtslage*"; es habe daher eine umfassende gerichtliche Kontrolle zu erfolgen „*unter hinreichender Beachtung der (…) sachverständigen Erkenntnisse*".

944 Auch dies betont das BVerwG: Die erstmalige Zulassung einer schutzbedürftigen Nutzung innerhalb des angemessenen Abstands dürfte in der Regel unzulässig sein, weil bisher gewahrte angemessene Abstände auch künftig (Langfristigkeit!) gewahrt bleiben müssen, siehe BVerwGE 145, 290 (297 f., 302 f.).

945 BVerwGE 145, 290 (302).

nicht zu einem „Abwägungsausfall" führen darf, da damit der Schutzzweck von Richtlinie und speziell Abstandsgebot (namentlich: Unfallfolgenbegrenzung!) völlig unterlaufen würde und man sich komplizierte Einbettung der Richtlinienerfordernisse ins nationale Recht dann schlicht hätte sparen können.[946]

(bb) Kein Umschlagen der nachvollziehenden in eine planerische Abwägung

Mit der vom BVerwG selbst vorgenommenen Einschränkung dahingehend, dass die „nachvollziehende Abwägung" auch an ihre „Leistungsgrenzen" stoßen kann, versucht das Gericht dem Einwand zuvorzukommen, dass ein Umschlagen in planerische Abwägung möglich und eine scharfe Abgrenzung schwierig wäre. Liegen in diesem Sinne beispielsweise „*städtebauliche* [Anm. d. Verf: statt individuelle] *Gründe für eine Zulassung*" vor oder findet im Rahmen der „Abwägung" eine Alternativenprüfung („*Alternativstandorte*") statt, so ist der „bilanzierende Bereich" verlassen und wurde der Bereich planerischen Gestaltungsspielraums betreten. Das BVerwG sieht in solchen Fällen die notwendige Konsequenz für die Genehmigungsbehörde darin, „*die Zulassung des Vorhabens auf der Grundlage des § 34 Abs. 1 BauGB abzulehnen*".[947] Mit einer solchen Grenzziehung ist die Schlüssigkeit der Vorgehensweise des BVerwG gewahrt, denn es trennt weiterhin sauber zwischen planerischer und nur nachvollziehender Abwägung. Es ist wohl auch hinnehmbar, dass damit einhergeht, dass auf Genehmigungsebene nicht jede Konfliktsituation geregelt werden kann. Mit der Vorgabe des EuGH, das Abstandsgebot überhaupt zu berücksichtigen, geht diese Grenzziehung ebenfalls konform, denn gerade im Kontext der unionsrechtlich geforderten Berücksichtigung werden die Grenzen des Möglichen ja erst überschritten. Dem Abstandserfordernis könnte außerdem dann wiederum in der dann vorzunehmenden Bauleitplanung Rechnung getragen werden.[948]

(5) Fazit

Der vom EuGH zugesprochene Wertungsspielraum der nationalen Behörden hinsichtlich der Anwendung des Abstandserfordernisses – kurz: die Pflicht (nur) zur Berücksichtigung angemessener Abstände – macht es nicht notwendig, im nationalen Recht statt einer gebundenen Entscheidung nach § 34 Abs. 1 BauGB eine echte Abwägungs- oder sogar Ermessensentscheidung zu fordern. Mittels

---

946 So sinngemäß auch BVerwGE 145, 290 (302 f.).
947 BVerwGE 145, 290 (302 f.).
948 So zum letzten Aspekt auch BVerwGE 145, 290 (303).

einer richtlinienkonformen Auslegung des nationalen Rechts kann die Struktur des § 34 Abs. 1 BauGB als gebundene Entscheidung beibehalten und dennoch dem Unionsrecht Rechnung getragen werden. Insbesondere ist nicht automatisch eine planerische Abwägung – mithin die Aufstellung eines Bebauungsplans – notwendig. Dabei ist die Vorgehensweise des BVerwG im Nachgang zur Entscheidung des EuGH überzeugend. Zum einen ist es eine durchaus gangbare Möglichkeit, das unionsrechtliche Abstandserfordernis in das baurechtliche Rücksichtnahmegebot hineinzulesen. Überhaupt – so stellt zutreffend *Uechtritz* fest – sei *„der Genehmigungstatbestand des § 34 Abs. 1 BauGB mit dem Tatbestandsmerkmal des ‚Einfügens‘ offen"* und gestatte es vom Wortlaut her, *„weitere Anforderungen zu implementieren"*.[949] Lediglich insoweit, als existierende Vorbelastungen nicht zu einem „Berücksichtigungsausfall" führen dürfen, muss – wie es das BVerwG richtig feststellt – das Rücksichtnahmegebot an den unionsrechtlichen Störfallschutz angepasst werden. Insbesondere besticht die Ansicht des BVerwG aber dadurch, dass sie der Schwierigkeit gerecht wird, das unionsrechtliche Abstandserfordernis in eine *gebundene* Zulassungsentscheidung nach § 34 BauGB zu integrieren. Die Entscheidung nach § 34 Abs. 1 BauGB – so erkennt das BVerwG bereits in seinem Vorlagebeschluss an den EuGH zu Recht – *„ist keine (...) planerische, sondern eine gebundene Entscheidung. Für die im Zusammenhang bebauten Ortsteile hat bereits der Gesetzgeber selbst entschieden, dass ein Vorhaben, dass sich in die Eigenart der näheren Umgebung einfügt, unter den weiteren Voraussetzungen des § 34 BauGB zulässig ist. (...)"*[950]. Ein Ermessensspielraum existiert auf Rechtsfolgenseite daher nicht. Auf Tatbestandsseite ist für einen Beurteilungsspielraum für die Verwaltung kein Raum; insbesondere ist die im Kontext des Rücksichtnahmegebots vorzunehmende „nachvollziehende Abwägung" nicht der planerischen Abwägung vergleichbar. Das BVerwG schafft es, das unionsrechtliche Abstandsgebot – mitsamt des vom EuGH judizierten „Wertungsspielraums" in die Zulassungsentscheidung nach § 34 Abs. 1 BauGB richtilinienkonform auslegend zu integrieren, ohne auf Ermessens- oder Beurteilungsspielräume für die Verwaltung angewiesen zu sein. Seine Lösung ist daher mit der national „gebundenen Entscheidung" letztlich ohne Weiteres vereinbar. Selbst wenn man bei der Berücksichtigung auf Tatbestandsseite (mittels der „nachvollziehenden Abwägung") einen Beurteilungsspielraum annähme, würde dies einer auf Rechtsfolgenseite gebundenen Entscheidung nicht entgegen stehen.

---

949 *Uechtritz*, BauR 2012, 1039 (1047).
950 BVerwG, Beschl. v. 03.12.2009 – 4 C 5/09, BauR 2010, 726 (728), Rn. 20.

ff) Exkurs: Zulassung einer schutzbedürftigen Nutzung im unbeplanten Außenbereich nach § 35 BauGB

Eine detaillierte Auseinandersetzung mit dem Meinungsbild, das sich aus der Relevanz des unionsrechtlichen Abstandsgebots für die Genehmigung von Vorhaben im unbeplanten Gebiet in der Nähe eines Störfallbetriebs ergibt, würde den Rahmen dieser Arbeit sprengen. Weiterführend dürften aber in diesem Kontext insbesondere zwei Gedanken sein:

Zum einen dürfte die Relevanz der störfallrechtlichen Abstandsproblematik im Außenbereich vor dem Hintergrund geringer sein, dass dort Vorhaben (im Sinne der hier untersuchten öffentlich genutzten Gebäude) – unabhängig vom Aspekt des Störfallschutzes – in der Regel wohl ohnehin selten genehmigungsfähig sein dürften, vgl. die Einschränkungen des § 35 BauGB insbesondere mit Blick auf die sogenannten „privilegierten Vorhaben" im Sinne des Abs. 1.

Zum anderen ergibt sich für dennoch verbleibende Fälle mit der von der Rechtsprechung des BVerwG für den Innenbereich gefundenen – hier für überzeugend befundenen – Lösung auch im Kontext des § 35 BauGB ein stimmiges Pendant: Die Berücksichtigung des Abstandsgebotes könnte im Rahmen des § 35 BauGB – also bauplanungsrechtlich – als „öffentlicher Belang" gem. § 35 BauGB eingeordnet werden.[951] Insbesondere durch die Formulierung *„insbesondere"* in § 35 Abs. 3 BauGB erweist sich die Vorschrift als offen für die Aufnahme weiterer Belange, wie hier denjenigen des Störfallschutzes.[952] *Moench/Hennig* geben zu bedenken, dass es für eine derartige Vorgehensweise noch nicht einmal einer richtlinienkonformen Auslegung des § 35 BauGB bedürfe.[953] Das überzeugt nicht ganz,[954] denn auch wenn ein weiterer Belang leicht ins Prüfprogramm zu integrieren sein sollte, so muss er doch irgendwo herkommen; in diesem Fall eben aus Art. 13 Abs. 2 lit. a) der Richtlinie 2012/187EU, deren Erfordernissen von der Behörde mangels Umsetzungsgesetz auf der Anwendungsebene Rechnung getragen werden muss. Bestandteil solcher „öffentlicher Belange" ist grundsätzlich auch das Rücksichtnahmegebot,[955] so dass auch dieser Aspekt der für § 34 BauGB gefundenen Lösung verankert werden könnte. Insbesondere wurde die Rechtsfigur der „nachvollziehenden Abwägung" von der Rechtsprechung gerade

---

951 So z.B. bereits 2009 *Moench/Hennig*, DVBl. 2009, 807 (815); ebenso *Schröer/Kümmel*, NZBau 2011, 742 (743).

952 So auch *Moench/Hennig*, DVBl. 2009, 807 (815).

953 *Moench/Hennig*, DVBl. 2009, 807 (815).

954 Undeutlich insoweit *Schröer/Kümmel*, NZBau 2011, 742 (743).

955 Zum Gebot der Rücksichtnahme im Kontext der öffentlichen Belange des § 35 BauGB: *Roesner*, in: Berliner Kommentar zum BauGB, § 35 Rn. 144.

für § 35 BauGB entwickelt.[956] Auch in der Literatur wurde hierzu – abstellend auf diese Rechtsprechung – schon bisher vertreten, dass einheitlich für die Anwendung von Abs. 1 und 2 gelte, dass es jeweils einer Abwägung zwischen Vorhaben und öffentlichen Belangen bedürfe, wobei es sich *„freilich nicht um eine planerische Abwägung, sondern um eine nachvollziehende Abwägung zwischen dem jeweils berührten öffentlichen Belang und dem privaten Interesse an der Verwirklichung des Vorhabens"* handle.[957] Ein derartiges Vorgehen über die Verortung des unionsrechtlichen Abstandsgebots mittels einer richtlinienkonformen Auslegung des Begriffes der „öffentlichen Belange" gebietet sich insbesondere vor dem Hintergrund, dass – mit Blick auf Art. 14 GG – selbst in Fällen des § 35 Abs. 2 von einer gebundenen (und gerade keiner Ermessens-) Entscheidung der Verwaltung auszugehen ist[958] und sich damit dieselbe schwierige Situation (national gebundene Entscheidung versus Wertungsspielraum in der Richtlinienvorgabe) ergibt, wie sie bei Innenbereichsvorhaben dargestellt wurde.

Auch das BVerwG hat in einer Entscheidung vom 28.03.2013 bestätigt, dass die *„Grundsätze"*, welche mit der Entscheidung vom 20.12.2012 für Innenbereichsvorhaben nach § 34 BauGB entwickelt wurden, auch *„im Rahmen des öffentlich-rechtlichen Belangs des § 35 Abs. 3 Satz 1 Nr. 3 BauGB, der eine besondere Ausprägung des nachbarlichen Gebots der* Rücksichtnahme *darstellt, entsprechende Anwendung"* fänden.[959]

gg) „Hilfen" für die Verwaltung

Jenseits der Frage nach – insbesondere praktischen – Problemen bei der Ermittlung der „Angemessenheit" der störfallrechtlichen Sicherheitsabstände[960] steht auf einem anderen Blatt die Frage, wie die „nachvollziehende Abwägung" (im Sinne des „Wertungsspielraums bei der Anwendung" des Erfordernisses, angemessenen Abständen Rechnung zu tragen) auszusehen hat beziehungsweise welche Kriterien konkret einfließen.[961] Freilich haben EuGH und BVerwG bereits einige Punkte genannt: „Störfallspezifisch" sind so beispielsweise die Art der gefährlichen Stoffe, die Wahrscheinlichkeit eines schweren Unfalls, die

---

956 BVerwG 115, 17 (24 f.).

957 *Roesner*, in: Berliner Kommentar zum BauGB, § 35 Rn. 10.

958 *Roesner*, in: Berliner Kommentar zum BauGB, § 35 Rn. 55 mit Nachweisen aus einer dahingehenden Rechtsprechung des BVerwG sowie des BGH.

959 BVerwG, Beschl. v. 28.03.2013 – 4 B 15/12, BauR 2013, 1248 (1248), Rn. 5.

960 Siehe hierzu beispielsweise *Uechtritz*, BauR 2012, 1039 (1046 f.).

961 Vgl. hierzu z.B. die Vorschläge für den Prüfungsablauf in der Praxis bei *Hellriegel/Farsbotter*, NVwZ 13, 1117 (1119 ff.)

Unfallfolgen, die Art der Tätigkeit einer Neuansiedlung beziehungsweise die Intensität der öffentlichen Nutzung oder auch die Eingriffsmöglichkeiten von Notfallkräften am Unfallort.[962] „Sonstige" Faktoren können beispielsweise ökologische, ökonomische oder soziale Belange sein.[963] Der KAS-18 wurde schon bisher zumindest in der verwaltungsgerichtlichen Praxis bei der Beurteilung der Genehmigungsfähigkeit von Vorhaben in der Umgebung von Störfallbetrieben herangezogen.[964] Er wurde zwar mit Blick auf die aktuelle Rechtsprechung bereits korrigiert,[965] eine vollständige Überarbeitung steht aber noch aus. Relativ neu ist die Arbeitshilfe „Berücksichtigung des Art. 12 Seveso-II-Richtlinie im baurechtlichen Genehmigungsverfahren in der Umgebung von unter die Richtlinie fallenden Betrieben" der Fachkommission Städtebau der Bauministerkonferenz vom März 2015.[966] Die Arbeitshilfe hat die mit den Entscheidungen von EuGH und BVerwG verbundene Schwierigkeit für die Verwaltungsbehörden erkannt, eigenständig die geforderte richtlinienkonforme Auslegung bei der Prüfung der Zulässigkeit von Vorhaben vorzunehmen. Sie bietet daher *„Empfehlungen zur Anwendung der Seveso-II-Richtlinie in baurechtlichen Zulassungsverfahren im unbeplanten und beplanten Innenbereich sowie im Außenbereich und gibt Hinweise zur Frage des Planungsbedarfs"*[967]. Hilfestellung bietet die Arbeitshilfe insbesondere bei der Ermittlung des angemessenen Abstandes: Die (neue) Bedeutung des KAS-18 im Kontext der Vorhabenzulassung wird erläutert (3.2.1), ebenso wie eine Auflistung störfallspezifischer Faktoren (3.2.2) vorgenommen wird und das Erfordernis eines entsprechenden Abstands-Gutachtens (3.2.3, 3.2.5) sowie Mitwirkungsmöglichkeiten der Immissionsschutzbehörde (3.2.4) betont werden.[968] Auch zur Konkretisierung einer „nachvollziehenden Abwägung" werden Ausführungen gemacht, insbesondere werden Belange aufgeführt, die auf beiden Beteiligten-Seiten (Vorhabenträger und Störfallbetrieb-Betreiber)

---

962 EuGH, Urt. v. 15.09.2011, Rs. C-53/10 – Land Hessen ./. Franz Mücksch OHG, UPR 2011, 443 (447), Rn. 44; weitere siehe BVerwGE 145, 290 (294 f.).

963 BVerwGE 145, 290 (295).

964 *Uechtritz*, BauR 2012, 1039 (1046) mit Nachweisen aus der Rechtsprechung in Fn. 45.

965 Siehe Korrektur_Kommission für Anlagensicherheit, Leitfaden. Die sich aus dem Leitfaden der Kommission für Anlagensicherheit ergebenden Abstandsempfehlungen sowie die Kriterien zur Ermittlung des angemessenen Abstandes können nach dem Beschluss der Kommission für Anlagensicherheit vom 05./06.11.2013 auch in Genehmigungsverfahren angewendet werden, siehe hierzu der entsprechende Hinweis in: Fachkommission Städtebau der Bauministerkonferenz, Arbeitshilfe, S. 5 f.

966 Hier zitiert als: Fachkommission Städtebau der Bauministerkonferenz, Arbeitshilfe.

967 Fachkommission Städtebau der Bauministerkonferenz, Arbeitshilfe, S. 3.

968 Fachkommission Städtebau der Bauministerkonferenz, Arbeitshilfe, S. 5 ff.

in die Prüfung des Rücksichtnahmegebots einfließen können (4.2.2)[969] ebenso
wie Grenzen bei der Berücksichtigungsfähigkeit gezeigt werden (4.2.3).[970] Auch
künftige Rechtsprechung wird vor dem Hintergrund der sich für die Verwaltungspraxis ergebenden Neuerungen im Auge zu behalten sein.

c) Lösungsansätze auf normativer Ebene: Umsetzungsgesetzgebung

aa) Gesetzgeberischer Handlungsbedarf?

Eine Integrationsmöglichkeit der unionsrechtlichen Anforderungen (mit Blick
auf behördliche Zulassungsverfahren) in die einschlägigen bauplanungsrechtlichen Bestimmungen ist – auf Auslegungs- und damit Anwendungsebene – also
vorhanden. In der rechtswissenschaftlichen Literatur wird die richtlinienkonforme Auslegung offenbar weitgehend als ausreichend betrachtet, um den Erfordernissen der Seveso-Richtlinie gerecht zu werden[971] und ein gesetzgeberischer
Handlungsbedarf abgelehnt.[972] Noch in seinem Vorlagebeschluss an den EuGH
hatte auch das BVerwG sich eher dahingehend geäußert, § 34 Abs. 1 BauGB
als ausreichende gesetzliche Bestimmung zur Handhabung der Problematik zu
sehen.[973] Zu Recht wird aber mittlerweile durchaus darauf hingewiesen, dass das
„Defizit des deutschen Rechts (…) indes, wie die anhaltende Verunsicherung der
Praxis zeigt, kein Dauerzustand bleiben"[974] sollte. Diese praktische Komponente
findet durchaus Verankerung in der Dogmatik: Nur weil man mittels der richtlinienkonformen Auslegung einen gangbaren Weg hat, ein richtlinienkonformes

---

969 Fachkommission Städtebau der Bauministerkonferenz, Arbeitshilfe, S. 11 ff.
970 Fachkommission Städtebau der Bauministerkonferenz, Arbeitshilfe, S. 14. Auf S. 20
  bietet die Arbeitshilfe sogar *ein „Seveso-II-Prüfschema für das Baugenehmigungsver-*
  fahren" an.
971 Keinen zwingenden gesetzgeberischen Handlungsbedarf sieht in diesem Sinne z.B.
  Reidt, UPR 2011, 448 (449).
972 Einstweiliges Fazit von *Uechtritz*, BauR 2012, 1039 (1043) ist es, dass die Literaturstimmen seit der Entscheidung des EuGH wohl *„praktisch einhellig"* keinen gesetzgeberischen Handlungsbedarf sähen. Überblick über Literaturstimmen unter dem
  Blickwinkel eines Rückschlusses von der richtlinienkonformen Auslegbarkeit nationaler Normen auf die Entbehrlichkeit gesetzgeberischer Aktivitäten beispielsweise
  bei *Burger*, DVBl. 2013, 1431 (1432, Fn. 8), der dieses Phänomen aber als Ausgangspunkt einer kritischen Hinterfragung heranzieht. Im Ergebnis hält *Burger* konkret
  mit Blick auf den Fall Mücksch ein Tätigwerden des Gesetzgebers für *„unverzichtbar"*
  (Streichung des Merkmals „Raumbedeutsamkeit" aus § 50 S. 1 BImSchG), siehe
  Burger, DVBl. 2013, 1431 (1439).
973 BVerwG, Beschluss vom 03.12.2009 – Az.: 4 C 5/09, BauR 2010, 726 (731), Rn. 31 ff.
974 *König*, ZfBR 2014, 336 (340).

Ergebnis im Einzelfall auf Anwendungsebene zu erzielen, heißt das noch nicht automatisch, dass damit eine Entlastung der Legislative einhergehen muss.[975] Ebenso wie auf der Anwendungsebene die mitgliedstaatliche Behörde mit Ablauf der Umsetzungsfrist an das Richtlinienziel gebunden ist, ist dies ebenso auf legislativer Ebene beim Gesetzgeber der Fall. Abermals ergibt sich dies aus folgender Herleitung: Wenn bei Genehmigungsentscheidungen, denen kein Bebauungsplan – in welchen wiederum das Abstandsgebot Eingang gefunden hat[976] – zugrunde liegt, *keine* Berücksichtigung des unionsrechtlichen Abstandsgebots erforderlich wäre, so würde in allen betroffenen Fällen die Möglichkeit außen vor gelassen, durch Wahrung von der Richtlinie entsprechenden angemessenen Abständen dem Ziel der Begrenzung der Folgen schwerer Unfälle zu dienen. Damit wäre hierin im Endeffekt eine Beeinträchtigung der Ziele sowohl des Abstandsgebots als auch der Richtlinie selbst zu sehen. Eine derartige Beeinträchtigung der Richtlinienziele läuft jedenfalls aber einer Verpflichtung zur Erreichung dieser Richtlinienziele zuwider. Zu beantworten ist daher nun hier die Frage, ob auch der mitgliedstaatliche Gesetzgeber die Richtlinienziele (konkret hier das Ziel der Begrenzung der Folgen schwerer Unfälle) tatsächlich durch Außerachtlassen de facto beeinträchtigen darf. Das darf er jedenfalls dann nicht, wenn er verpflichtet wäre, das Richtlinienziel zu erreichen oder zumindest im Rahmen seiner Möglichkeiten auf dieses hinzuwirken. Eine solche Zielbindung des mitgliedstaatlichen Gesetzgebers lässt sich dogmatisch auf dieselbe Art und Weise begründen, wie dies auf Anwendungsebene bereits für die mitgliedstaatliche Behörde geschehen ist. Nur dass die „Maßnahme zur Erfüllung der Verpflichtung zur Zielerreichung" im Sinne des Art. 4 Abs. 3 UAbs. 2 EUV im nun vorliegenden Fall gerade die gesetzgeberische Aktivität des Gesetzgebers ist. Aus Art. 4 Abs. 3 UAbs. 2 EUV leitet sich daher seine Pflicht, eine gesetzliche Regelung zu treffen, her. Man spricht insoweit von der Umsetzungspflicht, hier verstanden in einem normativen Sinn, die mit Ablauf der Umsetzungsfrist entsteht. Da der Gesetzgeber mit der Möglichkeit der normativen Umsetzung das geeignete Mittel hat, das Richtlinienziel zu erreichen, und die Umsetzung für ihn auch zur Pflicht ausgestaltet ist, ist insoweit auch eine Zielbindung des Gesetzgebers zu bejahen.[977] Der nationale Gesetzgeber hat daher eine gesetzliche Regelung zu treffen, mittels derer die Vorgaben aus Art. 13 Abs. 2 lit. a) der Richtlinie 2012/18/EU ins nationale Recht aufgenommen werden.

---

975 So auch der Ausgangspunkt einer entsprechenden Untersuchung – und letztlich auch deren Ergebnis – von *Burger*, DVBl. 2013, 1431 (1435 ff.).

976 Siehe hierzu Seite 82 ff.

977 Vgl. hierzu bereits Seite 162, Fn. 758.

Die richtlinienkonforme Auslegung durch Behörden und Gerichte bleibt nämlich – wie eingehend dargelegt[978] – trotz aller Bemühungen schlicht Auslegung, bei ihr handelt es sich gerade nicht um eine Umsetzung der Richtlinienvorgaben in das nationale Recht.

Insbesondere kann das existierende Umsetzungsdefizit nicht durch eine richtlinienkonforme Auslegung des § 50 S. 1 BImSchG endgültig bereinigt werden (was ansonsten freilich dafür spräche, bei der richtlinienkonformen Auslegung genau auf diese Vorschrift abzustellen). Das wäre nämlich nur dann der Fall, wenn die richtlinienkonforme Auslegung des § 50 S. 1 BImSchG selbst Umsetzung wäre. Dass eine richtlinienkonforme Auslegung – und mithin weder Verwaltungs- noch Rechtspraxis – *grundsätzlich* nicht den Anforderungen genügt, die an einen Umsetzungsakt zu stellen sind, wurde bereits erläutert.[979] Eine besondere Betrachtung verdient § 50 S. 1 BImSchG deswegen, weil dessen Änderung gerade der Umsetzung der Seveso-Richtlinie diente. An dieser Stelle ist nochmals auf die von *Schroeder* insoweit mit Blick auf eine Entscheidung des EuGH aus dem Jahr 1997 gemachte Einschränkung zurückzukommen, dass eine richtlinienkonforme Auslegung diesen Anforderungen an einen Umsetzungsakt *ausnahmsweise* dann doch genügen könnte, wenn ein Umsetzungsgesetz unbestimmte Rechtsbegriffe verwende.[980] Die Auffassung, dass richtlinienkonforme Auslegung zumindest *insoweit* Umsetzung sein könnte, wurde bereits oben aus Gründen der Rechtsklarheit und Rechtssicherheit ebenfalls abgelehnt. Dass dies so zu sehen ist, wird am Beispiel des § 50 S. 1 BImSchG aber sogar besonders deutlich: § 50 S. 1 BImSchG wurde geändert, um das Abstandsgebot der Seveso-Richtlinie umzusetzen. Bei der Beurteilung eines solchen Umsetzungsgesetzes sei – so der EuGH im Jahr 1997 – dann nicht „*selektiv auf bestimmte Begriffe*", sondern auf den „*allgemeine[-n] rechtliche[-n] Kontext der streitigen Vorschrift*" abzustellen und zu fragen, ob dieser es ermögliche, „*die vollständige Anwendung der Richtlinie tatsächlich zu gewährleisten*". In diesem Kontext müsse überprüft werden, ob das Ziel der Richtlinie „*in der nationalen Rechtsordnung (...) erreicht würde*", wobei „*die Bedeutung der nationalen Rechts- und Verwaltungsvorschriften unter Berücksichtigung ihrer Auslegung durch die nationalen Gerichte zu beurteilen*" sei.[981] Das Ziel der Richtlinie – Störfallschutz und konkret die möglichst weitgehende Begrenzung von Unfallfolgen durch

---

978 Siehe hierzu Seite 130 ff.
979 Siehe hierzu Seite 130 ff.
980 Siehe hierzu Seite 132.
981 EuGH, Urt. v. 29.05.1997, Rs. C-300/95 – Kommission, Slg. 1997, I-2663 (2671 f.), Rn. 33 ff.

Wahrung von Abständen (und damit auch bei der Vorhabenzulassung!) – wurde bis dato in der nationalen Rechtsordnung aber gerade nicht erreicht, und das, obwohl § 50 S. 1 BImSchG existierte. Weder ist es explizit normiert, noch gingen Verwaltungspraxis und Rechtsprechung so vor. Gerade was den § 50 S. 1 BImSchG angeht, haben nämlich sämtliche nationale Gerichte – siehe die Instanzen im Verfahren Mücksch – diesen nicht auf die Vorhabenzulassung im Einzelfall erstreckt. Das war bereits vor der Entscheidung des EuGH im Jahr 2011 so, und nichts anderes ist sogar im Revisionsurteil des BVerwG vom 20.12.2012 der Fall. Vielmehr wird bezüglich der richtlinienkonformen Auslegung dort auf ganz andere Vorschriften abgestellt, namentlich auf § 34 BauGB und das dort enthaltene Rücksichtnahmegebot. Bei diesen handelt es sich um keine Umsetzungsgesetze zur Richtlinie 96/82/EG beziehungsweise 2012/18/EU. Gerade vor diesem Hintergrund würde es paradox erscheinen, zu behaupten, dass die Gebote von Rechtsklarheit und Rechtssicherheit hier gewahrt würden, indem man § 50 S. 1 BImSchG richtlinienkonform auslegen und hierdurch eine Umsetzung der Richtlinienvorgabe annehmen könnte.

Es besteht also gesetzgeberischer Handlungsbedarf, mithin das Erfordernis nach einer Regelung, die insbesondere die Pflicht zur Berücksichtigung des unionsrechtlichen Abstandsgebotes bei Entscheidungen von Baugenehmigungsbehörden über die bauplanungsrechtliche Zulässigkeit baulicher Anlagen im unbeplanten Innenbereich explizit regelt. Hinsichtlich einer Ausgestaltung gibt es verschiedene Möglichkeiten: Von der Erweiterung des § 50 BImSchG bis hin zur Aufnahme einer entsprechenden Vorschrift ins BauGB ist vieles denkbar.[982]

---

982 Der hier vertretene gesetzgeberische Handlungsbedarf bezieht sich lediglich auf die Vorschrift des Art. 13 der Richtlinie 2012/18/EU. Auf die Frage, ob außerdem Umsetzungsmaßnahmen im Hinblick auf weitere Richtlinienbestimmungen erforderlich sind, wird hier nicht eingegangen. Eine Änderung des § 50 S. 1 BImSchG ist wohl aber bereits deshalb vonnöten, als dieser bisher noch auf die Richtlinie 96/82/EG verweist. Zu sogenannten „dynamischen Verweisungen" überhaupt siehe z.B. *Milej*, EuR 2009, 577 ff. Kritisch im konkreten Fall des § 50 S. 1 BImSchG in bisher aktueller Fassung: *Grüner*, Planerischer Störfallschutz, S. 130 ff. Konkrete Vorschläge zu gesetzgeberischen Maßnahmen (§ 50 BImSchG, BauGB, BauNVO) macht im Übrigen auch: *König*, ZfBR 2014, 336 (340 f.).

bb) Gesetzesentwurf der Bundesregierung

Das Bundesumweltministerium ist mittlerweile aktiv geworden: Es hat einen Gesetzesentwurf[983] sowie einen Verordnungsentwurf[984] zum Umsetzung der Seveso-III-Richtlinie veröffentlicht. Der Gesetzentwurf erfasst dabei Änderungen des Bundes-Immissionsschutzgesetzes (Art. 1 des Entwurfs), des Gesetzes über die Umweltverträglichkeitsprüfung (Art. 2 des Entwurfs) sowie des Umwelt-Rechtsbehelfsgesetzes (Art. 3 des Entwurfs). Mit Blick auf das Abstandsgebot besonders relevant ist der neue § 50 BImSchG (nachfolgend § 50 BImSchG [E]). Nach § 50 Abs. 1 S. 1 BImSchG [E] würde zunächst eine terminologische Anpassung an die neue Richtlinie 2012/18/EU stattfinden, auf welche statt auf Richtline 96/82/EG verwiesen wird. Nach § 50 Abs. 1 S. 2 BImSchG [E] sollen Prüfungsschritte zur Berücksichtigung des Abstandsgebots aufgenommen werden. Speziell für das Baugenehmigungsverfahren entfaltet § 50 Abs. 2 S. 1 BImSchG [E] besondere Bedeutung: Darin soll explizit aufgenommen werden, dass das Abstandsgebot nicht nur für Planungen, sondern – soweit nicht entsprechend schon vorher Rechnung getragen wurde – auch bei der Zulassung von Vorhaben entsprechend gilt. Gemäß S. 2 sind solche Vorhaben nicht nur die Ansiedlung von Störfallbetrieben beziehungsweise störfallrelevante Änderungen, sondern auch die Errichtung, Änderung oder Nutzungsänderung von Schutzobjekten in der Nachbarschaft von Betriebsbereichen, wenn dies unter anderem die Folgen eines Unfalls verschlimmern kann. Die Bundesregierung sieht die Änderung des § 50 BImSchG als „Klarstellung", vor dem Hintergrund der Rechtsprechung des EuGH und des BVerwG.[985] Sie erwägt alternativ auch eine Umsetzung von Art. 13 der Richtlinie 2012/18/EU im Baurecht; diese habe jedoch den Nachteil, dass man dort keine einheitliche Anknüpfungsvorschrift finde, sondern man auf verschiedene Teil-Regelungen abstellen müsste, so dass demgegenüber „die einheitliche und übersichtlichere Regelung in § 50 BImSchG" vorzugswürdig erscheine.[986] Interessant – jedoch nicht mit Blick auf das Baugenehmigungsverfahren – ist

983 Referentenentwurf der Bundesregierung: *Entwurf eines Gesetzes zur Umsetzung der Richtlinie zur Beherrschung von Gefahren schwerer Unfälle mit gefährlichen Stoffen, zur Änderung und anschließenden Aufhebung der Richtlinie 96/82/EG des Rates*, Stand Mai 2015.

984 Verordnungsentwurf der Bundesregierung: *Verordnung zur Umsetzung der Richtlinie 2012/18/EU des Europäischen Parlaments und des Rates vom 4. Juli 2012 zur Beherrschung der Gefahren schwerer Unfälle mit gefährlichen Stoffen, zur Änderung und anschließenden Aufhebung der Richtlinie 96/82/EG des Rates*, Stand 19.05.2015.

985 Referentenentwurf der Bundesregierung, S. 1 f., 12, 25 f. (Zitat z.B. auf S. 2).

986 Referentenentwurf der Bundesregierung, S. 12 f.

auch der neu eingefügte § 23 a BImSchG, der ein störfallrechtliches Genehmigungsverfahren für immissionsschutzrechtlich nicht genehmigungsbedürftige Anlagen einführen soll. Zum Zeitpunkt der Fertigstellung dieser Arbeit (September 2015) waren die Gesetz- und Verordnungs-Entwürfe innerhalb der Bundesregierung noch nicht abgestimmt.

cc) Ungeklärte Aspekte

Nicht behandelt in der Neugestaltung des § 50 BImSchG [E] wird dessen verfahrensrechtliche Integration ins Genehmigungsverfahren. Dies könnte einerseits eventuell über eine Beteiligung der Immissionsschutzbehörde im Baugenehmigungsverfahren von statten gehen. Andererseits könnte man auch andenken, § 50 BImSchG [E] als „öffentlich-rechtliche Vorschrift" im Sinne des Art. 68 Abs. 1 S. 1 HS.1 oder 2 BayBO zu integrieren. Zumindest ein Vorgehen über Art. 68 Abs. 1 S. 2 HS. 2 BayBO wird aber wohl nicht genügen, da damit eine unionsrechtlich begründete Pflicht als eine bloße „Befugnis" einer Landesbehörde ausgestaltet würde, sofern eine dem HS. 2 des Art. 68 Abs. 1 S. 1 BayBO im jeweiligen Bundesland überhaupt existiert. Fragen der verfahrensrechtlichen Integration wird der Bundesgesetzgeber aber kaum regeln können, denn immerhin ist das Baugenehmigungsverfahren Ländersache.[987] Die weitere Entwicklung des Gesetzesentwurfs sowie Stellungnahmen hierzu[988] sind auch insoweit mit Spannung abzuwarten.

---

987 Zur Kompetenzfrage im Hinblick auf die materiell-rechtlichen Regelungen siehe Referentenentwurf der Bundesregierung, S. 13 f.
988 Kritisch zu § 50 BImSchG [E] beispielsweise DIHK, Stellungnahme vom 19.06.2015, S. 3 f.

E) Schlussbetrachtung

Zu guter Letzt ist auf den Fall Mücksch zurückzukommen. Nach fast zehn Jahren beendete der Hessische VGH mit seiner Entscheidung vom 11.03.2015[989] vorerst den Rechtsstreit um das Gartencenter. Sein Ergebnis: Die Errichtung des Gartencenters auf dem Mücksch-Gelände in unmittelbarer Nachbarschaft zum Betriebsgelände der Firma Merck KG aA ist bauplanungsrechtlich nicht zulässig. Der VGH hob die Ausgangsentscheidung des VG Darmstadt auf. Der angemessene Abstand werde im Fall des geplanten Gartencenters nicht eingehalten; seine Unterschreitung sei im konkreten Fall unzulässig. Der erteilte Bauvorbescheid verstoße somit gegen das bauplanungsrechtliche Gebot der Rücksichtnahme und sei daher rechtswidrig.[990] Mit Blick auf die Schutzzielsetzung der Seveso-III-Richtlinie ist dieses Ergebnis zu begrüßen. Doch unabhängig vom tatsächlichen, konkreten Verfahrensausgang hat vor allem die Entscheidung des EuGH im Fall Mücksch in der rechtswissenschaftlichen Literatur Aufsehen erregt. Zum einen zu Recht: Immerhin wurde durch sie deutlich vor Augen geführt, dass die Umsetzung der Seveso-Vorgaben in das deutsche Recht bisher längst kein so weitgediehener Prozess war, wie viele Jahre lang von den meisten geglaubt. Zum anderen zu Unrecht: Die fundamentalen Erwägungen des EuGH zur Adressierung von Richtlinien-Inhalten – und das ist der entscheidende Punkt in der Mücksch-Entscheidung – sind der Rechtsprechung des Gerichtshofs der Europäischen Union schon lange immanent.

Freilich birgt die Entscheidung Potential für die Auseinandersetzung mit weiteren rechtlichen Fragestellungen, die in dieser Arbeit bisher noch nicht angesprochen wurden. So ist die Genehmigungsbedürftigkeit eines Vorhabens nicht die einzige Konstellation, die auftreten kann, wenn ein Vorhaben in die Tat umgesetzt werden soll. Zu denken ist hier nur an Genehmigungsfreistellung einerseits und Genehmigungsfreiheit andererseits: Wo keine Baugenehmigung erteilt wird, kann sie auch nicht wegen des Unterschreitens von Abständen versagt werden – die Überlegungen gehen bis hin zur Erwägung eines Bauverbots

---

989   VGH Kassel, Urt. v. 11.03.2015 – 4 A 654/13, Juris.
990   Siehe hierzu die ausführlichen Entscheidungsgründe in VGH Kassel, Urt. v. 11.03.2015 – 4 A 654/13, Juris, Rn. 21 ff.

für solche Fälle.[991] Ein weiteres großes Thema – das vor allem erst in jüngerer Literatur größere Bedeutung zu erlangen scheint[992] – im Zusammenhang mit der Berücksichtigung des unionsrechtichen Abstandsgebots im Baugenehmigungsverfahren ist die Frage seiner Reichweite im Hinblick auf die hiervon erfassten Schutzobjekte. *Uechtritz* bilanziert die aktuelle Lage hierzu als *„ungeklärt"*[993]: Es fehle an Kriterien, anhand welcher die Praxis ausmachen könne, welche Vorhaben anhand des Abstandsgebots zu beurteilen seien. Bereits was das Vorliegen einer „öffentlichen Nutzung" oder des bereits angesprochenen Kriteriums des „Publikumsverkehrs" angeht, fehle es an Klarheit. Insbesondere auch die etwaige Einordnung von Wohnbauvorhaben sei nicht klar. *Uechtritz* sieht den Klärungsbedarf hier sogar als so groß an, dass er eine Vorlage an den EuGH auch hierzu als erstrebenswert empfindet.[994] Das Problem scheint sich noch zu verschärfen – und insoweit den Gesetzgeber zu fordern – wenn man, wie *Uechtritz* zu Recht, bedenkt, dass die Öffentlichkeitsbeteiligung, zu der Art. 15 Abs. 1 der Richtlinie 2012/18/EU verpflichtet, auch auf Art. 13 Abs. 2 verweist (siehe Art. 15 Abs. 1 lit c) der Richtlinie 2012/18/EU): Damit dürfte einerseits zu klären sein, wie und wo im nationalen Recht diese Öffentlichkeitsbeteiligung zu verankern ist; zum anderen jedoch besteht Klärungsbedarf dahin, im Hinblick auf welche Schutzobjekte eine Öffentlichkeitsbeteiligung überhaupt geboten ist.[995]

Schwer zu ziehen dürften in der Praxis auch die exakten Grenzen sein, die dem durch das Urteil des EuGH aufgezeigten Wertungsspielraum immanent sind, um dessen Überschreitung zu verhindern. *König* sieht mit der Sache „Mücksch" überhaupt *„die Frage nach der Fortsetzung der bisherigen Genehmigungspraxis"*[996] gestellt. Gerade in der verwaltungsbehördlichen Praxis kam die Unsicherheit, die mit dem unionsrechtlichen Abstandsgebot einherging, nämlich zum Tragen. *Uechtritz* beispielsweise will bei baurechtlichen Genehmigungsbehörden eine *„erhebliche Verunsicherung, wie mit den europarechtlichen Anforderungen*

---

991 *Schröer/Kümmel*, NZBau 2011, 742 (745) insoweit zur Hessischen Bauordnung. Bea. hierzu mittlerweile Fachkommission Städtebau der Bauministerkonferenz, Arbeitshilfe, S. 16 f.

992 So beispielsweise bei *König*, ZfBR 2014, 336 (339) m.w.N. in Fn. 49; sehr ausführlich – auch zum bisherigen Meinungsstand in Literatur und Rechtsprechung – hierzu auch *Uechtritz*, BauR 2014, 1098 ff.

993 *Uechtritz*, BauR 2014, 1098 (1109).

994 *Uechtritz*, BauR 2014, 1098 (1109).

995 *Uechtritz*, BauR 2014, 1098 (1109).

996 *König*, ZfBR 2014, 336 (336).

umzugehen ist[997], festgestellt haben. *Hellriegel* warnte gleich nach dem Urteil des EuGH vor der *„Fehleranfälligkeit"* des den Bauaufsichtsbehörden durch den EuGH eröffneten Wertungsspielraums.[998] Ideen für eine *„grobe Orientierung"*[999] wurden in der Literatur bereits zeitnah nach der Entscheidung des EuGH angeboten.[1000] Mittlerweile hat die Praxis mit der Arbeitshilfe „Berücksichtigung des Art. 12 Seveso-II-Richtlinie im baurechtlichen Genehmigungsverfahren in der Umgebung von unter die Richtlinie fallenden Betrieben" vom März 2015[1001] eine echte Unterstützung in der täglichen Arbeit erhalten. Ganz anders gelagert sind die Schwierigkeiten, wenn die Problematik des „angemessenen Abstands" nach der Seveso-Richtlinie von der Bauaufsichtsbehörde im Einzelfall komplett übersehen wird. Das kann unter anderem daran liegen, dass die Eigenschaft eines benachbarten Betriebs als Störfallbetrieb der entscheidenden Behörde gar nicht bekannt ist.[1002] Ebenso könnten auch Fehleinschätzungen der Behörde über die Reichweite eines einzuhaltenden Abstands vorliegen. Bereits hier zeigt sich, dass es wohl künftig in der Praxis zunehmend auf eine intensivere Zusammenarbeit mit den Immissionsschutzbehörden ankommen wird.[1003] Die Frage nach der gerichtlichen Kontrolle von „nicht unionsrechtskonform" getroffenen Genehmigungsentscheidungen wird insbesondere die Rechtsprechung beschäftigen.[1004] Ob und auf welche Weise letztlich der deutsche Gesetzgeber auf die hier behandelten und/oder darüber hinausgehenden rechtlichen Problematiken reagieren wird, bleibt abzuwarten. Zu begrüßen wäre dies auf jeden Fall.

---

997 *Uechtritz*, BauR 2012, 1039 (1040).

998 *Hellriegel*, EuZW 2011, 876 (878).

999 *Uechtritz*, BauR 2012, 1039 (1048).

1000 So beispielsweise *Uechtritz*, BauR 2012, 1039 (1048 f.) zur Beantwortung der Frage nach der Zulässigkeit einer Abstandsunterschreitung.

1001 Siehe hierzu Seite 205 f.

1002 So auch *Uechtritz*, BauR 2012, 1039 (1047).

1003 Vgl. hierzu Fachkommission Städtebau der Bauministerkonferenz, Arbeitshilfe, S. 9; bereits früher *Uechtritz*, BauR 2012, 1039 (1047).

1004 Siehe beispielsweise VGH Kassel, Urt. v. 11.03.2015 – 4 A 654/13, Juris, Rn. 28.

Zusammenfassung

Die letztlich hinter der gesamten Untersuchung stehende zentrale Frage war diejenige, ob beziehungsweise wie – zumindest im Zusammenspiel der unionsrechtlichen und nationalen Normen – den sich durch Betriebe im Sinne der Richtlinie ergebenden Gefahrpotentialen ohne gesetzgeberischen Handlungsbedarf auf der Grundlage des bestehenden Rechts in nationalen Baugenehmigungsverfahren beziehungsweise bei den zu treffenden Genehmigungsentscheidungen ausreichend Rechnung getragen werden kann.

Art. 13 Abs. 2 lit. a) der Richtlinie 2012/18/EU spricht von dem Erfordernis der Wahrung eines angemessenen Abstandes zwischen unter die Richtlinie fallenden Betrieben einerseits und öffentlich genutzten Gebäuden andererseits. Geht es um die Neuerrichtung eines in diesem Sinne „öffentlich genutzten Gebäudes" und die hierfür erforderliche Baugenehmigung, so drängt sich die Frage auf, ob und falls ja auf welche Weise die Vorgaben der Seveso-Richtlinie zum Abstandsgebot in dieses nationale Genehmigungsverfahren einfließen müssen und können. In Bayern verbürgt Art. 68 BayBO den Anspruch auf die Erteilung einer Baugenehmigung. Unterschiede ergeben sich, je nachdem ob das Vorhaben auf dem Gebiet eines Bebauungsplans oder im unbeplanten Gebiet errichtet werden soll. Die letztgenannte Konstellation – eine Vorhabenzulassung im unbeplanten Innenbereich nach § 34 BauGB – wurde in der vorliegenden Arbeit einer ausführlichen Betrachtung zugeführt. Diese Konstellation lag auch im hier als Ausgangspunkt der Überlegungen herangezogenen Fall „Mücksch" vor. Weitere denkbare Konstellationen wurden in dieser Arbeit nicht behandelt.

Was den materiellen Gehalt des Abstandsgebots angeht, ergaben sich durch den Wechsel von Richtlinie 96/82/EG zu Richtlinie 2012/18/EU für die in hier relevanten (bau-)genehmigungsrechtlichen Fragestellungen keine Änderungen: Denn sowohl nach Seveso-II- als auch Seveso-III-Richtlinie sorgen die Mitgliedstaaten dafür, dass in ihrer Politik der Flächenausweisung oder Flächennutzung oder anderen einschlägigen Politiken sowie den Verfahren für die Durchführung dieser Politiken langfristig dem Erfordernis Rechnung getragen wird, dass zwischen den unter die Richtlinie fallenden Betrieben einerseits und öffentlich genutzten Gebäuden andererseits ein angemessener (Sicherheits-)Abstand gewahrt bleibt. Das ergab sich schon bisher aus Art. 12 Abs. 1 UAbs. 2 der Richtlinie 96/82/EG und ergibt sich jetzt inhaltsgleich aus Art. 13 Abs. 2 lit. a) der Richtlinie 2012/18/EU.

Ein Blick auf die Bedeutung des unionsrechtlichen Abstandsgebots für die nationale (Raum-)Planung und die planerische Bewältigung der unionsrechtlichen Einflüsse bildet einen griffigen Gegenpol zum Bereich der Vorhabenzulassung im Einzelfall: Für den Bereich der Planung darf von einer ausreichenden Umsetzung der Vorgaben des unionsrechtlichen Abstandsgebots ausgegangen werden. Maßgebende Vorschrift im nationalen Recht ist dabei § 50 S. 1 BImSchG. Die Vorschrift findet bei der Aufstellung von Bebauungsplänen Eingang ins planerische Abwägungsgebot nach § 1 Abs. 7 BauGB. Bei § 50 S. 1 BImSchG handelt es sich insoweit um ein „Optimierungsgebot" beziehungsweise um eine „Abwägungsdirektive" – mithin um einen in die planerische Abwägung einzustellenden, besonders gewichtigen wenngleich überwindbaren Belang. Die Rechtsprechung im Verfahren „Mücksch" – insbesondere die Entscheidungen des EuGH vom 15.09.2011 und des BVerwG vom 20.12.2012 – hat für die deutsche Gesetzgebung, Rechtsprechungs- und Behördenpraxis für den Bereich planerischer Bewältigung von Störfallschutzproblematiken keine direkte Bedeutung. Die Bedeutung des unionsrechtlichen Abstandsgebots in der Planung wird durch die Urteile von EuGH und BVerwG nicht infrage gestellt und war auch gar nicht deren zentrales Thema. Der EuGH nahm insbesondere kein zwingendes Erfordernis starrer Abstandsfestlegung für planerische Abwägungen an. Auch mit Blick auf das Planungsrecht dürften sich durch die Neufassung des Abstandsgebots in Art. 13 Abs. 2 lit a) der Seveso-III-Richtlinie (2012/18/EU) keine relevanten inhaltlichen Änderungen ergeben haben.

Schwerpunkt der vorliegenden Bearbeitung war demgegenüber die Klärung der Bedeutung des unionsrechtlichen Abstandsgebots für die (Einzelvorhaben-)Zulassung schutzbedürftiger Nutzungen im Baugenehmigungsverfahren. Losgelöst vom Fall „Mücksch" musste die Frage nach der Relevanz des unionsrechtlichen Abstandsgebots gemäß Art. 13 Abs. 2 lit a) der Seveso-III-Richtlinie bei behördlichen Zulassungsentscheidungen über schutzbedürftige Nutzungen (konkret: öffentlich genutzte Gebäude) geklärt werden. Konkret stellte sich damit die Frage nach der Reichweite des unionsrechtlichen Abstandsgebots (sachlicher Anwendungsbereich des Art. 13 Abs. 2 lit. a) der Richtlinie 2012/18/EU) unter Rekurs auf die Richtlinienadressierung (persönlicher Anwendungsbereich). Eine unmittelbare Wirkung kommt Art. 13 Abs. 2 der Richtlinie 2012/18/EU nicht zu. Die Begrenzung der Folgen schwerer Unfälle mit den Schutzobjekten Mensch und Umwelt ist gleichzeitig Zweck der Bestimmung des Art. 13 Abs. 2 der Richtlinie 2012/18/EU wie auch Bestandteil des Ziels der Richtlinie 2012/18/EU als Ganzes. Wenn im Kontext von Genehmigungsentscheidungen (beziehungsweise jenen vorausgehende Genehmigungsverfahren), denen kein Bebauungsplan – in welchen wiederum das Abstandsgebot Eingang gefunden hat – zugrundeliegt, *keine* Berücksichtigung dieses unionsrechtlichen Abstandsgebots erforderlich wäre, so würde in allen betroffenen Fällen die Möglichkeit außen vor gelassen, durch Wahrung von der Richtlinie entsprechenden, angemessenen Abständen dem Ziel der Begrenzung der Folgen schwerer Unfälle zu dienen. Damit wäre hierin im Endeffekt eine Beeinträchtigung der Ziele sowohl des Abstandsgebots als auch der Richtlinie selbst zu sehen. Eine derartige Beeinträchtigung der Richtlinienziele läuft jedenfalls aber einer Verpflichtung zur Erreichung dieser Richtlinienziele zuwider. Zu beantworten war daher insbesondere die Frage, ob eine Behörde tatsächlich – bei ihrer jeweiligen Genehmigungsentscheidung im Einzelfall – die Richtlinienziele (konkret hier das Ziel der Begrenzung der Folgen schwerer Unfälle) durch Außerachtlassen de facto beeinträchtigen darf. Das darf sie – so zunächst Leitgedanke und schließlich auch Ergebnis der Untersuchung – jedenfalls dann nicht, wenn sie verpflichtet ist, das Richtlinienziel zu erreichen oder zumindest im Rahmen ihrer Möglichkeiten auf dieses hinzuwirken – und aus diesem Grund das unionsrechtliche Abstandsgebot in ihre behördliche Einzelentscheidung mit einzubeziehen hat. Ist sie nämlich in einer solchen Weise an die Richtlinie gebunden, so ist die Behörde nach dem hier zugrunde gelegten Verständnis jedenfalls als Adressatin der unionsrechtlichen Richtlinie zu qualifizieren. Eine Pflicht des Mitgliedstaates zur Zielerreichung ergibt sich im Ergebnis aus der Richtlinie selbst sowie aus Art. 288 Abs. 3 AEUV. Eine Pflicht des Mitgliedstaates, Maßnahmen zur Erfüllung der Pflicht zur Zielerreichung zu treffen, ergibt sich aus Art. 4 Abs. 3 UAbs. 2 EUV. Eine deutsche Verwaltungsbehörde trifft ab dem Zeitpunkt des Ablaufs der Richtlinien-Umsetzungsfrist die Pflicht zur richtlinienkonformen Auslegung nationalen Rechts, welche sich im Ergebnis ebenfalls aus Art. 4 Abs. 3 UAbs. 2 EUV ableitet – und damit identisch wie die Pflicht, Maßnahmen zur Erfüllung der Verpflichtung zur Zielerreichung zu treffen. Es kann daher aufgrund dieser identischen Herleitung davon ausgegangen werden, dass die richtlinienkonforme Auslegung nationalen Rechts für die Behörde eine Maßnahme zur Erfüllung der Pflicht zur Zielerreichung darstellt (Indizwirkung). Art. 4 Abs. 3 UAbs. 2 EUV ist insoweit (ausnahmsweise) unmittelbar anwendbar und kann damit die Behörde selbst und nicht allein den Mitgliedstaat verpflichten. Der Behörde steht damit ein Mittel zur Verfügung, mit welchem sie auf die Richtlinien-Zielerreichung hinwirken beziehungsweise die Zielerfüllung rein auf der Anwendungsebene abstrakt auch erfüllen kann und dies mangels bestehender Spielräume auch tun muss. Die mitgliedstaatliche Verwaltungsbehörde trifft damit auf Anwendungsebene abstrakt Maßnahmen zur Erfüllung der Verpflichtung zur Zielerreichung im Sinne des Art. 4 Abs. 3 UAbs. 2 EUV. Die Frage, ob die Behörde damit auch Adressatin einer – sich ihrerseits aus Art. 288 Abs.3 AEUV sowie der Richtlinie selbst ergebenden – Pflicht zur Zielerreichung ist, verstanden in dem Sinne, dass sich die Pflicht zur Zielerreichung eben dann auch konkret an sie richtet, ist damit insoweit – also für den Zeitraum nach Ablauf der Umsetzungsfrist – mit einem ‚Ja' zu beantworten: Denn es macht keinen Sinn, nationalen Behörden mit der richtlinienkonformen Auslegung eine Möglichkeit und ein Mittel zur Zielerreichung auf Anwendungsebene an die Hand zu geben und diese verbindlich zur Verpflichtung auszugestalten, um andererseits dann erneut in Frage zu stellen, ob die Behörde überhaupt eine Pflicht zur Zielerreichung hat. Insbesondere handelt es sich beim Unionsrecht gerade nicht um allgemeines Völkerrecht, so dass man die Verpflichtungen der Behörde auch nicht auf bloße „Wahrnehmungszuständigkeiten" reduzieren kann. Und auch die von einigen befürchtete Gefahr, die Abgrenzung zur Verordnung im Sinne des Art. 288 Abs. 2 AEUV würde durch eine Organbindung der Richtlinie verschwimmen, besteht im Ergebnis nicht: Denn nach der hier vertretenen Auffassung ist auch bei einer Ziel-Bindung der innerstaatlichen Stellen/Organe deswegen nicht die Richtlinie als solche selbst unmittelbar anwendbar. Lediglich Art. 4 Abs. 3 UAbs. 2 EUV als Grundlage der Pflicht zur richtlinienkonformen Auslegung (beziehungsweise einer Pflicht, Maßnahmen zur Erfüllung der Pflicht zur Zielerreichung zu treffen) wurde für unmittelbar anwendbar erklärt.

Mit der Rechtsprechung des EuGH – die insbesondere (der zweite Fall, in welchem der EuGH eine Organbindung annimmt, betrifft denjenigen der ausnahmsweisen unmittelbaren Anwendbarkeit der Richtlinie; dieser wurde hier nicht behandelt) in Fällen einer Pflicht zur richtlinienkonformen Auslegung nach Ablauf der Umsetzungsfrist eine Bindung innerstaatlicher Organe an das Richtlinienziel annimmt – stimmt das vorliegend gefundene Ergebnis insoweit als auch im Übrigen überein. Dies trifft auch auf die Entscheidung des EuGH vom 15.09.2011 im Verfahren „Mücksch" zu, in welcher der EuGH letztlich von einer nicht ordnungsgemäßen Umsetzung der Vorgaben des damaligen Art. 12 der Richtlinie 96/82/EG ausgeht. Der EuGH machte deutlich, dass er von einer Verpflichtung der Behörde auf das Richtlinienziel ausgeht: wenn dem Erfordernis der Wahrung angemessener Abstände nach dem heutigen Art. 13 Abs. 2 der Seveso-III-Richtlinie seitens der Planungsbehörden nicht Rechnung getragen wurde, sei zur Gewährleistung der praktischen Wirksamkeit der Vorschrift umso bedeutsamer, dass die Baugenehmigungsbehörde selbst dieser Verpflichtung nachkomme.

Um ihrer Bindung an das Richtlinienziel – ab dem Zeitpunkt des Ablaufs der Umsetzungsfrist – Rechnung zu tragen beziehungsweise um diese nicht zu konterkarieren, muss die Behörde bei der von ihr zu erteilenden Genehmigung das von Art. 13 Abs. 2 der Richtlinie 2012/18/EU vorgeschriebene Abstandsgebot berücksichtigen. Behördliche Genehmigungsentscheidungen fallen damit grundsätzlich in den sachlichen Anwendungsbereich des Art. 13 Abs. 2 der Richtlinie 2012/18/EU. Die Zuordnung der Baugenehmigungs-Entscheidung als „Politik" oder „Verfahren für die Durchführung dieser Politiken" im Sinne des Art. 13 Abs. 2 der Richtlinie 2012/18/EU ist nicht ganz leicht, der EuGH fasst die Baugenehmigung wohl als „Politik der Flächenausweisung oder Flächennutzung", das Verfahren zu ihrer Erteilung offenbar als „Verfahren für die Durchführung dieser Politiken" auf. In der Sache ist eine genaue Zuordnung der Genehmigungsentscheidungen für Vorhaben nach § 34 BauGB nicht bedeutsam, um diese unter den Anwendungsbereich des Art. 13 Abs. 2 lit. a) der Richtlinie 2012/18/EU fassen zu können. *Dass* sie diesem überhaupt zuzuordnen sind, wurde dagegen oben eingehend begründet. Als „Verfahren für die Durchführung dieser Politiken" wird man die Genehmigungsentscheidung selbst freilich nicht einordnen können, da es sich bei ihr schlicht um kein Verfahren handelt, sondern letztlich um das Ergebnis desselben. Die Zuordnung der Genehmigungsentscheidung als „Politik" trifft daher zu. Das gemeinhin sehr weite Verständnis dieses Begriffs spielt dem in die Hände.

Schließlich war in der vorliegenden Arbeit noch zu klären, wie beziehungsweise an welcher Stelle die unionsrechtlichen Vorgaben zum Abstandsgebot im nationalen Recht bei der Genehmigung von Vorhaben (schutzbedürftige Nutzungen), deren bauplanungsrechtliche Zulässigkeit sich nach § 34 BauGB beurteilt, Eingang finden können und müssen („Mücksch-Konstellation").

Die erste Frage des BVerwG in dessen Vorlagebeschluss an den EuGH, ob Art. 12 Abs. 1 der Seveso-II-Richtlinie (heute Art. 13 Abs. 2 der Seveso-III-Richtlinie) so zu verstehen sei, dass die darin enthaltene Pflicht, dem Erfordernis der Wahrung angemessener Abstände Rechnung zu tragen, sich auch an Baugenehmigungsbehörden, die eine gebundene Entscheidung über die Zulassung eines Vorhabens nach § 34 BauGB zu treffen haben, richte, hatte der EuGH bejaht: Die Vorschrift sei so auszulegen, dass die Pflicht, dem Erfordernis der Abstandswahrung Rechnung zu tragen, auch von einer Behörde – insbesondere einer für die Erteilung von Baugenehmigungen zuständigen Behörde – zu beachten sei, und zwar auch dann, wenn die Entscheidung eine gebundene sei. Dieser Rechtsprechung wurde im Vorstehenden zugestimmt: Genehmigungsentscheidungen nach § 34 BauGB fallen in den sachlichen Anwendungsbereich des Art. 13 Abs. 2

der Richtlinie 2012/18/EU. Hintergrund dessen war die Erkenntnis, dass mit Ablauf der Umsetzungsfrist auch die innerstaatlichen Stellen in einem Mitgliedstaat selbst an das Richtlinienziel gebunden sind. Das ergibt sich aus Art. 4 Abs. 3 UAbs. 2 EUV, der die Pflicht statuiert, Maßnahmen zur Erfüllung der Verpflichtung zur Zielerreichung zu treffen.

Das betrifft zum einen die Verwaltungsbehörden: Die Verwaltung hat mittels richtlinienkonformer Auslegung des nationalen Rechts auf der Anwendungsebene für die Erreichung des Zielzustands zu sorgen, sofern und jedenfalls solange der Gesetzgeber seiner Umsetzungspflicht nach Fristablauf nicht nachgekommen ist. Ein nationales Gesetz, das explizit das Abstandsgebot bei Genehmigungsentscheidungen im unbeplanten Bereich regelt, existierte bislang nicht. Für eine richtlinienkonforme Auslegung des nationalen Rechts werden hingegen verschiedene Anknüpfungspunkte in der Literatur gefunden. Das BVerwG hat sich im Fall „Mücksch" für die Integration einer „nachvollziehenden Abwägung" in das Rücksichtnahmegebot (als Teil der bauplanungsrechtlichen Beurteilung nach § 34 Abs. 1 BauGB) ausgesprochen. Mit der national gebundenen Entscheidung nach § 34 Abs. 1 BauGB dürfte diese – gerade nicht planerische, sondern gerichtlich voll überprüfbare – „reduzierte" Abwägung, die eher einer Bilanzierung von Belangen gleichkommt, wohl vereinbar sein.

Zum anderen betrifft die Pflicht aus Art. 4 Abs. 3 UAbs. 2 EUV, Maßnahmen zur Erfüllung der Pflicht zur Zielerreichung zu treffen, auch den Gesetzgeber: Dieser ist – seinem Kompetenzbereich entsprechend – verpflichtet, ein Gesetz zu schaffen, welches die Richtlinienvorgaben umsetzt, mithin ein nationales Gesetz, mittels dessen das unionsrechtliche Abstandserfordernis im Genehmigungsverfahren bei Vorhaben nach §§ 34 f. BauGB gewahrt wird. Das gebietet die sogenannte Umsetzungsverpflichtung. Denn: richtlinienkonforme Auslegung durch Behörden und Gerichte ist keine Umsetzung.

Literaturverzeichnis

Anweiler, Jochen: Die Auslegungsmethoden des Gerichtshofs der Europäischen Gemeinschaften, Schriften zum internationalen und zum öffentlichen Recht, Band 17, Frankfurt a. M. u.a. 1997.

Bach, Albrecht: Direkte Wirkungen von EG-Richtlinien, JuristenZeitung [JZ] 1990, 1108–1116.

Bachof, Otto: Beurteilungsspielraum, Ermessen und unbestimmter Rechtsbegriff im Verwaltungsrecht, Juristenzeitung (JZ) 1955, 97–102.

Battis, Ulrich/Krautzberger, Michael/Löhr, Rolf-Peter (Begr.): Baugesetzbuch. Kommentar, 12. Auflage, München 2014.

Becker, Ulrich/Heckmann, Dirk/Kempen, Bernhard/Manssen, Gerrit: Öffentliches Recht in Bayern. Verfassungsrecht. Kommunalrecht. Polizei- und Sicherheitsrecht. Öffentliches Baurecht, 6. Auflage, München 2015.

Berkemann, Jörg: Der Störfallbetrieb in der Bauleitplanung – Skizzen zur rechtlichen Problembehandlung nach Maßgabe der RL 96/82/EG (SEVESO II), Zeitschrift für deutsches und internationales Bau- und Vergaberecht [ZfBR] 2010, 18–33.

Bernhard, Agnes: Die Implementierung des EG-Rechts in Österreich. Das Industrieunfallrecht, Wien 2007.

Bernhardt, Rudolf: Zur Auslegung des europäischen Gemeinschaftsrechts, in: *Grewe, Wilhelm/Rupp, Hans/Schneider, Hans (Hrsg.)*, Europäische Gerichtsbarkeit und nationale Verfassungsgerichtsbarkeit. Festschrift zum 70. Geburtstag von Hans Kutscher, Baden-Baden 1981.

Bleckmann, Albert: Probleme der Auslegung von EWG-Richtlinien, Recht der Internationalen Wirtschaft [RIW] 1987, 929–935.

Bönker, Christian/Bischopink, Olaf (Hrsg.): Baunutzungsverordnung mit Immissionsschutzrecht. PlanZV. Ergänzende Vorschriften, Baden-Baden 2014.

Brechmann, Winfried: Die richtlinienkonforme Auslegung. Zugleich ein Beitrag zur Dogmatik der EG-Richtlinie, Münchener Universitätsschriften. Reihe der Juristischen Fakultät, Band 99, München 1994 (zugleich Diss. Universität München 1993).

Burger, Simon: Richtlinienkonforme Auslegung als Ersatz der legislativen Umsetzung? Zum gesetzgeberischen Handlungsbedarf aufgrund des EuGH-Urteils in der Rechtssache Mücksch, Deutsches Verwaltungsblatt [DVBl.] 2013, 1431–1439.

Calliess, Christian/Ruffert, Matthias (Hrsg.): EUV/AEUV. Das Verfassungsrecht der Europäischen Union mit Europäischer Grundrechtecharta. Kommentar, 4. Auflage, München 2011.

Dänzer-Vanotti, Wolfgang: Die richtlinienkonforme Auslegung deutschen Rechts hat keinen rechtlichen Vorrang. Zugleich eine Erwiderung auf den Beitrag von Spetzler, RIW 1991 S. 579, Recht der Internationalen Wirtschaft [RIW] 1991, 754–755.

Detterbeck, Steffen: Allgemeines Verwaltungsrecht mit Verwaltungsprozessrecht, 13. Auflage, München 2015.

Dissy, Daniel: AZF, l'enquête secrète. Le Mystère de la Trace Noire ou comment AZF a explosé (résumé), http://danieldissy.net/AZF-enquete_secrete/ (besucht am 24.01.2014).

Ehricke, Ulrich: Die richtlinienkonforme Auslegung nationalen Rechts vor Ende der Umsetzungsfrist einer Richtlinie, Europäische Zeitschrift für Wirtschaftsrecht [EuZW] 1999, 553–559.

Epiney, Astrid: Gemeinschaftsrecht und Förderalismus: „Landes-Blindheit" und Pflicht zur Berücksichtigung innerstaatlicher Verfassungsstrukturen", Europarecht [EuR] 1994, 301–324.

Frenz, Walter: Handbuch Europarecht. Wirkungen und Rechtsschutz, Band 5, Heidelberg u.a. 2010.

Funke, Andreas: Umsetzungsrecht. Zum Verhältnis von internationaler Sekundärrechtsetzung und deutscher Gesetzgebungsgewalt, Tübingen 2010 (zugleich Habil. jur. Universität zu Köln 2010).

Gellermann, Martin: Beeinflussung des bundesdeutschen Rechts durch Richtlinien der EG, Schriften zum deutschen und europäischen Umweltrecht, Band 2, Köln u.a. 1994 (zugleich Diss. jur. Universität Osnabrück 1993).

Grabitz, Eberhard: Entscheidungen und Richtlinien als unmittelbar wirksames Gemeinschaftsrecht. Zur Analyse der Leber-Pfennig-Urteile des EuGH, Europarecht [EuR] 1971, 1–22.

Grabitz, Eberhard (Begr.)/Hilf, Meinhard (Fortf.)/ Nettesheim, Martin (Hrsg.): Das Recht der Europäischen Union. EUV/AEUV, Loseblattsammlung (Online-Publikation), München, Stand: 55. Ergänzungslieferung, Januar 2015.

Greiner, Stefan: Befristungskontrolle im Gemeinschaftsbetrieb mehrerer Unternehmen – die „Jobcenter"-Fälle, Der Betrieb 2014, 1987–1990.

Von der Groeben, Hans/Schwarze, Jürgen/Hatje, Armin (Hrsg.): Europäisches Unionsrecht. Vertrag über die Europäische Union. Vertrag über die Arbeitsweise der Europäischen Union. Charta der Grundrechte der Europäischen Union, 7. Auflage, Baden-Baden 2015.

Grüner, Johannes: Planerischer Störfallschutz, Schriftenreihe Beiträge zum Raumplanungsrecht, Band 241, Berlin 2010 (zugleich Diss. jur. Universität Münster 2010).

Hellriegel, Mathias: Anmerkung zu EuGH, Urt. v. 15.09.2011 – C-53/10 (Land Hessen/Franz Mücksch OHG), Europäische Zeitschrift für Wirtschaftsrecht [EuZW] 2011, 876–878.

Hellriegel, Mathias/Schmitt, Thomas: Bitte Abstand halten! Sicherheitsabstände im Planungs- und Störfallrecht, Natur und Recht [NuR] 2010, 98–104.

Hendler, Reinhard: Schutz der Umgebung vor Störfallauswirkungen bei Bebauungsplanung und Baugenehmigungserteilung, Deutsches Verwaltungsblatt [DVBl.] 2012, 532–539.

Herdegen, Matthias: Europäisches Gemeinschaftsrecht und die Bindung deutscher Verfassungsorgane an das Grundgesetz. Bemerkungen zu neueren Entwicklungen nach dem „Solange II"-Beschluss, Europäische Grundrechte Zeitschrift [EuGRZ] 1989, 309–314.

Herdegen, Matthias: Europarecht, 16. Auflage, München 2014.

Ipsen, Hans Peter: Richtlinien-Ergebnisse, in: *Hallstein, Walter/Schlochauer, Hans-Jürgen (Hrsg.)*, Zur Integration Europas. Festschrift für Carl Friedrich Ophüls, Karlsruhe 1965, S. 67–84.

Jäde, Henning: Seveso II und die Angst vor der Abwägung. Steht das Bauplanungsrecht vor einer Strukturrevolution?, Publicus 2011.11, 4–5.

Jaenicke, Günther: Der übernationale Charakter der Euopäischen Wirtschaftsgemeinschaft, Zeitschrift für ausländisches öffentliches Recht und Völkerrecht [ZaöRVR] 19 (1958), 153–196.

Jans, Jan/von der Heide, Ann-Katrin: Europäisches Umweltrecht, Groningen 2003.

Jarass, Hans: Richtlinienkonforme bzw. EG-rechtskonforme Auslegung nationalen Rechts, Europarecht [EuR] 1991, 211–223.

Jarass, Hans: Bundes-Immissionsschutzgesetz. Kommentar, 10. Auflage, München 2013.

Jarass, Hans: Bundes-Immissionsschutzgesetz. Kommentar, 11. Auflage, München 2015.

Jarass, Hans/Beljin, Sasa: Die Bedeutung von Vorrang und Durchführung des EG-Rechts für die nationale Rechtsetzung und Rechtsanwendung, Neue Zeitschrift für Verwaltungsrecht [NVwZ] 2004, 1–11.

Klein, Eckart: Unmittelbare Geltung, Anwendbarkeit und Wirkung von europäischem Gemeinschaftsrecht, in: *Ress, Georg/Will, Michael (Hrsg.)*: Vorträge, Reden und Berichte aus dem Europa-Institut, Nr. 116–119, Saarbrücken 1988, S. 1–30.

Kirchner, Hildebert: Abkürzungsverzeichnis der Rechtssprache, 7. Auflage, Berlin/Boston 2013.

König, Jens Martin/Darimont, Thomas: Land-Use Planning – ein Neuanfang. Auswirkungen des „Mücksch-Urteils" des Europäischen Gerichtshofs vom 15.09.2011 auf die Praxis von Bau- und Immissionsschutzbehörden, Umwelt- und Planungsrecht [UPR] 2012, 286–290.

König, Jens Martin: Die Sache Mücksch oder das Ende der bisherigen Genehmigungspraxis – Wie die „Mücksch-Rechtsprechung? [sic!] des Europäischen Gerichtshofs und des Bundesverwaltungsgerichts die Praxis der Baugenehmigungsbehörden verändern wird, Zeitschrift für deutsches und internationales Bau – und Vergaberecht [ZfBR] 2014, 336–341.

Kopp, Ferdinand (Begr.)/Schenke, Wolf-Rüdiger (Fortf.): Verwaltungsgerichtsordnung. Kommentar, 21. Auflage, München 2015.

Kraus, Stefan: Anwendung der Seveso-II-Richtlinie im Bauplanungsrecht, Zeitschrift für deutsches internationales Bau- und Vergaberecht [ZfBR] 3012, 324–331.

Krauß, Günter: BImSchG. Onlinekommentar. Münster 2012.

Kukk, Alexander: Erhöhte Verantwortung von Genehmigungsbehörden für empfohlene „Achtungsabstände" aufgrund der „Seveso II"-Richtlinie – EuGH sieht eingeschränkte Bindungswirkung auch in Genehmigungsverfahren, Zeitschrift für deutsches und internationales Bau- und Vergaberecht [ZfBR] 2012, 219–221.

Kutscher, Hans: Thesen zu den Methoden der Auslegung des Gemeinschaftsrechts, aus der Sicht eines Richters, in: *Gerichtshof der Europäischen Gemeinschaften (Hrsg.)*, Begegnungen von Justiz und Hochschule 27.-28. September 1976, Luxemburg 1976.

von Landmann, Robert/Rohmer, Gustav (Begr.): Umweltrecht, Loseblattsammlung (Online-Publikation), München, Stand: August 2013.

von Landmann, Robert/Rohmer, Gustav (Begr.): Umweltrecht, Loseblattsammlung (Online-Publikation), München, Stand: 75. Ergänzungslieferung, Januar 2015.

Larenz, Karl: Methodenlehre der Rechtswissenschaft, 6. Auflage, Berlin u.a. 1991.

Lau, Marcus: Der Störfallschutz im Baugenehmigungsverfahren und in der Bauleitplanung nach dem Urteil des EuGH vom 15.09.2011, Rs. C-53/10, Deutsches Verwaltungsblatt [DVBl.] 2012, 678–685.

Leible, Stefan/Sosnitza, Olaf: Richtlinienkonforme Auslegung vor Ablauf der Umsetzungsfrist und vergleichende Werbung, Neue Juristische Wochenschrift [NJW] 1998, 2507–2509.

Liu, Ru-Huei: Europäisierung des deutschen Umweltrechts, Schriften zum internationalen und zum öffentlichen Recht, Band 72, Frankfurt a. M. 2008 (zugleich Diss. jur. Universität Marburg 2007).

Lohse, Eva Julia: Einräumung von Verwaltungsermessen durch unionsrechtliche Richtlinien. Zur Interpretation der Umsetzungsvorgaben in Richtlinien am Beispiel von Art. 24 Abs. 1 2008/50/EG (Luftqualitätsrichtlinie), Die Verwaltung 46 (2013), 221–256.

Louis, Walter/Wolf, Verena: Die erforderlichen Abstände zwischen Betrieben nach der Störfall-Verordnung und Wohngebieten oder anderen schutzwürdigen Bereichen nach § 50 S. 1 BImSchG, Natur und Recht [NUR] 2007, 1–8.

Lutter, Marcus: Die Auslegung angeglichenen Rechts, JuristenZeitung [JZ] 1992, 593–607.

Maurer, Hartmut: Allgemeines Verwaltungsrecht, 18. Auflage, München 2011.

Mayer, Franz: Kompetenzüberschreitung und Letztentscheidung. Das Maastricht-Urteil des Bundesverfassungsgerichts und die Letztentscheidung über Ultra vires-Akte in Mehrebenensystemen. Eine rechtsvergleichende Betrachtung von Konflikten zwischen Gerichten am Beispiel der EU und der USA, Münchner Universitätsschriften. Reihe der Juristischen Fakultät, Band 150, München 2000 (zugleich Diss. jur. Universität München 1999).

Meßerschmidt, Klaus: Europäisches Umweltrecht. Ein Studienbuch, München 2011.

Milej, Tomasz: Zur Verfassungsmäßigkeit der Umsetzung des Gemeinschaftsrechts durch dynamische Verweisungen und Rechtsverordnungen, Europarecht [EuR] 2009, 577–591.

Mitschang, Stephan: Anforderungen der Seveso-II-RL an die örtliche Raumplanung – Teil I, Umwelt- und Planungsrecht [UPR] 2011, 281–288.

Moench, Christoph/Hennig, Jan: Störfallschutz in Bauleitplanung und Baugenehmigungsverfahren – Verhindert Seveso II die Nachverdichtung in Ballungsräumen?, Deutsches Verwaltungsblatt [DVBl.] 2009, 807–817.

Nicolaysen, Gert: Tabakrauch, Gemeinschaftsrecht und Grundgesetz. Zum BVerfG-Beschluss vom 12.5.1989 – 2 BvQ 3/89, Europarecht [EuR] 1989, 215–225.

N.N.: Enschede. Über Enschede. Geschichte, http://www.stadtenschede.de/uber-enschede/geschichte/ (besucht am 24.01.2014).

Oehmichen, Alexander: Die unmittelbare Anwendbarkeit der völkerrechtlichen Verträge der EG. Die EG-Freihandels- und Assoziierungsverträge und andere Gemeinschaftsabkommen im Spannungsfeld von Völkerrecht, Gemeinschaftsrecht und nationalem Recht, Europäische Hochschulschriften. Reihe

II – Rechtswissenschaft, Band 1263, Frankfurt a. M. u.a. 1992 (zugleich Diss. jur. Universität Saarbrücken 1992).

Oppermann, Thomas/Classen, Claus Dieter/Nettesheim, Martin: Europarecht. Ein Studienbuch, 6. Auflage, München 2014.

Pernice, Ingolf: Kriterien der normativen Umsetzung von Umweltrichtlinien der EG im Lichte der Rechtsprechung des EuGH, Europarecht [EuR] 1994, 325–341.

Prechal, Sacha: Directives in EC Law, 2. Auflage, New York 2005.

Proelss, Alexander: Der Grundsatz der völkerrechtsfreundlichen Auslegung im Lichte der Rechtsprechung des BVerfG, in: *Rensen, Hartmut (Hrsg.)/Brink, Stefan (Hrsg.)*, Linien der Rechtsprechung des Bundesverfassungsgerichts – erörtert von den wissenschaftlichen Mitarbeitern, Berlin 2009, S. 553–584.

Prokopf, Kai Heinrich: Das gemeinschaftsrechtliche Rechtsinstrument der Richtlinie. Eine rechtsdogmatische Untersuchung der Art. 249 Abs. 3 EGV und Art. 161 Abs. 3 EAGV, Schriften zum Europäischen Recht, Band 128, Berlin 2007 (zugleich Diss. jur. Universität Marburg 2006).

Rabe, Hans-Jürgen: Das Verordnungsrecht der Europäischen Wirtschaftsgemeinschaft, Reihe: Abhandlungen aus dem Seminar für Öffentliches Recht. Universität Hamburg, Heft 51, Hamburg 1963.

Reidt, Olaf: Praxisanmerkung: Urteil des EuGH vom 15.9.2011 (Rechtssache C-53/10, Land Hessen ./. Franz Mücksch OHG, beteiligt Merck KGaA), Umwelt- und Planungsrecht [UPR] 2011, 448–449.

Rushton, Andrew: Lessons learned from past accidents, in: *Kirchsteiger, Christian (Hrsg.)*, Risk Assessment and Management in the Context of the Seveso II Directive, Reihe Industrial Safety Series, Band 6, Amsterdam u.a. 1998, S. 71–108.

Sack, Rolf: Die Berücksichtigung der Richtlinie 97/55/EG über irreführende und vergleichende Werbung bei der Anwendung der §§ 1 und 3 UWG, Wettbewerb in Recht und Praxis [wrp] 1998, 241–244.

Schmitt, Thomas/Kreutz, Thomas: Die Bedeutung des Abstandsgebots der Seveso-II-Richtlinie im nationalen Recht, Neue Zeitschrift für Verwaltungsrecht [NVwZ] 2012, 483–486.

von Savigny, Friedrich Karl: Juristische Methodenlehre, Ausgabe: *Wesenberg, Gerhard (Hrsg.)*, Stuttgart 1951.

Scherzberg, Arno: Die innerstaatlichen Wirkungen von EG-Richtlinien, Juristische Ausbildung [Jura] 1993, 225–232.

Schlichter, Otto/Stich, Rudolf/Driehaus, Hans-Joachim/Paetow,Stefan (Hrsg.): Berliner Kommentar zum Baugesetzbuch, Loseblattsammlung (Online-Publikation), Köln, Stand: 30. Ergänzungslieferung, Mai 2015.

Schröer, Thomas/Kullick, Christian: Seveso allerorten, Neue Zeitschrift für Baurecht und Vergaberecht [NZBau] 2011, 667–668.

Schröer, Thomas/Kümmel,Dennis: Praktische Auswirkungen des EuGH-Urteils zur Anwendbarkeit von Art. 12 Seveso-II-Richtlinie bei der Vorhabengenehmigung, Neue Zeitschrift für Baurecht und Vergaberecht [NZBau] 2011, 742–745.

Schulze, Reiner/Zuleeg, Manfred/Kadelbach, Stefan (Hrsg.): Europarecht. Handbuch für die deutsche Rechtspraxis, 3. Auflage, Baden-Baden 2015.

Schwarze, Jürgen: Das allgemeine Völkerrecht in den innergemeinschaftlichen Rechtsbeziehungen, Europarecht [EuR] 1983, 1–39.

Sellner, Dieter/Scheidmann, Hartmut: Umgebungsschutz für Störfallanlagen (auch in Bezug auf Flugrouten), Neue Zeitschrift für Verwaltungsrecht [NVwZ] 2004, 267–272.

Simon, Alfons/Busse, Jürgen (Hrsg.): Bayerische Bauordnung 2008, Band 1: Kommentar zur BayBO 2008, Loseblattsammlung (Online-Publikation), München, Stand: 119. Ergänzungslieferung, Februar 2015.

Skouris, Vassilios: Rechtswirkungen von nicht umgesetzten EG-Richtlinien und EU-Rahmenbeschlüssen gegenüber Privaten – neuere Entwicklungen in der Rechtsprechung des EuGH, Zeitschrift für Europarechtliche Studien [ZEuS] 2005, 463–477.

Spetzler, Eugen: Die richtlinienkonforme Auslegung als vorrangige Methode steuerjuristischer Hermeneutik, Europäische Zeitschrift für Wirtschaftsrecht [EuZW] 1991, 579–582.

Streinz, Rudolf (Hrsg.): EUV/AEUV. Vertrag über die Europäische Union und Vertrag über die Arbeitsweise der Europäischen Union, Reihe Beck'sche Kurz-Kommentare, Band 57, 2. Auflage, München 2012.

Streinz, Rudolf: Europarecht, 9. Auflage, Heidelberg u. a. 2012.

Uechtritz, Michael: „Seveso II" im Baugenehmigungsverfahren: Herausforderungen für die Bauaufsichtsbehörden und die gerichtliche Kontrolle, Baurecht [BauR] 2012, 1039–1053.

Uechtritz, Michael: Schutzobjekte i.S. des Art. 12 Abs. 1 der Seveso-II-Richtlinie, Baurecht [BauR] 2014, 1098–1109.

Uth, Hans-Joachim: Störfall-Verordnung mit Seveso-II-Richtlinie. Kommentar Texte Materialien, 3. Auflage, Köln 2001.

Wegener, Bernhard (Hrsg.): Europäische Querschnittspolitiken, Reihe: Enzyklopädie Eruoparecht, Band 8, Baden-Baden 2014.

Weidemann, Clemens: Abstandswahrung durch staatliche Ansiedlungsüberwachung – zu den Folgen der Seveso II-Richtlinie im Städtebaurecht und im Immissionsschutzrecht, Deutsches Verwaltungsblatt [DVBl.] 2006, 1143–1151.

Wettig, Jürgen/Porter, Sam: Seveso Directive: background, contents and requirements, in: *Kirchsteiger, Christian (Hrsg.)*, Risk Assessment and Management in the Context of the Seveso II Directive, Reihe Industrial Safety Series, Band 6, Amsterdam u.a. 1998, S. 27–68.

Zuleeg, Manfred: Die Rechtswirkung europäischer Richtlinien, Zeitschrift für Unternehmens- und Gesellschaftsrecht [ZGR] 9 (1980), 466–485.

Rechtsprechungsverzeichnis

EuGH, Urteil vom 13.02.2014; Rs. C-69/13 – Mediaset SpA ./. Ministero dello Sviluppo Economico; Europäische Zeitschrift für Wirtschaftsrecht [EuZW] 2014, 269–273.

EuGH, Urteil vom 24.01.2012; Rs. C-282/10 – Maribel Dominguez ./. Centre informatique de Centre Ouest Atlantique, Préfet de la région Centre; Neue Juristische Wochenschrift [NJW] 2012, 509–512.

EuGH, Urteil vom 15.09.2011; Rs. C-53/10 – Land Hessen ./. Franz Mücksch OHG; Umwelt- und Planungsrecht [UPR] 2011, 443–448.

EuGH, Urteil vom 19.01.2010; Rs. C-555/07 – Seda Kücükdeveci ./. Swedex GmbH & Co. KG; Europäische Zeitschrift für Wirtschaftsrecht [EUZW] 2010, 177–183.

EuGH, Urteil vom 17.07.2008; Rs. C-132/06 – Kommission ./. Italien; Europäische Zeitschrift für Wirtschaftsrecht [EuZW] 2008, 575–577.

EuGH, Urteil vom 27.02.2007, Rs. C-355/04 – Segi u.a. ./. Rat der Eruopäischen Union; Slg. 2007 I-1662–1686.

EuGH, Urteil vom 04.07.2006; Rs. C-212/04 – Adeneler u.a.; Slg. 2006, I-6091–6136.

EuGH, Urteil vom 05.10.2004; verb. Rs. C-397/01 bis C-403/01 – Pfeiffer u.a. ./. Deutsches Rotes Kreuz, Kreisverband Waldshut e.VOM; Slg. 2004, I-8878–8922.

EuGH, Urteil vom 04.10.2001; Rs. C-403/99 – Italienische Republik ./. Kommission der Europäischen Gemeinschaften; Slg. 2001, I-6897–6914.

EuGH, Urteil vom 10.05.2001, Rs. C-144/99 – Kommission der Europäischen Gemeinschaften, Slg. 2001, I-3558–3567.

EuGH, Urteil vom 24.02.2000; Rs. C-434/97 – Kommission der Europäischen Gemeinschaften ./. Französische Republik; Slg. 2000, I-1141–1154.

EuGH, Urteil vom 01.10.1998; Rs. C-285/96 – Kommission der Europäischen Gemeinschaften ./. Italienische Republik; Slg. 1998, I-5945–5953.

EuGH, Urteil vom 29.05.1997, Rs. C-300/95 – Kommission der Europäischen Gemeinschaften ./. Vereinigtes Königreich Großbritannien und Nordirland, Slg. 1997, I-2663–2673.

EuGH, Urteil vom 15.05.1997; Rs. C-355/95P – Textilwerke Deggendorf GmbH (TWD(./. Kommission der Europäischen Gemeinschaften; Slg. 1997, I-2564–2579.

EuGH, Urteil vom 19.03.1996; Rs. C-25/94 – Kommission der Europäischen Gemeinschaften ./. Rat der Europäischen Union; Slg. 1996, I-1497–1512.

EuGH, Urteil vom 09.08.1994; Rs. C-327/91 – Französische Republik ./. Kommission der Europäischen Gemeinschaften; Slg. 1994, I-3666–3680.

EuGH, Gutachten 1/91 vom 14.12.1991: Gutachten, erstattet auf der Grundlage von Artikel 228 Absatz 1 Unterabsatz 2 EWG-Vertrag, Slg. 1991, I-6079–6112.

EuGH, Urteil vom 13.11.1990; Rs. C-106/89 – Marleasing SA ./. La Comercial Internacional de Alimentación SA; Slg. 1990, I-4156–4161.

EuGH, Urteil vom 22.06.1989; Rs. 103/88 – Fratelli Costanzo SpA ./. Stadt Mailand ; Slg. 1989, 1861–1872.

EuGH, Urteil vom 23.04.1986; Rs. 294/83 – Parti écologiste „Les Verts" ./. Europäisches Parlament; Slg. 1986, 1357–1373.

EuGH, Urteil vom 15.01.1986; Rs. 44/84 – Derrick Guy Edmond Hurd ./. Kenneth Jones; Slg. 1986, 47–87.

EuGH, Urteil vom 10.04.1984; Rs. 14/83 – Sabine von Colson und Elisabeth Kamann ./. Land Nordrhein-Westfalen ; Slg. 1984, 1891–1911.

EuGH, Urteil vom 01.03.1983; Rs. 300/81 – Kommission der Europäischen Gemeinschaften ./. Italienische Republik, Slg. 1983, 449–457.

EuGH, Urteil vom 10.02.1983; Rs. 230/81 – Großherzogtum Luxemburg ./. Europäisches Parlament; Slg. 1983, 255–325.

EuGH, Urteil vom 23.03.1982; Rs. 53/81 – D.M. Levin ./. Staatssekretaris van Justitie ; Slg. 1982, 1035–1053.

EuGH, Urteil vom 27.03.1980; Rs. 61/79 – Amministratione delle Finanze dello Stato ./. Denkavit italiana Srl ; Slg. 1980, 1205–1230.

EuGH, Urteil vom 24.10.1973; Rs. 9/73 – Carl Schlüter ./. Hauptzollamt Lörrach ; Slg. 1973, 1135–1161.

EuGH, Urteil vom 16.06.1966; Rs. 57/65 – Firma Alfons Lütticke GmbH ./. Hauptzollamt Saarlouis ; Slg. 1966, 257–268.

EuGH, Urteil vom 15.07.1964; Rs. 6/64 – Flaminio Costa ./. E.N.E.L.; Slg. 1964, 1259–1278.

EuGH, Urteil vom 06.04.1962; Rs. 13/61 – Kledingverkoopbedrijf de Geus en Uitdenbogerd ./. Robert Bosch GmbH u.a.; Slg. 1961, 97–118.

BVerfG, Urteil vom 30.06.2009; 2 BvE 2, 5/08, 2 BvR 1010, 1022, 1259/08, 182/09; BVerfGE 123, 267–437.

BVerfG, Urteil vom 20.02.2001; 2 BvR 1444/00; BVerfGE 103, 142–164.

BVerfG, Beschluss vom 08.04.1987; 2 BvR 687/85; BVerfGE 75, 223 –245.

BVerwG, Beschluss vom 28.03.2013; 4 B 15/12; Baurecht [BauR] 2013, 1248–1251.

BVerwG, Beschluss vom 16.01.2013 ; 4 B 15/10; Zeitschrift für deutsches und internationales Bau- und Vergaberecht [ZfBR] 2013, 363–364.

BVerwG, Urteil vom 20.12.2012; 4 C 12/11; Juris.

BVerwG, Urteil vom 20.12.2012; 4 C 11/11; BVerwGE 145, 290–305; ergänzend Juris.

BVerwG, Urteil vom 29.11.2012; 4 C 8/11; BVerwG 145, 145–153.

BVerwG, Beschluss vom 03.12.2009; 4 C 5/09; Baurecht [BauR] 2010, 726–731; ergänzend Juris.

BVerwG, Urteil vom 16.03.2006; 4 A 1075/05; BVerwGE 125, 116–325.

BVerwG, Urteil vom 13.12.2001; 4 C 3/01; Baurecht [BauR] 2002, 751–754.

BVerwG, Urteil vom 19.07.2001; 4 C 4/00; BVerwGE 115, 17–32.

BVerwG, Urteil vom 28.01.1999; 4 CN 5/98; BVerwGE 108, 248–260.

BVerwG, Urteil vom 21.12.1995; 3 C 24/94; BVerwGE 100, 221–230.

BVerwG, Urteil vom 04.07.1986; 4 C 31/84 ; BVerwGE 74, 315–327.

BVerwG, Urteil vom 22.03.1985; 4 C 73/82; BVerwGE 71, 163–166.

BVerwG, Urteil vom 26.05.1978; 4 C 9/77; BVerwGE 55, 369–388.

VGH Kassel, Urteil vom 11.03.2015; 4 A 654/13; juris.

VGH Kassel, Urteil vom 04.12.2008; 4 A 884/08; (nicht verfügbar).

VGH Kassel, Urteil vom 04.12.2008; 4 A 882/08; Umwelt- und Planungsrecht [UPR] 2009, 115–120; ergänzend Juris.

VGH München, Beschluss vom 05.03.2001; 8 ZB 00.3490; Neue Zeitschrift für Verwaltungsrecht –Rechtsprechungs-Report {NVwZ-RR] 2001, 579–582.

OVG Münster, Beschluss vom 21.02.2012; 2 B 15/12; Juris.

OVG NRW, Urteil vom 15.12.2011; 2 A 2645/08; Detusches Verwaltungsblatt [DVBl.] 2012, 634–640.

VG Düsseldorf, Beschluss vom 16.12.2011 ; 25 L 581/11; Juris.

VG Darmstadt, Urteil vom 27.11.2007; 9 E 735/07; Juris.

VG Darmstadt, Urteil vom 27.11.2007; 9 E 2454/05 ; Baurecht [BauR] 2008, 1421–1427; ergänzend: Juris.

Quellenverzeichnis

Bundesrats-Drucksache: Gesetzentwurf der Bundesregierung – Entwurf eines Fünften Gesetzes zur Änderung des Bundes-Immissionsschutzgesetzes, Drucksache 502/98 vom 29.05.1998, S. 1–13.

Bundestags-Drucksache: Gesetzentwurf der Bundesregierung – Entwurf eines Gesetzes zum Schutz vor schädlichen Umwelteinwirkungen durch Luftverunreinigungen, Geräusche, Erschütterungen und ähnliche Vorgänge – Bundes-Immissionsschutzgesetz, Drucksache 7/179 vom 14.02.1973, S. 1–64.

Bundestags-Drucksache: Gesetzentwurf der Bundesregierung – Entwurf eines Fünften Gesetzes zur Änderung des Bundes-Immissionsschutzgesetzes, Drucksache 13/11118 vom 22.06.1998,S. 1–12.

Christou, Michalis (Hrsg.)/Struckl, Michael (Hrsg.)/Biermann,Tobias (Hrsg.), Land Use Planning Guidelines in the context of article 12 of the Seveso II Directive 96/82/EC as amended by directive 105/2003/EC, also defining a technical darabase with risk data and risk scenarios, to be used for assessing the compatibility between Seveso establishments and residential and other sensitive areas listed in article 12, September 2006, http://ec.europa.eu/environment/seveso/pdf/landuseplanning_guidance_en.pdf (besucht am 04.09.2015).

Deutscher Industrie- und Handelskammertag, Stellungnahme zu: Gesetz- und Verordnungsentwurf zur Umsetzung der Richtlinie zur Beherrschung von Gefahren schwerer Unfälle mit gefährlichen Stoffen (Richtlinie 2012/18/EU – Seveso-III-Richtlinie) vom 19.06.2015, http://www.dihk.de/themenfelder/recht-steuern/rechtspolitik/nationale-stellungnahmen/dihk-positionen-zu-nationalen-gesetzesvorhaben (besucht am 07.09.2015).

Fachkommission Städtebau der Bauministerkonferenz, Arbeitshilfe: Berücksichtigung des Art. 12 Seveso-II-Richtlinie im baurechtlichen Genehmigungsverfahren in der Umgebung von unter die Richtlinie fallenden Betrieben, 11.03.2015, http://fm.rlp.de/fileadmin/fm/downloads/bauen/baurecht_bautechnik/bauvorschriften/Arbeitshilfe_Seveso_II.PDF (besucht am 05.09.2015).

Kommission für Anlagensicherheit (KAS) beim Bundesministerium für Umwelt, Naturschutz und Reaktorsicherheit, Leitfaden. Empfehlungen für Abstände zwischen Betriebsbereichen nach der Störfall-Verordnung und schutzbedürftigen Gebieten im Rahmen der Bauleitplanung – Umsetzung § 50 BImSchG. erarbeitet von der Arbeitsgruppe „Fortschreibung des Leitfadens SFK/TAA-GS-1" vom November 2010, http://www.sfk-taa.de/publikationen/kas/KAS_18.pdf (besucht am 25.06.2013).

Dieselbe, Korrektur des Leitfadens KAS-18, http://sfk-taa.de/publikationen/kas/ KAS_18_ErsteKorrektur.pdf (besucht am 02.09.2015).

Kommission: Bericht über die Anwendung der Richtlinie 82/501/EG des Rates vom 24.Juni 1982 über die Gefahren schwerer Unfälle bei bestimmten Industrietätigkeiten in den Mitgliedstaaten für den Zeitraum 1994 bis 1996 (1999/C 291/01), ABlEG Nr. C 291 vom 12.10.1999, S. 1–48.

Rat: Beschluss des Rates vom 23. März 1998 über den Abschluss des Übereinkommens über die grenzüberschreitenden Auswirkungen von Industrieunfällen (98/685/EG), ABlEG Nr. L 326 vom 03.12.1998, S. 1–4.

Rat: Bericht über die Anwendung der Richtlinie 82/501/EG des Rates vom 24.Juni 1982 über die Gefahren schwerer Unfälle bei bestimmten Industrietätigkeiten in den Mitgliedstaaten für den Zeitraum 1997–1999 (2002/C 28/01), ABlEG Nr. C 28 vom 31.01.2002, S. 1–48.

Konsolidierte Fassungen des Vertrags über die Europäische Union und des Vertrags über die Arbeitsweise der Europäischen Union (2012/C 326/01), ABlEU Nr. C 326 vom 26.10.2012, S. 1–199.

Referentenentwurf der Bundesregierung: Entwurf eines Gesetzes zur Umsetzung der Richtlinie zur Beherrschung von Gefahren schwerer Unfälle mit gefährlichen Stoffen, zur Änderung und anschließenden Aufhebung der Richtlinie 96/82/EG des Rates, http://www.ihk-krefeld.de/de/media/pdf/innovation/umwelt/entwurf-eines-gesetzes-zur-umsetzung-der-richtlinie-zur-beherrschung-von-gefah.pdf, Stand Mai 2015 (besucht am 07.09.2015).

Richtlinie des Rates vom 24. Juni 1982 über die Gefahren schwerer Unfälle bei bestimmten Industrietätigkeiten (82/501/EWG), ABlEG Nr. L 230 vom 05.08.1982, S. 1–18.

Richtlinie des Rates vom 19. März 1987 zur Änderung der Richtlinie 82/501/EWG über die Gefahren schwerer Unfälle bei bestimmten Industrietätigkeiten (87/216/EWG), ABlEG Nr. L 85 vom 28.03.1987, S. 36–39.

Richtlinie des Rates vom 24. November 1988 zur Änderung der Richtlinie 82/501/EWG über die Gefahren schwerer Unfälle bei bestimmten Industrietätigkeiten (88/610/EWG), ABlEG Nr. L 336 vom 07.12.1988, S. 14–18.

Richtlinie des Rates vom 23. Dezember 1991 zur Vereinheitlichung und zweckmäßigen Gestaltung der Berichte über die Durchführung bestimmter Umweltschutzrichtlinien (91/692/EWG), ABlEG Nr. L 377 vom 31.12.1991, S. 48–54.

Richtlinie 96/82/EG des Rates vom 9. Dezember 1996 zur Beherrschung der Gefahren bei schweren Unfällen mit gefährlichen Stoffen, ABlEG Nr. L 10 vom 14.01.1997, S. 13–33.

Richtlinie 2003/105/EG des europäischen Parlaments und des Rates vom 16. Dezember 2003 zur Änderung der Richtlinie 96/82/EG des Rates zur

Beherrschung der Gefahren bei schweren Unfällen mit gefährlichen Stoffen, ABlEU Nr. L 345 vom 31.12.2003, S. 97–105.

Richtlinie 2012/18/EU des europäischen Parlaments und des Rates vom 4. Juli 2012 zur Beherrschung der Gefahren schwerer Unfälle mit gefährlichen Stoffen, zur Änderung und anschließenden Aufhebung der Richtlinie 96/82/EG des Rates, ABlEU Nr. L 197 vom 24.07.2012, S. 1–37.

Schlussanträge des Generalanwalts Antonio Tizzano vom 23.01.2011 – Rechtssache C-144/99: Kommsssion der Europäischen Gemeinschaften gegen Königreich der Niederlande, Slg. 2001, I- 3543–3557.

Schlussanträge der Generalanwältin Eleanor Sharpston vom 14.04.2011 – Rechtssache C 53/10: Land Hessen gegen Franz Mücksch OHG, http://curia.europa.eu/juris/document/document.jsf?text=&docid=8178&pageIndex=0&doclang=DE&mode=lst&dir=&occ=first&part=1&cid=242130 (besucht am 08.09.2015).

Störfall-Kommission (SFK), Technischer Ausschuss für Anlagensicherheit (TAA) beim Bundesministerium für Umwelt, Naturschutz und Reaktorsicherheit, Leitfaden. Empfehlungen für Abstände zwischen Betriebsbereichen nach der Störfall-Verordnung und schutzbedürftigen Gebieten im Rahmen der Bauleitplanung – Umsetzung § 50 BImSchG der SFK/TAA-Arbeitsgruppe „Überwachung der Ansiedlung" vom 18.10.2005, http://www.kas-bmu.de/publikationen/sfk/sfk_taa_gs_1.pdf (besucht am 25.06.2013).

Verordnung (EG) Nr. 1137/2008 des europäischen Parlaments und des Rates vom 22. Oktober 2008 zur Anpassung einiger Rechtsakte, für die das Verfahren des Artikels 251 des Vertrags gilt, an den Beschluss 1999/468/EG des Rates in Bezug auf das Regelungsverfahren mit Kontrolle, ABlEU Nr. L 311 vom 21.11.2008, S. 1–54.

Verordnung (EG) Nr. 1272/2008 des Europäischen Parlaments und des Rates vom 16. Dezember 2008 über die Einstufung, Kennzeichnung und Verpackung von Stoffen und Gemischen, zur Änderung und Aufhebung der Richtlinien 67/548/EWG und 1999/45/EG und zur Änderung der Verordnung (EG) Nr. 1907/2006, ABlEU Nr. L 353 vom 31.12.2008, S. 1–1355.

Verordnungsentwurf der Bundesregierung: Verordnung zur Umsetzung der Richtlinie 2012/18/EU des Europäischen Parlaments und des Rates vom 4. Juli 2012 zur Beherrschung der Gefahren schwerer Unfälle mit gefährlichen Stoffen, zur Änderung und anschließenden Aufhebung der Richtlinie 96/82/EG des Rates, Stand 19.05.2015, http://www.ihk-krefeld.de/de/media/pdf/innovation/umwelt/entwurf-der-verordnung-zur-umsetzung-der-seveso-iii-richtlinie-stand-19.05.15.pdf (besucht am 07.09.2015).

Vertrag von Lissabon zur Änderung des Vertrags über die Europäische Union und des Vertrags zur Gründung der Europäischen Gemeinschaft (2007/C 306/01) [mit Protokollen und Anhängen], ABlEU Nr. C 306 vom 17.12.2007, S. 1–271.

Erlanger Schriften zum Öffentlichen Recht

Herausgegeben von Max-Emanuel Geis, Heinrich de Wall, Markus Krajewski,
Bernhard W. Wegener, Andreas Funke und Jan-Reinard Sieckmann

Band   1   Ingo Mehner: Privatisierung bayerischer Kreiskrankenhäuser. 2012.

Band   2   Claudius Fischer: Disziplinarrecht und Richteramt. 2012.

Band   3   Jan Schubert: Die Handelskooperation zwischen der Europäischen Union und den AKP-
Staaten und deren Vereinbarkeit mit dem GATT. 2012.

Band   4   Michael Link: Open Access im Wissenschaftsbereich. 2013.

Band   5   Adolf Rebler: Die Genehmigung der Durchführung von Großraum- und Schwertransporten.
2014.

Band   6   Heidrun M.-L. Meier: Das Kunsthochschullehrernebentätigkeitsrecht. Der Hochschullehrer
im Spannungsverhältnis zwischen Dienstrecht und grundrechtlicher Freiheit. 2015.

Band   7   Michaela Tauschek: Das Abstandsgebot in Richtlinie 2012/18/EU („Seveso-III-Richtlinie")
und seine Auswirkungen auf die Erteilung von Baugenehmigungen. Deutsche Behörden
zwischen Baurecht, Umweltrecht und Europarecht. 2016.

www.peterlang.com